工程经济学

（第2版）

GONGCHENG JINGJI XUE

主　编⊙何元斌　杜永林　罗倩蓉
副主编⊙孙海宁
参　编⊙刘　杨　王会芬

西南交通大学出版社
·成　都·

图书在版编目（CIP）数据

工程经济学 / 何元斌，杜永林，罗倩蓉主编. —2版. —成都：西南交通大学出版社，2021.8（2023.6 重印）
ISBN 978-7-5643-8168-4

Ⅰ. ①工… Ⅱ. ①何… ②杜… ③罗… Ⅲ. ①工程经济学－高等学校－教材 Ⅳ. ①F062.4

中国版本图书馆 CIP 数据核字（2021）第 150706 号

Gongcheng Jingjixue
工程经济学
（第 2 版）
主编 何元斌 杜永林 罗倩蓉

责任编辑	王同晓
封面设计	墨创文化
出版发行	西南交通大学出版社 （四川省成都市金牛区二环路北一段 111 号 西南交通大学创新大厦 21 楼）
发行部电话	028-87600564　028-87600533
邮政编码	610031
网址	http://www.xnjdcbs.com
印刷	成都蜀通印务有限责任公司
成品尺寸	185 mm × 260 mm
印张	20
字数	499 千
版次	2016 年 2 月第 1 版 2021 年 8 月第 2 版
印次	2023 年 6 月第 5 次
书号	ISBN 978-7-5643-8168-4
定价	49.50 元

课件咨询电话：028-81435775
图书如有印装质量问题　本社负责退换

序

21 世纪，中国高等教育发生了翻天覆地的变化，从相对数量上看中国已成为全球第一高等教育大国。

自 20 世纪 90 年代中国高校开始出现工程造价专科教育起，到 1998 年在工程管理本科专业中设置工程造价专业方向，再到 2003 年工程造价专业成为独立办学的本科专业，如今工程造价专业已走过了 25 个年头。

据天津理工大学公共项目与工程造价研究所的最新统计，截至 2014 年 7 月，全国约 140 所本科院校、600 所专科院校开办了工程造价专业。2014 年工程造价专业招生人数为本科生 11 693 人，专科生 66 750 人。

如此庞大的学生群体，导致工程造价专业师资严重不足，工程造价专业系列教材更显匮乏。由于工程造价专业发展迅猛，出版一套既能满足工程造价专业教学需要，又能满足本、专科各个院校不同需求的工程造价系列教材已迫在眉睫。

2014 年，由云南大学发起，联合云南省 20 余所高等学校成立了“云南省大学生工程造价与工程管理专业技能竞赛委员会”，在共同举办的活动中，大家感到了交流的必要和联合的力量。

感谢西南交通大学出版社的远见卓识，愿意为推动工程造价专业的教材建设搭建平台。2014 年下半年，经过出版社几位策划编辑与各院校反复地磋商交流，成立工程造价专业系列教材建设委员会的时机已经成熟。2015 年 1 月 10 日，在昆明理工大学新迎校区专家楼召开了第一次云南省工程造价专业系列教材建设委员会会议，紧接着召开了主参编会议，落实了系列教材的主参编人员，并在 2015 年 3 月，出版社与系列教材各主编签订了出版合同。

我以为，这是一件大事也是一件好事。工程造价专业缺教材、缺合格师资是我们面临的急需解决的问题。组织教师编写教材，一是可以解教材匮乏之急，二是通过编写教材可以培养教师或者实现其他专业教师的转型发展。教师是一个特殊的职业——是一个需要不断学习更新自我的职业，教师也是特别能接受新知识并传授新知识的一个特殊群体，只要任务明确，有社会需要，教师自会完成自身的转型发展。因此教材建设一举两得。

我希望：系列教材的各位主参编老师与出版社齐心协力，在一两年内完成这一套工程造价专业系列教材编撰和出版工作，为工程造价教育事业添砖加瓦。我也希望：各位主参编老师本着对学生负责、对事业负责的精神，对教材的编写精益求精，努力将每一本教材都打造成精品，为培养工程造价专业合格人才贡献力量。

中国建设工程造价管理协会专家委员会委员
云南省工程造价专业系列教材建设委员会主任　张建平
2015 年 6 月

第 2 版前言

《工程经济学》的第 1 版自 2016 年出版发行以来，得到了使用本教材的学校师生的积极支持。在本次再版编写过程中，编制组广泛地听取教师和读者的意见与建议。根据教育部全面落实立德树人的精神，坚持高质量发展为主题，本教材秉承“知识—能力—素质—品格”四位一体的教学理念，全面落实“回归常识、回归本分、回归初心、回归梦想”，旨在拓展学生知识面，开阔学生视野，引导学生的“问题发掘”和“思维创新”，为适应时代发展的新要求，在西南交通大学出版社的大力支持下，完成教材的第 2 版修订。

《工程经济学》（第 2 版）在修订过程中，始终坚持理论与实践性教学相结合，注意理论的深度、广度和实践指向，突出其应用，注重满足高等院校工程造价、工程管理及相关专业的教学需要，并兼顾监理工程师、造价工程师、咨询工程师（投资）和建造师等培训及职业资格考试对工程经济学知识体系的要求，本教材做如下几方面的调整：

首先，教材修订内容坚持与时俱进，尽可能地反映我国工程经济分析方面新的思想、新的要求与新的规范，根据 2016 年全面推行营改增试点的政策要求，对教材涉及税率的内容以及相应的例题进行了修改。

其次，修改和调整了第一版在教学使用过程中发现的错误和表述不当等问题，修改和补充部分章节的内容，对部分章节的例题进行调整，如：对第 2 章建设项目总投资及构成的内容进行调整；第 7 章的工程项目费用效益分析调整为工程项目国民经济评价（经济分析）；第 9 章风险分析中增加多因素敏感性分析的内容和例题。

第三，本教材在结构上进一步强化“问题—理论—方法—实践”的知识导向。在各章原有学习目标的基础上，增加了“本章的知识结构图”，加深学生对本章节的知识框架的了解；并根据各章知识点和内容特点，附有单选题、多选题、思考题和计算题等多种练习题，便于读者学习和巩固所学知识。

本教材的第 2 版修订主要由云南财经大学何元斌、杜永林和重庆建筑工程职业学院罗倩蓉修订完成。具体各章修订的分工如下：第一章、第三章、第四章、第七章、第九章、第十一章由何元斌负责；第二章、第五章、第六章由杜永林负责；第八章、第十章由罗倩蓉负责。华北水利水电大学 2018 级机械设计制造及其自动化专业本科生何臻参与本教材的图表制作和书稿校对工作。本教材最终由何元斌和杜永林统稿完成。

在教材的修订过程中，参阅了大量的相关教材，引用了同行专家、学者的论著的有关资料，并得到重庆建筑工程职业学院文娟娟老师的支持帮助，在此表示衷心的感谢！同时，感谢西南交通大学出版社的吴迪老师对本教材的大力支持与帮助！在此也恳请各位读者批评指正和继续支持，我们将一如既往努力提升本教材的质量。

编　者

2021 年 5 月

第 1 版前言

在经济全球一体化、产业国际化的趋势下，伴随工业化和新型城镇化建设的持续推进，现代工程项目建设正向着规模化、建筑技术高科技化的方向发展。面对工程项目耗资巨大、投资主体和融资渠道的多元化，政府、企业组织或个人投资者经常会面临着工程项目投资和建设的决策问题，如何实现工程项目资源的优化配置和项目投资目标已成为投资者考虑的主要问题之一。因此，运用工程经济学的知识来解决工程项目建设中的决策问题是适应现代投资决策科学化的客观要求。

“工程经济学”是一门具有很强的理论性、综合性和实践性的课程，是教育部、住建部有关教学指导委员会所指定的工程管理专业和造价专业主干课程，也是监理工程师、造价工程师、咨询工程师（投资）和建造师等培训及职业资格考试的主要内容。

按照工程管理及相关专业的培养目标和学科特点，本书以教学价值目标为原则，突出工程技术、管理、经济和法律方面的特色，通过理论与实践性教学相结合，充实和深化课堂教学效果，介绍工程经济学的基础理论、方法及其相关研究领域的最新研究成果，力争把学生培养成为适应现代化建设工程需要的，具备工程技术、经济学和管理学等方面的相关知识，并掌握工程经济分析原理和方法，具有较强实践能力、创新能力、组织管理能力的复合型应用工程技术和管理人才，加深学生对工程经济学的基础知识、工程经济分析和决策方法的理解与掌握，培养学生分析和解决工程经济问题的实际能力，为学生在毕业后从事有关的工程建设管理工作奠定坚实的基础。

本书由云南财经大学何元斌和杜永林担任主编，由云南经济管理学院孙海宁担任副主编，云南大学刘杨和昆明理工大学津桥学院王会芬参编。具体编写分工如下：第一章、第二章、第四章、第十一章由何元斌编写；第五章、第六章由杜永林编写；

第三章、第七章、第九章由孙海宁编写；第八章由刘杨编写；第十章由王会芬编写。本书最终由何元斌和杜永林统稿完成。

在本书的编写过程中，参阅了大量相关教材，引用了同行专家、学者论著的有关资料，并得到昆明理工大学张建平老师的热情帮助，在此表示衷心的感谢！同时，感谢西南交通大学出版社的吴迪和宋彦博编辑对本书出版的支持与帮助！

本书适合工程管理专业、土木工程专业、工程造价专业和其他工程类专业的老师、同学以及相关专业从业者使用。

本书编者致力于向读者奉献一本既有一定理论价值又有较高使用价值的教科书，但由于编者的学术水平有限和实践经验不足，加之时间仓促，书中难免有疏漏和不足之处，恳请各位读者批评指正，以使此书不断完善。

编　者

2015 年 11 月

目　录

1 导 论

本章的学习目标

- 掌握工程、技术、经济的基本概念
- 掌握工程经济学的基本内涵和基本原理
- 熟悉工程经济学的研究对象和内容
- 熟悉工程经济分析的原则与步骤
- 了解工程经济学的特点和学科发展

本章的知识结构图

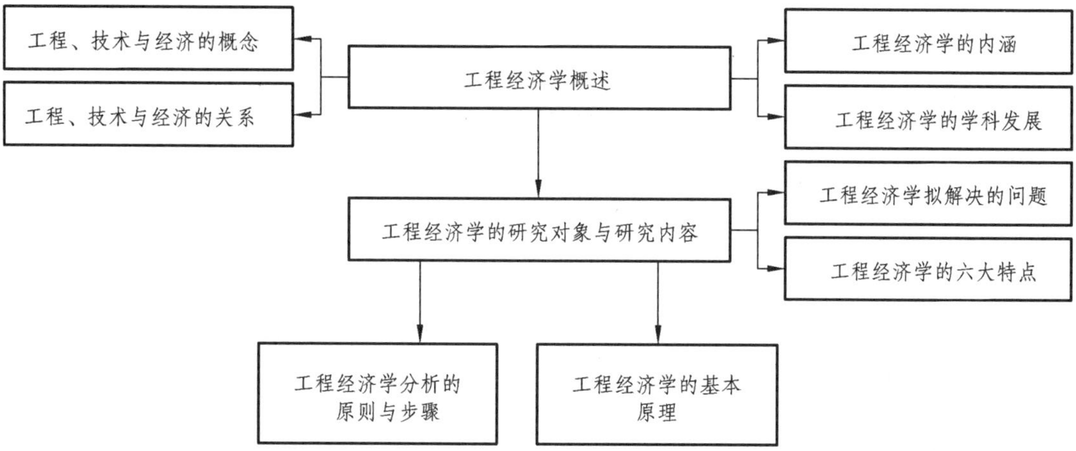

1.1 工程经济学概述

1.1.1 工程、技术与经济的概念

1. 工 程

工程经济学中的工程（Engineering）指的是人们应用科学的理论、技术的手段和先进的设备来完成的大而复杂的具体实践活动，如土木工程、机械工程、交通工程、水利工程、化学工程、采矿工程、港口工程等。任何一项工程，都是以一系列特定的且相互联系的目标任务为前提，达到有效地利用资源的目的的实践活动。因此，从某种角度上讲，工程项目就是工程实践的具体化。

工程项目是指在一定的约束条件下，经过决策与实施，以形成固定资产为预期目的，投入一定量的资本，由建筑、工器具、设备购置、安装、技术改造活动以及与此相联系的其他工作构成形成固定资产的一次性活动。

工程项目的实施须解决两个方面的问题：

一是技术方面的问题：寻找可行的技术生产符合项目要求的产品与服务（Goods and Services）。二是经济分析方面的问题：由于资源的有限性，必须考虑经济效益与效率（Effectiveness and Efficiency），从可行的方案中找出最优的，达到经济合理的目的。

2. 技　术

技术（Technology）是指人们在利用自然和改造自然的过程中，针对经济、社会的需要，运用科学原理和生产实践经验发展起来的变革或控制客观环境的方法与手段体系。技术常常和工程联系在一起。

现代技术是以科学为基础的。科学的发展不断丰富人类已经积累起来的知识，现代技术则是运用各种科学原理来设计、制造各种结构、系统等。而作为技术指导的科学，从本质上讲，属于认识的范畴，是人们对客观规律的认识和总结，只有通过技术才能为经济建设和社会发展服务。

3. 经　济

经济（Economic）一般具有如下几方面的含义：

（1）经济在中国古代文化和古代文学中有经邦济世、经国济世或经世济民的含义，是指国家如何理财，如何管理各种经济活动，如何处理政治、法律、军事、教育等方面的问题，即治理国家、拯救庶民的意思。

（2）经济是指生产关系。经济是人类社会发展到一定阶段的社会经济制度，是生产关系的总和，是政治、法律、哲学、宗教、文学、艺术等上层建筑建立起来并赖以生存的基础。

（3）经济是指一国的国民经济的总称或国民经济的各部门，如工业经济、农业经济、房地产经济等。

（4）经济是指社会物质资料的生产和再生产过程，即指物质资料的生产、交换、分配、消费的现象和过程，是研究社会和部门经济发展规律的科学。

（5）经济是指生产或生活中的节约、节俭。节约指的是用尽可能少的劳动消耗生产出尽可能多的社会所需要的成果；节俭指的是个人或家庭在生活消费上精打细算，以达到消耗较少的消费品来满足最大的需要的目的。

总之，经济是用有限的人力、物力、财力、时间、空间获取较大的成果或收益。

工程经济学中的“经济”是指工程项目或其他社会经济活动中的“相对节约”“相对节俭”，即工程项目的经济合理性问题。

1.1.2　工程技术与经济的关系

技术和经济是人类社会物质生产活动中始终并存且不可分割的两个方面，两者相互促进又相互制约：

一方面，经济的发展是技术进步的动力和方向，技术进步又是推动经济发展、提高经济效益的重要条件和手段。二者相辅相成，相互促进，互为条件，物质生产才得以不断发展。另一方面，任何先进技术要产生较好的经济效益，必须具有一定的经济基础，技术必须以经济效果作为选择的依据；技术具有强烈的应用性和明显的经济目的性，技术生存的必要条件是其先进性和经济合理性的结合，没有应用价值和经济效益的技术是没有生命力的。总之，任何工程的实施和技术的应用都不仅是技术问题，而且是经济问题。工程经济学是研究技术和经济的相互关系，探讨两者相互促进、协调发展途径的科学。

1.1.3 工程经济学的内涵

随着现代社会经济的不断发展，政府、企业组织或个人投资者经常会面临着工程项目投资和建设的决策问题。比如，政府公共投资的项目决策，需要对其必要性和可行性进行技术经济论证，对不同建设方案进行技术经济比选，实现公共投资效率的优化，以保证公共投资的科学性与合理性；企业为了提升市场竞争力而扩大市场规模，进行改扩建或引进新的生产线，那么企业将面临建设规模的确定、对于不同建设方案的优选，以及如何考虑项目从规划、设计、建设到投产运营过程中的各种不确定因素等问题；对于个人投资者而言，如何根据自己的资金实力，选择何种方式进行投资以实现投资回报，是进行房地产等固定资产投资，还是进行股票或基金等投资，等等。上述的投资决策问题，实质上就是以特定的工程项目为对象，研究各种工程技术方案的经济效益的影响因素、评价准则与评价指标体系，通过不同方案的经济效果的计算和对比，寻找经济效果最优的技术方案。因此，对于投资项目的正确决策，需要具备工程技术、经济学和管理学等方面的相关知识，并掌握工程经济分析原理和方法。

经济学（Economics）是研究人类社会如何有效率地使用相对稀缺的资源来满足无限多样的需要的一门学科。其核心是有限资源的最佳利用。

工程经济学（Engineering Economics）是在工程技术学、经济学和管理学的基础上发展起来的一门新兴的交叉学科，是研究工程技术实践活动经济效果的应用性学科，即以工程项目为主体，以技术-经济系统为核心，以经济分析方法为手段，研究工程领域的经济问题和经济规律，研究如何有效利用资源和提高经济效益的学科。其核心任务是在资源有限的条件下，运用工程经济学分析方法，对工程技术（项目）各种可行方案进行分析比较，以期达到技术与经济的最佳结合，对工程项目技术方案的经济决策。

1.1.4 工程经济学的学科发展

工程经济学是根据现代科学技术和社会经济发展的需要，适应现代化大生产和投资决策科学化的客观要求而产生的一门研究工程投资项目经济、工程技术经济评价原理与方法的新学科。工程经济学的历史最早可以追溯到 19 世纪末。国外工程经济学的学科发展大致经历了如下几个阶段：

1. 工程经济学的萌芽与形成阶段（1887—1930年）

1887年，美国土木工程师亚瑟·惠灵顿（A. M. Wellington）出版的著作《铁路布局的经济理论》（*The Economic Theory of Railway Location*）中首次将资本化的成本分析法运用于铁路的最佳长度或路线曲率的选择等问题，从而开创了工程经济领域中的经济评价工作之先河。惠灵顿认为，工程经济并不是建造艺术，而是一门少花钱多办事的艺术。这一论述为工程投资领域开展经济评价工作奠定了重要的基础。

1915年，美国斯坦福大学教授菲什（J. C. L. Fish）出版了第一部《工程经济学》（*Engineering Economics*，1923年第二版）。1920年，戈尔德曼（O. B. L. Goldman）研究了工程结构的投资问题，在其著作《财务工程学》（*Financial Engineering*）中第一次把复利公式应用于投资方案评价，并指出工程师的最基本责任就是分析成本，以达到真正的经济性。1930年，格兰特（E. L. Grant）出版的教科书《工程经济原理》（*Principles of Engineering Economy*），奠定了工程经济学的基础，他以复利为基础讨论了投资决策的理论和方法，首创了工程经济的评价理论和原则，同时指出人的经验判断在投资决策中具有重要作用，使得工程经济学成为一门系统化的科学，其理论贡献得到了社会的公认，他也被誉为“工程经济学之父”。

2. 工程经济学的发展阶段（1950—1990年）

工程经济学作为一门独立的学科，在第二次世界大战以后，工程经济学受到凯恩斯经济理论的影响，将研究内容从单一的工程费用效益分析拓展至市场供求和投资分配领域，分析了市场供求状况对企业有限投资分配的影响。1951年，乔尔·迪安（Joel. Dean）出版了《管理经济学》，开创了应用经济学的新领域，1961年，他在著作《投资预算》中，阐述了动态经济评价法以及合理分配资金的一些方法及其在工程经济中的应用，为工程经济学的完善和应用作出了巨大贡献。

进入20世纪60年代后，研究内容主要集中在风险投资、决策敏感性分析和市场不确定性分析三个方面。主要的代表人物有美国的德加莫、卡纳达和塔奎因等。德加莫偏重于研究过程企业的经济决策分析，于1968年出版了《工程经济》，以投资形态和决策方案的比较研究，开辟了工程经济学对经济计划和公用事业的应用研究。卡纳达的理论重视外在的经济因素和风险性投资分析，其代表作是《工程经济学》（1980年）。塔奎因的理论强调投资方案的选择和比较，提出了各种经济性评价原则（如利润、成本与服务年限的评价原则，盈亏平衡原则等），成为美国工程经济学教材的主要理论。

1978年，布西（L. E. Bussey）在其著作《工业投资项目的经济分析》中，全面系统地总结了工程项目的资金筹集、经济评价、优化决策以及项目的风险和不确定性分析等。1982年，里格斯（J. L. Riggs）出版的《工程经济学》中系统地阐述了货币的时间价值、时间的货币价值、货币理论、经济决策和风险以及不确定性等工程经济学的内容，把工程经济学的学科水平向前推进了一大步。

3. 工程经济学发展的新趋势（1990年—）

20世纪90年代以来，西方工程经济学理论逐渐突破了传统的对工程项目或技术方案的微观经济效益分析，工程经济学理论为了适应经济全球化的要求，出现了宏观化研究的新趋势，国家的经济制度和政策等宏观问题、国家经济环境变化等已成为当代工程经济学研究的新内容。工程经济学将着眼于部门的经济管理和经济效果分析转向宏观的社会效益、环境效益分析，着重于资源的合理分配，投资、投资决策和风险的研究，以及经济发展、社会进步、环境保护及生态可持续发展等宏观问题。

此外，由于计算机技术的迅速发展与普及，使得工程经济活动的分析与评价以及技术方案的选择都有了新的突破，使得直接引入工程分析的因素和变量更加全面系统。

4. 我国对工程经济学的研究与应用

我国对工程经济学的研究和应用起步于20世纪50年代初，我国引入了苏联的科学技术、技术经济分析和论证方法，并结合我国经济建设的实践经验，创立了以成本效益分析理论和方法为主线，技术方案必选和建设项目经济评价为主要内容的应用经济学的分支——技术经济学[①]。50年代末至70年代，受“左”倾思想影响，出现了片面追求速度、否定技术经济分析的必要性、建设程序不规范、审批手续不严格等问题，违背了基本建设程序，出现所谓边勘察、边设计、边施工、边生产的“四边”工程，或当年设计、当年施工、当年建成、当年生产的“四当年”工程，使生产建设和国民经济遭受巨大损失，技术经济工作也陷入停滞状态。

20世纪70年代末，党的十一届三中全会拉开中国经济体制改革的序幕，技术经济学的研究和应用重新得到国家的重视，国家制定的《1978—1985年全国科学技术发展规划纲要》中将“技术经济和管理现代化理论和方法的研究”列入108项重大课题研究。一些研究机构也相继成立，1978年成立了中国科协直属的中国技术经济研究会，1980年中国社会科学院成立了技术经济研究所，1981年国务院成立了技术经济研究中心。在此期间，国内专家和学者吸纳大量的工程经济理论与方法以及西方经济理论中有关技术的研究成果，逐步形成技术经济学的基本理论框架和学科体系。1983年2月，原国家计委[②]颁发《建设项目进行可行性研究的试行管理办法》，明确规定把项目可行性研究纳入基本建设程序，要求所有新建、扩建的大中型项目以及所有利用外资进行基本建设的项目都必须有可行性研究报告。1985年，国家科学技术委员会等编制出版了《工业建设项目可行性研究：经济评价方法—企业经济评价》。1987年，原国家计委和建设部[③]发布《建设项目经济评价方法与参数》（1993年、2006年分别发布第二版和第三版），2001年9月，原国家计委委托中国国际工程咨询公司编写了《投资项目可行性研究指南》。这些理论方法和应用指南的颁布标志着我国初步进入了工程项目投资科学决策化的阶段。

随着改革开放的推进，工程经济学的原理和方法已在经济建设宏观与微观的项目评价中得到广泛应用；对工程经济学学科体系、理论和方法、性质与对象的研究也十分活跃；有关工程经济的投资理论、项目评价等著作和文章大量出现，逐步形成了有体系的、符合我国国情的工程经济学。

---

① 技术经济学是在1963年中共中央和国务院批准的《全国1963—1972年科学技术发展规划纲要》中正式提出了“技术经济”的概念，并开始形成具有中国特色的技术经济学理论方法体系。生产技术研究成果，应该经过技术经济分析，才能在生产中推广，才能成为国家制订技术措施、技术政策和国民经济计划的完整的科学技术依据。

② 原国家计委即国家计划委员会，2003年3月改组为国家发展和改革委员会（简称发改委）。

③ 本书所指建设部：1985年5月—1988年4月，为当时的城乡建设环境保护部；1988年4月—2008年3月，为当时的建设部；2008年3月至今为住房和城乡建设部。

1.2 工程经济学的研究对象及内容

1.2.1 工程经济学的研究对象

工程经济学是研究技术与经济的关系以及技术经济活动规律的科学，它是利用经济学的理论和分析方法研究如何有效地在各种技术之间配置资源、寻求技术和经济最佳结合的学科。工程经济学的研究对象是工程项目技术经济分析的最一般方法，即研究采用何种方法、建立何种方法体系，才能正确评价工程项目的经济性与合理性，才能寻求到工程技术与经济的最佳结合点。

从微观角度，工程经济学主要侧重于研究建设项目的规模，产品市场前景及发展方向，新材料、新技术、新设备的推广与应用，原材料和能源的利用与节约，工程项目的可行性研究等。主要解决以下三个方面的问题：

一是实施该工程项目的必要性，是否存在其他可实施的工程项目？

二是实施该工程项目的可能性，项目实施的条件是否具备？

三是实施该工程的选择方案的合理性，有无经济效果更好的替代或备选方案？

随着社会经济的发展，现代工程经济学所涉及研究的内容已经延伸到宏观领域。因此，从宏观的角度，现代工程经济学的研究对象还包括国民经济的发展速度和发展模式，产业的合理布局与转移，投资政策和投资导向、投资规模与结构，资源的合理开发与综合利用，能源政策、能源结构、新能源的开发与利用，节能减排与生态环境保护问题，建设过程中的拆迁与移民安置问题等。

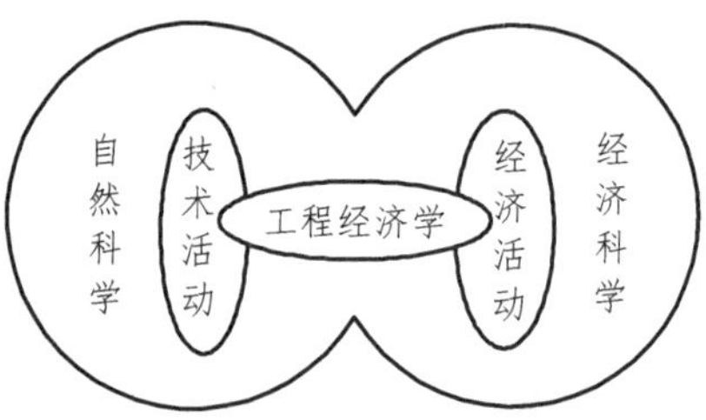

图 1-1 工程经济学与其他学科的关系

值得注意的是，工程经济学的研究对象和工程经济分析的对象是有区别的。工程经济学通过研究和探索为具体工程项目的经济效益分析和评价提供方法基础，而工程经济分析的对象则是具体的工程项目。

（1）工程经济学是研究工程与经济的相互关系，以期达到技术与经济的最佳结合的科学。

（2）工程经济学是研究工程技术的实践效果，寻求提高经济效果的途径与方法的科学。

（3）工程经济学是研究如何通过技术创新与进步来促进经济增长的科学。

本课程的研究对象主要是工程项目，即以工程项目为主体，以技术经济系统为核心，研究各种工程技术方案的经济效益，通过对经济效果的计算，以求找到最优的工程方案，作为决策部门进行工程技术决策的依据。

1.2.2 工程经济学的研究内容

工程经济学的主要研究内容包括：工程项目运营的经济要素分析；现金流与资金时间价

值分析；项目融资及融资方式；工程项目的经济评价与比选；项目财务评价；工程项目国民经济评价；设备更新与租赁的经济分析；项目的不确定性与风险分析；价值工程的运用（方案的改进分析）；建设项目后评价等。

本书中，工程经济学的主要研究内容框架如图 1-2 所示。

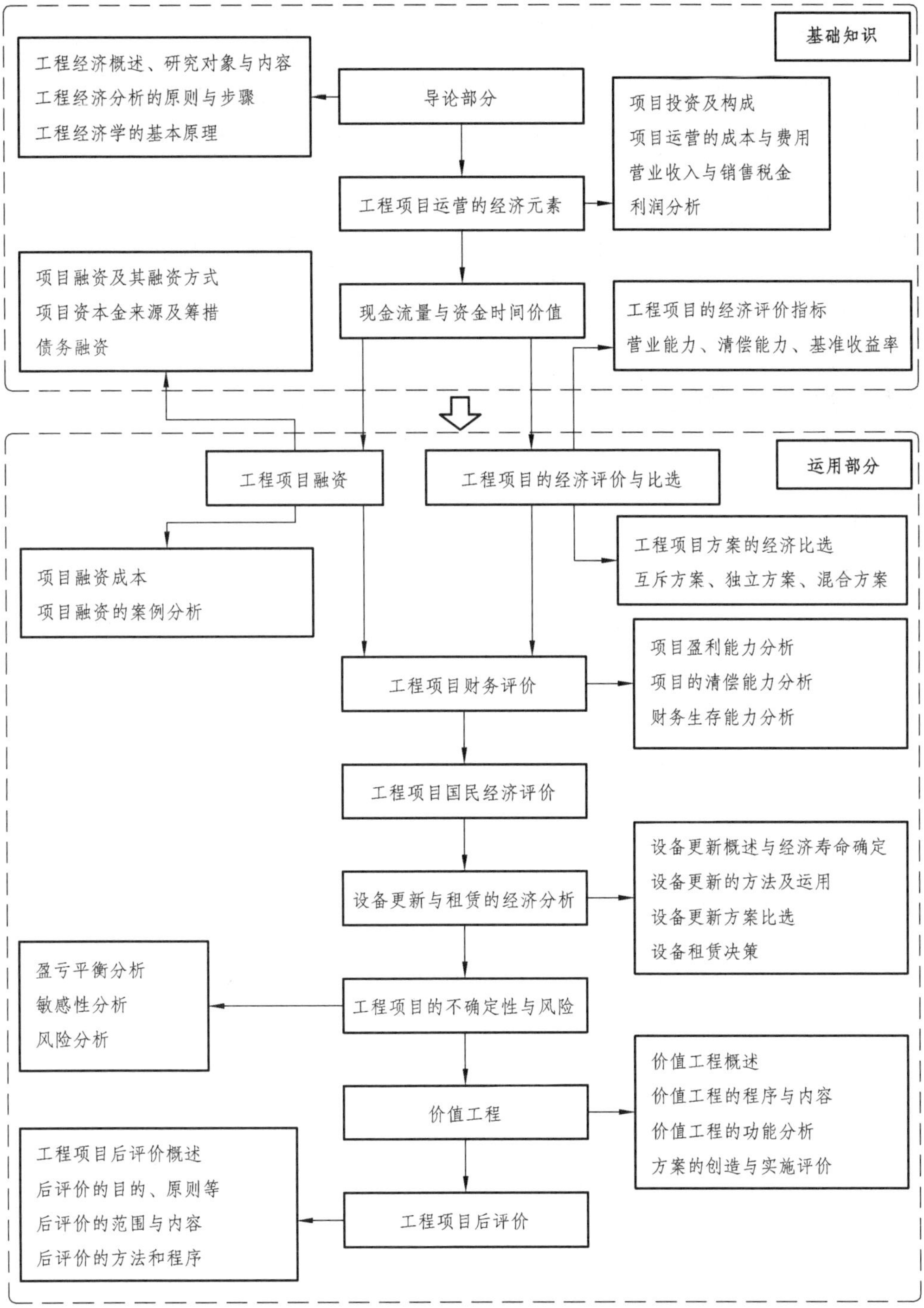

图 1-2　工程经济学的主要研究内容框架

1.2.3 工程经济学的特点

工程经济学是工程科学和经济科学的交叉学科，是以经济科学为指导，对工程技术方案的经济效果进行分析、比较和评价，为技术的采用和发展提供决策依据。工程经济学具有如下特点：

1. 系统性

技术经济学分析是对技术实践活动的系统评价。不同主体的目标利益存在差异，对于同一技术实践活动进行技术经济分析的立场不同、角度不同、评价指标不同（系统性主要表现在评价指标的多样性和多层次性；评价角度的多样性——国家、社会、企业等；评价方法的多样性——动态、静态、定量、定性等），评价的结论也可能不同。这样，在技术经济分析中就必须体现统筹兼顾的思想和系统分析的方法，即以项目的整体优化为目标，在一个系统范围内进行综合平衡。

2. 综合性

工程经济学不仅要研究和论证工程项目的建设规模、资金筹措、技术方案的可行性、经济合理性评价、不确定性和风险性分析等方面，而且还要研究方案是否符合国家政策法规、是否符合投资政策和投资导向、是否合理开发与综合利用资源、是否达到节能减排和保护生态环境等综合性问题。

3. 预测性

工程经济学所讨论的经济效果问题几乎都和“未来”有关，是对即将实施的技术政策、技术方案、技术措施进行的预先分析评价，对技术方案被采纳后将要带来的经济效果进行计算、分析与比较。工程经济学讨论的是各方案未来经济效果的问题，这就需要对未来的“不确定性因素”和“随机因素”进行预测和估计，而预测和估计的结果也将关系到技术效果评价的可靠性。因此，工程经济分析中对拟建项目的一切评价结论都是建立在科学预测的基础上的。

4. 实用性

工程经济学是一门实用性很强的学科，工程技术的经济分析和评价与所处的客观环境关系密切。工程经济学的研究对象大多来源于工程建设或生产的实际项目，备选方案的选择也要求紧密结合生产技术和经济活动进行，其研究的成果是直接为项目的建设和生产运营服务的，并通过实践活动来验证分析结果的正确性。

5. 定量性

工程经济分析是定量分析和定性分析相结合，以定量分析为主的学科，对于难以量化的因素也会通过主观判断的形式给予量化表示。否则，就无法评价与比选出适合建设项目的各种工程技术方案的经济性。

6. 优选性

工程经济学是对新技术各可行方案的未来“差异”进行经济效果分析比较的科学。工程经济分析的重点除了研究各方案的必要性、可行性与合理性之外，还要针对项目建设的基本目标，同时拟订多种可供选择的实施方案，逐个加以分析比较，从中选择出最适当或最满意的方案，以供管理层决策使用。

1.3 工程经济分析的原则与步骤

1.3.1 工程项目经济评价的基本原则

1. 技术与经济相结合的原则

工程经济学是研究技术和经济相互关系的科学，是根据社会生产的实际以及技术与经济的发展水平，研究、探求、寻找使技术与经济相互促进、协调发展的途径。技术与经济相互依赖、相互促进、相辅相成的关系，构成了评价工程项目或技术方案的重要原则，既要考虑到技术方案的可行性、先进性和合理性，还要考虑到方案的经济特性、经济价值，寻找符合国家政策、符合产业发展方向且又能给企业带来发展的项目或方案，使之最大限度地创造效益，促进技术进步及资源、环保等工作的共同发展。因此，技术经济的评价是决定方案取舍与优选的重要依据，在讨论、评价工程项目或技术方案时，应当遵循技术与经济相结合的原则。

2. 定性分析与定量分析相结合的原则

技术经济评价的本质就是对拟建设的项目在整个计算期内的经济活动，通过效益与费用的计算，对工程技术方案进行综合分析、比较和评价，以求找到最优的工程方案，作为决策部门进行工程技术决策的依据。定量分析以其科学、准确、客观等特点，在技术经济评价中得到广泛应用，而且现代应用数学及计算机技术的发展与应用使得定量分析规范、易行。但在实际项目或方案中，由于有些经济问题的复杂性，有些内容无法用数量表达。

因此，在实际分析评价中，定性分析也是不可或缺的，应将定性与定量分析方法结合起来，发挥其各自在分析上的优势，互相补充，使分析结果科学、准确，便于决策层对项目或技术方案的全面把握。

3. 财务分析与国民经济分析相结合的原则

项目的财务分析和国民经济分析都是项目的赢利性分析，但由于两者所代表的利益主体不同，使得两种分析方法的目的、任务和作用等也有所差异。财务分析是在国家现行财税制度和价格体系的前提下的微观经济效益分析，是站在企业（投资者）角度，以企业受益最大化为目标，计算项目范围内的财务效益和费用，分析项目的盈利能力和清偿能力，评价项目财务可行性；而国民经济分析是宏观经济效益分析，是在合理配置和有效利用社会资源的前提下，从国家或全社会整体利益的角度对投资项目进行分析，计算项目对国民经济和社会的贡献，分析项目的经济效率、效果和对社会的影响，评价项目在宏观经济上的合理性。

因此，在评价投资项目的经济效益时，必须将项目的财务分析与国民经济分析结合起来考虑，既要符合国家发展的需要，使资源合理配置并充分发挥效能，又尽量使项目能够有较好的经济效益，具有相应的财务生存能力，为今后进一步的发展打下良好的基础。一般而言，建设项目的经济评价，需要财务评价和国民经济评价的结论均可行的项目才能得以通过；对于国民经济评价结论不可行的项目，一般予以否定；对于关系到公共利益、国家安全和市场不能有效配置资源的项目，国民经济分析结论可行，但财务分析结论不可行，通常可重新考虑方案，或必要时向有关主管部门建议或申请采取相应的经济优惠措施，使得投资项目具有财务上的生存能力。

4. 方案可比性的原则

工程经济学研究的核心内容就是寻求项目或技术方案的最佳经济效果。因此，在工程技术经济分析中，既要对某方案的各项指标进行研究，以确定其经济效益的大小，也要把该方案与其他方案进行比较评价，以便从所有的方案中找出具有最佳经济效果者。因此，方案比较是工程经济学中十分重要的内容，可比性原则是进行工程经济分析时所应遵循的重要原则。

一般而言，方案比较须遵循满足服务年限（相同的计算期）可比、计算基础资料（材料、设备及工资等各种消耗等投资估算指标统一）可比、设计深度（建设规模、质量/品种、功能等）与计算口径上（效益与费用计算范围）可比和经济计算方法可比等四个方面。

5. 坚持全局观和长远利益的原则

在评价建筑技术的经济效益时，不但要对给建筑部门带来的经济效益加以详细计算，还要考虑给相邻部门（如建材工业、机械工业部门等）及整个国民经济带来的效益和影响。要坚持全局观点，处理好全局和局部经济效益的关系，并应主要考虑给国民经济带来的经济效益来决策。

我国实行的社会主义市场经济，从根本上说目前和长远的经济效益应是一致的。因此，在评价建筑工程技术经济效益时，既要考虑生产施工过程的经济效益，也要考虑投入使用以后的经济效益，使目前的经济效益与长远的经济效益相结合。

1.3.2 工程经济分析的基本步骤

工程项目技术经济分析主要是以工程项目为主体，以技术经济分析为核心，研究各种可行的工程技术方案，进行综合分析、计算、比较和评价，全面衡量其经济效益，以求找到最优的工程方案，作为决策部门进行工程技术决策的依据。其一般程序如下（见图 1-3）：

（1）根据评价的目的，明确方案评价的任务和范围。

（2）探讨和建立可能的技术方案。在评价前，要对技术方案进行审查，只有在技术上过关和产品质量达到基本要求的前提下，才能列为对比方案。

（3）确定反映方案特征的技术经济指标体系。技术经济评价所采用的指标体系，一般可分为技术指标、经济指标、其他因素或指标等三类。技术指标是反映技术方案的技术特征和工艺特征的指标，用以说明方案适用的技术条件和范围。经济指标是用以反映方案的经济性和经济效果的指标，如劳动消耗指标、效益指标、经济效果指标等。其他因素或指标是指除了技术指标和经济指标以外，还要考虑的因素或指标，如社会因素、政治因素、国防因素等。

对评价方案的指标体系的要求是：能全面反映方案的主要方面或基本特征；指标的概念确切；指标要容易计算。因此，评价每一个技术方案，都应有一套指标体系。

（4）对方案的各种指标进行计算。指标的计算要按规则和要求进行，为了使指标具有可比性，计算时应采用相同的计算规则和计算方法。对不同方案中可计量的数量指标分别进行计算和分析，得出定量的分析结果。

对不同方案中不可计量的指标（包括质量）也要通过分析和判断，得出定性分析的结果。对于经济现象比较复杂的技术方案，必须根据经济指标和各参变数之间的函数关系，列出相应的经济数学模型，然后求解。

（5）方案的分析和评价。根据评价的目的，将方案的指标分为主要（基本）指标和一般（辅助）指标，评价时，不能等同视之，要突出主要指标，根据方案的特征，确定评价的标准（或基础）。通过对比指标的分析，排出方案的优劣顺序，并提出推荐方案的建议。

（6）综合论证、方案抉择。对技术方案进行全面分析、论证和综合评价，选择最经济的方案，然后作出最终结论。

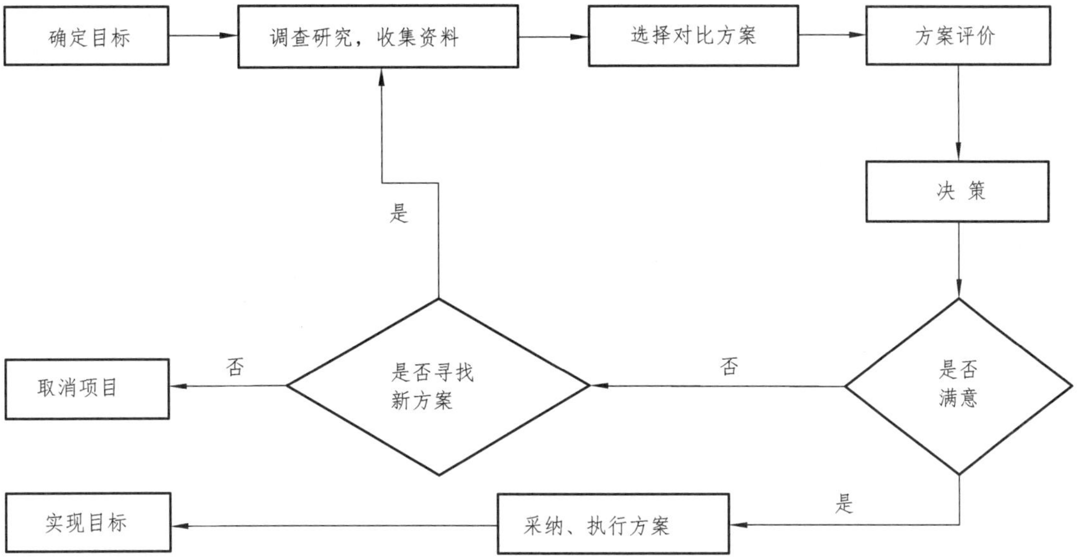

图 1-3　工程经济分析的基本步骤

1.4　工程经济学的基本原理

工程经济学是工程技术与经济核算相结合的边缘交叉学科，是自然科学、社会科学与工程经济学理论分析密切交融的综合科学，是一门与生产建设、经济发展有着直接联系的应用性学科。

1. 工程经济分析的目的是提高工程经济活动的经济效果

工程经济活动的目标是通过工程实践活动产生的效果（包括经济效果、社会效果、政治效果、军事效果、环境效果、艺术效果等）来实现的。根据工程活动对具体目标的不同影响，得到的效果则可分为效益（有用的、所期望的）和损失（无用的或不想要的）。工程经济分析的目的是，在有限的资源约束条件下对所采用的技术进行选择，对工程活动本身进行有效的计划、组织、协调和控制，以最大限度地提高工程经济活动的效益，降低损失或消除负面影响，最终提高工程经济活动的经济效果。

所谓经济效果，是指人们在使用技术的社会实践中效果与费用及损失的比较。当效果与费用及损失为不同度量单位时，采用比率法表示，$经济效果=\dfrac{产出成果}{费用+损失}$；当效果与费用及损失为相同度量单位时，采用差额法表示，经济效果 = 产出成果 − (费用 + 损失)。提高工程技术活动的经济效果是工程经济分析的出发点和归宿。一般说来，提高经济效果的主要途径有：一是用最低的寿命周期成本实现产品、作业、服务或系统的必要功能。如通过价值工程的方法，即通过技术研发与创新不断降低产品的生产成本，使得汽车成为家庭的交通工具。二是在费用一定的前提下，不断改善产品、作业、服务或系统的质量，以提高其功能。如随着电子计算机技术的发展，计算机的存储空间不断扩大、运算速度不断提高、兼容性能不断改善，而其价格在不断降低，使得其应用领域得到极大的拓展，并改变了人们的生产和生活方式。

2. 技术与经济之间具有对立与统一的辩证关系

经济是技术进步的目的，而技术是达到经济目标的手段，是推动经济发展的强大动力。技术的先进性和经济的合理性在社会发展中是相互促进、相互制约的。

技术进步促进经济发展，而经济发展则是技术进步的归宿和基础。技术进步在提高劳动生产率、推动经济发展和人类文明与进步的同时，我们也应该更加注重资源、环境、经济的可持续发展，不能以牺牲环境和资源为代价来发展经济，故技术进步是经济、社会可持续发展的必由之路。与此同时，技术与经济还存在着相互制约和相互矛盾的一面。技术的发展要受到经济条件的制约，有些先进的科学技术，需要有相应的物质和经济条件作支撑，需要相应的资源结构相配合，才能转化为现实的生产力；在不具备相应条件的国家和地区，即便是先进技术也难以发挥效果。在技术和经济的关系中，经济占有支配地位。技术进步是为经济发展服务的，即任何技术的推广使用首先应考虑到其经济效果问题。因此，工程经济学是研究工程技术和经济的相互关系，探讨两者相互促进、协调发展途径的科学。

3. 工程经济分析的重点是预测和指导工程活动

工程经济分析的着眼点是“未来”，即在既定的技术政策、技术措施条件下，或是技术方案被采纳之后，将要带来的经济效果进行计算、分析和比较。工程经济分析属于事前或事中主动的控制，即信息搜集—资料分析—制订对策—防止偏差，事后的评价和总结也是为了在新的项目中汲取经验教训。它要求人们面对未来，对可能产生的结果进行合理的预测，只有提高预测的准确性，客观地把握未来的不确定性，才能提高决策的科学性。工程经济活动中可行性研究的主要内容之一就是要进行周密的市场调查，准确地估计项目的效益、费用及损失，这样就使得工程经济分析的预见性得到进一步提高。当然，由于人的有限理性，不可能做到对所有活动效果的估计都能准确无误，总是会产生一定的偏差，尤其是对一些具有创新性的工程项目。

4. 工程经济分析是对工程经济活动的系统评价

由于不同利益主体（如政府、社会团体、企业、个人等）追求的目标存在差异，对同一技术实践活动进行技术经济分析的立场不同、出发点不同、评价指标不同，因而评价结论有可能不同。例如，一些生产钢铁、化工产品的企业，如果只从企业本身的投入和产出的效益看，似乎有较好的经济效益，但是一旦企业在生产过程中产生大量的废气、废水和废渣，将对河流、湖泊及周边环境造成直接或间接的损害，这也是国家相关法律法规所不容许的。因此，为了防止一项工程经济活动在对一些利益主体有利的同时，可能损害到另一些利益主体，工程经济分析必须体现较强的系统性。系统性主要表现在以下三个方面：一是评价指标的多样性和多层次性，构成一个相对完善的指标体系；二是评价角度的多样性，根据评价的立场，可分为财务评价、国民经济评价和社会评价等；三是评价方法的多样性，常用的评价方法有定量与定性评价、静态与动态评价、单指标与多指标综合评价等。

需要注意的是，对于特定工程项目而言，由于多主体的目标利益的存在和项目各方案对目标的贡献有所差异，使得各方案在各分项效果方面的表现不一致。因此，在一定的时空和资源约束条件下，工程经济分析寻求的只是令人满意的整体方案，而非各分项效果均最佳的最优方案。

5. 满足可比条件是技术方案比较的前提

为了在工程项目的各项技术方案论证、分析与评价中能够客观、正确、全面地反映真实状况，并在方案优选过程中起到很好的决策指导作用，就必须使得各对比方案的条件一致（等同化），即具有“可比性”。由于各方案所涉及的因素极为复杂，加上有的因素难以量化表达，因此，也不可能做到绝对的一致。故在实际实践工作中，一般只能做到使得方案经济效果影响较大的主要方面达到一致或可比性要求，如产出成果使用价值的可比性、投入相关成本的可比性、时间因素的可比性、价格的可比性、定额指标的可比性、评价参数的可比性等。

在工程实践中，工程经济活动多以工程项目的形式出现，因此，本书对工程经济原理及方法的应用主要是针对工程项目展开。

本章小结

本章作为本书的导论部分，主要介绍了工程经济的相关概念、内涵及学科发展，工程经济学的研究对象、内容和学科特点，工程经济分析的原则与步骤，以及工程经济学的基本原理。

本章练习题

一、单项选择题

1.（　　）的理论贡献也得到了社会的公认，被誉为“工程经济学之父”。

A. 格兰特　　B. 惠灵顿　　C. 布希　　D. 里格斯

2. 工程经济学以工程项目为主体，以（　　）系统为核心，以（　　）为手段，研究如何有效利用资源和提高经济效益的学科。

A. 经济系统；技术分析方法　　B. 技术系统；技术分析方法

C. 技术-经济；经济分析方法　　D. 技术系统；经济分析方法

3. 工程经济学研究的对象是（　　）。

A. 工程技术的实践效果　　B. 技术-经济

C. 具体的工程项目　　D. 工程项目技术经济分析的最一般方法

二、多项选择题

1. 工程经济学是工程科学和经济科学的交叉学科，其特点主要体现在（　　）。

A. 系统性　　B. 时效性　　C. 综合性

D. 实用性　　E. 优选性

2. 下列关于工程经济学说法错误的是（　　）。

A. 工程经济学的研究方法只是理论研究

B. 工程经济学分析的对象是以具体的工程项目为主体

C. 工程经济学主要侧重于方法论的研究

D. 工程经济学是研究如何通过技术创新与进步来促进经济增长的科学

E. 工程经济学是研究工程与经济的相互关系，以期达到技术与经济的最佳结合的科学

3. 从微观角度，工程经济学主要解决的问题有（　　）。

A. 是否存在其他可实施的工程项目

B. 探讨可能的技术方案/对工程经济活动的系统评价？

C. 项目实施的条件是否具备

D. 预测和指导工程活动

E. 实施该工程的选择方案的合理性

4. 工程经济分析的可比性原则主要是指（　　）。

A. 价格指标可比性　　B. 时间可比性　　C. 满足需要的可比性

D. 消耗费用的可比性　　E. 效益可比性

三、思考题

1. 简述工程、技术与经济的基本概念。
2. 试分析工程技术与经济的关系。
3. 工程经济学的基本含义是什么？
4. 工程经济学的研究对象和特点是什么？
5. 工程项目经济评价的基本原则是什么？
6. 如何理解工程经济分析的基本步骤？
7. 工程经济学的基本原理包含哪些？

2 工程项目运营的经济要素

本章的学习目标

- 掌握工程建设项目总投资的构成及其估算
- 掌握构成项目运营期间的成本与费用分析
- 熟悉项目投资、工程造价、项目资产等基本概念
- 了解营业收入与税金及附加的概念及其估算
- 了解利润、利润率、所得税等指标计算，以及净利润的分配

本章的知识结构图

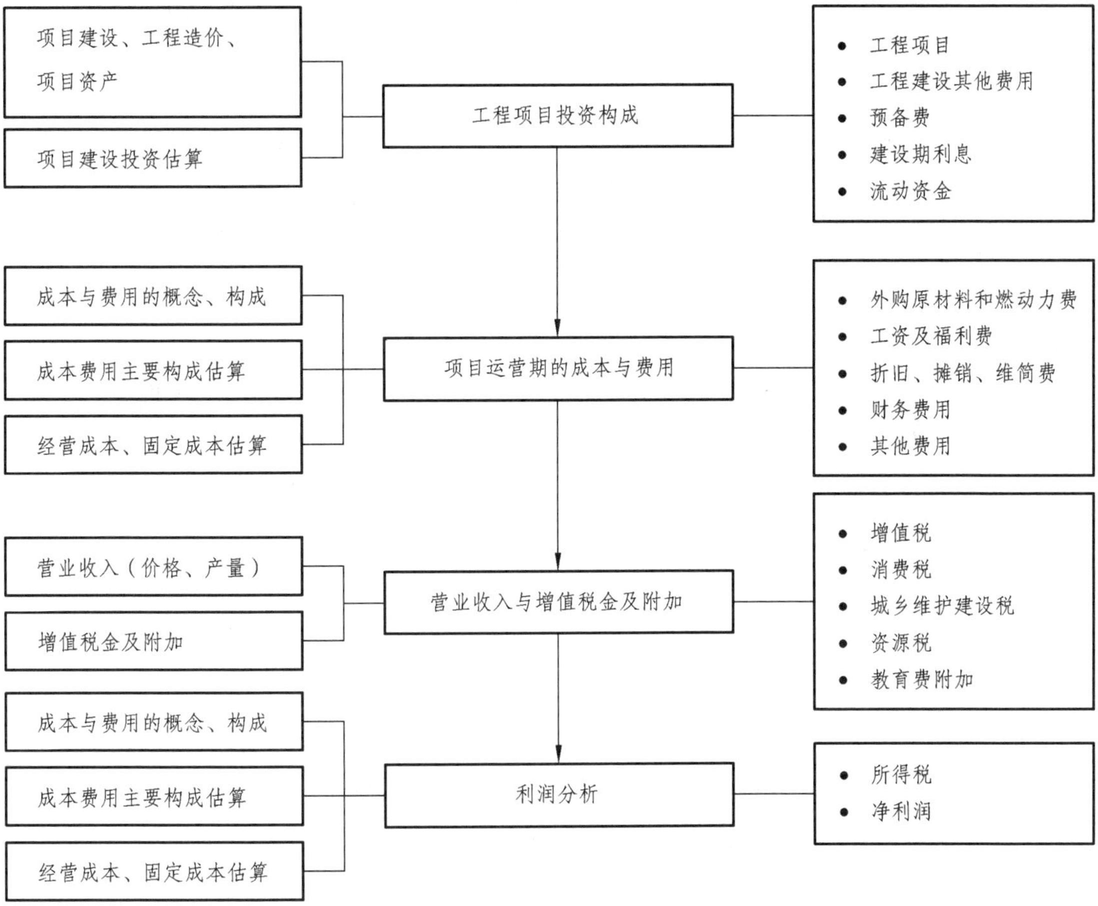

2.1　工程建设项目总投资及构成

2.1.1　建设项目投资的相关概念

1. 项目投资与工程造价

1）工程项目投资

投资是指一种特定的经济活动，即以期未来获得价值增值而进行货币或其他资源（如资金、土地、人力、技术、管理、智力等各种生产要素）垫付的经济活动过程。

建设项目总投资是为完成工程项目建设并达到使用要求或生产条件，在建设期内预计或实际投入的全部费用总和。生产性建设项目总投资包括建设投资、建设期利息和流动资金三部分；非生产性建设项目总投资包括建设投资和建设期利息两部分，其中建设投资和建设期利息之和对应于固定资产投资，固定资产投资与建设项目的工程造价在量上相等。工程造价基本构成包括：用于购买工程项目所含各种设备的费用；用于建筑施工和安装施工所需支出的费用；用于委托工程勘察设计应支付的费用；用于购置土地所需的费用；用于建设单位自身进行项目筹建和项目管理所花费的费用；等等。总之，工程造价是指在建设期预计或实际支出的建设费用。

工程造价中的主要构成部分是建设投资，建设投资是为完成工程项目建设，在建设期内投入且形成现金流出的全部费用。根据国家发改委和建设部发布的《建设项目经济评价方法与参数（第三版）》（发改投资〔2006〕1325 号）的规定，建设投资包括工程费用、工程建设其他费用和预备费三部分。工程费用是指建设期内直接用于工程建造、设备购置及其安装的建设投资，可以分为建筑安装工程费和设备及工器具购置费。工程建设其他费用是指建设期发生为项目建设或运营必须发生的但不包括在工程费用中的费用。预备费是指在建设期内因各种不可预见因素的变化而预留的可能增加的费用，包括基本预备费和价差预备费。建设项目总投资的具体构成内容如图 2-1 所示。

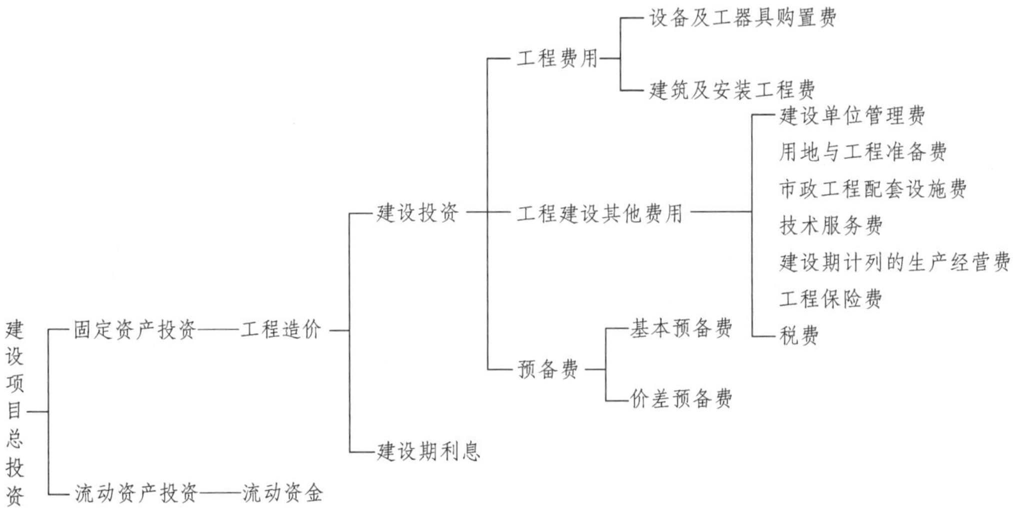

图 2-1　建设项目总投资的构成

流动资金指为进行正常生产运营，用于购买原材料、燃料、支付工资及其他运营费用等所需的周转资金。在可行性研究阶段用于财务分析时计为全部流动资金，在初步设计及以后阶段用于计算“项目报批总投资”或“项目概算总投资”时计为铺底流动资金。铺底流动资金是指生产经营性建设项目为保证投产后正常的生产运营所需，并在项目资本金中筹措的自有流动资金（见图 2-2）。

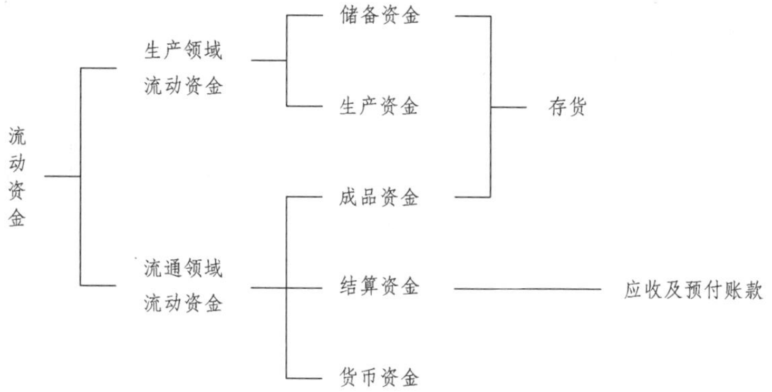

图 2-2　流动资金的构成

2）工程造价

工程造价是指工程项目的建造价格，即进行某项工程建设所花费的全部费用。工程造价的主要任务是：根据图纸、定额以及清单规范，计算出工程中所包含的直接费（人工、材料及设备、施工机具使用）、企业管理费、措施费、规费、利润及税金等。因此，工程计价的三要素：量、价、费。

工程造价从不同的角度分析，具有不同的含义：

一是从投资者（业主）的角度看，工程造价是指进行某项工程建设花费的全部费用，即投资者为了获取投资项目的预期收益，有计划地对项目进行策划、决策、建造实施、竣工验收及运营等一系列投资管理活动中的固定资产、无形资产和铺底流动资金等全部费用的总和。

二是从市场交易的角度看，工程造价是指为建成一项工程，预计或实际在土地市场、设备市场、技术劳务市场等交易活动中所形成的建筑安装工程的价格和建设工程总价格。以社会主义商品经济和市场经济为前提，它是以工程这种特定的商品形成作为交换对象，通过招投标、承发包或其他交易形成，在进行多次性预估的基础上，最终由市场形成的价格。

上述工程造价的两种含义是从不同角度把握同一事物的本质。对建设工程的投资者来说，工程造价就是项目投资，是“购买”项目付出的价格；同时也是投资者在作为市场供给主体时，“出售”项目时定价的基础。对于承包商来说，工程造价是他们作为市场供给主体出售商品和劳务的价格的总和，或是特指范围的工程造价，如建筑安装工程造价。

我国现行建筑工程造价费用项目构成可按费用构成要素划分，也可按造价形成划分，具体参见《建筑安装工程费用项目组成》（建标〔2013〕44 号文件）。

2. 投资形成的资产

建设项目总投资完成后，在竣工决算阶段，各构成总投资的费用，按照费用归属，形成了固定资产、流动资产、无形资产及递延资产（见图 2-3）。

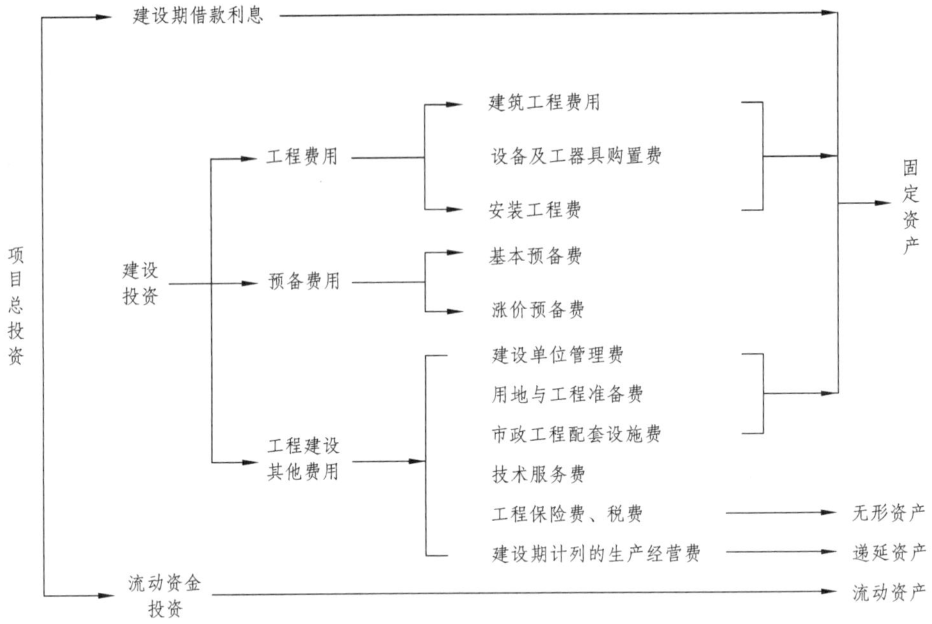

图 2-3　项目总投资的构成及所形成的资产

1）固定资产（Fixed Assets）

固定资产是指企业为生产产品、提供劳务、出租或者经营管理而持有的、使用时间超过 1 年的，价值达到一定标准的非货币性资产，包括房屋、建筑物、机器、机械、运输工具以及其他与生产经营活动有关的设备、器具、工具等。此外，使用年限超过 2 年的、不属于生产经营主要设备的物品，只要企业认为可以的且使用寿命大于一个会计年度的均可认定为固定资产。

2）流动资产（Current Assets）

流动资金是指企业可以在 1 年或者超过 1 年的一个营业周期内变现或者运用的资产，是企业为维持生产所占用的全部周转资金，在项目寿命期结束时，应予以回收。

流动资产主要包括货币资金（包括银行存款、库存现金等）、短期投资［指企业购入能够随时变现，并且持有时间不超过 1 年（含 1 年）的有价证券以及不超过 1 年（含 1 年）的其他投资，包括各种股票、债券、基金等］、应收票据（企业持有的未到期或未兑现的商业票据）、预付款项（是指企业在正常的经营过程中因销售商品、产品、提供劳务等业务，应向购买单位收取的款项，包括应由购买单位或接受劳务单位负担的税金、代购买方垫付的各种运杂费等）和存货（指企业或商家在日常活动中持有以备出售的原料或产品、处在生产过程中的半产品、在生产过程或提供劳务过程中耗用的材料及物料、销售存仓等）等。

3）无形资产（Intangible Assets）

无形资产是指企业为生产商品或者提供劳务、出租给他人，或以管理目的而持有的，没有实物形态的非货币性长期资产。无形资产是不具实物形态，但能带来经济利益的资产。企业自创的商誉以及未满足无形资产确认条件的其他项目，不能作为无形资产。

4）递延资产（Deferred Assets）

递延资产是指不能全部计入当期损益，应当在以后年度内分期摊销的各项费用。包括开办费、租入固定资产的改良支出以及摊销期限在一年以上的长期待摊费用、建设部门转来在建设期内发生的不计入交付使用财产价值的生产职工培训费、样品样机购置“大修理”等。

（1）开办费是企业在筹建期间实际发生的各项费用。包括筹建期间人员的工资、差旅费、办公费、职工培训费、印刷费、注册登记费、调研费、法律咨询费及其他开办费等。开办费应当自企业开始生产经营当月起，分期摊销，且摊销期不得少于5年。

（2）租入固定资产的改良支出是指对租入固定资产实施改良，因有助于提高固定资产的效用和功能，应当另外确认为一项资产。由于租入固定资产的所有权不属于租入企业，不宜增加租入固定资产的价值而作为递延资产处理。租入固定资产改良及大修理支出应当在租赁期内分期平均摊销。

（3）长期待摊费用是长期待摊费用的摊销期限均在1年以上的递延资产，包括一次性预付的经营租赁款、向金融机构一次性支付的债券发行费用以及摊销期在1年以上的固定资产大修理支出等。

（4）待摊费用是指不超过1年但大于1个月期间内分摊的费用，列在流动资产项目内。

2.1.2 建设工程项目总投资构成

建设工程项目总投资一般由建设投资、建设期利息和流动资金三部分组成。工程项目建设投资主要包括工程费、工程建设其他费和预备费，而工程费用由建筑安装工程费、设备及工器具购置费组成，工程建设其他费用主要包括建设单位管理费、用地与工程准备费、市政工程配套设施费、技术服务费、建设期计列的生产经营费、工程保险费、税费等组成。

在项目建设前期工作阶段，投资控制的重点是如何策划一个好的建设方案。在项目实施阶段，投资控制的重点是加强对建筑安装工程费用的管理。

1. 工程费用

1）建筑安装工程费用

建筑安装工程费是指为完成工程项目建造、生产性设备及配套工程安装所需的费用。

根据《建筑安装工程费用项目组成》（建标〔2013〕44号文件），（注：根据实际变化进行一定修改），我国现行建筑安装工程费用项目按两种不同的方式划分，即按费用构成要素划分和按造价形成划分，二者关系按费用构成要素划分和按造价形成划分关系图（见图2-4）。

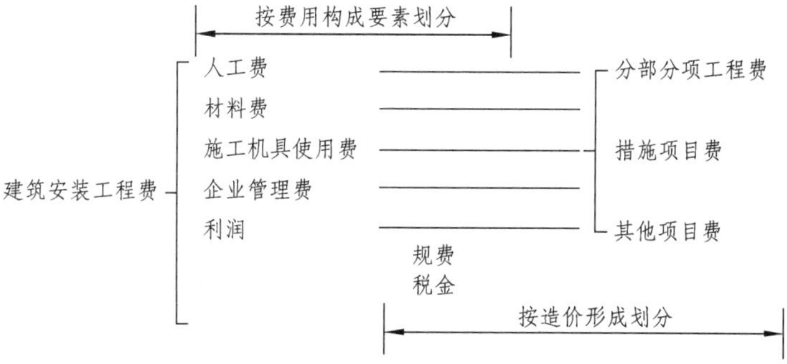

图2-4 按费用构成要素划分和按造价形成划分关系图

2）按费用构成要素划分建筑安装工程费用项目构成

按照费用构成要素划分，建筑安装工程费包括：人工费、材料费（包含工程设备，下同）、施工机具使用费、企业管理费、利润、规费和税金（见图 2-5）。

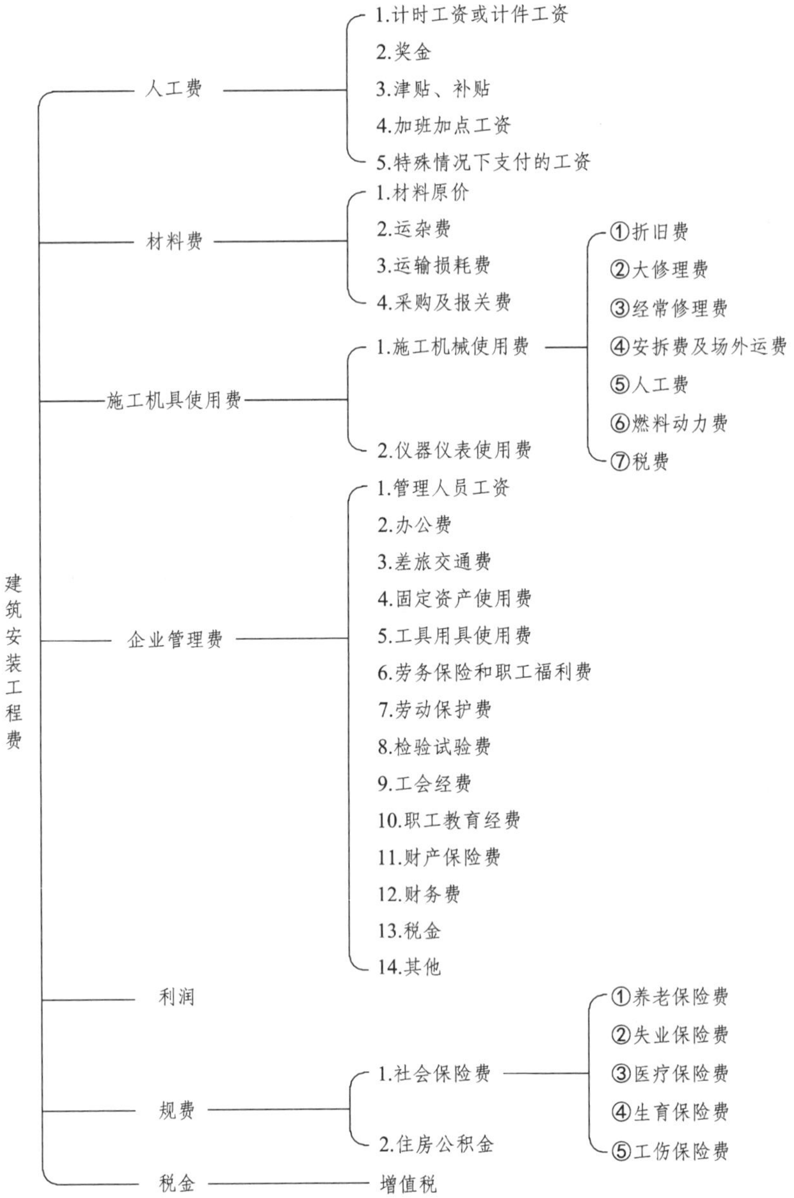

图 2-5　按费用构成要素划分建筑安装工程费

（1）人工费。

建筑安装工程费中的人工费，是指支付给直接从事建筑安装工程施工作业的生产工人的各项费用。计算人工费的基本要素有两个，即人工日消耗量和人工日工资单价。

（2）材料费。

建筑安装工程费中的材料费，是指工程施工过程中耗费的各种原材料、半成品、构配件、工程设备等的费用，以及周转材料等的摊销、租赁费用。计算材料费的基本要素是材料消耗量和材料单价。

（3）施工机具使用费。

建筑安装工程费中的施工机具使用费，是指施工作业所发生的施工机械、仪器仪表使用费或其租赁费。

（4）企业管理费。

企业管理费是指施工单位组织施工生产和经营管理所发生的费用，内容包括：管理人员工资、办公费、差旅交通费、固定资产使用费、工具用具使用费、劳动保险和职工福利费、劳动保护费、检验试验费、工会经费、职工教育经费、财产保险费、财务费、税金及其他等费用。

工程造价管理机构在确定计价定额中的企业管理费时，应以定额人工费或定额人工费与施工机具使用费之和作为计算基数，其费率根据历年积累的工程造价资料，辅以调查数据确定。

（5）利润。

利润是指施工单位从事建筑安装工程施工所获得的盈利，由施工企业根据企业自身需求并结合建筑市场实际自主确定。

（6）规费。

规费是指按国家法律、法规规定，由省级政府和省级有关权力部门规定施工单位必须缴纳或计取，应计入建筑安装工程造价的费用，主要包括社会保险费、住房公积金。

（7）增值税。

建筑安装工程费用中的增值税按税前造价乘以增值税税率确定。

① 采用一般计税方法时增值税的计算。

当采用一般计税方法时，建筑业增值税税率为 9%。计算公式为：

$$\text{增值税} = \text{税前造价} \times 9\% \qquad (2\text{-}1)$$

税前造价为人工费、材料费、施工机具使用费、企业管理费、利润和规费之和，各费用项目均以不包含增值税可抵扣进项税额的价格计算。

② 采用简易计税方法时增值税的计算。

根据《营业税改征增值税试点实施办法》《营业税改征增值税试点有关事项的规定》以及《关于建筑服务等营改增试点政策的通知》的规定，简易计税方法主要适用于以下几种情况：

一是小规模纳税人发生应税行为适用简易计税方法计税。小规模纳税人通常是指纳税人提供建筑服务的年应征增值税销售额未超过 500 万元，并且会计核算不健全，不能按规定报送有关税务资料的增值税纳税人。年应税销售额超过 500 万元但不经常发生应税行为的单位也可选择按照小规模纳税人计税。

二是一般纳税人以清包工方式提供的建筑服务，可以选择使用简易计税方法计税。以清包工方式提供建筑服务，是指施工方不采购建筑工程所需的材料或只采购辅助材料，并收取人工费、管理费或者其他费用的建筑服务。

三是一般纳税人为甲供工程提供的建筑服务，可以选择使用简易计税方法计税。甲供工程是指全部或部分设备、材料、动力由工程发包方自行采购的建筑工程。其中建筑工程总承包单位为房屋建筑的地基与基础、主体结构提供工程服务，建设单位自行采购全部或部分钢材、混凝土、砌体材料、预制构件的，适用简易计税方法计税。

四是一般纳税人为建筑工程老项目提供的建筑服务，可以选择使用简易计税方法计税。建筑工程老项目是指:《建筑工程施工许可证》注明的合同开工日期在 2016 年 4 月 30 日前的建筑工程项目；未取得《建筑工程施工许可证》的，建筑工程承包合同注明的开工日期在 2016 年 4 月 30 日前的建筑工程项目。

当采用简易计税方法时，建筑业增值税税率为 3%。计算公式为：

$$增值税 = 税前造价 \times 3\% \qquad (2\text{-}2)$$

税前造价为人工费、材料费、施工机具使用费、企业管理费、利润和规费之和，各费用项目均以包含增值税进项税额的含税价格计算。

3）按造价形成划分建筑安装工程费用项目构成

建筑安装工程费按照工程造价形成由分部分项工程费、措施项目费、其他项目费、规费、税金组成，分部分项工程费、措施项目费、其他项目费包含人工费、材料费、施工机具使用费、企业管理费和利润（见图 2-6）。

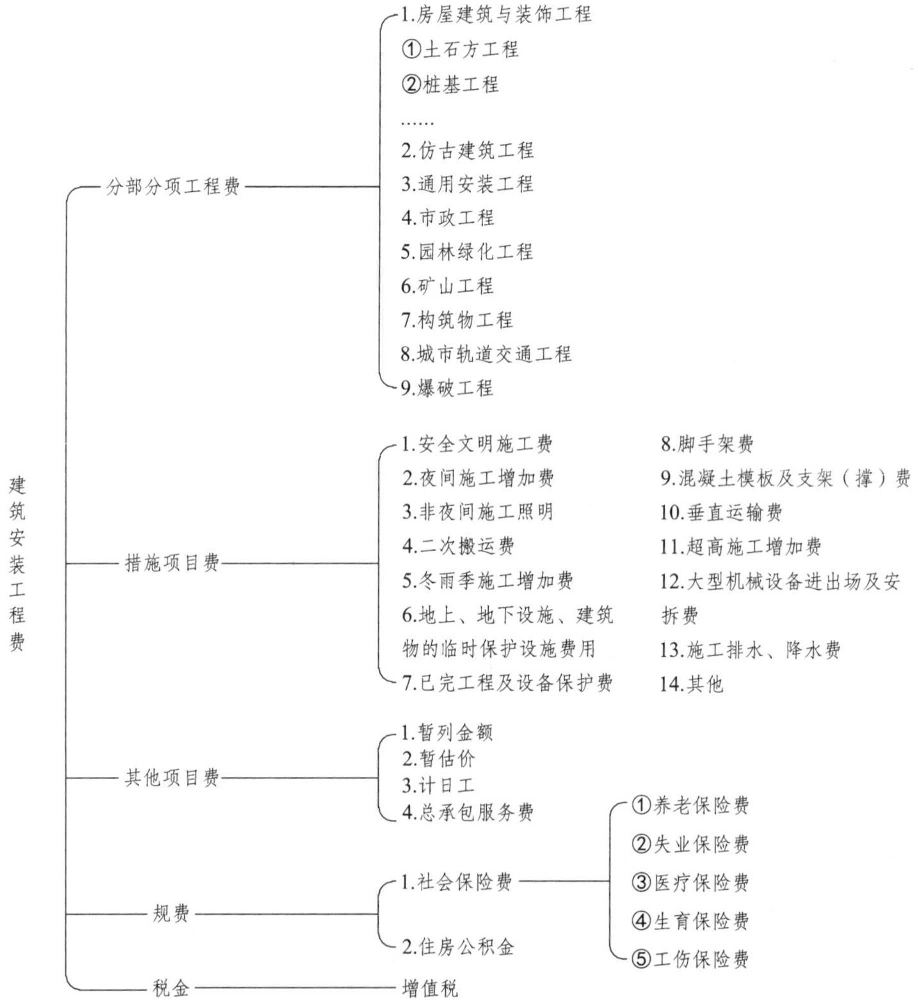

图 2-6　按工程造价形成顺序划分建筑安装工程费

2. 设备及工器具购置费

设备及工器具购置费用主要是由设备购置费用和工具、器具及生产家具购置费用组成。在工业建设工程项目中，设备及工器具费用与资本的有机构成相联系，是固定资产投资中积极部分，设备及工器具费用占投资费用的比例大小，意味着生产技术的进步和资本有机构成的程度。设备及工器具购置投资构成如图 2-7 所示

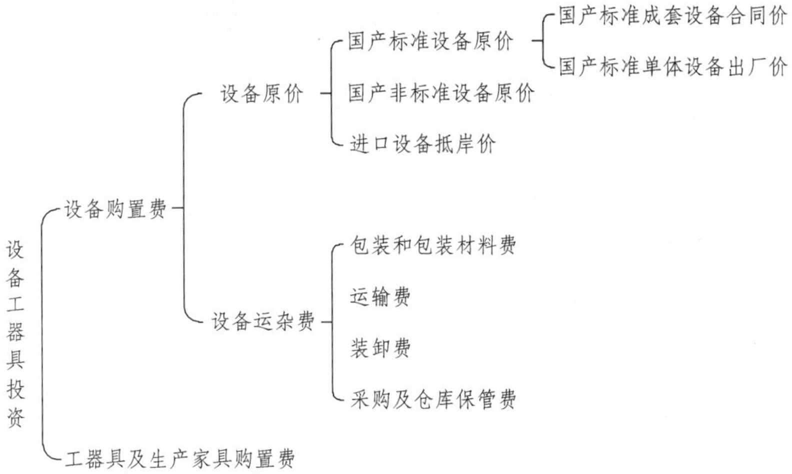

图 2-7　设备及工器具购置费构成

1）设备购置费的构成和计算

设备购置费是指为建设工程购置或自制的达到固定资产标准的设备、工具、器具的费用。所谓固定资产标准，是指使用年限在一年以上，单位价值在国家或各主管部门规定的限额以上。新建项目和扩建项目的新建车间购置或自制的全部设备、工具、器具，不论是否达到固定资产标准，均计入设备、工器具购置费中。

设备购置费包括设备原价和设备运杂费，即：

设备购置费 = 设备原价或进口设备抵岸价 + 设备运杂费　　（2-3）

上述的设备原价国产标准设备原价（带配件）、非标准设备原价。设备运杂费系指设备原价中未包括的包装和包装材料费、运输费、装卸费、采购费及仓库保管费、供销部门手续费等。

国产标准设备是指按照主管部门颁布的标准图纸和技术要求，由生产设备大批量生产的，符合国家质量检验标准的设备。国产标准设备原价一般指的是设备制造厂的交货价，即出厂价（带有配件）。

国产非标准设备是指国家尚无定型标准，各设备生产厂不可能在工艺过程中采用批量生产，只能按一次订货，并根据具体的设备图纸制造的设备。非标准设备原价有成本计算估价法、系列设备插入估价法、分部组合估价法、定额估价法等多种计算方法。

2）进口设备抵岸价的构成及其计算

进口设备抵岸价是指抵达买方边境港口或边境车站，且交完关税以后的价格。

进口设备的交货方式可分为内陆交货类、目的地交货类、装运港交货类。内陆交货类即卖方在出口国内陆的某个地点完成交货任务。目的地交货类即卖方要在进口国的港口或内地交货，包括目的港船上交货价，目的港船边交货价（*FOS*）和目的港码头交货价（关税已付）及完税后交货价（进口国目的地的指定地点）。装运港交货类即卖方在出口国装运港完成交货任务。主要有离岸价（*FOB*）（装运港船上交货价）和到岸价（*CIF*）（运费、保险费在内价）。

（1）进口设备抵岸价的构成

进口设备如果采用装运港船上交货价（*FOB*），其抵岸价构成为：

进口设备抵岸价 = 货价 + 国外运费 + 国外运输保险费 + 银行财务费 +
外贸手续费 + 进口关税 + 增值税 + 消费税 +
海关监管手续费　（2-4）

① 进口设备的货价。

货价 = 离岸价（*FOB* 价）× 人民币外汇牌价　（2-5）

② 国外运费。

国外运费 = 离岸价（*FOB* 价）× 运费率

或　国外运费 = 运量 × 单位运价　（2-6）

式中，运费率或单位运价参照有关部门或进出口公司的规定。计算进口设备抵岸价时，再将国外运费换算为人民币。

③ 国外运输保险费。

国外运输保险费 = [(离岸价 + 国外运费)/(1 − 国外运输保险费率)] × 国外运输保险费率　（2-7）

注意：进口设备按照到岸价计算时，进口从属费用不包括国外运费和国外运输保险费。

④ 银行财务费（银行手续费）。

银行财务费 = 离岸价 × 人民币外汇牌价 × 银行财务费率

式中，银行财务费率一般为 0.4% ~ 0.5%。

⑤ 外贸手续费。

按商务部规定的外贸手续费率计取外贸手续，外贸手续费率一般取 1.5%。

外贸手续费 = 进口设备到岸价（*CIF*）× 人民币外汇牌价 × 外贸手续费率　（2-8）

式中，进口设备到岸价（*CIF*）= 离岸价（*FOB*）+ 国外运费 + 国外运输保险费

⑥ 进口关税。

关税是由海关对进出国境的货物和物品征收的一种税，属于流转性课税。

进口关税 = 到岸价 × 人民币外汇牌价 × 进口关税率　（2-9）

⑦ 消费税。

消费税是对部分进口产品（如轿车等）征收。

$$进口环节消费税=[(进口设备到岸价\times人民币外汇牌价+进口关税)/(1-消费税税率)]\times消费税税率 \quad (2\text{-}10)$$

⑧ 增值税。

$$进口产品增值税额=组成计税价格\times增值税率 \quad (2\text{-}11)$$

$$组成计税价格=[到岸价(CIF)\times人民币外汇牌价+进口关税+消费税]\times17\%$$

⑨ 海关监管手续费。

$$海关监管手续费=到岸价\times人民币外汇牌价\times海关监管手续费率 \quad (2\text{-}12)$$

全额收取关税的设备，不收取海关监管手续费。

（2）设备运杂费的构成与计算。

① 设备运杂费的构成。

国产标准设备由设备制造厂交货地点起至工地仓库（或施工组织设计指定的需要安装设备的堆放地点）止所发生的运费和装卸费。

进口设备则由我国到岸港口、边境车站起至工地仓库（或施工组织设计指定的需要安装设备的堆放地点）止所发生的运费和装卸费。

在设备出厂价格中没有包含的设备包装和包装材料器具费；在设备出厂价或进口设备价格中如已包括了此项费用，则不应重复计算。

供销部门的手续费，按有关部门规定的统一费率计算。

建设单位（或工程承包公司）的采购与仓库保管费。这些费用可按主管部门规定的采购保管费率计算。

② 设备运杂费的计算。

设备运杂费按设备原价乘以设备运杂费率计算。其计算公式为

$$设备运杂费=设备原价\times设备运杂费率 \quad (2\text{-}13)$$

【例题 2-1】 某公司进口一套重 1 000 吨的机械设备，实行装运港船上交货，即离岸价（*FOB*）为 500 万美元。其他有关费用参数：国际运费标准为 300 美元/吨，海上运输保险费率为 0.25%，银行手续费率为 0.5%，外贸手续费率为 1.5%，关税税率为 22%，增值税率为 17%，美元的银行外汇牌价为 1 美元 = 6.2 元人民币，设备国内运杂费率为 2.5%。试估算该设备的购置费。

解：根据上述各项费用的计算式，有如下计算：

进口设备货价 = 500 × 6.2 = 3 100（万元）

国际运费 = 1 000 × 300 × 6.2 = 186（万元）

国外运输保险费 = [(3 100 + 186)/(1 − 0.25%)] × 0.25% = 8.24（万元）

进口关税 = (3 100 + 186 + 8.24) × 22% = 724.73（万元）

增值税 = (3 100 + 186 + 8.24 + 724.73) × 17% = 683.22（万元）

银行财务费 = 3 100 × 0.5% = 15.5（万元）

外贸手续费 = (3 100 + 186 + 8.24) × 1.5% = 49.41（万元）

国内运杂费 = 3 100 × 2.5% = 77.5（万元）

设备购置费 = 3 100 + 186 + 8.24 + 724.73 + 683.22 + 15.5 + 49.41 + 77.5 = 4 844.6（万元）

（2）工器具及生产家具购置费计算。

工器具及生产家具购置费是指新建项目或扩建项目初步设计规定所必须购置的不够固定资产标准的设备、仪器、工卡模具、器具、生产家具和备品备件的费用，其计算公式一般为

$$工器具及生产家具购置费 = 设备购置费 \times 定额费率 \quad (2\text{-}14)$$

3. 工程建设其他费用

工程建设其他费用是指建设期发生的与土地使用权取得、全部工程项目建设以及未来生产经营有关的，除工程费用、预备费、增值税、建设期融资费用、流动资金以外的费用。

政府有关部门对建设项目管理监督所发生的，并由其部门财政支出的费用，不得列入相应建设项目的工程造价。

1）建设单位管理费

建设单位管理费是指项目建设单位从项目筹建之日起至办理竣工财务决算之日止发生的管理性质的支出，包括：工作人员薪酬及相关费用、办公费、办公场地租用费、差旅交通费、劳动保护费、工具用具使用费、固定资产使用费、招募生产工人费、技术图书资料费（含软件）、业务招待费、竣工验收费和其他管理性质开支。

实行代建制管理的项目，计列代建管理费等同建设单位管理费，不得同时计列建设单位管理费。委托第三方行使部分管理职能的，其技术服务费列入技术服务费项目。

2）用地与工程准备费

用地与工程准备费是指取得土地与工程建设施工准备所发生的费用，包括：土地使用费和补偿费①、场地准备费、临时设施费等。

3）市政公用配套设施费

市政公用配套设施费是指使用市政公用设施的工程项目，按照项目所在地政府有关规定建设或缴纳的市政公用设施建设配套费用。市政公用配套设施可以是界区外配套的水、电、路、信等，包括绿化、人防等配套设施。

4）技术服务费

技术服务费是指在项目建设全部过程中委托第三方提供项目策划、技术咨询、勘察设计、

---

① 建设用地的取得，实质是依法获取国有土地的使用权。根据《中华人民共和国土地管理法》（2019 年）、《中华人民共和国土地管理法实施条例》（2014 年）、《中华人民共和国城市房地产管理法》（2019 年）规定，获取国有土地使用权的基本途径有出让（一般采取拍卖、招标或双方协议的方式。国家将国有土地使用权在一定年限内出让给土地使用者，由土地使用者向国家支付土地使用权出让金）、划拨（如：国家机关用地和军事用地；城市基础设施用地和公益事业用地；国家重点扶持的能源、交通、水利等基础设施用地）、租赁和转让等。并明确规定：征收土地应当给予公平、合理的补偿，保障被征地农民原有生活水平不降低、长远生计有保障。征收土地应当依法及时足额支付土地补偿费、安置补助费以及农村村民住宅、其他地上附着物和青苗等的补偿费用，并安排被征地农民的社会保障费用。征收农用地的土地补偿费、安置补助费标准由省、自治区、直辖市通过制定公布区片综合地价确定。

项目管理和跟踪验收评估等技术服务发生的费用。技术服务费包括可行性研究费、专项评价费、勘察设计费、监理费、研究试验费、特殊设备安全监督检验费、监造费、招标费、设计评审费、技术经济标准使用费、工程造价咨询费及其他咨询费。按照国家发展改革委关于《进一步放开建设项目专业服务价格的通知》(发改价格〔2015〕299号)的规定，技术服务费应实行市场调节价。

5）建设期计列的生产经营费

建设期计列的生产经营费是指为达到生产经营条件在建设期发生或将要发生的费用。包括专利及专有技术使用费、联合试运转费、生产准备费等。

6）工程保险费

工程保险费是指为转移工程项目建设的意外风险，在建设期内对建筑工程、安装工程、机械设备和人身安全进行投保而发生的费用。包括建筑安装工程一切险、引进设备财产保险和人身意外伤害险等。不同的建设项目可根据工程特点选择投保险种①。

7）税费

按财政部《基本建设项目建设成本管理规定》(财建〔2016〕504号)工程其他费中内有关规定，税费统一归纳计列，是指耕地占用税、城镇土地使用税、印花税、车船使用税等行政性收费，不包括增值税。

4. 预备费

预备费是指在建设期内因各种不可预见因素的变化而预留的可能增加的费用，包括基本预备费和价差预备费。

1）基本预备费

(1）基本预备费的内容。

基本预备费是指投资估算或工程概算阶段预留的，由于工程实施中不可预见的工程变更及洽商、一般自然灾害处理、地下障碍物处理、超规超限设备运输等而可能增加的费用，亦可称为工程建设不可预见费。基本预备费一般由工程变更及洽商、一般自然灾害处理、不可预见的地下障碍物处理和超规超限设备运输增加的费用四部分构成。

(2）基本预备费的计算。

基本预备费是按工程费用和工程建设其他费用二者之和为计取基础，乘以基本预备费费率进行计算。

$$\text{基本预备费}=(\text{工程费用}+\text{工程建设其他费用})\times\text{基本预备费费率} \quad (2\text{-}15)$$

式中，基本预备费费率的取值应执行国家及有关部门的规定。

① 根据不同的工程类别，分别以其建筑、安装工程费乘以建筑、安装工程保险费率计。民用建筑（住宅楼、综合性大楼、商场、旅馆、医院、学校）占建筑工程费的2‰～4‰；其他建筑（工业厂房、仓库、道路、码头、水坝、隧道、桥梁、管道等）占建筑工费的3‰～6‰；安装工程（农业、工业、机械、电子、电器、纺织、矿山、石油、化及钢铁工业、钢结构桥梁）占建筑工程费的3‰～6‰。

2）价差预备费

（1）价差预备费的内容。

价差预备费是指为在建设期内利率、汇率或价格等因素的变化而预留的可能增加的费用，亦称为价格变动不可预见费。价差预备费的内容包括：人工、设备、材料、施工机具的价差费，建筑安装工程费及工程建设其他费用调整，利率、汇率调整等增加的费用。

（2）价差预备费的测算方法。

价差预备费一般根据国家规定的投资综合价格指数，按估算年份价格水平的投资额为基数，采用复利方法计算。计算公式为

$$PF=\sum_{t=1}^{n}I_t[(1+f)^m(1+f)^{0.5}(1+f)^{t-1}-1] \tag{2-16}$$

式中：PF——价差预备费；

n——建设期年份数；

I_t——建设期中第 t 年的静态投资计划额，包括工程费用、工程建设其他费用及基本预备费；

f——年涨价率；年涨价率，政府部门有规定的按规定执行，没有规定的由可行性研究人员预测。

m——建设前期年限（从编制估算到开工建设，年）。

【例题 2-2】 某建设项目建安工程费 5 000 万元，设备购置费 3 000 万元，工程建设其他费用 2 000 万元，已知基本预备费率 5%，项目建设前期年限为 1 年，建设期为 3 年，各年投资计划额为：第一年完成投资 20%，第二年 60%，第三年 20%。年均投资价格上涨率为 6%，求建设项目建设期间价差预备费。

解： 基本预备费 = (5 000 + 3 000 + 2 000) × 5% = 500（万元）

静态投资 = 5 000 + 3 000 + 2 000 + 500 = 10 500（万元）

建设期第一年完成投资 = 10 500 × 20% = 2 100（万元）

第一年涨价预备费为 $PF_1=I_1[(1+f)(1+f)^{0.5-1}]=191.8$（万元）

第二年完成投资 = 10 500 × 60%=6300（万元）

第二年涨价预备费为 $PF_2=I_2[(1+f)(1+f)^{0.5}(1+f)^{-1}]=987.9$（万元）

第三年完成投资 = 10 500 × 20% = 2 100（万元）

第三年涨价预备费为 $PF_3=I_3\ [(1+f)(1+f)^{0.5}(1+f)^{2-1}]=475.1$（万元）

所以，建设期的涨价预备费为：$P_F=191.8+987.9+475.1=1\ 654.8$（万元）

5. 建设期利息

建设期利息主要是指在建设期内发生的为工程项目筹措资金的融资费用及债务资金利息。建设期利息的计算，根据建设期资金用款计划，在总贷款分年均衡发放前提下，可按当年借款在年中支用考虑，即当年借款按半年计息，上年借款按全年计息。计算公式为：

$$每年应计利息=\left(年初借款本息累计+\frac{本年借款额}{2}\right)\times 年利率$$

$$I_j=\left(P_{j-1}+\frac{1}{2}A_j\right)\cdot i \tag{2-17}$$

式中　I_j——建设期 j 年应计利息；

P_{j-1}——第 $(j-1)$ 年末累计贷款本金与利息之和；

A_j——建设期第 j 年贷款金额；

i——年利率。

利用国外贷款的利息计算中，年利率应综合考虑贷款协议中向贷款方加收的手续费、管理费、承诺费，以及国内代理机构向贷款方收取的转贷费、担保费和管理费等。

【例题 2-3】 某新建项目，建设期为 3 年，分年均衡进行贷款，第一年贷款 300 万元，第二年贷款 600 万元，第三年贷款 400 万元，年利率为 12%，建设期内利息只计息不支付，求建设期利息。

解：在建设期，各年利息计算如下：

$$I_1=1/2\times300\times12\%=18\text{（万元）}$$

$$I_2=(300+18+1/2\times600)\times12\%=74.18\text{（万元）}$$

$$I_3=(318+600+74.16+1/2\times400)\times12\%=143.06\text{（万元）}$$

所以，建设期利息 $=I_1+I_2+I_3=18+74.16+143.06=235.22$（万元）

6. 流动资金

流动资金是生产经营性项目投产后，为进行正常生产运营，用于购买原材料、燃料，支付工资及其他经营费用等所需的周转资金，是企业理财工作的一项重要内容。

广义的流动资金指企业全部的流动资产，包括现金、存货（材料、在制品及成品）、应收账款、有价证券、预付款等。

狭义的流动资金是指项目投产运营后所需的全部流动资产扣除流动负债的余额，即

$$\text{流动资金}=\text{流动资产}-\text{流动负债} \tag{2-18}$$

其中：

$$\text{流动资产}=\text{应收账款}+\text{预付账款}+\text{存货}+\text{现金}$$

$$\text{流动负债}=\text{应付账款}+\text{预收账款}$$

2.1.3　项目建设投资的估算

1. 项目建设投资估算的含义

项目建设投资估算是在投资决策阶段，以方案设计或可行性研究文件为依据，在研究并确定项目的建设规模、产品方案、技术方案、工艺技术、设备方案、厂址方案、工程建设方案以及项目进度计划等的基础上，按照规定的程序、方法和依据，对拟建项目所需建设投资及其构成进行的预测和估计。

2. 项目建设投资估算的作用

投资估算作为论证拟建项目的重要经济文件，既是建设项目技术经济评价和投资决策的重要依据，又是该项目实施阶段投资控制的目标值。投资估算在建设工程的投资决策、造价控制、筹集资金等方面都有重要的作用。

项目建议书阶段的投资估算，是项目主管部门审批项目建议书的依据之一，并对项目的规划规模起参考作用。项目可行性研究阶段的投资估算，是项目投资决策的重要依据，是研究分析项目投资经济效果的重要条件；工程项目的估算不仅对其设计概算起控制作用，还是项目筹措资金及制订建设贷款计划、核算建设项目固定资产投资需要额及编制固定资产投资计划的重要依据。在工程设计招标中，估算是优选设计单位和设计方案，是衡量设计方案的经济合理性的重要依据。

3. 项目建设投资估算的依据

投资估算的编制依据主要有以下几个方面：

（1）国家、行业和地方政府的有关规定。

（2）工程勘察与设计文件，图示计量或有关专业提供的主要工程量和主要设备清单。

（3）行业部门、项目所在地工程造价管理机构或行业协会等编制的投资估算指标、概算指标（定额）、工程建设其他费用定额（规定）、综合单价、价格指数和有关造价文件等。

（4）类似工程的各种技术经济指标和参数。

（5）工程所在地的同期的工、料、机市场价格，建筑、工艺及附属设备的市场价格和有关费用。

（6）政府有关部门、金融机构等部门发布的价格指数、利率、汇率、税率等有关参数。

（7）与建设项目相关的工程地质资料、设计文件、图纸等。

（8）委托人提供的其他技术经济资料。

4. 项目建设投资估算的方法

项目建设投资估算采用何种方法应取决于要求达到的精确度，而精确度又由项目前期研究阶段的不同以及资料数据的可靠性决定。因此，在投资项目前期研究的不同阶段，允许采用繁简不同、深浅不同的估算方法。常用的估算方法有生产能力指数法、生产规模指数法、比例估算法。

1）单位生产能力估算法

依据调查的统计资料，利用相近规模的单位生产能力投资乘以建设规模，即得拟建项目投资。其计算公式为

$$Y_2 = \frac{X_2}{X_1} Y_1 \times C_f \qquad (2\text{-}19)$$

式中　Y_2——拟建设项目的投资额；

　　　Y_1——已建设类似项目的投资额；

X_1——已建设类似项目的规模（或生产能力）；

X_2——拟建设项目的规模（或生产能力）；

C_f——不同时期、不同地点的定额、单价、费用变更等调整系数。

此方法把项目的建设投资与其生产能力的关系视为简单的线性关系，估算结果精确度较差。这种方法主要用于新建项目或装置的估算，十分简便迅速，但要求掌握足够的典型工程的历史数据。因此，采用该方法时应注意以下几点：一是建设地点的地方差异性（如社会经济、自然条件、材料和设备来源、交通运输状况等）；二是工程的配套性差异（公用工程、辅助工程、厂外工程和生活福利工程等配套设施的差异及变化各不相同，并不与主体工程的变化呈线性关系）；三是时间的差异性（时间的差异可能使得项目建设在技术、标准、价格等方面发生变化）。

2）生产规模指数估算法

生产能力指数法又称指数估算法，它是根据已建成的类似项目生产能力和投资额来粗略估算拟建项目投资额的方法。其计算公式为

$$Y_2 = Y_1\left(\frac{X_2}{X_1}\right)^n \times C_f \tag{2-20}$$

式中 Y_2——拟建设项目的投资额；

Y_1——已建设类似项目的投资额；

X_1——已建设类似项目的规模（或生产能力）；

X_2——拟建设项目的规模（或生产能力）；

C_f——不同时期、不同地点的定额、单价、费用变更等调整系数；

n——生产能力指数。

该方法较单位生产能力估算法精度有所提高，在不同阶段均有运用，但要求类似项目的资料可靠、条件基本相同，否则将会增大估算误差。该方法中生产能力指数 n 是一个关键因素。不同项目的生产能力指数都需具备合理性，不同行业、性质、工艺流程、建设水平、生产率水平的项目，生产能力指数是不相同的。

选取 n 值的原则是：靠增加设备、装置的数量以及靠增大生产场所来扩大生产规模时，n 取 0.8 ~ 0.9；靠提高设备、装置的功能和效率来扩大生产规模时，n 取 0.6 ~ 0.7。另外，拟建项目生产能力与已建同类项目生产能力的比值应有一定的限制范围，一般这一比值不能超过 50 倍，且在 10 倍以内效果较好。因此，生产能力指数法多用于估算生产装置投资。

3）比例估算法

比例估算法是从某一时期、某一地区或某一企业的实际统计信息中的一定比例数，来推算另一时期、另一地区或另一企业的有关统计指标的方法。比例估算法多用于可行性研究阶段。

（1）以拟建项目或装置的设备费为基数的估算。

根据已建成的同类项目的建筑安装工程费和其他费用等占设备价值的百分比，求出相应的建筑安装工程及其他有关费用，其总和为拟建项目或装置的投资额。其计算公式为

$$C = E(1 + f_1P_1 + f_2P_2 + f_3P_3) + I \tag{2-21}$$

式中　C——拟建项目的投资额；

E——拟建项目根据设备清单按现行价格计算的设备费的总和；

P_1, P_2, P_3——已建成项目中的建筑、安装及工程建设其他费用分别占设备费的百分比；

f_1, f_2, f_3——由于时间因素引起的定额、价格、费用标准等变化的综合调整系数；

I——拟建项目的其他费用。

此方法适用于设备投资所占比例较大的项目。

（2）以拟建项目的工艺设备投资为基数的估算。

以拟建项目中主要的、投资比例较大的工艺设备的投资（含运杂费，也可含安装费）为基数，根据已建类似项目的统计资料，计算出拟建项目各专业工程费占工艺设备的比例，求出各专业投资，相加得工程费用，再加上其他费用，求得拟建项目的建设投资。其计算公式为

$$C = E(1 + f_1P_1' + f_2P_2' + f_3P_3' + \cdots) + I \tag{2-22}$$

式中　E——拟建项目根据当地价格计算的工艺设备投资；

P_1', P_2', P_3'——已建成项目中各专业工程费占工艺设备投资的百分比。

2.1.4　流动资金估算

流动资金是生产经营性项目投产后，为进行正常生产运营，用于购买原材料、燃料，支付工资及其他经营费用等所需的周转资金。流动资金的估算一般采用扩大指标估算法和分项详细估算法。

1. 扩大指标估算法

扩大指标估算法是一种简化的流动资金估算方法，一般可参照同类企业流动资金占建设投资、销售收入、经营成本的比例，或者单位产量占用流动资金的数额估算。虽然扩大指标估算法简便易行，但准确度不高，一般适用于项目建议书阶段或者小型项目的流动资金估算。

扩大指标估算法计算流动资金的公式为

$$\text{年流动资金额} = \text{年费用基数} \times \text{各类流动资金率}(\%) \tag{2-23}$$

其中，年费用基数可采用建设投资、销售收入、经营成本、单位产量、固定资产价值等指标。

按经营成本法多用于采掘工业项目所需流动资金的估算，这是因为经营成本可以比较综合地反映这类项目的物质消耗、生产技术、经营管理水平以及自然资源条件的差异等实际情况；按产值（或销售收入）资金率估算法较多地运用于一般加工工业项目；按单位产量估算法较适用于产品单一的项目（如煤矿项目），而火力发电厂、港口项目则更多采用按固定资产价值法估算。

2. 分项详细估算法

分项详细估算法是指根据投资项目在运营期内主要流动资产和流动负债要素的最低周转天数和预计周转额分别估算每一流动项目的占用额，进而确定各年流动资金投资。在可行性研究中，为简化起见，仅对存货、现金、应收账款和应付账款 4 项内容进行估算，计算公式为

流动资金 = 流动资产 − 流动负债　　（2-24）

流动负债 = 应付账款 + 预收账款

流动资产 = 应收账款 + 预付账款 + 存货 + 现金

流动资金本年增加额 = 本年流动资金 − 上年流动资金　　（2-25）

流动资金估算的具体步骤：首先计算存货、现金、应收账款、应付账款、预付账款和预收账款的年周转次数，然后再分项估算占用资金额。

1）周转次数计算

周转次数计算公式为

周转次数 = 360/最低周转天数　　（2-26）

存货、现金、应收账款和应付账款等各类资产的最低周转天数，可参照类似企业的平均周转天数并结合项目特点确定或按部门（行业）规定计算。

2）存货估算

存货是企业为销售或耗用而储备的各种货物，主要有原材料、辅助材料、燃料、低值易耗品、修理用备件、包装物、在产品、自制半成品和产成品等。为简化计算，仅考虑外购原材料、外购燃料、在产品和产成品，并分项进行计算。其计算公式为

存货 = 外购原材料、燃料 + 其他材料 + 在产品 + 产成品　　（2-27）

外购原材料、燃料 = 年外购原材料、燃料费用/原材料、燃料的周转次数

（注：按种分项确定的最低周转天数进行估算）　　（2-28）

在产品 = (年外购原材料、燃料的费用 + 年工资及福利费 + 年修理费 + 年其他制造费用)/在产品周转次数　　（2-29）

产成品 = (年经营成本 − 年其他营业费用)/产成品周转次数　　（2-30）

3）应收账款估算

应收账款是指企业已对外销售商品、提供劳务尚未收回的资金。其计算公式为

应收账款 = 年经营成本/应收账款周转次数　　（2-31）

4）预付账款和估算

预付账款是指企业为购买各类材料、半成品或服务所预先支付的款项。其计算式为

预付账款 = 外购商品或服务年费用金额/预付账款周转次数　　（2-32）

5）现金需要量估算

项目流动资金中的现金是指为维持正常生产运营所需的货币资金，包括企业存现金和银行存款。其计算公式为

现金需要量=(年工资及福利费+年其他费用)/现金周转次数　　（2-33）

年其他费用=制造费用+管理费用+销售费用−(以上3项费用中所含的工资及福利费、折旧费、维护费、摊销费、修理费)　　（2-34）

6）流动负债估算

流动负债是指在一年或超过一年的一个营业周期内需要偿还的各种债务（在项目前期的可行性研究中，流动负债一般只考虑应付账款和预收账款两项）。

流动负债=应付账款+预收账款

应付账款是指因购买原材料、商品或接受劳务供应等应支付给供给单位的款项。其计算公式为

应付账款=外购原材料、燃料动力及其他材料年费用/应付账款周转次数　　（2-35）

预收账款是指企业按照合同或协议规定向购货方预收的购货款。其计算公式为

预收账款=预收的营业收入/预收账款周转次数　　（2-36）

根据流动资金各项估算结果，汇总编制流动资金估算表（见表2-1）。

表2-1　流动资金估算表

序号	项　目	最低周转天数	周转次数	投产期		达设计能力生产期				合计
1	流动资产									
1.1	应收账款									
1.2	预付账款									
1.3	存　货									
1.3.1	原材料									
1.3.2	燃　料									
1.3.3	其他材料									
1.3.4	在产品									
1.3.5	产成品									
1.4	现　金									
2	流动负债									
2.1	应付账款									
2.2	预收账款									
3	流动资金（1−2）									
4	流动资金当期增加额									

3. 估算流动资金应注意的问题

（1）在采用分项详细估算法时，应根据项目实际情况分别确定现金、应收账款、存货、应付账款等分项的最低周转天数，并考虑一定的保险系数，必须切合实际地选用最低周转天数。对于存货中的外购原材料和燃料，要根据品种和来源、运输方式和运输距离，以及占用流动资金的比例大小等因素确定。

（2）在不同生产负荷下的流动资金，应按不同生产负荷所需的各项费用金额，分别按上述的计算公式进行估算，而不能直接按照 100% 生产负荷下的流动资金乘以生产负荷求得。

（3）流动资金属于长期性流动资产，流动资金的筹措可通过长期负债和资本金（一般要求占 30%）的方式解决。流动资金一般要求在投产前一年开始筹措，为简化计算，可规定在投产的第一年开始按生产负荷安排流动资金需用量。其借款部分按全年计算利息，流动资金利息应计入生产期间财务费用，项目计算期末收回全部流动资金（不含利息）。

2.2 工程项目运营期的成本与费用分析

工程项目投入使用后，即进入运营期。在运营期内，各年的成本费用由生产成本和期间费用两部分组成。

2.2.1 成本费用的概述

1. 成本费用的概念与构成

成本费用是指在项目生产经营期内组织和销售活动中发生的全部成本和费用。按照《企业会计制度》（财会〔2000〕25 号）对成本与费用的定义：费用是指企业为销售商品、提供劳务等日常活动所发生的经济利益的流出；成本则是指企业为生产产品、提供劳务而发生的各种耗费。成本与费用尽管都是企业经济资源的耗费，但两者的区别在于：成本是指工程耗用的各种生产资料的价值，是针对一定的成本核算对象（如某一项目）而言的，与工程项目的实际消耗相联系；费用则是针对一定的期间支付给劳动者的报酬。

从总成本费用的形成过程看，总成本主要由生产成本和期间费用构成。其中，生产成本主要由直接材料（含燃料、动力）、直接工资及福利、制造费及其他直接支出等部分构成；期间费用则包含管理费用、财务费用和营业费用等。

从构成总成本费用的生产要素来看，总成本主要由外购原材料、外购燃料和动力费、工资及福利、修理费、折旧费、摊销费、利息和其他费用等构成。

2. 机会成本和沉没成本

机会成本（Opportunity Cost）是指有限资源用于某种特定的用途而放弃其他各种用途的最大收益。即公司某一项资产一旦用于某新项目，就同时丧失了其他使用方式所能带来的潜在收益。机会成本的概念起源于资源的稀缺性，资源的稀缺性决定了须充分考虑某种资源用于其他用途的潜在收益，才能作出正确选择，使得有限资源的使用效率最大化。可见，机会成本并非实际发生的成本，在财务会计中并无体现，但在方案决策中却至关重要。

沉没成本（Sunk Cost）是指项目实施之前已经发生的成本，其对项目的投资决策不造成影响，但是成本一旦支出就无法得到补偿。

3. 工程经济中成本费用的分析特点

与财务会计中的成本费用分析相比，在工程经济学中的成本费用分析有如下特点；

一是财务会计中的成本和费用是指对于企业经营活动和产品生产过程中实际发生的各种费用支出的实际记录，具有唯一性和真实性；工程经济分析中成本与费用是指在一定假设前提之下对拟实施的投资方案未来情况的预测，具有不确定性。

二是会计中对成本费用的计算针对特定的会计期间的企业生产经营活动和过程；而工程经济分析的成本费用是指对某一工程项目方案的实施效果。

三是工程经济分析中的成本与费用，既涉及生产成本和期间费用等财务会计中的成本费用概念，同时还要考虑到如机会成本、资金成本等财务会计中没有的成本概念。

2.2.2 成本和费用的估算

根据《建设项目经济评价方法与参数》（第三版），总成本费用是指在运营期内为生产产品或提供服务所发生的全部费用，等于经营成本、折旧费、摊销费和财务费用之和。总成本费用的构成及估算通常采用以下两种方法：

1. 生产成本加期间费用估算法

采用生产成本加期间费用估算法，一般步骤是先分别估算各种产品的生产成本，然后与估算的管理费用、利息支出和营业费用相加，即可得到生产成本费用。其计算公式为

$$总成本费用=生产成本+期间费用 \tag{2-37}$$

其中：

$$生产成本=直接材料费+直接燃料和动力费+直接工资+其他直接支出+制造费用$$

$$期间费用=管理费用+营业费用+财务费用$$

需要说明的是，制造费用、管理费用和营业费在项目评价中一般做如下简化计算：

（1）制造费用是指企业为生产产品和提供劳务而发生的各项间接费用，主要包括管理人员工资及福利费、折旧费、修理费和其他制造费用等几部分。

（2）管理费用是指企业为管理和组织生产经营活动所发生的各项费用，主要包括管理人员工资及福利费、折旧费、无形资产和其他资产摊销、修理费和其他管理费用等几部分。

（3）营业费用是指企业在销售商品过程中发生的各项费用以及专设销售机构的各项费用，主要包括销售人员工资及福利费、折旧费、修理费和其他营业费用等几部分。

按照生产成本加期间费用法估算的总成本费用，编制如表 2-2 所示的总成本费用估算表。

表 2-2　某项目生产成本加期间费用估算

序号	项　目	合计	计算期					
			1	2	3	4	…	N
1	生产成本							
1.1	直接材料费							
1.2	直接燃料及动力费							
1.3	直接工资及福利费							
1.4	制造费							
1.4.1	折旧费							
1.4.2	修理费							
1.4.3	其他制造费							
2	管理费用							
2.1	无形资产摊销							
2.2	其他资产摊销							
2.3	其他管理费							
3	财务费用							
3.1	利息支出							
3.1.1	长期贷款利息							
3.1.2	流动资金借款利息							
3.1.3	短期贷款利息							
4	营业费用							
5	总成本费用合计（1+2+3+4）							
5.1	其中：可变成本							
5.2	固定成本							
6	经营成本（5－1.4.1－2.1－2.2－3.1）							

注：1. 本表适用于新设法人项目与既有法人项目的“有项目”“无项目”和增量总成本费用的估算。
2. 生产成本中的折旧费、修理费指生产性设施的固定资产折旧费和修理费。
3. 生产成本中的工资和福利费指生产性人员工资和福利费。车间或分厂管理人员工资和福利费可在制造费用中单独列项或含在其他制造费中。
4. 本表其他管理费用中含管理设施的折旧费、修理费以及管理人员的工资和福利费。

2. 生产要素估算法

当在项目生产运营之前进行经济分析时，可采用生产要素估算法，即从估算各种生产要素的费用入手，汇总得到总成本费用。将生产和销售过程中消耗的外购原材料、辅助材料、燃料和动力，人员工资福利，外部提供的劳务或者服务，当期应计提的折旧和摊销，以及应付的财务费用相加，得出总成本费用。采用这种估算方法时不必计算内部各生产环节成本的转移，也较容易计算可变成本和固定成本。

生产要素值估算法的计算公式为

$$总成本费用=外购原材料、燃料和动力费+工资及福利费+折旧费+摊销费+修理费+财务费用(利息支出)+其他费用 \quad (2\text{-}38)$$

2.2.3 成本费用主要构成的估算

1. 外购原材料和燃料动力的估算

1）外购原材料成本的估算

原材料成本是总成本费用的重要组成部分，其计算公式如下：

$$原材料成本=年产量\times单位产品原材料成本 \quad (2\text{-}39)$$

式中，年产量可根据测定的设计生产能力和生产负荷加以确定；单位产品原材料成本是依据原材料消耗定额及单价确定。工业项目生产所需要的原材料种类繁多，在进行项目评估时，可根据具体情况，选取耗用量较大的、主要的原材料为估算对象（耗用量小的并入“其他原材料”估算），依据国家有关规定和经验数据估算原材料成本。

2）外购燃料动力成本的估算

$$燃料动力成本=年产量\times单位产品燃料和动力成本 \quad (2\text{-}40)$$

公式中有关数据的确定方法同上，有关测算内容如表 2-2 所示。

2. 工资及福利的估算

工资及福利费包括在制造成本、管理费用和销售费用之中。为便于计算和进行项目的工程经济分析，可将上述各项成本中的工资及福利费分离出来单独估算。

1）工资的估算

工资的估算可采取以下两种方法：

一是按整个企业的职工定员数和人均年工资数计算年工资总额，其计算式为

$$年工资总额=企业职工定员数\times人均年工资额 \quad (2\text{-}41)$$

二是按照不同的工资级别对职工进行划分，分别估算同一级别职工的工资，然后再加以汇总。一般可分为五个级别，即高级管理人员、中级管理人员、一般管理人员、技术工人和一般工人等。若有外籍的技术和管理人员，要单独列出。

2）福利费的估算

福利费主要用于职工的保险费、医药费、医疗经费、职工生活困难补助以及按国家规定开支的其他职工福利支出，不包括职工福利设施的支出。一般可按照职工工资总额的一定比例提取。

3. 固定资产折旧的估算

投资所形成的固定资产在使用过程中会逐渐磨损和贬值，其价值逐步转移到产品中。将转移价值以折旧费的形式计入产品成本，产品销售后便以货币形式回到投资者手中。因此，折旧费不是投资项目在生产经营期的现金流出。摊销费也类似。但是，在估算利润总额和所得税时，折旧费和摊销费是总成本费用的组成部分。

固定资产的折旧方法是指将固定资产成本在其使用期限内合理、系统地进行分摊的方法。常用的折旧有年限平均法、工作量法（按照行驶里程或工作小时）、年数总和法、双倍余额递减法等。其中，年限平均法和工作量法属于直线折旧法，年数总和法和双倍余额递减法属于快速折旧法。

1）年限平均法

年限平均法是指将固定资产的应计折旧总额均衡地分摊到各期的一种折旧方法。采用这种方法计算的每期折旧额相等，因此，适用于那些在预计使用年限内提供的效用、损耗的速度都较为均衡的固定资产（如房屋、建筑物以及不受季节影响的动力、传导、加工和维修设备等）的折旧计算。具体计算公式如下：

$$年折旧率=\frac{1-预计净残值率}{折旧年限}\times 100\% \tag{2-42}$$

$$年折旧额=固定资产原值\times 年折旧率$$

也可采用：

$$年折旧额=\frac{固定资产原值\times(1-预计净残值率)}{折旧年限} \tag{2-43}$$

公式中各项参数的取值：固定资产原值根据工程费用、预备费和建设期利息计算求得；根据行业会计制度规定，固定资产净残值率一般可按照固定资产原值的3%～5%确定；各类固定资产的折旧年限可根据财政部的相关规定确定。

【例题 2-4】 某企业的机械设备资产原值为5 600万元，折旧年限为5年，预计残值率为10%。试按照年平均法计算该机械设备的折旧额。

解：

$$年折旧率=\frac{1-10\%}{5}\times 100\%=18.0\%$$

$$年折旧额=5\,600\times 18.0\%=1\,080\ （万元）$$

2）工作量法

工作量法是按照固定资产能提供的工作量分摊计提折旧的方法。对专用设备，可按实际完成的工作量法计提折旧，工作量法可按照专用设备折旧分为行驶里程法和工作小时法。

（1）行驶里程法。

$$单位里程折旧额=\frac{固定资产原值\times(1-预计净残值率)}{预计总行驶里程} \tag{2-44}$$

$$固定资产年折旧额=单位里程折旧额\times 年行驶里程 \tag{2-45}$$

该种方法适用于客、货运汽车等固定资产的计提折旧。

（2）工作时数法。

$$单位工作小时折旧额=\frac{固定资产原值\times(1-预计净残值率)}{预计总工作小时} \quad (2\text{-}46)$$

$$固定资产年折旧额=每工作小时折旧额\times年工作小时 \quad (2\text{-}47)$$

该种方法适用于大型专用设备的计提折旧。

3）**双倍余额递减法**

双倍余额递减法是根据年限平均法的折旧率加倍计算提取折旧，并在折旧年限到期前 2 年内，将固定资产净值扣除净产值后的净额平均摊销。其计算公式为

$$年折旧率=\frac{2}{折旧年限}\times100\% \quad (2\text{-}48)$$

$$年折旧额=固定资产净值\times年折旧率 \quad (2\text{-}49)$$

【例题 2-5】 根据例题 2-4，按照双倍余额递减法计算该设备的折旧额。

解： $年折旧额=\frac{2}{5}\times100\%=40\%$

第 1 年的折旧额 = 5 600 × 40% = 2 240（万元）

第 2 年的折旧额 = (5 600 − 2 240) × 40% = 1 344（万元）

第 3 年的折旧额 = (5 600 − 2 240 − 1 344) × 40% = 806.4（万元）

第 4 年初固定资产净值 = 5 600 − 2 240 − 1 344 − 806.4 = 1 209.6（万元）

净残值 = 5 600 × 10% = 560（万元）

第 4、5 年每年应提取的折旧额：

(第 4 年初固定资产净值 − 净残值)/2 = (1 209.6 − 560)/2 = 324.8（万元）

计算结果如表 2-3 所示。

表 2-3 该设备双倍余额递减法提取折旧计算表（单位：万元）

年　份	第 1 年	第 2 年	第 3 年	第 4 年	第 5 年
年折旧率	40%	40%	40%	—	—
年初固定资产净值	5 600	3 360	2 016	1 209.6	—
本年应提取折旧	2 240	1 344	806.4	324.8	324.8
年末固定资产净值	3 360	2 016	1 209.6	324.8	—

表中：应在第 4 年初固定资产净值扣除净残值后的净额，在最后 2 年内平均分摊。

值得注意的是：采用该种方法的目的是加速折旧，那么后一期计提的折旧额至少不应比其前期多。在采用双倍余额递减法时，为了避免固定资产的账面净值降低到其预计净残值以下，通常在固定资产折旧年限到期前两年内，将固定资产净值扣除预计净残值后的余额平均摊销，即最后两年改用直线法。

4）**年数总和法**

年数总和法是将尚可使用年限与预计使用年数合计之比当作“折旧率”，根据折旧的总额

乘以折旧的比率，确定年度折旧额。年数总和法也是一种加速折旧方法。折旧总额是固定资产原始价值减去净残值后的余额。

折旧比率的分母为固定资产使用年数的逐年数字总和；折旧比率的分子为固定资产尚可使用的年数。

$$年折旧率=\frac{折旧年限-已使用年限}{折旧年限\times(折旧年限+1)/2}\times100\% \tag{2-50}$$

$$年折旧额=(固定资产原值-预计净残值)\times年折旧率 \tag{2-51}$$

【例题 2-6】 根据例题 2-4，按照年数总和法计算该设备的折旧额。

解： 应计提固定资产折旧额 = 固定资产原值 − 预计产值

$$=5\,600\times(1-10\%)=5\,040（万元）$$

$$第1年的折旧额=5\,040\times\frac{5-0}{5\times(5+1)/2}\times100\%=1\,680（万元）$$

$$第2年的折旧额=5\,040\times\frac{5-1}{5\times(5+1)/2}\times100\%=1\,344（万元）$$

$$第3年的折旧额=5\,040\times\frac{5-2}{5\times(5+1)/2}\times100\%=1\,008（万元）$$

$$第4年的折旧额=5\,040\times\frac{5-3}{5\times(5+1)/2}\times100\%=672（万元）$$

$$第5年的折旧额=5\,040\times\frac{5-4}{5\times(5+1)/2}\times100\%=336（万元）$$

计算结果如表 2-4 所示。

表 2-4 该设备年数总和法提取折旧计算表（单位：万元）

年　份	第 1 年	第 2 年	第 3 年	第 4 年	第 5 年
固定资产原值 − 净残值	5 040	5 040	5 040	5 040	5 040
年折旧率	5/15	4/15	3/15	2/15	1/15
本年应提取折旧	1 680	1 344	1 008	672	336

4. 修理费估算

维修费是指为保持固定资产的正常运转和使用，充分发挥其使用效能，对其进行必要修理所发生的费用。按其修理范围的大小和修理时间间隔的长短可以分为大修理和中小修理。在项目评价中的维修费估算，可直接按照固定资产原值（扣除所含的建设期利息）的一定百分比估算，百分比则可根据项目的特点和同行业的经验确定。

5. 摊销费的估算

无形资产和递延资产的原始价值要在规定的年限内，按年度或产量转移到产品的成本之中，这一部分被转移的无形资产和递延资产的原始价值，称为摊销。企业通过计提摊销费，回收无形资产及递延资产的资本支出。因此，摊销费是无形资产和递延资产等一次性投入费用在摊销期内平均分期摊销的费用。

按照有关规定，无形资产从开始使用之日起，在有效使用期限内平均摊入成本。法律和合同规定了法定有效期限或者受益年限的，摊销年限从其规定（一般不少于 10 年）；否则，摊销年限应注意符合税法的要求。无形资产摊销费一般采用年平均法，且不计残值。

递延资产按照财务制度的规定在投产当年一次摊销。

6. 维简费估算

维简费是指采掘、采伐工业按生产产品数量（采矿按每吨原矿产量，林区按每立方米原木产量）提取的固定资产更新的技术改造资金，即维持简单再生产的资金，简称维简费。企业发生的维简费直接计入成本，其计算方法和折旧费相同，而这类采掘、采伐企业不计提固定资产折旧。

7. 财务费用估算

财务费用是指企业为筹集所需资金等而发生的费用，包括利息支出（减利息收入）、汇兑损失（减汇兑收益）及相关的手续费等。在项目的财务评价中，一般只考虑利息支出。利息支出的估算包括长期借款利息（即建设投资借款在投产后需支付的利息）、用于流动资金的借款利息和短期借款利息三部分。

1）长期利息的估算

长期借款利息是指对建设期间借款余额（含未支付的建设期利息）应在生产期支付的利息，包括等额还本付息方式、等额还本利息照付方式和最大能力还本方式 3 种计算利息的方法。其中，等额还本付息方式和等额还本利息照付是国际上通用的还本付息方式。

（1）等额还本付息。

等额还本付息方式是指在指定的还款期间内，每年还本付息的总额相同，随着本金的偿还，每年支付的利息逐年减少，同时每年偿还的本金逐年增多（见表 2-5）。其计算公式为

$$A = I_c \times \frac{i \times (1+i)^n}{(1+i)^n - 1} \tag{2-52}$$

其中 A——每年还本付息额；

I_c——还款年年初的本息和；

i——年利率；

n——预计还款期。

表 2-5 某项目借款等额还本付息偿还借款计算表（单位：万元）

年 份	第 1 年	第 2 年	第 3 年	第 4 年	第 5 年
年初本金	5 000	4 113	3 173	2 176	1 120
年利率	6%	6%	6%	6%	6%
本年应计利息	300	247	190	131	67
本年还本付息	1 187	1 187	1 187	1 187	1 187
本年应还本金	887	940	997	1 056	1 120
年末本金	4 113	3 173	2 176	1 120	0

（2）等额还本利息照付估算。

等额还本利息照付方式是指在每年等额还本的同时，支付逐年相应减少的利息（见表 2-6）。其计算公式为

$$A_t=\frac{I_c}{n}+\left[1-\frac{t-1}{n}\right]\times i \tag{2-53}$$

其中，每年支付利息＝年初本金累计×年利率，$\frac{I_c}{n}$为每年偿还本金。

表 2-6　某项目借款等额还本付息偿还借款计算表（单位：万元）

年　份	第 1 年	第 2 年	第 3 年	第 4 年	第 5 年
年初本金	5 000	4 000	3 000	2 000	1 000
年利率	6%	6%	6%	6%	6%
本年应计利息	300	240	180	120	60
本年应还本金	1 000	1 000	1 000	1 000	1 000
本年还本付息	1 300	1 240	1 180	1 120	1 060
年末本金	4 000	3 000	2 000	1 000	0

（3）最大能力还本付息。

最大能力还本付息方式是指企业在项目投产运营后，将获得的盈利中可用于还贷的资金全部用于还贷，以最大限度地减少企业债务，使贷款偿还期缩至最短。最大能力还本付息方式是国内特有的方式，适合于贷款利率较高的项目。每年偿还本金的数额按最大偿还能力计算，偿还能力主要包括可以用于还款的折旧费、摊销费及税后利润（一般是扣除法定盈余公积金和公益金后的税后利润）。每年支付利息的计算公式如下：

$$每年支付利息=年初本金累计\times年利率 \tag{2-54}$$

2）流动资金借款利息的估算

企业往往按年终偿还，下年年初再借的方式处理，并按一年期利率计息。其计算公式为

$$年流动资金借款利息=当年流动资金借款额\times年利率 \tag{2-55}$$

流动资金借款从本质上说应该归类为长期借款。在财务评价中，对流动资金借款的偿还可以设定在计算期最后一年，也可以还完长期借款后安排。

3）短期借款利息的估算

项目评价中的短期借款是指生产运营期间为了资金的临时需要而发生的短期借款。短期借款的数额应在资金来源与运用表中有所反映，其利息应计入总成本费用表的财务费用中。计算短期借款利息所采用的利率一般为一年期利率。

8. 其他费用估算

其他费用是指在制造费用、管理费用、财务费用和销售费用中扣除工资及福利费、折旧费、修理费、摊销费、利息支出后的费用。

在项目评估中，其他费用一般是根据总成本费用中前 7 项（外购原材料成本、外购燃料的动力成本、工资及福利费、折旧费、修理费、维简费和摊销费）之和的一定比率计算的，其比率应按照同类企业的经验数据加以确定。

2.2.4 经营成本的估算

经营成本是指工程项目在生产经营期的经常性实际支出（通常的考察期为 1 年，主要包括由于生产和销售产品及提供劳务而实际发生的，扣除折旧费、摊销费、维简费和利息的现金支出）。经营成本涉及产品生产及销售、企业管理过程中的物料、人力和能源的消耗费用，反映企业的生产管理水平。经营成本是工程经济学中特有的概念，被广泛应用于现金流分析。

经营成本与总成本费用的关系为

$$\text{经营成本}=\text{总成本费用}-\text{折旧费}-\text{摊销费}-\text{维简费}-\text{利息支出} \tag{2-56}$$

计算经营成本之所以要从总成本中剔除折旧费、维简费、摊销费和利息支出，主要原因是：

（1）折旧费、维简费和摊销费不属于现金流量，而是对方案初期投资所形成资产的补偿价值，在投资初期作为一次性支出计入现金流出，为避免重复计算，在计算经营成本时将其扣除。

（2）投资现金流量分析是以全部投资为计算基础，从项目获利能力来考察项目方案的可行性与合理性，不分投资资金来源。利息支出则属于全部投资内部的现金转移，不作为现金流出；而自有资金现金流量表中已将利息支出单列，因此，经营成本中也不包括利息支出。

2.2.5 固定成本与可变成本的估算

财务评价进行盈亏平衡分析时，需要将总成本费用分解为固定成本和可变成本。固定成本是指不随产品产量及销售量的增减发生变化的各项成本费用，一般包括折旧费、摊销费、修理费、工资及福利费（计件工资除外）和其他费用等，通常把运营期发生的全部利息也作为固定成本。可变成本是指随产品产量及销售量增减而成正比例变化的各项费用，主要包括外购原材料、燃料及动力费和计件工资等。对有些成本费用属于半固定半可变成本（混合成本——介于固定成本和变动成本之间）的，必要时可进一步分解为固定成本和可变成本（如在线性盈亏平衡分析时）。

2.3 营业收入与销售税金及附加估算

2.3.1 营业收入

营业收入是指企业在从事销售商品，提供劳务和让渡资产使用权等日常经营业务过程中所形成的经济利益的总流入。营业收入是进行利润总额、营业税金及附加和增值税估算的基础数据，也是企业获利和持续经营的基本前提。

1. 营业收入的计算

计算营业收入，先要正确估计各年的生产能力利用率（或称生产负荷）或开工率，还需要合理确定产品或服务的价格，并明确产品或服务适用的流转税率。在工程项目经济分析中，产品年销售量应根据市场行情，采用科学的预测方法确定。产品销售单价一般采用出厂价格，也可根据需要选用送达用户的价格。其计算公式为

$$\text{营业收入}=\text{产品销售量(或服务量)}\times\text{产品单价(或服务单价)} \tag{2-57}$$

2. 销售价格的选择

估算营业收入，产品销售价格是一个很重要的因素，一般来讲，工程项目的经济效益对其变化是最敏感的，一定要谨慎选择。一般可在以下三种价格中进行选择：

1）口岸价格

如果项目产品是出口产品和间接出口产品可选择离岸价格（*FOB*），替代进口产品可选择到岸价格（*CIF*）。或者直接以口岸价格定价；或者以口岸价格为基础，参考其他有关因素确定销售价格。

2）市场价格

当同类产品或类似产品已在市场上销售，且此产品既与外贸无关，也不属计划控制的范围，则可选择现行市场价格作为项目产品的销售价格。也可以现行市场价格为基础，根据市场供求关系上下浮动作为项目产品的销售价格。

3）根据预计成本、利润和税金确定价格

当拟建项目的产品属于新产品，则可根据下列公式估算其出厂价格：

$$\text{出厂价格}=\text{产品计划成本}+\text{产品计划利润}+\text{产品计划税金} \tag{2-58}$$

其中：

$$\text{产品计划利润}=\text{产品计划成本}\times\text{产品成本利润率}$$

$$\text{产品计划税金}=\frac{(\text{产品计划成本}+\text{产品计划利润})}{1-\text{税率}}\times\text{税率}$$

3. 产品年销售量的确定

在工程经济分析中，应先根据市场需求预测项目产品的市场份额，进而合理确定企业的生产规模，再根据企业的设计生产能力确定年产量。

在工程项目经济分析中，由于市场波动而引起库存变化导致产量与销售量的差别，产品年销售量不一定等于年产量，且对因市场波动引起的库存量变化难以准确地估算。因此，在估算营业收入时，不考虑项目的库存情况，而假设当年生产出来的产品在当年全部售出。

2.3.2 销售税金的计算

销售税金及附加是指应由销售产品、提供工业性劳务等负担的销售税金和教育费附加，包括增值税、消费税、城市维护建设税、资源税和教育费附加等。销售税金是根据商品买卖或劳动服务的流转额征收的税金，是属于流转税的范畴。

1. 增值税

增值税（Value added Tax）是对商品生产、流通、劳务服务中多个环节的增值额征收的一种流转税。增值额是指纳税人在一定时期内销售货物、提供加工和修理修配等业务取得的收入大于其购进货物或取得劳务时所支付金额的差额。增值税实行价外税，即由消费者承担，有增值才征税，没增值不征税。

增值税征收通常包括生产、流通或消费过程中的各个环节，是基于增值额或价差为计税依据的中性税种。增值税征收的主要范围包括农业各个产业领域（种植业、林业和畜牧业）、采矿业、制造业、建筑业、交通和商业服务业等。

2. 消费税

消费税（Consumption Tax）是国家为体现消费政策，调节消费结构，正确引导消费方向，在普遍征收增值税的基础上，对生产、委托加工、零售和进口的应税消费品征收的一种税。消费税实行价内征收，只在应税消费品的生产、委托加工和进口环节缴纳，企业交纳的消费税计入销售税金，抵减产品销售收入。

消费税是对在中国境内从事生产和进口税法规定的应税消费品的单位和个人征收的一种流转税，是对特定的消费品和消费行为在特定的环节征收的一种间接税。

消费税一般采用实行从价定率和从量定额计征两种方法计算应纳税额。应税额的计算公式如下：

实行从价定率法计算：应纳税额 = 销售额 × 适用税率 （2-59）

实行从量定额法计算：应纳税额 = 销售数量 × 单位税额 （2-60）

销售额为纳税人销售应税消费品向购买方收取的全部价款和价外费用，不包括向买方收取的增值税税款。

3. 资源税

资源税（Resource Tax）是以各种应税自然资源为课税对象，为了调节资源级差收入并体现国有资源有偿使用，对在我国境内开采矿产品或者生产盐的单位和个人征收的税种。资源税的征收范围主要包括原油、天然气、煤炭、其他非金属矿原矿、黑色金属矿原矿、有色金属矿原矿、盐等 7 类。

资源税按照应税产品的课税数量和规定的单位税额计算，应税额的计算公式为

$$应纳税额=课税数量\times单位税额 \quad (2\text{-}61)$$

课税数量为：开采或者生产应税产品销售的，以销售数量为课税数量；开采或者生产应税产品自用的，以自用数量为课税数量。

《中华人民共和国资源税暂行条例实施细则》(〔2011〕财政部第66号令)规定，从2011年11月1日起，石油、天然气将在全国范围内“从价征收”，税率定为5%。

4. 城乡维护建设税

城市维护建设税（Urban Maintenance and Construction Tax）是为了加强城市的维护建设，扩大和稳定城市维护建设资金的来源，以纳税人实际缴纳的消费税、增值税、营业税税额为计税依据征收的一种地方税。城乡维护建设税按纳税人所在地区实行差别税：纳税人所在地在市区的税率为7%；纳税人所在地在县城、镇的，税率为5%；纳税人所在地不在市区、县城或镇的，税率为1%。其应税额的计算为

$$应纳税额=(增值税+营业税+消费税)的实纳税额\times适用税率 \quad (2\text{-}62)$$

5. 教育费附加

教育费附加（Extra Charges of Education Funds）是国家为了发展我国的教育事业，提高公民的文化素质，对缴纳增值税、消费税的单位和个人征收的一种附加费。国务院(国发〔2010〕35号）和财政部、国家税务总局（财税〔2010〕103号）文件明确了凡是缴纳增值税、消费税的外商投资企业、外国企业和外籍人员纳税人均需按规定缴纳城市维护建设税和教育费附加。教育费附加按照各实际交纳人实际缴纳的消费税和增值税的3%征收。

各省（区、市）人民政府应根据《中华人民共和国教育法》的相关规定和《财政部关于统一地方教育附加政策有关问题的通知》(财综〔2010〕98号）的要求，全面开征地方教育附加。地方教育附加统一按实际缴纳增值税和消费税的2%征收。

$$应纳（地方）教育费附加额=（增值税+消费税）\times适用税率（\%） \quad (2\text{-}63)$$

2.4 利润分析

《企业会计准则——一般准则》(2014）规定，利润（Profit）是指企业在一定会计期间的经营成果。利润包括收入减去费用后的净额、直接计入当期利润的利得和损失等。按照构成的不同层次划分，利润可分为营业利润、利润总额和净利润。利润是企业经营所追求的目标，也是企业投资人和债权人进行投资决策和信贷决策的重要依据。

2.4.1 利润及指标计算

1. 利润总额指标

现行会计制度规定，利润总额等于营业利润加上投资净收益、补贴收入和营业外收支净额的代数和。其中，营业利润等于主营业务收入减去主营业务成本和主营业务税金及附加，加上其他业务利润，再减去营业费用、管理费用和财务费用后的净额。在对工程项目进行经济分析估算利润总额时，为简化计算，假定不发生其他业务利润，也不考虑投资净收益、补贴收入和营业外收支净额，计算期内的总成本等于主营业务成本、营业费用、管理费用和财务费用之和，项目的主营业务收入为本期的销售（营业）收入，主营业务税金及附加为本期的营业税金及附加。利润总额的估算公式为

$$\text{利润总额}=\text{产品销售(营业)收入}-\text{营业税金及附加}-\text{总成本费用} \quad (2\text{-}64)$$

根据利润总额可计算所得税和净利润，在此基础上可进行净利润的分配。在工程项目的经济分析中，利润总额是计算一些静态指标的基础数据。

2. 利润率指标

利润率（Profit Rate）是反映企业一定时期利润水平的相对指标。利润率既可考核企业利润计划的完成情况，又可比较各企业之间和不同时期的经营管理水平。企业利润率的主要形式有：

1）销售收入利润率

销售收入利润率是指一定时期的销售利润总额与销售收入总额的比值。它表明单位销售收入获得的利润，反映销售收入和利润的关系。其计算公式为

$$\text{销售收入利润率}=(\text{利润总额}/\text{销售收入})\times 100\% \quad (2\text{-}65)$$

2）成本费用利润率

成本费用利润率是指一定时期的企业利润总额与成本费用总额之比，其中，成本费用一般指主营业务成本及附加和三项期间费用（经营费用、管理费用、财务费用）。它表明单位成本费用获得的利润，反映企业投入与产出之间的关系。其计算公式为

$$\text{成本费用利润率}=(\text{利润总额}/\text{成本费用})\times 100\% \quad (2\text{-}66)$$

3）净利润率

净利润率是指一定时期的净利润（扣除所有成本、费用和企业所得税后的利润）与销售收入总额的比值。它表明单位销售收入获得税后利润的能力，反映销售收入与净利润的关系。其计算公式为

$$\text{净利润率}=(\text{净利润}/\text{销售收入})\times 100\% \quad (2\text{-}67)$$

4）资本金利润率

资本金利润率是指利润总额占资本金（即实收资本、注册资金）总额的百分比，是反映投资者投入企业资本金的获利能力的指标。企业资本金是所有者投入的主权资金，资本金利润率的高低直接关系到投资者的权益，是投资者最关心的问题。其计算公式为

$$资本金利润率 = 利润总额/资本金总额 \times 100\% \quad (2\text{-}68)$$

2.4.2 所得税计算及净利润分配

《中华人民共和国企业所得税法》（2018 年修订）规定，在中华人民共和国境内，企业和其他取得收入的组织（企业）为企业所得税的纳税人，均应依法规定缴纳企业所得税。

1. 所得税计算

企业所得税以应纳税所得额为计税依据。

企业每一纳税年度的收入总额，减除不征税收入、免税收入、各项扣除以及允许弥补的以前年度亏损后的余额，为应纳税所得额。企业所得税的应纳税额计算公式为

$$企业所得税应纳税额 = 应纳税所得额 \times 25\% \quad (2\text{-}69)$$

按照《中华人民共和国企业所得税法》（2018 年修订）规定，国家对重点扶持和鼓励发展的产业和项目，给予企业所得税优惠。符合条件的小型微利企业，减按 20% 的税率征收企业所得税。国家需要重点扶持的高新技术企业，减按 15% 的税率征收企业所得税。

在工程项目的经济分析中，一般按照利润总额作为企业所得额，乘以 25% 税率计算所得税，即

$$所得税应纳税额 = 利润总额 \times 25\% \quad (2\text{-}70)$$

2. 净利润分配

净利润是指利润总额减去所得税后的金额，计算公式为

$$净利润 = 利润总额 - 所得税 \quad (2\text{-}71)$$

在工程项目的经济分析中，一般将净利润作为可供分配的净利润，并按照下列顺序分配：

1）提取法定盈余公积金

一般企业提取的法定盈余公积金，在其金额累计达到注册资本的 50% 以前，按照可供分配的净利润的 10% 提取；达到注册资本的 50%，可以不再提取，而是否提取任意盈余公积金以及提取比例则由企业自行决定。此外，用于企业职工的集体福利设施支出的公益金提取在《中华人民共和国公司法》（2014）中未作明确规定。

2）向投资者分配利润（应付利润）

企业以前年度未分配利润，可以并入本年度向投资者分配。

3）未分配利润

可供投资者分配的利润减去盈余公积金和应付利润后的余额为未分配利润。当企业发生亏损，可以按规定由以后年度利润进行弥补。

营业收入、总成本费用、税金及利润的关系如图 2-8 所示。

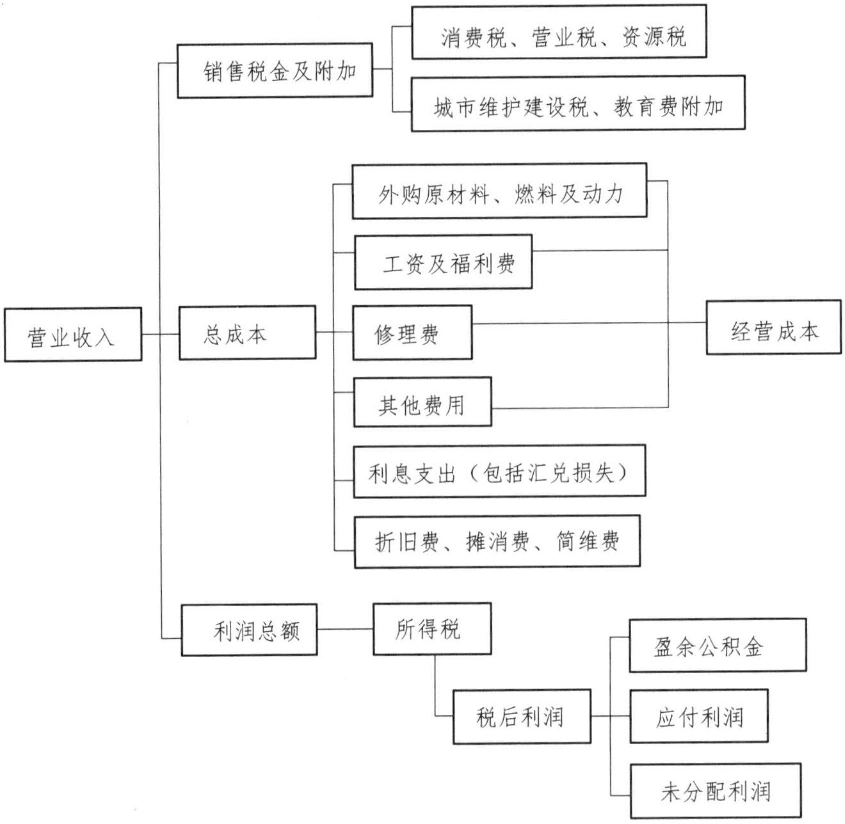

图 2-8 营业收入、总成本费用、税金及利润的关系

本章小结

本章主要介绍了工程项目运营的经济分析要素：首先是工程项目的投资及构成（包括工程项目建设投资和流动资金的估算）；其次是工程项目运营期间成本与费用的概念、构成和估算；再次是营业收入与税金及附加的概念及估算；最后是利润分析，即利润、利润率、所得税等指标计算与净利润的分配等。

本章练习题

一、单项选择题

1. 关于设备原价的说法，正确的是（　　）。

A. 进口设备的原价是指其到岸价

B. 国产设备原价应通过查询相关交易价格或向生产厂家询价获得

C. 设备原价通常包含备品备件费在内

D. 设备原价占设备购置费比重增大，意味资本有机构成的提高

2. 根据现行建筑安装工程费用项目组成规定，下列费用项目属于按造价形成划分的是（　　）。

A. 人工费　　B. 企业管理费

C. 利润　　D. 税金

3. 根据现行建筑安装工程费用项目组成的规定，下列费用项目中属于施工机具使用费的是（　　）。

A. 仪器仪表使用费　　B. 施工机械财产保险费

C. 大型机械进出场费　　D. 大型机械安拆费

4. 关于建筑安装工程费用中建筑业增值税的计算，下列说法中正确的是（　　）。

A. 当事人可以自主选择一般计税法或简易计税法计税

B. 一般计税法、简易计税法中的建筑业增值税税率均为 9%

C. 采用简易计税法时，税前造价不包含增值税的进项税额

D. 采用一般计税法时，税前造价不包含增值税的进项税额

5. 建设单位通过市场机制取得建设用地，不仅应承担征地补偿费用、拆迁补偿费用，还须向土地所有者支付（　　）。

A. 安置补助费　　B. 土地出让金

C. 青苗补偿费　　D. 土地管理费

二、多项选择题

1. 下列建设项目投资中，属于工程建设其他费用的有（　　）。

A. 土地使用费　　B. 建设管理费　　C. 建筑安装工程费

D. 流动资金　　E. 生产准备费

2. 项目投资估算中的基本预备费一般由下列内容构成（　　）。

A. 因扩大建设规模、提高建设标准而增加的费用

B. 在批准的设计范围内，技术设计、施工图设计及施工过程中所增加的工程费用

C. 经批准的设计变更、工程变更、材料代用、局部地基处理等增加的费用

D. 一般自然灾害造成的损失和预防自然灾害所采取的措施费用

E. 竣工验收时为鉴定工程质量对隐蔽工程进行必要的挖掘和修复费用

3. 下列说法错误的是（　　）。

A. 按年限平均法计算的各年折旧率和年折旧额都相同

B. 按双倍余额递减法计算的各年折旧率相同，但年折旧额逐年增大

C. 按年数总和法计算的各年折旧率逐渐变大，年折旧额也逐年变大

D. 若折旧年限相同，所取净残率相同，则在设定的折旧年限内，总折旧额相同

E. 年数总和法，在折旧年限前期折旧额大，以后逐年变小，故称快速折旧

4. 在技术服务费中，下列内容中属于专项评价费的是（　　）。

A. 可行性研究费　　B. 环境影响评价费　　C. 地震安全性评价费

D. 重大投资项目社会稳定风险评估费　　E. 勘察设计费

三、思考题

1. 如何理解项目投资、工程造价、项目资产的基本概念？
2. 建设项目总投资构成有哪些？
3. 什么是流动资金？流动资金的构成有哪些？如何计算流动资金？
4. 建筑安装工程费的构成有哪些（按构成要素划分和工程造价形成顺序划分）？
5. 设备购置费的构成有哪些？如何计算设备购置费？
6. 工程建设其他费用包括哪些？分别如何计算？
7. 什么是预备费（基本预备费和价差预备费）？如何计算预备费？
8. 如何计算建设期利息？
9. 项目建设投资估算的依据和方法有哪些？
10. 如何理解成本费用的概念与构成？其估算方法有哪些？
11. 如何计算营业收入的计算？
12. 如何理解利润的内涵？利润的相关指标如何计算？
13. 所得税如何计算？税后利润如何分配？

四、计算题

1. 某建设单位以有偿方式获取某城区城中村改造的一宗土地使用权，该土地占地面积为 20 000 m^2，土地使用权出让金标准为 3 500 元/m^2，该地区拆迁补偿单价为 1 500 元/m^2。根据调查，目前该区域尚有拆迁户 50 户，建筑面积总计 4 000 m^2。试计算该土地的使用费。

2. 某新建项目，建设期为 3 年，第一年贷款 300 万元，第二年 400 万元，第三年 300 万元，年利率为 6%。试用复利法理论计算建设期借款利息。

3. 某公司购买一机械设备价值 5 000 万元，折旧年限为 10 年，预计残值率为 4%。试用平均年限法、双倍余额递减法和年数总和法计算年折旧额。

3　现金流量与资金时间价值

本章的学习目标

- 掌握现金流量的概念，能够正确绘制现金流量图
- 掌握资金等值、资金时间价值的概念
- 熟悉资金等值的计算和应用
- 了解单利、复利的区别

本章的知识结构图

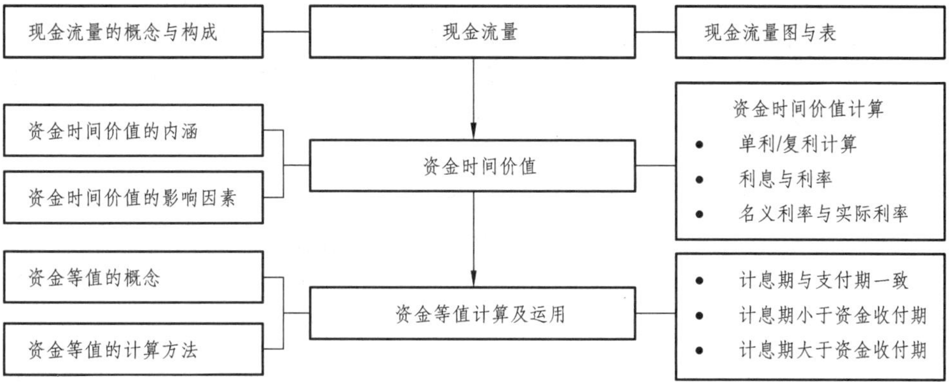

3.1　现金流量

工程项目建设和生产运营的目的是投入资本、劳务和技术等生产要素，向社会提供有用的物品或服务。工程经济分析的任务就是根据所考察系统的预期目标和所拥有的资源条件，分析该系统的现金流量情况，对工程项目进行经济评估，或选择合适的技术方案，以获得最佳的经济效果。这就需要用货币量化项目的投入和产出，通过分析比较投入产出的经济价值来判断工程项目的效益。因此，分析工程项目收入和产出的经济价值是工程经济分析最重要的基础工作，也是正确计算工程项目经济效果评价指标的前提。

3.1.1　现金流量的概念及构成

1. 现金流量的概念

在进行工程经济计算时，可把所考察的对象视为一个系统，这个系统可以是一个工程项

目，也可以是一个企业，而投入的资金、花费的成本和获取的收入均可看成是以货币形式体现的该系统的资金流出或流入。这种考察技术方案在整个期间各时点 t 上实际发生的资金流入或资金流出称为现金流量。其中流出系统的资金称为现金流出（Cash Output），用符号 CO_t 表示，一般表现为该系统的支出；流入系统的资金称为现金流入（Cash Input），用符号 CI_t 表示，一般表现为资金流入；现金流入与现金流出之差称为净现金流量（Net Cash Flow），用符号 $(CI-CO)_t$ 表示。

工程项目的现金流量是以工程项目作为一个独立系统，反映项目整个计算期内的实际收入或实际支出的现金活动。

项目计算期也称项目寿命期，是指对拟建项目进行现金流量分析时应确定的项目的服务年限。项目计算期一般分为四个时期：建设期、投产期、达产期和回收处理期。

2. 现金流量的构成

在项目经济分析与评价中，构成系统现金流量的要素，主要有投资、成本、销售收入、税金和利润等。这些经济量是构成经济系统现金流量的基本要素，也是进行经济分析的最重要的基础数据。其中构成系统现金流入的要素，主要是销售收入、回收固定资产残值和回收流动资金等；构成系统现金流出的要素，主要是投资（固定资产投资及建设期贷款利息、流动资金投资、新增固定资产投资等）、经营成本、税金等。

3. 工程经济学中的现金流量与财务收支的区别

（1）工程经济学中研究的现金流量指的是建设项目在未来计算期间假设发生的现金流量，不仅指现钞，还包括转账支票等计算凭证；而财务会计研究的现金流量是指已发生的财务收支的实际数据，仅指现钞，且强调的是记录的完整性和真实性。

（2）工程经济学中是以特定的经济系统和时点流入或流出的资金来计算现金流量。例如，固定资产投资和无形资产投资已在建设期发生的时点作为一次性支出计入现金流出量，就不能在生产经营期再以产品成本费用中的折旧、摊销形式计入现金流出量，以避免重复计算；但在会计核算中，固定资产投资和无形资产投资是以产品成本费用要素的形式逐期计提和摊销。

（3）由于考察的范围和角度不同，现金流量包括的内容也有所不同。比如，在工程经济分析中，企业上缴给国家的税金，从企业角度看是现金流出量，而从国民经济角度看，既不是现金流出量也不是现金流入量，因为社会资源量和国民收入均未发生变化，只是在国家范围内资金分配权和使用权的一种转移；而税金在会计学中视为企业财务支出。

3.1.2 现金流量图

对于一个经济系统，其现金流量的流向（支出或收入）、数额和发生时点都不尽相同，为了正确进行经济效益评估，我们有必要借助现金流量图来进行分析。所谓现金流量图，就是一种反映经济系统资金运动状态的图式，即把经济系统的现金流量会汇入一个时间坐标图中，以反映出各现金流入，流出与相应时间的对应关系，如图 3-1 所示。

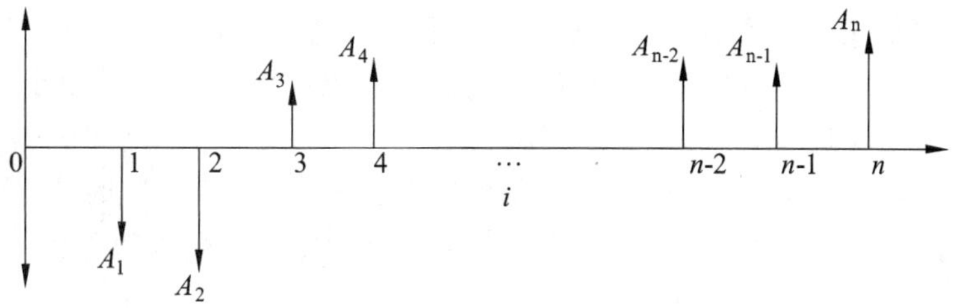

图 3-1 现金流量图

现以图 3-1 说明现金流量图的作图方法和规则：

（1）以横轴为时间轴，向右延伸表示时间的延续，轴上每一刻度表示一个时间单位，可取年、半年、季或月等，在不做特殊说明的情况下，一般以年表示，0 表示时间序列的起点，*n* 表示时间序列的终点。箭线与时间轴的交点即为现金流量发生的时点。时间序列中某一期的期末正好是下一期的期初。

（2）垂直于时间坐标的箭线表示不同时点的现金流量的大小和方向，一般规定，向上的箭线表示现金流入，向下的箭线表示现金的流出。

（3）在现金流量图中，箭线长短与现金流量数值的大小本应成比例，但由于经济系统中各时点现金流量的数额常常相差悬殊，很难成比例画出，故在实际绘制中，箭线长短只要能适当体现各时点现金流量数值的差异，并在各箭线上方（或下方）注明现金流量的数值即可。

（4）箭线与时间轴的交点即为现金流量发生的时点。

总之，要正确绘制现金流量图，必须把握好现金流量图的三个要素，即：大小——现金流量的数额；方向——现金流入或流出；时点——现金流入或流出所发生的时间点。

3.1.3 现金流量表

现金流量表是能够直接、清楚地反映出项目在整个计算期内各年现金流量（资金收支）情况的一种表格。现金流量表是评价项目投资方案经济效果的主要依据，利用它可以进行现金流量分析，计算各项静态和动态评价指标。现金流量表的一般形式见表 6-1。

由现金流量表可以看出，现金流量表的纵列是现金流量的项目，其编排按现金流入、现金流出、净现金流量等的顺序进行；表的横行是年序，按项目计算期的各个阶段来排列。

整个现金流量表中既包含现金流量各项目的基础数据，又包含计算的结果；既可纵向看各年的现金流动情况，又可横向看各个项目的发展变化，直观方便，综合性强。

3.2 资金时间价值分析

3.2.1 资金时间价值

资金时间价值的实质是以资金作为生产要素，在扩大再生产及资金流通过程中，随时间的变化而产生增值。资金的增值过程是与生产和流通过程相结合的，离开了生产过程和流通领域，资金是不可能实现增值的。资金在生产过程和流通领域之间如此不断地周转循环，这种循环过程不仅在时间上是连续的，而且在价值上是不断增值的。因此整个社会生产既是价值创造过程，又是资金增值过程。

资金具有时间价值，即使是两笔金额相等的资金，如果发生在不同时期，其实际价值量也是不相等的。因此，资金的时间价值又体现在不同时间点上发生的等额资金在价值上的差别。

影响资金时间价值的因素很多，其中主要的几点如下：

（1）资金数额的大小。

一般来讲，在其他条件不变的情况下，资金数量越多，资金的时间价值就越大。例如，如果银行存款年利率为 3.0%，那么将 1 000 元存入银行，一年后的现值为 1 030 元；10 000 元存入银行，一年后的现值为 10 300 元。显然，10 000 元的时间价值比 1 000 元的时间价值大。

（2）利率。

一般来讲，在其他条件不变的情况下，利率越大，资金时间价值越大；利率越小，资金时间价值越小。

（3）资金的使用时间。

在单位时间的资金增值率一定的条件下，资金使用时间越长，则资金的时间价值就越大；反之，资金的时间价值就越小。

（4）资金周转的速度。

资金周转越快，在一定的时间内等量资金的周转次数越多，资金的时间价值越多；反之，资金的时间价值越少。

总之，资金的时间价值是客观存在的，生产经营的一项基本原则就是充分利用资金的时间价值并最大限度地获得其时间价值。这就需要加速资金周转，早期回收资金，并不断从事利润较高的投资活动；任何资金的闲置，都会损失资金的时间价值。

3.2.2 资金时间价值的计算

资金时间价值的计算方法与复利计算利息的方法完全相同，因为利息就是资金时间价值的一种重要表现形式。而且通常用利息作为衡量资金时间价值的绝对尺度，用利率作为衡量资金时间价值的相对尺度。

1. 利息和利率

1）利　息

利息是借贷资本的增值额或使用借贷资本的代价，即在借贷过程中，债务人支付给债权人的超过原借款本金的部分。用公式表示为

$$I = F - P \tag{3-1}$$

式中　I——利息；

F——本金与利息的总和，又称本利和；

P——本金。

在工程经济分析中，利息常常被看成是资金的一种机会成本。这是因为如果一笔资金投入到某一工程项目中，就相当于失去了在银行产生利息的机会，也就是说，使用资金需要付出一定的代价，当然投资于项目是为了获得比银行利息更多的收益。从投资者的角度来看，利息体现为对放弃现期消费的所有损失所做的必要补偿。比如资金一旦用于投资，就不能用于现期消费，而牺牲现期消费又是为了能在将来得到更多消费。所以，利息就改成了投资分析中平衡现在与未来的杠杆，投资这个概念本身就包含着现在和未来两方面的含义。事实上，投资就是为了在未来获得更大的回收而对目前的资金进行某种安排，很显然，未来的回收应当超过现在的投资，正是这种预期的价值增长才能刺激人们从事投资。因此，在工程经济学中，利息是指占用资金所付出的代价或者是放弃使用资金所得到的补偿。

2）利　率

在经济学中，利率的定义是从利息的定义中衍生出来的。也就是说，在理论上先承认了利息，再以利息来解释利率。在实际计算中正好相反，常根据利率计算利息。

利率就是在单位时间内所得利息与原借贷金额之比，通常用百分数表示，即

$$i=\frac{I_t}{p}\times 100\% \tag{3-2}$$

式中　i——利率；

I_t——单位时间内的利息。

用于表示计算利息的时间单位称为计息周期，计息周期 t 通常为年、半年、季、月、周或天。

【例题 3-1】　某人年初借本金 1 000 元，一年后利息 80 元，试求这笔借款的年利率。

解：利用公式（3-2）可得

$$i=\frac{I_t}{p}\times 100\%=\frac{80}{1000}\times 100\%=8\%$$

2. 单利和复利

1）单　利

单利是指在计算利率时，仅考虑最初的本金，而不计入在先前计息周期中所产生的利息，即通常所说的利不生利的计息方法。其计算公式如下：

$$I_n=P\cdot n\cdot i \tag{3-3}$$

$$F_n=P(1+i\cdot n) \tag{3-4}$$

式中　F_n——第 n 期期末的本利和（本金与全部利息之总和）；

I_n——第 n 期期末的利息和；

i——利率；

n——计息期数（资金占用期内计算利息的次数）。

【例题 3-2】　现有本金 1 000 元，年利率为 5%，单利计息，5 年末的利息总额、本利和分别是多少？

解：利用公式（3-3）和（3-4）可得

$$I_n = P \cdot n \cdot i = 1\,000 \times 5\% \times 5 = 250 \text{（元）}$$
$$F_n = P(1+i \cdot n) = 1\,000 \times (1+5\% \times 5) = 1\,250 \text{（元）}$$

以上例单利计算每年的贷款利息及年末贷款余额，见表 3-1 所示。

表 3-1　单利计算表

年　末	贷款额/元	利息/元	年末贷款余额/元
0	1 000		
1	—	50	1 050
2	—	50	1 100
3	—	50	1 150
4	—	50	1 200
5	—	50	1 250

2）复　利

复利是指在计算利息时，某一计息周期的利息是由本金加上先前周期累积的利息总额来计算的，也就是平时所说的利滚利。其计算公式如下：

$$F_n = P(1+i)^n \tag{3-5}$$

对公式（3-5）的推导如下：

第一年的本利和：$F_1 = P(1+i)$

第二年的本利和：$F_2 = F_1(1+i) = P(1+i)^2$

第三年的本利和：$F_3 = F_2(1+i) = P(1+i)^2(1+i) = P(1+i)^3$

⋮

第 n 年的本利和：$F_n = F_{n-1}(1+i) = P(1+i)^{n-1}(1+i) = P(1+i)^n$

【例题 3-3】 张某现在把 1 000 元存入银行，年利率为 5%，按复利计息。5 年后有存款多少元？

解：利用公式（3-5）可得

$$F_n = P(1+i)^n = 1000 \times (1+5\%)^5 = 1\,276 \text{（元）}$$

以上例复利计算每年的贷款利息及年末贷款余额，见表 3-2 所示。

表 3-2　复利计算表

年　末	贷款额/元	利息/元	年末贷款余额/元
0	1 000		
1	—	50	1 050
2	—	52.5	1 102.5
3	—	55.1	1 157.6
4	—	57.9	1 215.5
5	—	60.8	1 276.3

由例题 3-2 和例题 3-3 可以看出，在其他条件都相同的情况下，用复利计算出的利息总额和本利和，比用单利计算出的要大。这是因为在用复利计算的情况下，利息也要计算利息；而用单利计算时，利息不再计算利息。两者相比较，用复利计息更合理一些，所以复利的应用特别广泛，我们在本书中也以复利的方式进行计算。

3.3 资金等值计算及应用

3.3.1 资金等值的概念

由前述已知，资金具有时间价值。即相同的金额，因其发生的时点不同，其价值就不相同；反之，不同时点绝对值不等的资金在时间价值的作用下却可能具有相等的价值。

资金等值是指与某一时间点上的金额实际经济价值相等的另一时间点上的价值。例如，将 1 000 元钱存入银行，年利率为 3%，一年后可取出 1 030 元。由此可知，一年后的 1 030 元与现在的 1 000 元钱是等值的。

在工程经济分析中，资金等值是一个十分重要的概念，它为我们提供了计算某一经济活动有效性或者进行方案比较、优选的可能性。

影响资金等值的因素有资金的数额、资金发生的时点及一定的利率。反映在资金等值基本计算公式上的几个基本概念主要包括：

折现（贴现）：把将来某一时点上的资金金额换算成现在时点的等值金额的过程。

现值：折现到计算基准时点的资金金额。

终值：与现值相等的将来某一时点上的资金金额。

折现率：折现时的计算利率。

3.3.2 资金等值的计算方式

利用资金等值的概念，把不同时点上发生的资金金额换算成同一时点的等值金额，这一过程叫作资金等值计算。资金等值的计算方法与利息的计算方法相同，根据支付方式不同，可以分为一次支付系列、等额支付系列、等差支付系列和等比例支付系列。

本书主要介绍一次支付系列和等额支付系列。

进行资金等值系列计算时，公式中的基本假设条件是：

（1）项目的期初投资 P 发生在现金流量图的 0 点。

（2）本期的期末为下期的期初。

（3）A 和 F 均在期末发生。

1. 一次支付系列

一次支付又称整付，是指所分析系统的现在流量，无论是流入还是流出，均是一次性发生的。

（1）一次支付终值（Future Value）公式（已知 P，求 F）。

$$F = P(1+i)^n \tag{3-6}$$

其经济含义是期初发生的一笔资金 P，经过 n 次计息后的价值是多少。其中 $(1+i)^n$ 又被称为一次支付终值系数，用 $(F/P,i,n)$ 表示，因此式（3-6）也可以表达为

$$F = P(F/P,i,n) \tag{3-7}$$

在复利系数公式中，括号内斜线上面的符号表示未知的，斜线下面的符号表示已知的。公式中各符号含义同前，现金流量如图 3-2 所示。

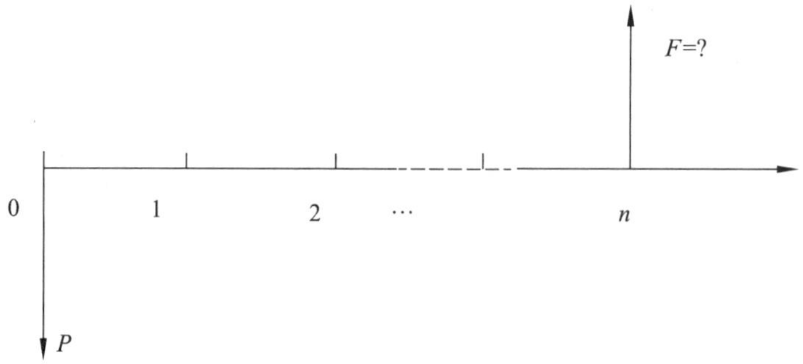

图 3-2　一次支付终值公式的现金流量图

【例题 3-4】　某人年初借本金 1 000 元，年利率为 10%，借款期限 5 年。试求 5 年后该人应还的本息和。

解：利用公式（3-6）可得

$$F = P(1+i)^n = 1\,000(1+10\%)^5 = 2\,594 \text{（元）}$$

也可利用公式（3-7）计算，查复利系数表得：

$$(F/P,10\%,5) = 2.594$$

$$F = P(F/P,3\%,5) = 1\,000 \times 2.594 = 2\,594 \text{（元）}$$

（2）一次支付现值（Present Value）公式（已知 F，求 P）。

$$P = F\left[\frac{1}{(1+i)^n}\right] = F \times (1+i)^{-n} \tag{3-8}$$

公式（3-8）可由公式（3-7）推导出。其含义是 n 年后的一笔资金 F，折算成现在的价值是多少。$(1+i)^{-n}$ 又被称为一次支付现值系数，用 $(P/F,i,n)$ 表示，因此上式也可以表达为

$$P = F(P/F,i,n) \tag{3-9}$$

一次性支付现值公式的现金流量图如图 3-3 所示。

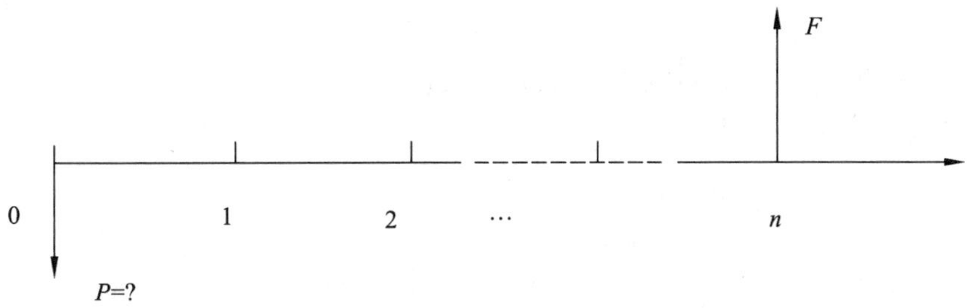

图 3-3　一次支付现值公式的现金流量图

【例题 3-5】　某企业计划建造一条生产线，预计 5 年后需要资金 1 000 万元，设年利率为 10%。现需要向银行存入多少资金？

解： 利用公式（3-8）可得

$$P = F\times(1+i)^{-n} = 1\,000(1+10\%)^{-5} = 620.9\text{（万元）}$$

利用公式（3-9）计算，查复利系数表得

$$(P/F,10\%,5) = 0.620\,9$$
$$P = F(P/F,10\%,5) = 1\,000\times0.620\,9 = 620.9\text{（万元）}$$

2. 等额支付系列

等额支付系列是多次收付形式的一种。多次收付是指现金流不是集中在一个时点上发生，而是发生在多个时点上。现金流量的数额大小可以是不等的，也可以是相等的。当现金流大小是相等的，发生时间是连续的，就称为等额支付系列，其现金流量又叫作年金（Annuity）。

（1）等额支付系列终值公式（已知等额年金 A，求年金终值 F）。

$$F = A\left[\frac{(1+i)^n-1}{i}\right] \tag{3-10}$$

式中　F——本利和；

A——每个计息期末收支的等额资金；

i——利率；

n——计息期。

式中，$\dfrac{(1+i)^n-1}{i}$ 称为等额支付系列终值系数，亦可使用 $(F/A,i,n)$ 来表示。因此上式又可被记作：

$$F = A(F/A,i,n) \tag{3-11}$$

该公式的含义是指在一个时间系列中，在利率为 i 的情况下，连续在每个计息期末支付一笔等额的资金 A，在 n 个计息期后的本利和 F 应为多少。公式推导如下：

第一年的本利和：$F_1 = A$

第二年的本利和：$F_2 = A + A(1+i) = A[1+(1+i)]$

第三年的本利和：$F_3 = A + A(1+i) + A(1+i)^2 = A[1+(1+i)+(1+i)^2]$

⋮

第 n 年的本利和：$F_n = A[1+(1+i)+(1+i)^2+\ldots+(1+i)^{n-1}]$

利用等比级数求和公式得

$$F = A\left[\frac{(1+i)^n-1}{i}\right]$$

公式的现金流量图如图 3-4 所示。

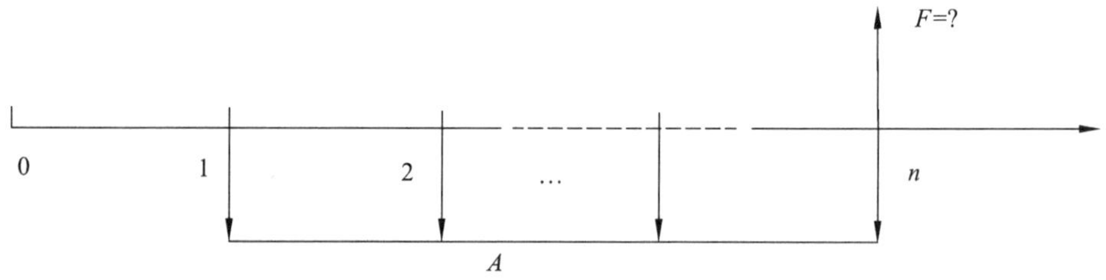

图 3-4　等额支付系列终值现金流量图

【例题 3-6】　某家庭准备为刚出生的子女储蓄一笔教育基金，每年存入金额 2 万元，若存款年利率始终为 4%，按照复利计算，问 18 年后可得到的本利是多少？

解：利用公式（3-10）可得：

$$F = A\left[\frac{(1+i)^n-1}{i}\right] = 2\times\left[\frac{(1+4\%)^{18}-1}{4\%}\right] = 51.29\text{（万元）}$$

也可　　　　$F = A(F/A,4\%,18) = 2\times 25.6454 = 51.29$（万元）

（2）等额支付系列偿债基金公式（已知年金终值 F，求等额年金 A）。

$$A = F\left[\frac{i}{(1+i)^n-1}\right] \tag{3-12}$$

本公式可由公式（3-10）推导得出，式中 $\frac{i}{(1+i)^n-1}$ 称为等额支付系列偿债基金系数，亦可用 $(A/F,i,n)$ 来表示。因此上式也可以被记作：

$$A = F(A/F,i,n) \tag{3-13}$$

该公式的含义是为了筹集未来 n 年后需要的一笔资金 F，在利率为 i 的情况下，每个计息期末应等额储存的金额 A 是多少。其现金流量图如图 3-5 所示。

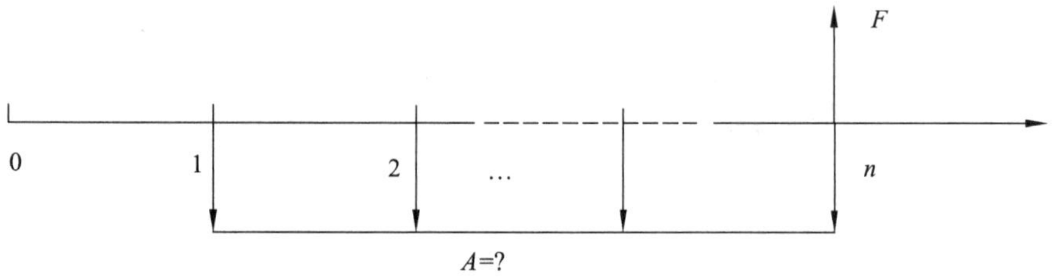

图 3-5　等额支付系列偿债基金现金流量图

（3）等额支付系列年金现值公式（已知等额年金 A，求年金现值 P）。

在公式（3-8）中，因为 $P=F\times(1+i)^{-n}$，所以由公式（3-10）可推导出等额支付系列年金现值公式：

$$P=F\times(1+i)^{-n}=A\left[\frac{(1+i)^{n}-1}{i}\right]\times(1+i)^{-n}=A\left[\frac{(1+i)^{n}-1}{i(1+i)^{n}}\right] \tag{3-14}$$

公式（3-14）中，$\frac{(1+i)^{n}-1}{i(1+i)^{n}}$ 称为等额系列年金现值系数，记作 $(P/A,i,n)$。因此公式（3-14）亦可写成：

$$P=A(P/A,i,n) \tag{3-15}$$

公式（3-14）的含义是在年利率为 i 的情况下，在 n 年内每年等额收入一笔资金 A，则此等额收入的现值总额 P 应为多少。其现金流量如图 3-6 所示。

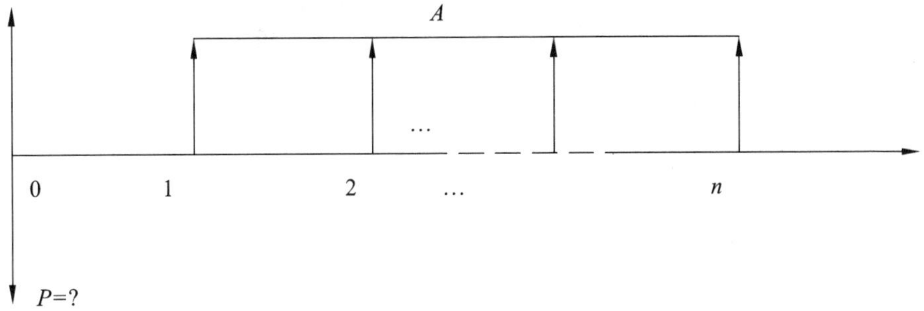

图 3-6　等额支付系列现值现金流量图

【例题 3-7】　某人贷款买房，预计他每年能还贷 2 万元，打算 15 年还清，假设银行的按揭年利率为 5%。其现在最多能贷款多少？

解：利用公式（3-14）可得

$$P=A\left[\frac{(1+i)^{n}-1}{i(1+i)^{n}}\right]=2\times\left[\frac{(1+5\%)^{15}-1}{5\%(1+5\%)^{15}}\right]=20.76\text{（万元）}$$

也可由

$$P=A(P/A,5\%,15)=2\times10.380=20.76\text{（万元）}$$

（4）等额支付系列资金回收公式。

等额支付系列资金回收计算是等额支付系列现值计算的逆运算，故其计算公式为

$$A=P\left[\frac{i(1+i)^{n}}{(1+i)^{n}-1}\right] \tag{3-16}$$

式中，$\frac{i(1+i)^n}{(1+i)^n-1}$称为“等额系列资本回收系数”，记作$(A/P,i,n)$，故该式又可写成：

$$A=P(A/P,i,n) \tag{3-17}$$

公式（3-16）的含义是期初一次性投资数额为P，欲在n年内将投资全部收回，则在年利率为i的情况下，每年等额回收的资金A为多少。其现金流量图如图3-7所示。

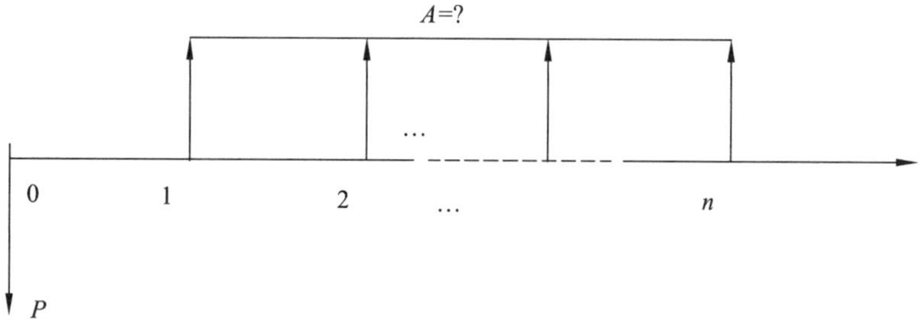

图3-7　等额支付系列资金回收现金流量图

值得注意的是：当n足够大时，等额支付系列资金回收公式可以简化，由公式（3-16）进行变换得到

$$A=P\left[\frac{i}{1-(1+i)^{-n}}\right]$$

当n趋于无穷大时，则$\frac{i}{1-(1+i)^{-n}}$趋近于i。即式（3-16）可简化为

$$A=P\cdot i$$

事实上，资金回收系数收敛的速度很快，当投资的效果持续几十年以上时就可以视为计算期趋于无穷大，此时可应用上述简化公式计算，其计算结果的误差也应在允许范围之内。

【例题3-8】 某投资人投资2000万元购置公寓出租经营，希望在20年内收回全部投资，若折现率为10%，问平均每年租金收入至少应达到多少？

解： 利用公式（3-16）可得：

$$A=P\left[\frac{i(1+i)^n}{(1+i)^n-1}\right]=2\ 000\times\left[\frac{10\%(1+10\%)^{20}}{(1+10\%)^{20}-1}\right]=235\text{（万元）}$$

也可　$$A=P(A/P,10\%,20)=2\ 000\times0.117\ 5=235\text{（万元）}$$

复利计算的基本公式汇总表如下表 3-3 所示。

表 3-3 复利计算的基本公式汇总表

公式含义	公　式	公式系数
整付（一次性支付）（现值与终值互换）	$F=P(1+i)^n$	$(F/P,i,n)$——一次支付终值系数
	$P=F(1+i)^{-n}$	$(P/F,i,n)$——一次支付现值系数
等额支付系列终值	$F=A\frac{(1+i)^n-1}{i}$	$(F/A,i,n)$——年金终值系数
等额支付系列偿债基金	$A=F\frac{i}{(1+i)^n-1}$	$(A/F,i,n)$——偿债基金系数
等额支付系列现值	$P=A\frac{(1+i)^n-1}{i(1+i)^n}$	$(P/A,i,n)$——年金系数
等额支付系列资本回收	$A=P\frac{i(1+i)^n}{(1+i)^n-1}$	$(A/P,i,n)$——资金回收系数

3.3.3 名义利率与实际利率

在复利计算中，利率周期通常以年为单位，它可以与计息周期相同，也可以不同。当利率周期与计息周期不一致时，就出现了名义利率和实际利率的区别。

1. 名义利率

所谓名义利率 r，是指计息周期利率 i 乘以一个利率周期内的计息周期数 m 所得的利率周期利率，即

$$r=i\times m \tag{3-18}$$

若月利率为 1%，则年名义利率为 12%。很显然，计算名义利率时忽略了前面各期利息再生的因素，这与单利的计算相同。通常所说的年利率都是名义利率。

2. 实际利率

若用计息周期利率来计算利率周期利率，并将利率周期内的利息再生因素考虑进去，这时所得的利率周期利率称为利率周期实际利率，又称为有效利率。

设名义年利率为 r，在一年中计息 m 次，则每一计息周期的利率为 r/m。若年初借款为 P，则一年的本利和 $F=P\left(1+\frac{r}{m}\right)^m$，利息 $I=F-P=P\left[\left(1+\frac{r}{n}\right)^n-1\right]$，则实际年利率为

$$i=\frac{I}{P}=\left(1+\frac{r}{m}\right)^m-1 \tag{3-19}$$

式中　i——实际利率；

r——名义利率；

m——计息周期。

式（3-19）也称作离散式复利的名义利率和实际利率的转换式。

3. 名义利率和实际利率的关系

为了进一步说明名义利率和实际利率之间的区别与联系，我们以名义利率为 10% 为例，分别计算按年、半年、季度、月、日连续计算复利，其相应的实际利率见表 3-1。从表 3-4 中可以看出，每年计息期 m 越多，i 与 r 相差越大。

表 3-4　名义利率与实际利率的关系

年名义利率（r）	计息期	年计息次数（m）	计息期利率（$i=r/m$）	年实际利率（i）
10%	年	1	10%	10%
	半年	2	5%	10.25%
	季	4	2.5%	10.38%
	月	12	0.833%	10.47%
	天	365	0.027 4%	10.52%

通过上述分析与计算，可知名义利率与实际利率间存在着下述关系：

（1）当计息周期为一年时（ $m=1$ ），名义利率与实际利率相等（ $i=r$ ）。

（2）当计息周期少于一年时（ $m>1$ ），实际利率大于名义利率（ $i>r$ ）；名义利率越大，周期越短，实际利率与名义利率的差值就越大。

（3）当计息周期 $m\to\infty$ 时，即为连续复利，表示在 1 年中按照无限次计息，则有

$$i=\lim_{m\to\infty}\left(1+\frac{r}{m}\right)^{m}-1=\lim_{m\to\infty}\left(1+\frac{r}{\frac{m}{r}}\right)^{\frac{m}{r}\cdot r}-1=\mathrm{e}^{r}-1(\mathrm{e}=2.718\ 28) \qquad (3\text{-}20)$$

由式（3-20）可见，连续计息期内的有效年利率 i 趋向于一个极限，但并非无限大。

（4）名义利率不能完全地反映资金的时间价值，实际利率才能真实地反映资金的时间价值。

3.3.4　资金等值计算的应用

资金时间价值是工程经济分析的基本原理，资金等值计算是这个原理的具体应用。在进行计算时要注意严格按照基本公式应用的条件进行套用，不能直接应用公式时，可以进行适当的变换，使其符合基本公式。在变换过程中，常常用到名义利率和实际利率。

1. 计息期与支付期一致的计算

【例题 3-9】 某企业有一笔投资，打算从第 17—20 年的年末收回 1 000 万元。若年利率 $i=10\%$，则此投资的现值是多少？

解：现金流量图如图 3-8 所示：

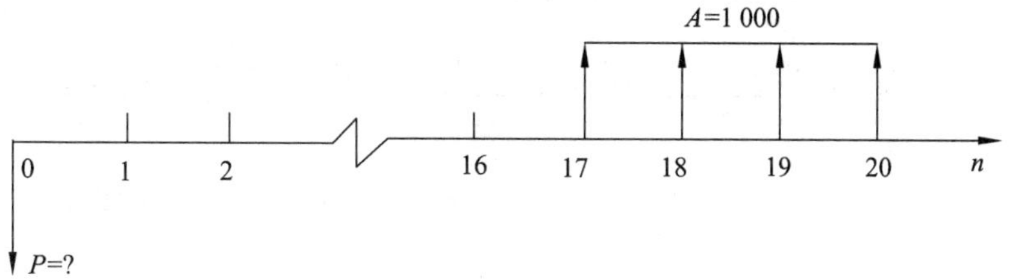

图 3-8 现金流量图

方法一：根据一次支付现值公式计算：

$$
\begin{aligned}
P &= F\times(1+i)^{-n} \\
&= 1\,000\times(1+10\%)^{-17}+1\,000\times(1+10\%)^{-18}+1\,000\times(1+10\%)^{-19}+ \\
&\quad 1\,000\times(1+10\%)^{-20} \\
&= 689.9\text{（万元）}
\end{aligned}
$$

方法二：先根据等额支付现值公式将年金折现到第 17 年年初，再根据一次支付现值公式折现到 0 年的现值：

$$
\begin{aligned}
P &= A\left[\frac{(1+i)^n-1}{i(1+i)^n}\right]\times(1+i)^{-n} \\
&= 1\,000\times\left[\frac{(1+10\%)^4-1}{10\%(1+10\%)^4}\right]\times(1+10\%)^{-16} \\
&= 689.9\text{（万元）}
\end{aligned}
$$

2. 计息周期小于（或等于）资金收付周期时的等值计算

当计息周期小于（或等于）资金收付周期时，等值的计算方法有以下两种：

（1）按收付周期实际利率计算。

（2）按计息周期利率计算，即

$$F=P(F/P,r/m,mn)$$

$$P=F(P/F,r/m,mn)$$

$$F=A(F/A,r/m,mn)$$

$$P=A(P/A,r/m,mn)$$

$$A=F(A/F,r/m,mn)$$

$$A=P(A/P,r/m,mn)$$

【例题 3-10】 某家庭购买商品房抵押贷款 60 万元，抵押贷款的期限为 20 年，按月等额偿还，年贷款利率为 6%，问月还款额为多少？如果该家庭 30% 的收入可以用来支付抵押贷款月还款额，问该家庭须月收入多少，才能购买上述住宅？

解：

月贷款利率 $i=6\%/12=0.5\%$，计息周期数 $n=20\times12=120$（月），则月还款额：

$$A=P\left[\frac{i(1+i)^n}{(1+i)^n-1}=600\ 000\times\frac{0.5\%(1+0.5\%)^{240}}{(1+0.5\%)^{240}-1}\right]=4\ 298.6（元）$$

该家庭欲购买上述住宅，其月收入须为：4 298.6/0.30 = 14 328.7（元）

3. 计息周期大于收付周期

由于计息周期大于收付周期，计息周期间的收付常采用下列三种方法之一进行处理。

（1）不计息。在工程经济分析中，当计息期内收付不计息时，其支出计入期初，收益计入期末。

（2）单利计息。在计息期内的收付均按单利计息。

【例题 3-11】 付款情况如图 3-9 所示，年利率 8%，半年计息一次，复利计息，计息期内的收付款利息按单利计算（单位：万元）。问：年末金额多少？

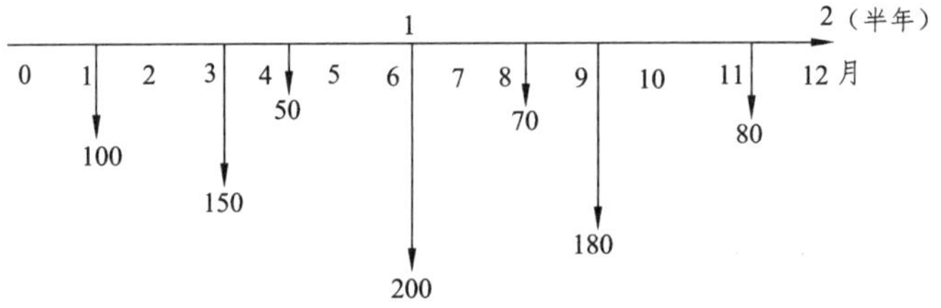

图 3-9 现金流量图

解： 计息期利率 $i=8\%/2=4\%$，计息期内的收付款利息按单利计算：

$$A_1=100[1+(5/6)\times4\%]+150[1+(3/6)\times4\%]+50[1+(2/6)\times4\%]+200$$
$$=507（万元）$$
$$A_2=70[1+(4/6)\times4\%]+180[1+(3/6)\times4\%]+80[1+(1/6)\times4\%]=336（万元）$$

然后利用普通复利公式即可求出年末金额 F 为

$$F=507(F/P,4\%,1)+336=863.28（万元）$$

（3）复利计息。

计息期长于支付期。以存款为例，通常规定存款满足计息期时才计利息，既在计息期间存入的款项在该期不计息，要到下一期才计利息。因此，在计息期间存入的款项，相当于在下一个计息期初的存入；在计息期提取的款项，相当于在前一个计息期末的支取。

【例题 3-12】 有一项财务活动的现金流量图如图 3-10 所示（箭头向上表示存款，箭头向下表示取款，单位：万元）。如果年利率为 12%，按季度计息，则这个现金流量年末的终值 F 是多少？

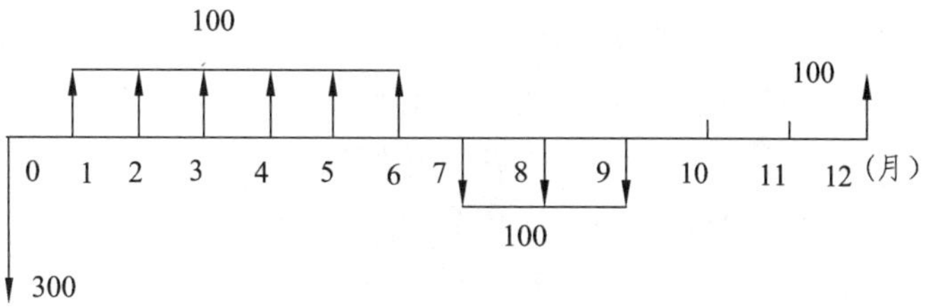

图 3-10　财务活动现金流量图

解： 由于计息期为每季度，且计息期内不计息，因此，将现金流量合并到每个季度的期末，合并整理后的现金流量图，如图 3-11 所示。

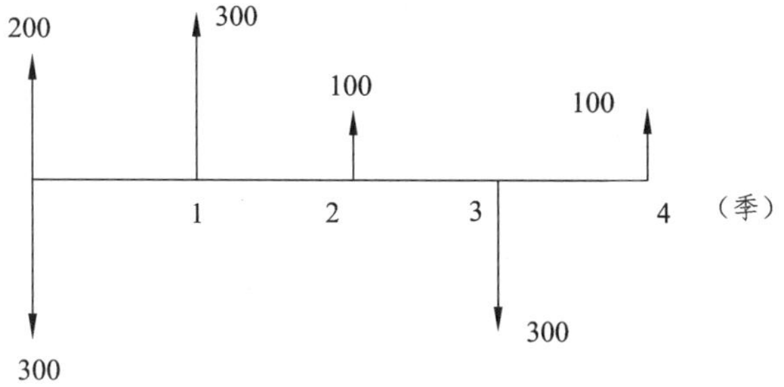

图 3-11　财务活动整理后现金流量图

计息周期利率，即季度利率 $i=\dfrac{12\%}{4}=3\%$，所以本财务活动年末的终值为

$$F=(-300+200)(F/P,3\%,4)+300(F/P,3\%,3)+100(F/P,3\%,2)-300(F/P,3\%,1)+100$$
$$=112.36\text{（万元）}$$

本章小结

本章主要介绍了现金流量的概念、如何正确绘制现金流量图，以及资金等值、资金时间价值、名义利率与实际利率的概念，并介绍了资金等值的计算和应用。

本章练习题

一、单项选择题

1. 现金流入量与现金流出量之间的差额称之为（　　）。

A. 现金流量　　B. 净现金流量　　C. 净现值　　D. 现值

2. 某企业年初借得 50 000 元贷款，10 年期，年利率 12%，每年年末等额偿还。已知年金现值系数 $(P/A,12\%,10)=5.650\,2$，则每年应付金额为（　　）元。

A. 8 849　　B. 5 000　　C. 6 000　　D. 28 251

3. 企业采用融资租赁方式租入一台设备，价值 100 万元，租期 5 年，折现率为 10%，则每年年初支付的等额租金是（　　）万元。

A. 20　　B. 26.98　　C. 23.98　　D. 16.38

4. 下列对现金流量的理解，正确的是（　　）。

A. 是存量的概念，反映一段时间内现金的发生额

B. 可分为经营活动的现金流量、投资活动的现金流量和融资活动的现金流量

C. 主要讨论现金及现金等价物之间的变动

D. 计算时，要以资产负债表为基础，根据损益表期初期末的变动数调整

5. 投资者投资某一个项目，首先要考虑在一定时间内获取的收益是否高于银行利息，所以利息常被视为资金的（　　）。

A. 沉没成本　　B. 回报　　C. 基准收益率　　D. 机会成本

二、多项选择题

1. 在下列各项中，属于现金流量表中现金流出的有（　　）。

A. 折旧费　　B. 摊销费　　C. 应付账款

D. 所得税　　E. 经营成本

2. 资金的时间价值在商品货币中的表现为（　　）。

A. 通货膨胀　　B. 涨价预备费　　C. 利润

D. 利息　　E. 折旧

3. 在工程经济学中，作为衡量资金时间价值的绝对尺度，利息是指（　　）。

A. 占用资金所付的代价　　B. 放弃使用资金所得的补偿

C. 考虑通货膨胀所得的补偿　　D. 资金的一种机会成本

E. 投资者的一种收益（投资者的应获得利润）

4. 下列属于现金流出的是（　　）。

A. 建设投资　　B. 营业收入　　C. 流动资金

D. 经营成本　　E. 回收固定资产余值

5. 下列关于名义利率和有效利率的说法，正确的有（　　）。

A. 实际利率比名义利率更能反映资金的时间价值

B. 名义利率越大，计息周期越短，则两者的差异越大

C. 当计息周期和利率周期一致时，两者相等

D. 当计息周期短于利率周期时，实际利率小于名义利率

E. 计息周期趋于 0 时，名义利率 r 与实际利率 i 的关系为 $i=e^r-1$

三、思考题

1. 简述资金时间价值的概念及影响因素。

2. 什么是资金等值和资金等值计算，资金等值计算的公式有哪些?

3. 什么是名义利率和实际利率，二者之间有什么关系?

四、计算题

1. 李某在 5 年内每年年末在银行存款 100 万元，存款利率为 10%，李某 5 年后应从银行取出本利和为多少?

2. 贷款上大学，年利率 6%，每学年初贷款 10 000 元，3 年毕业，毕业 2 年后开始还款，5 年内按年等额付清，每年应付多少？

3. 某机构准备在某大学设立一项奖学金，假设年利率为 10%，如果每年发放一次，每次 5 万元，发 10 年，此机构需要出资多少？如果每两年发放一次，每次 10 万元，那么情况又是如何？

4. 某企业需要按年利率为 10%，每半年计息一次，从现在起连续 5 年年末等额支付 100 万元，求与其等值的第 1 年年初的现值是多少？

5. 某企业 5 年内每年年末投资 1 000 万元用于某项目，贷款利率 8%，若每年计息 4 次，此项投资在第 5 年年末的本利和是多少？其现值又是多少？

4 工程项目融资

本章的学习目标

- 掌握工程项目融资的基本概念
- 掌握工程项目融资的主体与融资方式
- 掌握项目融资成本的内涵与计算
- 熟悉项目资本金的来源与筹措
- 熟悉项目融资风险分析
- 了解工程项目融资的分类和几种典型的项目融资模式

本章的知识结构图

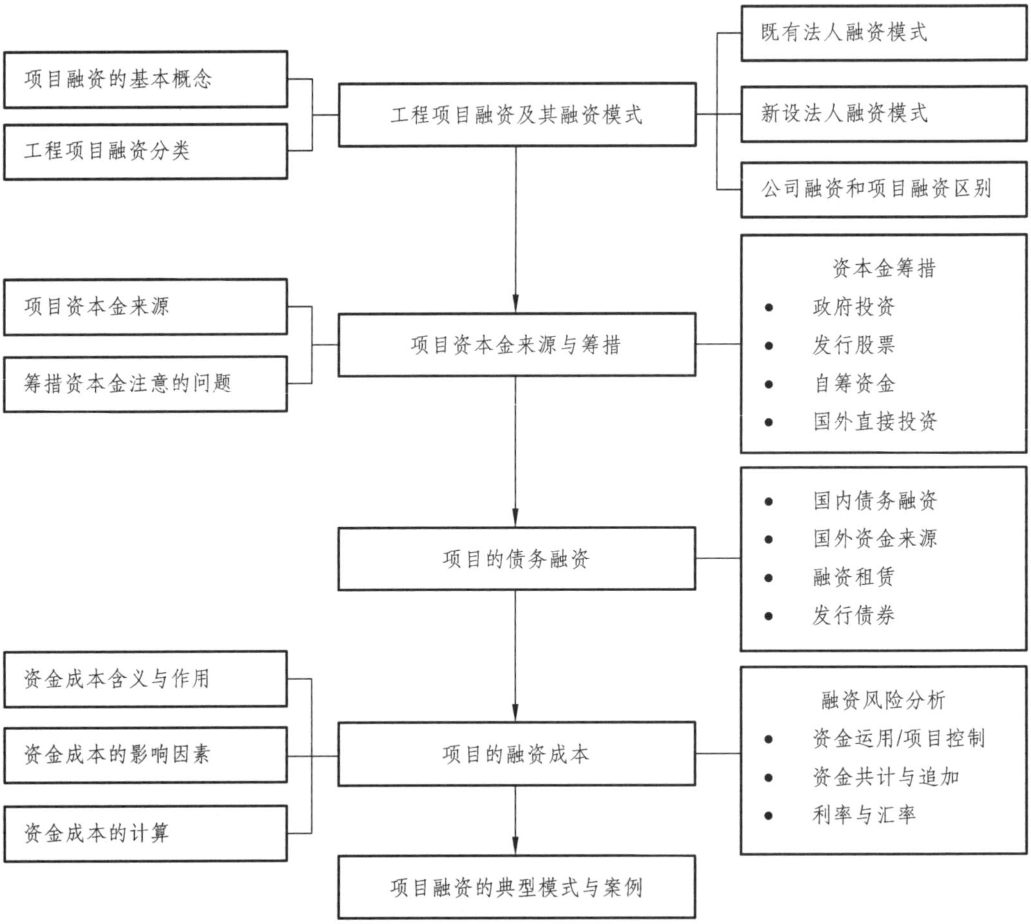

4.1 项目融资及其融资方式概述

4.1.1 项目融资的基本概念

工程项目融资方案与财务分析密切相关，工程项目的融资方案是在投资估算的基础上，研究拟建项目的资金渠道、融资形式、融资结构、融资成本、融资风险，比选推荐项目的融资方案，并以此研究资金筹措方案和进行财务评价。融资方案确定的项目资本金和项目债务资金是进行融资后资本金盈利能力分析、项目偿债能力分析等财务分析的基础数据；融资后财务分析结论，又是比选、确定融资方案的依据。

工程项目融资是指贷款人向特定的工程项目提供贷款协议融资，对于该项目所产生的现金流量享有偿债请求权，并以该项目资产作为附属担保的融资类型。它是一种以项目的未来收益和资产作为偿还贷款的资金来源和安全保障的融资方式。

4.1.2 工程项目融资的分类

按所融资金的性质，工程项目融资可分为权益融资和负债融资；按照是否通过金融机构，工程项目融资可分为直接融资和间接融资。

1. 权益融资和负债融资

1）权益融资

权益融资是指拟建项目为了获取可供长期或永久使用的资金而采取的资金融通方式。权益融资通常采用如投资者通过对外发行股票、直接吸引投资者参与项目的合资与合作及企业内部的资金积累等方式筹集资金，直接构成了项目的资本金。权益融资不是出让所有权益或出卖股票，而是稀释原有投资者对企业的控制权。

2）债务融资

债务融资是指通过负债方式筹集各种债务资金，并按预先规定的利率支付利息的一种融资形式。负债融资的具体方式主要有借款、商业信用、租赁和发行债券等。相比权益融资，负债融资的资金成本一般比权益融资低，且不会分散对项目未来权益的控制权；但是，债务融资筹集的资金在使用上具有时间限制，必须按期偿还。

2. 直接融资和间接融资

1）间接融资

间接融资是指从银行及非银行金融机构借入的资金。在间接融资方式下，银行及非银行金融机构积聚资金所有者的盈余资金，然后贷给拟建项目的资金需求者，资金所有者和资金需求者不直接建立债权债务关系。金融机构参与拟建项目的融资活动的目的是自身获取盈利，并实现资金融通。

2）直接融资

直接融资是指不通过金融中介机构，而由投资者对拟建项目的直接投资，或者项目法人在金融市场上通过发行（增发）股票、债券等金融工具直接筹集资金的一种融资机制。直接融资所采用的方式主要有发行股票、债券、商业票据和直接借贷凭证等。在直接融资的过程中，资金需求者通过发行股票和债券取得资金，直接投资于企业生产经营之中，资金所有者通过购买股票和债券进行投资，资金供求双方直接建立金融联系，不需要金融中介机构的介入。

目前，我国的资本市场还不发达，拟建项目通过发行股票和债券进行直接融资所占的投资比例还比较小，拟建项目的投资对银行等金融机构间接融资的依赖度还比较高。

4.1.3 项目融资的主体与融资方式

融资主体是指进行融资活动，承担融资责任和风险的项目法人单位。确定项目的融资主体应考虑项目投资的规模和行业的特点、项目自身的盈利能力等因素。按照融资主体不同，项目的融资可分为既有法人融资和新设法人融资两种融资方式。

1. 既有法人融资

1）既有法人融资的基本内涵

既有法人融资（或公司融资）是指依托现有法人进行的融资活动。采用既有法人融资方式的建设项目，既可以是技术改造、改建、扩建项目，也可以是非独立法人的新建项目。既有法人融资的特点：一是拟建项目不组建新的项目法人，由既有法人统一组织融资活动并承担融资责任和风险；二是拟建项目一般是在既有法人资产和信用的基础上进行的，并形成增量资产；三是从既有法人的财务整体状况考察融资后的偿债能力。

公司融资可以不依赖项目投资形成的资产，不依赖项目未来的收益和权益，而是依赖于已经存在的公司本身的资信。项目的投资运营是公司经营的一部分，项目未来的现金流和财产是公司的一部分，而不是全部。贷款和其他债务资金虽然实际上是用于项目，但是公司以其全部的资产及现金流提供债务偿还的保证。

2）既有法人融资主体的使用条件

（1）既有法人为扩大生产能力而兴建的扩建项目或原有生产线的技术改造项目；

（2）既有法人为新增生产经营所需水、电、汽油等动力供应及环境保护设施而兴建的项目；

（3）项目与既有法人的资产以及经营活动联系密切；

（4）既有法人具有为项目进行融资和承担全部融资责任的经济实力；

（5）项目盈利能力较差，但项目对整个企业的持续发展具有重要作用，需要利用既有法人的整体资信获得债务资金。

3）既有法人项目总投资构成及资金来源

既有法人融资建设项目所需的资金，来源于既有法人内部融资、新增资本金和新增债务资金。新增债务资金依靠既有法人整体的盈利能力来偿还，并以既有法人整体的资产和信用承担债务担保。既有法人项目总投资构成及资金来源如图 4-1 所示。

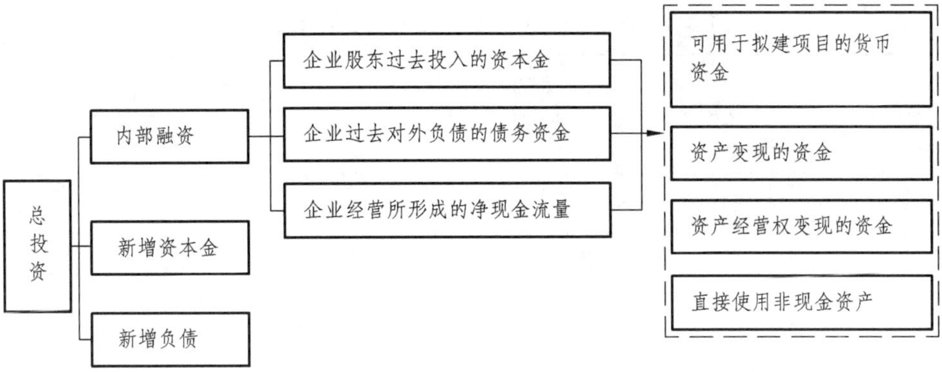

图 4-1　既有法人融资建设项目总投资构成及资金来源

2. 新设法人融资

1）新设法人融资的基本内涵

新设法人融资（或项目融资）是为了实施新项目，由项目的发起人及其他投资人出资建立新的具有独立法人资格的项目公司承担项目的投融资及运营的融资方式。采用新设法人融资方式的建设项目，一般是新建项目，但也可以是将既有法人的一部分资产剥离出去后重新组建新的项目法人的改扩建项目。新设法人融资较易切断项目对于投资人的风险，实现所谓的“无追索权”或“有限追索权”借款融资，即项目的资本投资方不对项目的借款提供担保或只提供部分担保。

2）新设法人融资主体的使用条件

（1）项目发起人希望拟建项目的生产经营活动相对独立，且拟建项目与既有法人的经营活动联系不密切。

（2）拟建项目的投资规模较大，既有法人财务状况较差，不具有为项目进行融资和承担全部融资责任的经济实力，需要新设法人募集股本金。

（3）项目自身具有较强的盈利能力，依靠项目自身未来的现金流量可以按期偿还债务。

3）新设法人项目的资金来源

新设法人融资建设项目所需资金的来源，可包括项目公司股东投资的资本金和项目公司承担的债务资金。

（1）项目资本金。

项目资本金是指在项目总投资中，由投资者认缴的出资额。投资者可以转让其出资，但不能以任何方式抽回。我国除了公益性项目等部分特殊项目外（公益性投资项目不实行资本金制度），大部分投资项目都实行资本金制度。项目资本金可以用货币出资，也可以用实物、工业产权、非专利技术、土地使用权、资源开采权等作价出资。

《关于调整固定资产投资项目资本金比例的通知》（国发〔2009〕27 号）细化了不同行业固定资产投资项目资本金比例，如表 4-1 所示。经国务院批准，对个别情况特殊的国家重大建设项目，可以适当降低最低资本金比例要求。属于国家支持的中小企业自主创新、高新技术投资项目，最低资本金比例可以适当降低。外商投资项目按现行有关法规执行。

表 4-1　不同行业固定资产投资项目资本金比例

行业项目	最低资本金比例
钢铁、电解铝项目	40%
水泥项目	35%
煤炭、电石、铁合金、烧碱、焦炭、黄磷、玉米深加工、机场、港口、沿海及内河航运项目	30%
铁路、公路、城市轨道交通、化肥（钾肥除外）项目	25%
保障性住房和普通商品住房项目	20%
其他房地产开发项目	30%
其他项目	20%

（2）债务资金。

新设法人项目公司债务资金的融资能力取决于股东能对项目公司借款提供多大程度的担保。实力雄厚的股东，为项目公司借款提供完全的担保，可以使项目公司取得低成本资金，降低项目的融资风险；但担保额度过高会使项目公司承担过高的担保费，从而增加项目公司的费用支出。在项目本身的财务效益好、投资风险可以有效控制的条件下，可以考虑采用项目融资方式。

3. 公司融资与项目融资的主要区别

公司融资与项目融资的主要区别如表 4-2 所示。

表 4-2　公司融资与项目融资的主要区别

比较项目	公司融资	项目融资
融资主体	既有法人	新设法人
融资基础	既有法人资信	新项目未来的收益和资产
追索程度	完全追索或有限追索	有限追索或无追索
风险承担	既有法人	新项目参与各方
会计处理	进入既有法人的资产负债表	不进入既有法人的资产负债表
融资成本	较低	较高
贷款周期	较短	较长
债务比例	自有资金比例相对较高	一般负债融资比例相对比例较高

资料来源：刘玉明著，《工程经济学》，北京：北京交通大学出版社，2014 年，P126。

4.2 项目资本金的来源与筹措

4.2.1 项目资本金来源

在资金筹措阶段，建设项目所需的资金总额由自有资金、赠款、借入资金三部分组成。自有资金是企业有权支配使用，按规定可用于固定资产投资和流动资金的资金。《国务院关于固定资产投资项目试行资本金制度的通知》（国发〔1996〕35号）指出，投资项目资本金可以用货币出资，也可以用实物、工业产权、非专利技术、土地使用权作价出资。对作为资本金的实物、工业产权、非专利技术、土地使用权，必须经过有资格的资产评估机构依照法律、法规评估作价，不得高估或低估。以工业产权、非专利技术作价出资的比例不得超过投资项目资本金总额的20%，国家对采用高新技术成果有特别规定的除外。投资者以货币方式认缴的资本金，其资金来源有：

（1）各级人民政府的财政预算内资金、国家批准的各种专项建设基金、“拨改贷”和经营性基本建设基金回收的本息、土地批租收入、国有企业产权转让收入、地方人民政府按国家有关规定收取的各种规费及其他预算外资金；

（2）国家授权的投资机构及企业法人的所有者权益（包括资本金、资本公积金、盈余公积金和未分配利润、股票上市收益资金等）、企业折旧资金以及投资者按照国家规定从资金市场上筹措的资金；

（3）社会个人合法所有的资金；

（4）国家规定的其他可以用作投资项目资本金的资金。

4.2.2 项目资本金筹措

为了建立投资风险约束机制、有效地控制投资规模、提高投资效益，国家对经营性项目试行资本金制度，规定了经营性项目的建设都要有一定数额的资本金，并提出了各行业项目资本金的最低比例要求（见表4-1）。建设项目可以通过政府投资、发行股票、自筹资金和利用国外直接投资等多种方式进行项目资本金的筹措。

1. 政府投资

政府投资资金，包括各级政府的财政预算内资金、国家批准的各种专项建设基金、统借国外贷款、土地批租收入、地方政府按规定收取的各种费用及其他预算外资金等。政府投资主要用于关系国家安全和市场不能有效配置资源的经济和社会领域，包括加强公益性和公共基础设施建设、保护和改善生态环境、促进欠发达地区的经济和社会发展、推进科技进步和高新技术产业化。国家根据资金来源、项目性质和调控需要，分别采取直接投资、资本金注入、投资补助、转贷和贷款贴息等方式，并按项目安排政府投资。

2. 发行股票（股票融资）

股票融资是指资金不通过金融中介机构，借助发行股票直接从资金盈余部门流向资金短缺部门，资金供给者作为所有者（股东）享有对企业控制权的融资方式。无论是既有法人融资项目还是新设法人融资项目，凡符合规定条件的，均可以通过发行股票在资本市场募集股本资金。按股东承担风险和享有权益的大小，股票可分为普通股和优先股两大类。优先股的股东按一定比例取得固定股息；企业清算时，能优先得到剩下的可分配给股东的财产。普通股股东除能分得股息外，还可在公司盈利较多时再分享红利。

3. 自筹资金

自筹资金是指根据我国财政管理制度的规定，由各地方、各部门、各企事业单位自行筹措，按预算外资金规定的用途使用后，确有多余，允许用于投资建设的资金。自筹资金是企业根据会计制度有权支配使用的资金，具有资金来源、资金使用的广泛性，资金筹集和使用范围的分散性，投资建设的灵活性等。随着财政放权让利，企业逐步成为市场的投资主体，各部门、各单位预算外资金迅速增长，自筹资金已成为筹集建设项目资金的主要渠道。建设项目自筹资金来源必须正当，应上缴财政的各项资金和国家指定用途的专款，以及银行贷款、信托投资、流动资金不可用于自筹投资。

4. 国外直接投资

吸收国外资本直接投资的方式主要包括与外商合资经营、合作经营、合作开发及外商独资经营等形式。国外资本直接投资方式的特点是：不发生债权债务关系，但要让出一部分管理权，并且要支付一部分利润。

合资经营（股权经营）是外国公司、企业或个人经我国政府批准，同我国的公司在我国境内兴办合营企业。合资经营企业由合营各方出资认股组成，各方出资额由双方协商确定，但外方出资额不得低于一定比例。

合作经营（契约式经营）是一种无股权的契约式经济组织，一般情况下由中方提供土地、厂房、劳动力，由国外合作方提供资金、技术或设备而共同兴办的企业。合作经营企业的合作双方的权利、责任、义务由双方协商并用协议或合同加以规定。

合作开发主要指对海上石油和其他资源的合作勘探开发，合作方式与合作经营类似。合作勘探开发，双方应按合同规定分享产品或利润。

外资独营是由外国投资者独资投资和经营的企业形式。按我国相关规定，外国投资者可以在经济特区、开发区及其他经我国政府批准的地区开办独资企业，企业的产、供、销由外国投资者自行规定。

5. 筹集项目资本金应注意的问题

（1）确定项目资本金的具体来源渠道。对于一个工程项目而言，资本金的落实与到位是非常重要的，因为资本金是否到位，不但决定了项目能否顺利开工，更重要的是决定了如金融机构等其他资金能否及时到位的重要因素。因此，项目的投资者应根据自己所掌握的有关信息，确定资本金的具体的、可能的来源渠道。

（2）根据资本金的额度确定项目的投资额。不论是审批项目的政府职能部门，还是提供贷款的金融机构，都要求投资者投入一定比例的资本金，如果项目资本金达不到要求将得不到审批，金融机构也不会提供贷款。这就要求投资者根据自己所能筹集到的资本金确定一个工程项目的合理投资额。

（3）合理掌握资本金投入比例。无论从承担风险的角度看，还是从合理避税，提高投资回报率角度看，投资者投入的资本金比例越低越好。所以，投资者在投入资本金时，除了满足政府有关职能部门和其他资金提供者的要求外，应认真选择资金来源，力求降低资金成本。

（4）合理安排资本金单位的时间。由于工程项目的建设周期一般较长，项目资本金的到位时间将是工程项目顺利进行的根本保证。因此，一个建设项目的资金供应是根据工程实施进度安排的。如果资金到位的时间与工程进度不符，则会影响项目工期进度，或是形成资金的挤压，导致筹资成本增加。

4.3 项目的债务筹资

债务筹资是指企业按约定代价和用途取得且需要按期还本付息的一种筹资方式。

债务性融资是指通过银行或非银行金融机构贷款或发行债券等方式融入资金。债务性融资需支付本金和利息，能够带来杠杆收益，但会提高企业的负债率。一般来说，对于预期收益较高，能够承担较高的融资成本，而且经营风险较大，要求融资的风险较低的企业倾向于选择股权融资方式；而对于传统企业，经营风险比较小，预期收益也较小的，一般选择融资成本较小的债务性融资方式进行融资。

4.3.1 国内债务融资

国内债务融资主要有政策性银行贷款、商业银行贷款、股份制银行贷款、非银行金融机构贷款、国内发行债券和融资租赁等渠道，如图 4-2 所示。

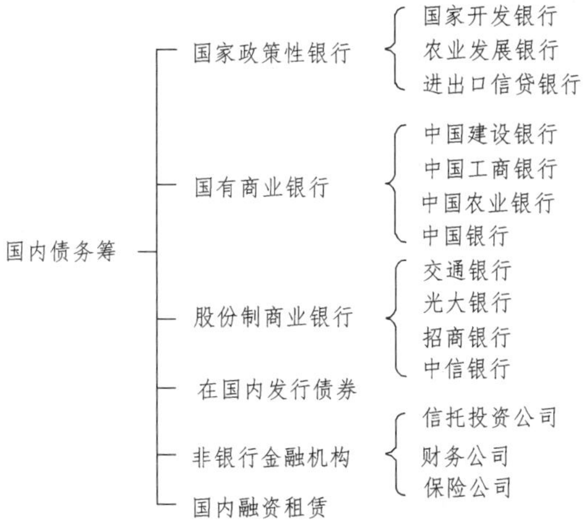

图 4-2 国内借入资金来源

1. 政策性银行贷款

政策性银行（Policy Lender/non-commercial Bank）是指由政府创立、参股或保证的，专门为贯彻和配合政府特定的社会经济政策或意图，直接或间接地从事某种特殊政策性融资活动的金融机构。目前我国的政策性银行主要有国家开发银行、中国进出口银行和中国农业发展银行。

政策性银行贷款由各政策性银行在人民银行确定的年度贷款总规模内，根据申请贷款的项目或企业情况按照相关规定自主审核，确定贷与不贷。政策性银行贷款利率较低、期限较长，有特定的服务对象，但对申请贷款的企业和项目一般有较为严格的要求。

1）国家开发银行

国家开发银行贷款主要用于支持国家批准的基础设施项目、基础产业项目、支柱产业项目以及重大技术改造项目和高新技术产业化项目建设。近几年来，国家开发银行将有限资源集中用于制约国民经济发展的能源、交通等“瓶颈”行业和保障性住房安居工程建设项目，严格控制贷款投向重复建设高发领域，重点支持了国家石油储备、南水北调、北京奥运、上海世博会等一大批国家重大项目。国家开发银行贷款期限可分为：短期贷款（1 年以下）、中期贷款（1 ~ 5 年）和长期贷款（5 年以上），贷款期限一般不超过 15 年。对大型基础设施建设项目，根据行业和项目的具体情况，贷款期限可适当放宽。

2）中国农业发展银行

中国农业开发银行是按照国家的法律、法规和方针、政策，以国家信用为基础，筹集农业政策性信贷资金，主要承担国家政策性农村金融业务，代理财政性支农资金拨付，专司粮棉油收购、调销、储备贷款业务等，为农业和农村经济发展服务。

3）中国进出口银行

中国进出口银行是通过办理出口信贷、出口信用保险及担保、对外担保、外国政府贷款转贷、对外援助优惠贷款以及国务院交办的其他业务，贯彻国家产业政策、外经贸政策和金融政策，为扩大我国机电产品、成套设备和高新技术产品出口以及促进对外经济技术合作与交流的投资项目，提供政策性金融支持。

2. 商业银行贷款

商业银行贷款具有筹资手续简单、速度较快、筹资成本较低等特点。贷款人可直接与银行商定信贷条件，贷款的主要条款只需取得银行的同意即可。如需变更贷款协议的有关条款，借贷双方可采取灵活的方式进行协商处理。

商业银行与贷款人签订合同时，一般应对贷款期、提款期、宽限期、还款期和展期做出明确规定：贷款期是指贷款合同生效日之日起，到最后一笔贷款本金和利息还清日止的时间，一般可分为短期贷款（1 年或 1 年以内）、中期贷款（1 ~ 3 年）和长期贷款（3 年以上）；提款期是指贷款合同生效之日起，到合同规定的最后一笔贷款本金提取日止；宽限期是指贷款合同生效之日起，到合同规定的第一笔贷款本金归还日止；还款期是指合同规定的第一笔贷款本金归还之日起，到贷款本金和利息全部还清日止；展期是贷款期限延长的时间。如图 4-3 所示。

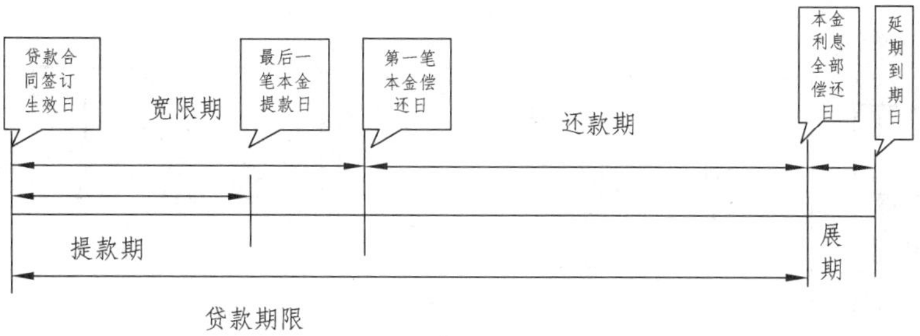

图 4-3　商业贷款的相关时间期限

商业银行贷款金额是银行就每笔贷款向借款人提供的最高授信额度，借款金额由借款人在申请贷款时提出，银行核定。借款人在决定贷款金额时应考虑三个因素：一是贷款种类、贷款金额通常不能超过所规定的最高限额；二是根据项目建设、生产和经营过程中对资金的需要来确定贷款金额；三是贷款人的财务状况和偿还能力。若不能按期归还贷款，借款人应在贷款到期日之前，向银行提出展期，至于是否展期，则由银行决定。

3. 国内非金融机构贷款

非银行金融机构是指不经营一般银行业务的金融机构，主要以发行股票和债券、接受信用委托、提供保险等形式筹集资金，并将所筹资金运用于长期性投资的金融机构。中国非银行金融机构主要有信托投资公司、财务公司和保险公司等。

1）信托投资公司贷款

信托贷款是指信托机构在国家规定的范围内，制订信托发行计划，运用吸收的信托存款、自有资金和筹集的其他资金对审定的贷款对象和工程项目发放的贷款。与商业银行贷款相比，信托贷款的利率相对较灵活，且可作为商业贷款的补充，满足一些企业特殊的资金需求。当借款人无力偿还贷款时，贷款人有权要求信托担保公司以信托财产偿还贷款。

2）财务公司贷款

财务公司（即金融公司）是为企业技术改造、新产品开发及产品销售提供金融服务，以中长期金融业务为主的非银行机构。中国的财务公司不是商业银行的附属机构，是隶属于大型集团的非银行金融机构。

3）保险公司贷款

保险公司贷款期限一般比银行贷款长，但利率较高，对贷款单位的选择也较严，通常采取的形式有保险单贷款和抵押贷款两种。就目前而言，我国的保险公司尚不能对工程项目提供贷款，但从西方发达国家的实践看，保险公司不但可以进入证券市场购买各种股票和债券，而且可向工程项目提供贷款，特别是向有稳定市场和收益的基础设施项目提供贷款。

4.3.2　国外资金来源

国外资金来源主要有外国政府贷款、外国银行贷款、出口贷款、银团贷款以及多边金融机构贷款等，如图 4-4 所示。

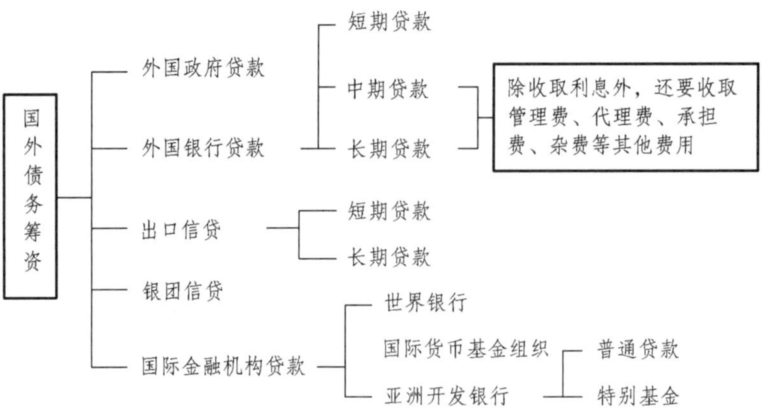

图 4-4　国外债务筹资渠道

1. 外国政府贷款

外国政府贷款是指一国政府向另一国政府提供的，具有一定赠予性质的优惠贷款。它是具有政府间开发援助或部分赠予性质的主权外债，同时具有贷款期限较长、利率低、限制性采购、投向限制和贷款数量有限等特点。根据经济合作与发展组织（OECD）的有关规定，政府贷款主要用于城市基础设施、环境保护等非营利项目。

为完善外国政府贷款管理制度，明确贷款工作各有关机构的权利和职责，建立健全激励和约束制度，保证贷款工作的顺利进行，提高贷款的使用质量和效益，财政部发布了《外国政府贷款管理规定》（财金〔2008〕176 号文）。

2. 外国银行贷款

外国银行贷款是指在国际资金市场上筹措的自由外汇贷款。外国政府贷款和国际金融机构贷款条件优惠，但贷款难以获得，且数量有限。因此吸收国外优惠贷款已成为包括我国在内的各国利用国外间接投资的主要形式。

从实际运行情况来看，国际间的银行贷款利率比政府贷款和国际金融机构贷款的利率要高，依据贷款国别、贷款币种和贷款期限的不同而又有所差异。国外银行在提供中长期贷款时，除收取利息外，还要收取管理费、代理费、承担费、杂费等其他费用（费用占贷款金额的 1%～1.5%）。

3. 出口贷款

出口贷款是一国政府为支持和扩大本国机械、成套设备、大型工程项目等的出口，加强其国际竞争力，以对本国的出口给予利息补贴并提供信贷担保的方法，鼓励本国的银行对本国出口商或国外进口商（或其银行）提供较低利率的贷款，以解决本国出口商资金周转的困难或满足国外进口商对本国出口商支付贷款需要的一种融资方式，是拓展销售市场的一种有效手段。

与外国银行贷款和外国政府贷款相比，出口信贷具有如下特点：一是出口信贷一般是为支持和扩大本国大型设备等的出口（即以实物资产的出售为基础），通常贷款金额大，借款偿还期较长（属对外贸易中的长期贷款）；二是信贷利率优惠，低于相同条件资金放贷的市场利率，利率差额一般由出口国政府补贴；三是为避免或减少信贷风险，出口信贷的发放一般与出口信贷担保相结合；四是出口信贷是一种官方资助的政策性贷款，发达国家提供的出口信贷，多由商业银行直接发放，由国家对出口信贷给以利息补贴。

按照贷款接受对象的不同，出口信贷分为买方信贷和卖方信贷。卖方信贷是指在大型设备出口时，为便于支持出口商因外国进口商延期付款或赊销所面临的融资需要，而由出口国银行向本国出口商（卖方）提供的中长期优惠贷款。买方贷款是由出口国银行直接向外国进口商（买方）提供的贷款。

4. 银团贷款

银团贷款又称为辛迪加贷款（Syndicated Loan），是由获准经营贷款业务的一家或数家银行牵头，多家银行与非银行金融机构参与而组成的银行集团（Banking Group），采用同一贷款协议，按商定的期限和条件向同一借款人提供融资的贷款方式。根据我国法律规定，银团贷款是指由两家或两家以上银行基于相同贷款条件，依据同一贷款协议，按约定时间和比例，通过代理行向借款人提供的本外币贷款或授信业务。银团贷款一般用于交通、石化、电信、电力等行业新建项目贷款、大型设备租赁、企业并购融资等。银团贷款的金额大、期限长。银团贷款操作形式多样，即在同一银团贷款内，可根据借款人需要提供多种形式贷款，如定期贷款、周转贷款、备用信用证额度等。

5. 国际金融机构贷款

国际金融机构是指从事国际金融管理和国际金融活动的超国家性质的组织机构，能够在重大的国际经济金融事件中协调各国的行动；提供短期资金缓解国际收支逆差、稳定汇率；提供长期资金促进各国经济发展。国际金融机构贷款发放贷款的对象主要有：向发展中国家提供以发展基础产业为主的中长期贷款；向低收入的贫困国家提供开发项目以及文教建设方面的长期贷款；向发展中国家的私人企业提供小额中长期贷款。

按范围可分为全球性国际金融机构和区域性的国际金融机构。全球性国际金融机构主要有世界银行集团[包括世界银行/国际复兴开发银行（IBRD）、国际开发协会（IDA）、国际金融公司（IFC）等]和国际货币基金组织（IMF）；区域性的国际金融机构有亚洲开发银行（ADB）、美洲开发银行（IADB）、欧洲投资银行（EIB）、亚洲基础设施投资银行（AIIB）等。在这些国际金融机构中，可以为中国提供项目贷款的包括世界银行集团的三个国际金融机构和亚洲开发银行。

虽然国际金融机构筹资的数量有限，程序也较复杂，但这些机构所提供的项目贷款一般利率较低、期限较长。所以项目如果符合国际金融机构的贷款条件，应尽量争取从这些机构筹资。

4.3.3 融资租赁

1. 融资租赁的概念与特点

融资租赁（Financial Leasing）是资产拥有者将资产租给承租人在一定时期内使用，由承租人分期支付租赁费的融资方式。它实质上是转移与资产所有权有关的全部或绝大部分风险和报酬的租赁，是一种融资与融物、贸易与技术更新相结合的筹资方式。融资租赁一般是由承租人选定设备，由出租人购置后租给承租人使用，承租人按期交付租金。租赁期满后，出租人可以将设备作价售让给承租人。由于其融资与融物相结合的特点，出现问题时租赁公司可以回收、处理租赁物，因而在办理融资时对企业资信和担保的要求不高，所以非常适合中小企业融资。通常，采用融资租赁，承租人可以对设备的全部价款得到融资，融资额度比使用贷款要大，同时租赁费中所含的利息也比贷款利率要高。

现代融资租赁产生于第二次世界大战之后的美国。“二战”之后，美国为应对工业化生产过剩，生产厂商以分期付款、寄售、赊销等方式销售生产设备，为用户提供金融服务。1952年，美国成立了世界上第一家融资租赁公司——美国租赁公司（现更名为美国国际租赁公司），开创了现代租赁的先河。我国的现代租赁开始于20世纪80年代的改革开放之初，为解决资金不足和引进国外先进技术、设备与管理等，在荣毅仁先生的倡导下，以中国国际信托投资公司为主要股东，成立了中外合资的东方租赁有限公司和以国内金融机构为主体的中国租赁有限公司开展融资租赁业务，从此揭开了我国现代融资租赁业发展的篇章。中国加入世界贸易组织（WTO）以来，我国的融资租赁业得到了快速发展，为促进融资租赁业务发展，规范金融租赁公司的经营行为，2014年颁布了《金融租赁公司管理办法》（中国银监会2014年第3号令）。根据《2020年中国租赁发展报告》，截至2020年年底，我国融资租赁企业总数达到12 156家，全国融资租赁合同金额约6.5万亿人民币。

融资租赁一般具有如下特征：一是租赁物由承租人决定，出租人出资购买并租赁给承租人使用，并且在租赁期间内只能租给一个企业使用；二是承租人负责检查验收制造商所提供的租赁物，出租人对该租赁物的质量与技术条件不作担保；三是出租人保留租赁物的所有权，承租人在租赁期间支付租金而享有使用权，并负责租赁期间租赁物的管理、维修和保养；四是租赁合同一经签订，在租赁期间任何一方均无权单方面撤销合同，只有在租赁物毁坏或被证明为已丧失使用价值的情况下方能终止执行合同；五是租期结束后，承租人一般对租赁物有留购和退租两种选择，若要留购，购买价格可由租赁双方协商确定。

区别于租赁融资，经营租赁主要是为满足经营上的临时或季节性需要而发生的资产租赁。经营租赁是一种短期租赁行为，与所有权有关的风险或报酬实质上并未转移，出租人不仅要向承租人提供设备使用权，而且还要向承租人提供设备的保养、保险、维修和其他专门性技术服务。

2. 融资租赁的方式

按照融资租赁的业务特点，融资租赁有如下几种具体形式：

（1）自营租赁（也称直接租赁）。

自营租赁是典型融资租赁形式，自营租赁是指承租企业直接向出租人（租赁公司或是设备制造商）租入所需要的资产，根据合同规定向租赁公司分期交付租金，并负责租赁设备的安装、维修和保养。直接租赁如图4-5所示。

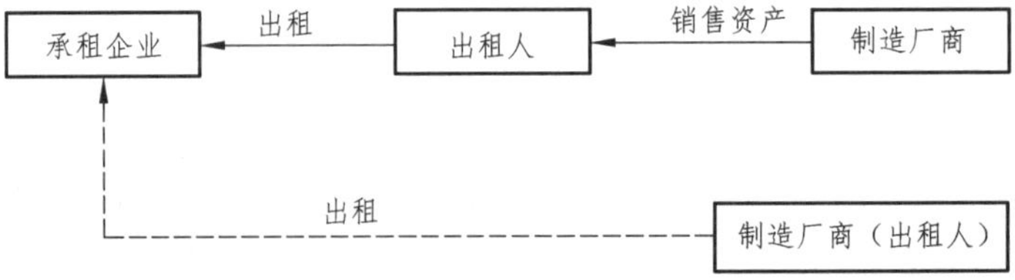

图4-5　自营租赁示意图

（2）回租租赁（也称售后回租）。

回租租赁是指先由租赁公司买下企业正在使用的设备，然后再将原设备租赁给该企业的租赁方式。这种租赁形式较多地应用在不动产的租赁，承租企业因出售资产而获得收益，同时因将资产回租而保留了资产的使用权。回租租赁如图 4-6 所示。

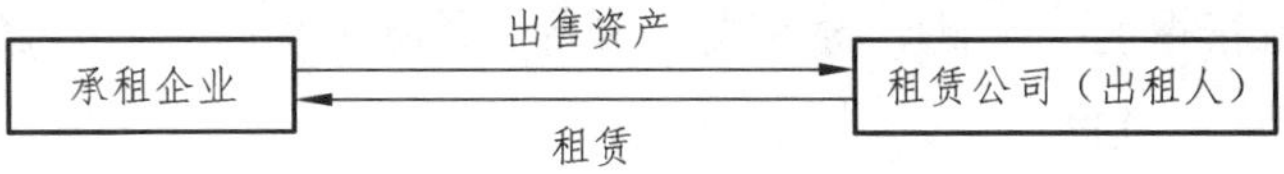

图 4-6　回租租赁示意图

（3）转租赁。

转租赁是指国内租赁公司在国内用户与国外厂商签订设备买卖合同的基础上，选定一家国外租赁公司或厂商，以承租人身份与其签订租赁合同，然后再以出租人身份将该设备转租给国内用户，并收取租金转付给国外租赁公司的一种租赁方式。转租租赁如图 4-7 所示。转租人向其他出租人租入租赁物件再转租给第三人，转租人以收取租金差为目的。租赁物品的所有权归第一出租人。

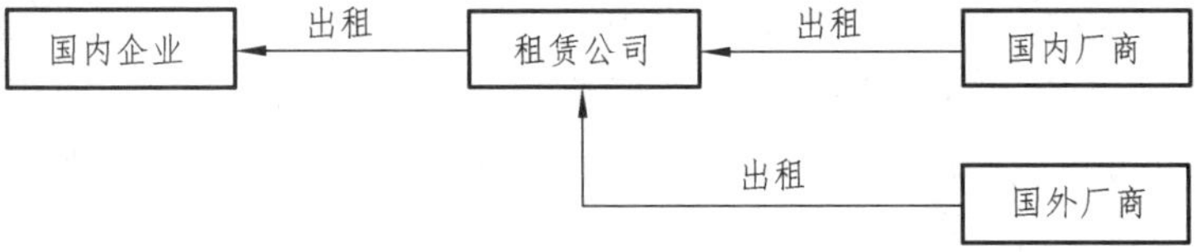

图 4-7　转租租赁示意图

（4）杠杆租赁。

杠杆租赁（Leveraged Lease）是由出租人（租赁公司或商业银行）本身拿出部分资金，然后加上贷款人提供的资金，以便购买承租人所欲使用的资产，并交由承租人使用；而承租人使用租赁资产后，应定期支付租赁费用。通常情况下，出租人（租赁公司）仅提供其中 20%～40% 的资金，贷款人（如银行/财团）则提供 60%～80% 的贷款资金。租赁公司既是出租人又是借资人，既要收取租金又要支付债务。这种融资租赁形式由于租赁收益一般大于借款成本支出，出租人借款购物出租可获得财务杠杆利益，故称为杠杆租赁。杠杆租赁如图 4-8 所示。

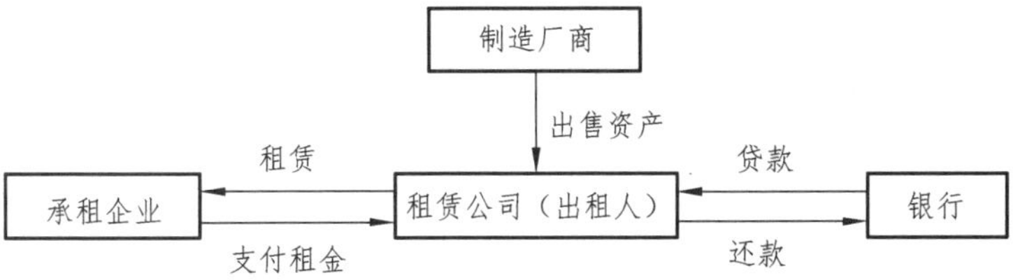

图 4-8　杠杆租赁示意图

杠杆租赁是目前较为广泛采用的一种国际租赁方式，并且由于可享受税收好处、操作规范、综合效益好、租金回收安全、费用低，一般被用于金额巨大的物品，如民航客机、轮船、通信设备和大型成套设备的融资租赁。

4.4 项目的融资成本

融资成本是指项目为筹集和使用资金而支付的费用，即资金使用者支付给资金所有者的报酬。在初步确定工程项目的资金筹措方式和资金来源后，须进一步对融资方案进行分析，以降低融资成本和融资风险。因此，融资成本的高低是判断项目融资方案是否合理的重要因素之一。

4.4.1 资金成本的概述

1. 资金成本的基本含义

资金成本（Cost of Funds）是指企业为筹集和使用资金而付出的代价/费用。资金成本包括资金筹集费用和资金占用费用两部分。

1）资金筹集费用

资金筹集费用指投资者在资金筹集过程中支付的各种费用。主要包括向银行借款的手续费；发行股票、债券而支付的如印刷费、律师费、公证费、担保费及广告宣传费等各项代理发行费用。筹资费用通常是在筹措资金时一次支付的，在用资过程中不再发生。因此，属于固定性的资金成本，可视作筹资总额的一项扣除。

2）资金占用费（即资金使用成本）

资金占用费是指占用他人资金应支付的费用，或者说是资金所有者凭借其对资金的所有权向资金占用者索取的报酬，如股东的股息、红利、债券及银行借款支付的利息。向资金使用者索取的报酬主要包括支付给股东的股息、红利，以及向债权人支付的贷款利息。资金占用费一般与所筹资的多少以及资金的使用长短有关，具有经常性、定期支付的特点，属于变动性资金成本，是资金成本的主要内容。项目投资后所获利润额必须能够补偿资金成本，然后才能有利可言。因此，基准收益率最低限度不应小于资金成本率，否则便无利可图。

总之，资金成本的性质体现在以下三方面：一是资金成本是商品经济条件下资金所有权和资金使用权分离的产物；二是资金成本具有一般产品成本的基本属性，即同为资金耗费，但又不同于账面成本，而属于预测成本，其一部分计入成本费用（只有一部分具有产品成本的性质），相当一部分则作为利润分配处理（这些费用最终也要作为收益的扣除额来得到补偿）；三是资金成本的基础是资金时间价值，但通常还包括投资风险价值和物价变动因素。

应注意的几个概念的区别：

（1）资金成本与资金时间价值。两者的区别主要体现在以下三方面：第一，资金时间价值表现为资金所有者的利息收入，而资金成本是资金使用人的筹资费用；第二，资金的时间价值一般表现为时间的函数，而资金成本则表现为资金占用额的函数；第三，资金成本的基础是资金时间价值，资金成本既包括资金时间价值，又包括投资风险价值。

（2）资金成本与机会成本。与资金成本相比，机会成本是在方案外部形成的，它不是实际支出，不反映在该方案财务分析中，只有通过工程经济分析比较，才能确定项目的机会成本；但在工程经济分析中，应作为一个因素加以认真考虑，有助于选择最优方案。

当投资项目资金完全来源于企业自有资金投资时，可参考行业的平均收益水平，理解为一种资金的机会成本；当投资项目资金来源于自有资金和贷款时，最低收益率不应低于行业平均收益水平（或新筹集权益投资的资金成本）与贷款利率的加权平均值。

2. 资金成本的作用

资金成本在现代企业中是关系到企业筹资决策和投资决策的重要问题。资金成本在企业筹资与投资决策中的作用表现为如下几方面：

（1）资金成本是选择资金来源和融资方式的主要依据。企业融资方式多种多样，而采用不同的融资方式筹集资金的成本是不同的。因此，资金成本的高低可以作为比较各种融资方式优缺点的依据之一。

（2）资金成本是投资者进行最优资金结构决策的主要参考标准。企业的资金结构一般是由权益融资和负债融资结合而成，如何寻求两者之间的最佳组合，一般可通过计算综合资金成本作为企业决策的依据。因此，融资决策的核心就是通过选择利用各种融资方式，力求以最低的综合资金成本达到融资的目的。

（3）资金成本是评价投资项目可行性的主要参考标准之一。在市场经济条件下，投资项目只有资金利润率高于资金成本率的投资机会才是有利可图的，才值得进行筹资和投资；反之，项目就没有必要考虑筹资和投资。

（4）资金成本是比较追加融资方案的重要依据。企业为了扩大生产经营规模，增加所需资金，往往以边际资金成本作为依据。

3. 资金成本主要影响因素

在市场经济环境中，影响资金成本的因素很多，主要有如下几方面：

（1）宏观经济环境。宏观经济环境决定了整个经济运行中的资金供给与需求以及通货膨胀水平。当经济增长时，投资需求导致货币需求量增加，资金供给难以满足市场需求时，投资人也将提高投资收益率，企业的资金成本就会上升；反之，则会降低其要求的投资收益率，以致企业的资金成本下降。当预期通货膨胀水平上升时，货币的实际购买能力下降，投资者也会提高其收益率来补偿预期的投资损失，从而导致企业的资金成本上升。

（2）证券市场的环境。证券市场条件（如市场流动性、市场价格波动等）影响着证券投资风险。当证券市场流动性较差时，投资者的证券交易相对困难，变现风险加大，所要求的收益率就会提高。此外，证券市场价格波动较大时，市场投资风险加大，要求的收益率也会提高。

（3）企业内部的经营和融资状况。经营风险是企业投资决策的结果，表现为资产收益率的变动；财务风险是企业筹资决策的结果，表现为普通股收益率的变动。当企业的经营风险和财务风险加大，投资者便会有较高的投资收益率要求。

（4）融资规模。企业融资规模越大，资金成本就会比较高。例如，企业发行的证券金额较大时，资金筹资费和资金占用费都会上升，而证券发行规模的扩大也会导致发行价格的降低，并由此增加企业的资金成本。

（5）利税政策。当市场利率上升时，企业的债务成本也会随之上升，并将引起普通股和优先股的资金成本上升；反之亦然。税率的变化也会直接影响税后债务成本以及公司加权平均成本的变化。

（6）资本结构。资本结构也会影响资金成本，当采用适度负债的资本结构时，可以降低资金成本，当负债融资的比重增大时，会使得公司的平均成本趋于降低，同时也会增大企业的财务风险，财务风险的提高，又会引起债务成本和权益成本的上升。

4.4.2 资金成本的计算

1. 资金成本计算的一般形式

资本金融资成本由资本金筹集费和资本金占用费组成。资本金占用费一般应按机会成本的原则计算。投资的机会成本是指投资者将有限的资金用于除拟建项目而放弃的其他投资机会所能获得的最好收益。一般机会成本是在方案外部形成的，它不可能反映在该方案的财务上，必须通过工程经济分析人员的分析比较，才能确定项目的机会成本。为便于计算，资金成本一般用相对数表示（也称之为资金成本率）。在不考虑资金时间价值的情况下，其一般计算公式如下：

$$K=\frac{D}{P-F} \quad 或 \quad K=\frac{D}{P(1-f)} \tag{4-1}$$

式中 K——资金成本率（一般统称资金成本）；

P——筹资总额；

D——资金占用费；

F——筹资费；

f——筹资费率（即筹资费占筹资总额的比例）。

在考虑资金时间价值的情况下，资金成本是使各年支付的费用和本金的现值之和与企业所筹到的资金相等时的折现率。利用贴现模型来估算企业的资金成本，其基本公式为

$$P_0=\frac{D_1}{1+K}+\frac{D_2}{(1+K)^2}+\frac{D_3}{(1+K)^3}+\dots+\frac{D_n}{(1+K)^n}=\sum_{t=1}^{n}\frac{D_t}{(1+K)^t} \tag{4-2}$$

式中 P_0——企业筹资净额；

D_t——企业支付给投资者的用资费用；

K——企业税前的资金成本。

2. 各种资金来源的资金成本计算

1）债务资金成本

由于借款利息计入税前成本费用，因此它可以抵税（免征所得税），从税前毛利润中列支。当长期借款的筹资费（主要是借款的手续费）很小时，可以忽略不计，则其资金成本公式为

$$K_{\mathrm{d}}=(1-T)\times R \tag{4-3}$$

式中　K_d——银行借款的资金成本；

T——所得税率；

R——银行借款利率。

注意：对于银行贷款资金而言，资金成本为贷款的年有效利率而不是名义利率。故当贷款的计息周期与利率周期不一致时，则要将名义利率转化为实际利率后再计算资金成本。

如考虑资金筹集成本时，资金成本的计算公式为

$$K_d = \frac{(1-T)\times R}{1-f} \tag{4-4}$$

【例题 4-1】　某企业为某建设项目申请银行长期贷款 5 000 万元，年利率为 10%，每年计息一次，到期一次还本，贷款管理费及手续费率为 0.5%。企业所得税税率为 25%。试计算该项目长期借款的资金成本。

解：根据公式（4-4）得

$$K_d = \frac{(1-T)\times R}{1-f} = \frac{(1-25\%)\times 10\%}{1-0.5\%} = 7.54\%$$

【例题 4-2】　某项目从银行贷款 500 万元，年利率为 10%，在借贷期内每年支付利息 4 次，所得税率为 25%，筹资费率为 0.5%。试计算该借贷资金的资金成本。

解：首先将名义利率折算成实际利率，则实际利率为

$$R = \left(1+\frac{r}{m}\right)^m - 1 = \left(1+\frac{10\%}{4}\right)^4 - 1 = 10.38\%$$

根据公式（4-4）得

$$K_d = \frac{(1-T)\times R}{1-f} = \frac{(1-25\%)\times 10.38\%}{1-0.5\%} = 7.82\%$$

2）债券资金成本

发行债券的成本主要指债券利息和筹资费用。债券利息的处理与长期借款利息的处理相同，应以税后的债务成本为计算依据。债券的筹资费用一般比较高，不可在计算资金成本时省略。债券资金成本的计算公式为

$$k_b = \frac{I_b(1-T)}{B(1-f_b)} \quad 或 \quad k_b = \frac{R_b(1-T)}{(1-f_b)} \tag{4-5}$$

式中　K_b——债券资金成本；

B——债券筹资额；

f_b——债券筹资费率；

I_b——债券年利息；

R_b——债券利率。

如果债券溢价或折价发行，为更准确地计算资金成本，应以实际发行价格作为债券筹资额。

【例题 4-3】 假定某公司发行面值为 500 万元的 10 年期债券，票面利率 8%，发行费率 4%，发行价格 600 万元，公司所得税税率为 25%。试计算该公司债券的资金成本。如果公司以 450 万元发行面额为 500 万元的债券，则资金成本又为多少？

解：根据公式（4-5），得到以 600 万元价格发行时的资金成本为

$$k_{\mathrm{b}}=\frac{I_{\mathrm{b}}(1-T)}{B(1-f_{\mathrm{b}})}=\frac{500\times 8\%\times(1-25\%)}{600\times(1-5\%)}=5.26\%$$

以 450 万元价格发行时的资金成本为

$$k_{\mathrm{b}}=\frac{I_{\mathrm{b}}(1-T)}{B(1-f_{\mathrm{b}})}=\frac{500\times 8\%\times(1-25\%)}{450\times(1-5\%)}=7.02\%$$

3）优先股资金成本

优先股享有优先支付股利的权利，股息支付须在税后净利润中列支（与负债利息的支付不同）。应优先股的股利率固定，期限永久，可视为永续年金。因此资金成本率计算较为简便。其计算公式如下：

$$K_{\mathrm{p}}=\frac{D_{\mathrm{p}}}{P_{\mathrm{p}}(1-f_{\mathrm{p}})} \quad 或 \quad K_{\mathrm{p}}=\frac{P_{\mathrm{p}}\times i}{P_{\mathrm{p}}(1-f_{\mathrm{p}})}=\frac{i}{1-f_{\mathrm{p}}} \tag{4-6}$$

式中 K_{p}——优先股资金成本；
D_{p}——优先股每年股息；
P_{p}——优先股票面值；
f_{p}——优先股筹资费率；
i——利息率。

【例题 4-4】 某公司为某项目发行优先股股票，票面额按正常市价计算为 200 万元，筹资费率为 5%，股息年利率为 10%。试求其资金成本。

解：根据公式（4-6）得

$$K_{\mathrm{p}}=\frac{i}{1-f_{\mathrm{p}}}=\frac{10\%}{1-5\%}=9.5\%$$

4）普通股成本

普通股成本是权益资金成本。权益资金的资金占用费是向股东分派的股利，而股利是以所得税后净利支付的，不能抵减所得税，所以权益资金成本与前述两种债务资金成本的显著不同在于计算时不扣除所得税的影响。计算普通股资金成本的常用方法有评价法和资本资产模型法两种。

（1）评价法。

$$K_{\mathrm{c}}=\frac{D_{\mathrm{c}}}{P_{\mathrm{c}}(1-f_{\mathrm{c}})}+G \tag{4-7}$$

式中 K_{c}——普通股资金成本；
D_{c}——预期年股利额；

P_c——普通股筹资额；

f_c——普通股筹资费率；

G——普通股利年增长率。

【例题 4-5】 某公司发行普通股正常市价为 500 万元，筹资费率为 4%，第一年的股利率为 10%，以后每年增长 5%。试求普通股的资金成本。

解： 根据公式（4-7）得

$$K_c = \frac{D_c}{P_c(1-f_c)} + G = \frac{500 \times 10\%}{500 \times (1-4\%)} + 5\% = 15.42\%$$

（2）资本资产定价模型法。

$$K_c = R_f + \beta(R_m - R_f) \tag{4-8}$$

式中 R_f——无风险报酬率；

R_m——平均风险股票必要报酬率；

β——股票的风险校正系数。

【例题 4-6】 某一期间证券市场无风险报酬率为 10%，平均风险股票必要报酬率为 15%，某一股份公司普通股 β 值为 1.15。试计算该普通股的资金成本。

解： 根据公式（4-8）得

$$K_c = R_f + \beta(R_m - R_f) = 10\% + 1.15 \times (15\% - 10\%) = 15.75\%$$

5）融资租赁资金成本

企业租入某项资产，获得其使用权，要定期支付租金，并且租金列入企业成本，可以减少应付所得税。因此，其租金成本率公式为

$$K_L = \frac{E}{P_L} \times (1-T) \tag{4-9}$$

式中 K_L——融资租赁资金成本；

E——年租金额；

T——所得税率；

P_L——租赁资产价值。

一般来说，融资租赁的资金成本较债券或借款的资金成本都要高，但采用融资租赁方式筹资，承租企业可以享受较多的税收优惠。根据我国现行财务制度和制度的规定，融资租入的固定资产可以视同自有固定资产，在租赁期内计提折旧。而折旧费是可以在成本中列支的，故而可以省税。

6）留存收益成本

留存收益是所得税后形成的（包括盈余公积金和未分配利润），其所有权属于股东，实质上相当于股东对企业的追加投资。股东将留存收益留用于公司，是想从中获取投资报酬，所以留存收益也有资金成本。它的资金成本是股东失去向外投资的机会成本，因此与普通股成本的计算基本相同，只是不考虑筹资费用。留存收益成本的计算公式为

$$K_r=\frac{D_c}{P_c}+G \tag{4-10}$$

式中　K_r——留存盈余资金成本。其他符号同前。

【例题 4-7】　某企业普通股的目前市场价格为 32 元，估计增长率为 5%，本年发放股利为 2 元。试计算其留存收益成本。

解：根据公式（4-10）得

$$K_r=\frac{D_c}{P_c}+G=\frac{2\times(1+5\%)}{32}+5\%=11.56$$

3. 综合资金成本

工程项目的资金筹集一般采用多种融资方式，不同来源的资金，其成本各不相同。由于条件制约，项目不可能只从某种低成本的来源筹集资金，而是各种筹资方案的有机组合。因此，在对整个项目的融资方案进行筹资决策时，一般将项目各种融资的资金成本以该融资额占总融资额的比例为权数加权平均，得到项目的综合资金成本（又称加权平均资金成本，WACC，weiguted average capital cost）。其计算公式为

$$K_w=\sum_{j=1}^{n}K_j\times W_j \tag{4-11}$$

式中　K_w——加权平均资金成本；

K_j——第 j 种融资渠道的资金成本；

W_j——第 j 种融资渠道筹资的资金占全部资金的比例（权数）。

【例题 4-8】　某一建设项目需要筹资 5 000 万元，其资金来源方式有银行贷款 400 万元，借款资金成本 7.54%；发行债券 600 万元，债券资金成本 5.26%；发行优先股 800 万元，资金成本为 15.79%；普通股 3 200 万元，资金成本为 15.75%。试计算其综合资金成本。

解：根据公式（4-11）计算，结果如表 4-3 所示。

表 4-3　综合资金成本计算（账面价值为基础）

资金来源	数量/万元	比例/%	个别资金成本/%	加权成本
银行贷款	400	8	7.54	0.60
债　券	600	12	5.26	0.63
优先股票	800	16	9.5	1.52
普通股票	3 200	64	15.75	10.08
合　计	5 000	100		12.83

税前加权平均资金成本可以作为项目的最低期望收益率，也可以称为基准收益率，作为项目财务内部收益率的判别基准。若项目财务内部收益率高于加权平均资金成本，则项目的投资收益水平可以满足项目筹集资金成本的要求。

4.4.3 融资风险分析

融资方案的实施经常会受到各种风险因素的影响。融资风险分析（Financing Risk Analysis）就是对可能影响融资方案的风险因素进行识别和预测。融资风险分析是项目风险分析中非常重要的组成部分，并与项目其他方面的风险分析紧密相关。项目的融资风险分析主要包括：资金运用风险、项目控制风险、资金供应风险、资金追加风险、利率及汇率风险。

1. 资金运用风险

资金运用风险主要是项目运用所筹资金投资失败所带来的风险。项目融资风险虽不一定是融资活动所导致的，但项目投资的失败和融资活动有关，投资失败产生的损失往往可以利用融资活动，全部或部分地转移给资金提供者（投资人）。因此，在制订项目融资方案时，需要详细分析项目的整体风险情况，评估项目投资失败的可能性，进而考虑融资过程中的风险对策和措施。如果项目风险较大，则可以通过股权融资等方式让更多的出资人共同来承担风险，或利用项目融资模式限定筹资人或项目发起人的风险承受程度。

2. 项目控制风险

融资带来的项目控制风险主要表现在经过融资活动后，筹资人有可能会失去对项目的某些控制权（项目的收益权、管理权、经营权等）。采用涉及项目控制权的资本金融资方式，在获得资金的同时，筹资人会相应地失去一定的项目控制权，同时，也可能会丧失项目的部分预期收益。若这种收益高于以其他融资方式获得资金的机会成本，就视为筹资人的一种损失。但是，筹资人在丧失这种机会收益的同时，也向股权投资人转嫁了未来这部分投资失败的风险。因此，不同方面的融资风险和风险对策之间存在相互关联性，筹资人需要综合权衡以定取舍。

3. 资金供应风险

资金供应风险是指融资方案在实施过程中，可能会出现资金不到位，导致建设工期拖长，工程造价升高，原定投资效益目标难以实现的风险。可能出现资金供应风险的情况有：一是原定筹资额全部或部分落空，如已承诺出资的投资者中途变故，不能兑现承诺；二是原定发行股票、债券计划不能落实；三是既有法人融资项目由于企业经营状况恶化，无力按原定计划出资；四是其他资金不能按建设进度足额及时到位的情况。

4. 资金追加风险

项目实施过程中会出现许多变化，包括设计变更、技术变更甚至失败、市场变化、某些预定的出资人变更、投资超支等，这些都会导致项目的融资方案变更。因此，项目需要具备足够的追加资金能力。为规避这方面的风险，一方面，要加强项目前期的分析论证及科学合理的规划，加强对项目实施过程的管理和监控；另一方面，项目需要具备足够的再融资能力，即项目出现融资缺口时应有及时取得补充融资的计划及能力。对于提高项目再融资能力，有三种途径：一是融资方案设计中考虑备用方案；二是考虑在项目实施过程中追加新的融资渠道和融资方式；三是项目的融资计划与投资计划应当平衡，并留有一定的富余量。

5. 利率及汇率风险

利率风险是指因市场利率变动而给项目融资带来一定损失的风险，主要表现在市场利率的非预期性波动而给项目资金成本所带来的影响。无论选用浮动利率还是固定利率都存在利率风险，因此，利率的选取应从更有利于降低项目总体风险的角度来考虑。

汇率风险是指项目因汇率变动而遭受损失或预期收益难以实现的可能性。项目使用某种外汇借款，未来汇率的变动将使项目的资金成本发生变动，从而产生汇率风险。为了防范汇率风险，对于未来有外汇收入的项目，可以根据项目未来的收入币种选择借款外汇和还款外汇币种，也可以采用汇率封顶和货币利率转换的方法降低汇率风险。

4.5 项目的融资方案分析

4.5.1 BOT 模式

1. BOT 融资模式的内涵

BOT（Build-Operate-Transfer），即建设-经营-转让，是指国内外投资人或财团作为项目发起人，从某个国家的中央或地方政府获得基础设施项目的建设和运营特许权（Concession），然后组建项目公司（Project Company），负责该项目建设的融资、设计、建造和运营。在协议规定的特许期限内，项目公司以运营和经营所得利润偿还债务以及向股东分红。特许经营期满，项目公司将该基础设施的整个项目无偿或有偿移交给东道国政府部门。BOT 模式实质上是私营企业与政府合作经营基础设施建设，向社会提供公共服务的一种特殊的融资模式，是在 20 世纪 80 年代投资衰退的大背景下发展起来的一种主要用于公共基础设施建设的项目投融资模式，在我国被称为“特许经营权”融资方式。为了适应不同的条件，衍生出了如 BOOT、BOO、BLT 和 TOT 等多种模式。

BOOT（Build-Own-Operate-Transfer），即建设-拥有-运营-移交。其明确了 BOT 方式的所有权，项目公司在特许期内既有经营权又有所有权。

BOO（Build-Own-Operate），即建设-拥有-运营，是开发商按照政府授予的特许权，建设并经营某项基础设施，但并不将此基础设施移交给政府或公共部门。

BLT（Build-Lease-Transfer），即建设-租赁-移交，是政府委托投资人建设项目，在项目运营期内，政府有义务成为项目的租赁人，在租赁期结束后，所有资产再转移给政府公共部门。

TOT（Transfer-Operate-Transfer），即移交-经营-移交，是指政府部门或国有企业将建设好的项目的一定期限的产权或经营权，有偿转让给投资人，由其进行运营管理；投资人在约定的期限内通过经营收回全部投资并得到合理的回报，双方合约期满之后，投资人再将该项目交还政府部门或原企业的一种融资方式。TOT 模式的运用一般是为了 BOT 模式的顺利进行，通常情况下，政府会将 TOT 和 BOT 两个项目打包，一起运作。

BOT 融资模式的优势主要体现在如下几方面：一是通过引进大规模、高质量的外资，减少政府直接的财政负担，并为扩大投资打下良好基础；二是政府对项目债务不需要提供任何金融性担保，也不会影响国际金融机构对政府规定的借贷限额；三是将公共部门风险转移到私营机构，增强公共部门稳定性；四是可以通过吸引外资，引进先进的技术设备和管理方法，提高管理水平及运营效率，对地方的经济发展会产生积极的影响；五是带动投资方产品出口，开拓产品市场，促进对外贸易的发展；六是项目特许期满后，项目资产将全部无偿移交给政府，使得项目移交时仍可有效地使用。

当然，BOT 融资模式也存在一定的劣势：一是在特许期限内，政府尽管对项目进行必要的监督，但将失去对项目所有权和经营权的控制；二是私营机构融资成本较高，其借款费用高于政府借款费用，且私人机构在承担高风险的同时，要求高投资回报率；三是由于特许商一般是国外公司，可能造成设施的掠夺性经营，且项目产品基本在国内市场销售，因此，在项目完成以后会有大量的外汇流出。

因此，BOT 融资模式一般适用于投资规模大、建设周期长、技术密集型且竞争性不强的公共基础设施或基础工业项目，如高速公路、水利、电力、铁路、港口、码头、机场、废水处理设施和城市地铁、电信等基础设施建设项目。

2. BOT 的典型结构模式

典型的 BOT 融资运作的主要参与方有东道国政府、项目发起人、项目公司、项目的贷款银行。总承包商（承担项目的设计与建造）、担保受托人、保险公司、有关法律、财务及评估咨询机构等在 BOT 融资的运作过程中也分别参与，以共同促进 BOT 融资的实现。此外，项目的用户也会因为投资、贷款或者担保而成为 BOT 项目的参与人。各参与方之间的权利义务则依据各种合同、协议而确定。例如，东道国政府与项目公司之间签订特许权协议，各债权人与项目公司签订贷款协议，项目公司与总承包商签订项目承发包合同等。如图 4-9 所示。

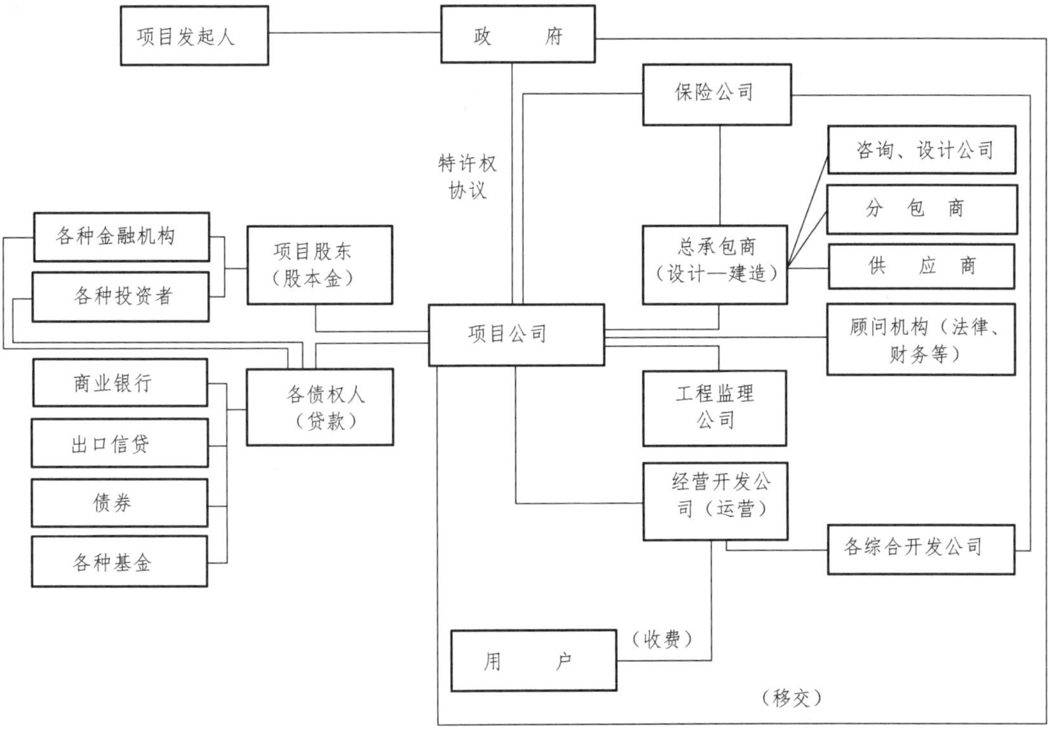

图 4-9　BOT 融资模式的典型结构框架图

项目发起人是项目公司的投资者/股东，可以是某公司，也可以是由多个投资者组成的联合体。如承包商、供应商、项目设施的用户等都可以成为项目的发起人。

东道国政府是BOT项目的控制主体，决定着是否设立此项目，是否采用BOT融资模式。在谈判确定BOT项目协议合同时政府也占据着有利地位。它还有权在项目进行过程中对必要的环节进行监督。在项目特许到期时，它还具有无偿收回该项目的权利。

项目公司是BOT项目的执行主体，是为项目建设和满足市场需求而建设的自主经营、自负盈亏的经营实体，它处于中心位置。项目公司主要负责BOT项目的筹资、分包、建设、验收、经营管理体制以及还债和偿付利息等，同设计公司、建设公司、制造厂商以及经营公司打交道。因此，项目公司也可以被视为一个资产运营公司，其并不一定参加建成项目的经营和产品销售，可由经营开发公司运营。例如，菲律宾的Pagbilao项目中，Pagbilao为项目公司，但电厂的运营和售电均是由电厂负责，而项目公司和运营方之间则是契约关系。

银行或财团通常是BOT项目的主要出资人。对于中小型的BOT项目，一般单个银行足以为其提供所需的全部资金，而大型的BOT项目往往使单个银行感到力不从心，从而组成银团共同提供贷款，银团一般是由来自不同国家的银行组成，包括东道国银行。由于BOT项目的负债率一般高达70%～90%，所以贷款往往是BOT项目的最大资金来源。

3. BOT的运作程序

BOT项目融资运作程序具体如图4-10所示。BOT具有市场机制和政府干预相结合的特点。

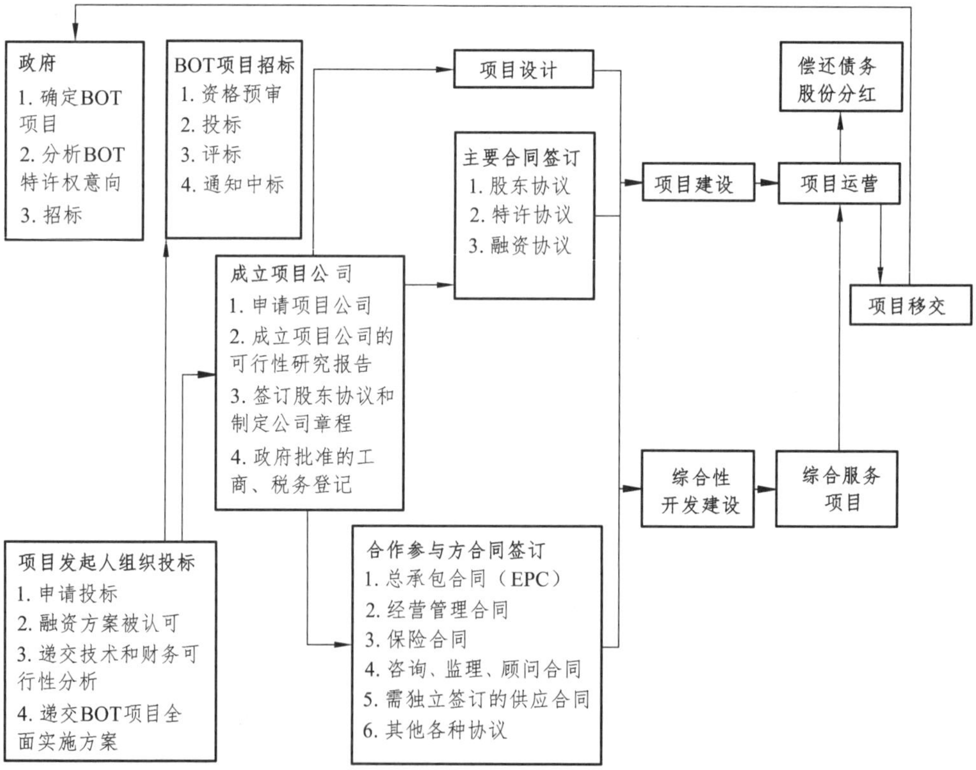

图4-10　BOT项目融资运作程序

一方面，BOT 能够保持市场机制发挥作用。BOT 项目的大部分经济行为都在市场上进行，政府以招标方式确定项目公司的做法本身也包含了竞争机制。作为可靠的市场主体的私人机构是 BOT 模式的行为主体，在特许期内对所建工程项目具有完备的产权。这样，承担 BOT 项目的私人机构在 BOT 项目的实施过程中的行为完全符合经济人假设。

另一方面，BOT 为政府干预提供了有效的途径，这就是和私人机构达成的有关 BOT 的协议。尽管 BOT 协议的执行全部由项目公司负责，但政府自始至终都拥有对该项目的控制权。在立项、招标、谈判三个阶段，政府的意愿起着决定性的作用。在履约阶段，政府又具有监督检查的权力，项目经营中价格的制订也受到政府的约束，政府还可以通过通用的 BOT 法来约束 BOT 项目公司的行为。

4. BOT 融资模式的典型案例

1）英法海峡隧道

英国的很多铁路项目都是采用 BOT 融资模式建成的。其中，最具典型代表的项目就是英法海峡隧。英法海峡隧道口英法海峡隧道包括两条 7.3 m 直径的铁路隧道和一条 4.5 m 直径的服务隧道，长 50 km。项目公司 Eurotunnel 由英国的海峡隧道集团、英国银行财团、英国承包商以及法国的 France-Manehe 公司、法国银行财团、法国承包商等十个单位组成。特许权协议于 1987 年签订，该项目于 1993 年建成。政府授予 Eurotunnel 公司 55 年的特许期（1987—2042，含建设期 7 年）建设、拥有并经营隧道，55 年之后隧道由政府收回。

项目总投资 103 亿美元。在特许权协议中，政府对项目公司提出了 3 项要求：

（1）政府不对贷款作担保。

（2）本项目由私人投资，用项目建成后的收入来支付项目公司的费用和债务。

（3）项目公司必须持有 20% 的股票。项目资金依靠股票和贷款筹集。其中，股票 20 亿美元，由银行和承包商持有 2.80 亿美元，由私有机构持有 3.70 亿美元，由公共投资者持有 13.50 亿美元。在 1986—1989 年间分 4 次发行。贷款为 83 亿美元，由 209 家国际商业银行提供，其中用于主要设施 68 亿美元，用于备用设施 15 亿美元。

政府允许项目公司自由确定通行费，其收入的一半是通过与国家铁路部门签订的铁路协议产生的，用隧道把伦敦与欧洲大陆的高速铁路网相连接；其他收入来自通过隧道运载商业机动车辆的高速火车收费。政府保证，不允许在 30 年内建设第二个跨越海峡的连接通道。

项目公司承担隧道建设的全部风险，并且为造价超支设置了 18 亿美元的备用金。在岸上施工的部分，工程量按一个固定价格合同。隧道则以目标费用为基础。项目公司按实际费用加上目标价值 12.36% 的固定费向承包商支付，该费用估计为 2.5 亿美元。如果隧道在目标价格以下建成，承包商将得到所节约资金的一半；如果实际费用或进度超过目标值，承包商将支付一项特定数量的损失费用给项目公司。另外，由于不可预见的地质条件或通货膨胀，合同要服从于价格调整。

2）广西来宾电厂

1995 年年初，为解决我国基础设施项目投资紧缺的问题，原国家计委开始组织 BOT 项目试点工作，探索在国内开发 BOT 项目的经验。1995 年 5 月，广西来宾电厂二期工程被批准为是中国引进 BOT 方式的第一个试点项目。

广西来宾电厂位于广西壮族自治区的来宾县。装机规模为 72 万千瓦，安装两台 36 万千瓦的进口燃煤机组。该项目总投资为 6.16 亿美元，其中总投资的 25% 即 1.54 亿美元为股东投资，两个发起人按照 60∶40 的比例向项目公司出资，具体出资比例为法国电力国际占 60%，通用电气阿尔斯通公司占 40%，出资额作为项目公司的注册资本；其余的 75% 通过有限追索的项目融资方式筹措。中国各级政府、金融机构和非金融机构不为该项目融资提供任何形式的担保。项目融资贷款由法国东方汇理银行、英国汇丰投资银行及英国巴克莱银行组成的银团联合承销，贷款中 3.12 亿美元由法国出口信贷机构——法国对外贸易保险公司提供出口信贷保险。项目特许期为 18 年，其中建设期为 2 年 9 个月，运营期 15 年 3 个月。特许期满项目公司将电厂无偿移交给广西壮族自治区政府。在建设期和运营期内，项目公司将向广西壮族自治区政府分别提交履约保证金 3000 万美元，同时项目公司还将承担特许期满电厂移交给政府后 12 个月的质量保证义务。广西电力公司每年负责向项目公司购买 35 亿千瓦时（5 000 小时）的最低输出电量（超发电量只付燃料电费），并送入广西电网。同时，由广西建设燃料有限责任公司负责向项目公司供应发电所需燃煤，燃煤主要来自贵州省盘江矿区。

广西来宾 B 电厂项目的成功实施，为我国打开了基础设施项目队非政府投资者开放的大门。广西来宾 B 电厂被选为 BOT 试点项目的主要原因有：一是广西壮族自治区政府和原国家计委的联系较多，信息沟通快，能够很好地理解试点的精神和要点；二是广西来宾 B 电厂本身的试点条件较成熟，大量前期工作都基本完成。从目前项目的运营情况看，项目基本取得成功。广西来宾 B 电厂项目的成功，标志着我国利用外资的水平从此上了一个新的台阶，利用外资的法律环境和管理能力也在日渐成熟。

此外，BOT 方式还在成都第六水厂、北京京通高速公路、上海黄浦延安东路隧道复线等许多项目上得以运用。

4.5.2 PPP 模式

1. PPP 融资模式的概念与内涵

PPP（Public Private Partnership）模式，即公共部门与私人企业合作模式，是公共基础设施的一种项目融资模式。是指政府与私人组织之间，为提供某种公共物品和服务，以特许权协议为基础，彼此之间形成一种共同开发、投资建设，并维护运营公共事业的合作模式，并通过签署合同来明确双方的权利和义务，以确保合作的顺利完成，最终使合作各方达到比预期单独行动更为有利的结果。

PPP 模式的内涵主要包括以下 4 个方面：

（1）PPP 是一种新型的项目融资模式。PPP 融资是以项目为主体的融资活动，是项目融资的一种实现形式，主要根据项目的预期收益、资产以及政府扶持的力度而不是项目投资人或发起人的资信来安排融资。项目经营的直接收益和通过政府扶持所转化的效益是偿还贷款的资金来源，项目公司的资产和政府给予的有限承诺是贷款的安全保障。

（2）PPP 融资模式可以使更多的民营资本参与到项目中，以提高效率，降低风险。政府的公共部门与民营企业以特许权协议为基础进行全程合作，双方共同对项目运行的整个周期负责。PPP 融资模式的操作规则使民营企业能够参与到城市轨道交通项目的确认、设计和可行性研究等前期工作中来，这不仅降低了民营企业的投资风险，而且能将民营企业的管理方法与技术引入项目中来，还能有效地实现对项目建设与运行的控制，从而有利于降低项目建设投资的风险，较好地保障国家与民营企业各方的利益。

（3）PPP 模式可以在一定程度上保证民营资本“有利可图”。私营部门的投资目标是寻求既能够还贷又有投资回报的项目，无利可图的基础设施项目是吸引不到民营资本的投入的。而采取 PPP 模式，政府可以给予私人投资者相应的政策扶持作为补偿，如税收优惠、贷款担保、给予民营企业沿线土地优先开发权等。通过实施这些政策可提高民营资本投资城市轨道交通项目的积极性。

（4）PPP 模式在减轻政府初期建设投资负担和风险的前提下，提高城市轨道交通服务质量。在 PPP 模式下，公共部门和民营企业共同参与城市轨道交通的建设和运营，由民营企业负责项目融资，有可能增加项目的资本金数量，进而降低资产负债率，这不但能节省政府的投资，还可以将项目的一部分风险转移给民营企业，从而减轻政府的风险。同时双方可以形成互利的长期目标，更好地为社会和公众提供服务。

2. PPP 融资模式的框架与应用

PPP 融资模式的典型框架为：政府部门或地方政府通过政府采购形式与中标单位组成的特殊目的公司签订特许合同（特殊目的公司一般由中标的建筑公司、服务经营公司或对项目进行投资的第三方组成的股份有限公司），由特殊目的公司（项目公司）负责筹资、建设及经营。政府通常与提供贷款的金融机构达成一个直接协议，这个协议不是对项目进行担保的协议，而是一个向借贷机构承诺将按与特殊目的公司签订的合同支付有关费用的协定，这个协议使项目公司能比较顺利地获得金融机构的贷款。PPP 融资模式的实质是：政府通过给予私营公司长期的特许经营权和收益权来换取基础设施加快建设及有效运营。PPP 融资模式结构框架如图 4-11 所示。

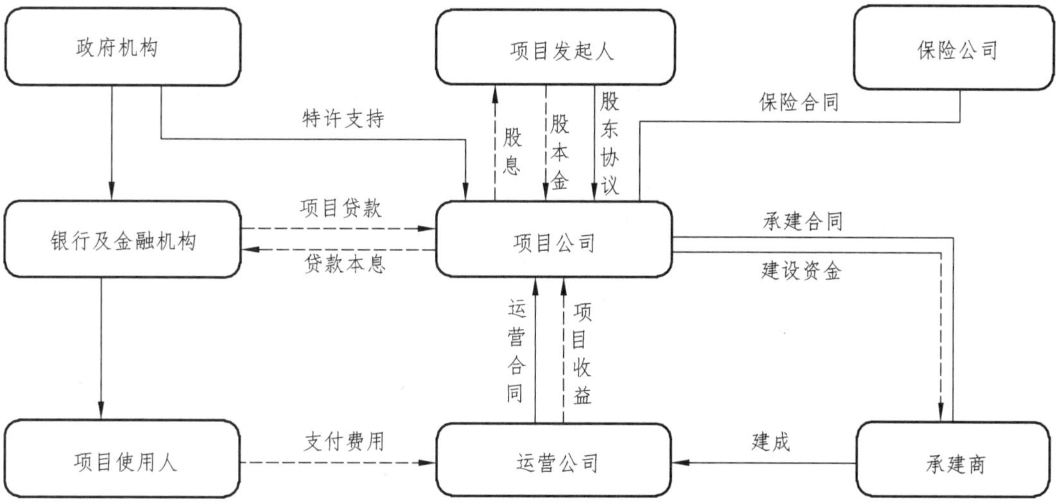

图 4-11　PPP 融资模式结构框架图

随着政府财政在公共基础设施建设中地位的下降，私人企业在公共基础设施的建设中开始发挥越来越重要的作用。世界各国在利用国际及国内民间私人资本进行公共基础设施建设中，PPP 模式已经得到了普遍的应用。1992 年英国最早应用 PPP 模式。英国 75% 的政府管理者认为 PPP 模式下的工程达到和超过价格与质量关系的要求，可节省约 17% 的资金。按照英国的经验，适于 PPP 模式的工程包括：交通（公路、铁路、机场、港口）、卫生（医院）、公共安全（监狱）、国防、教育（学校）、公共不动产管理。

推广实施 PPP 模式对于深化投融资体制改革、激发民间投资活力、提高公共产品和服务供给效率、扩大有效投资等具有重要意义。当然，PPP 模式是提供公共设施或服务的一种比较有效的方式，但并不是对政府有效治理和决策的替代。在任何情况下，政府均应从保护和促进公共利益的立场出发，负责项目的总体策划，组织招标，理顺各参与机构之间的权限和关系，降低项目总体风险等。

2015 年 3 月 10 日国家发展改革委、国家开发银行联合印发《关于推进开发性金融支持政府和社会资本合作有关工作的通知》，对发挥开发性金融积极作用、推进 PPP 项目顺利实施等工作提出了具体要求。2015 年 6 月 1 日，我国发改委等六部委颁布实施的《基础设施和公用事业特许经营管理办法》（2015 年第 25 号令），明确了在能源、交通、水利、环保、市政等基础设施和公用事业领域开展特许经营，境内外法人或其他组织均可通过公开竞争，在一定期限和范围内参与投资、建设和运营基础设施和公用事业并获得收益。

自 2000 年至今，国家出台了大量文件政策鼓励引导民间资本投资建设专业化的服务设施，开展社会养老服务。2014 年以财政部为主导，力推 PPP 融资模式的应用，引导社会资本参与基础设施建设，破解融资难题。面对家庭养老式微社区养老尚未普及的现实状况，机构养老的补充作用尤显重要。为尽快改变机构养老服务建设供给滞后于需求、服务质量差强人意的状况，四川省财政厅与四川省民政厅联合印发了《四川省运用新型民办公助机制（PPP）支持社会资本建设非营利性养老机构试点方案》,探索吸引民间资本进入以满足数量激增且形式多元的机构养老服务需求的新路径。基于共同利益目标的制度安排，以契约方式确立，完成风险共担和利益共享的长期合作。

3. PPP 融资模式的优点

PPP 模式使政府部门和民营企业能够充分利用各自的优势，即把政府部门的社会责任、远景规划、协调能力与民营企业的创业精神、民间资金和管理效率结合到一起。PPP 模式的优点如下：

（1）消除费用的超支。公共部门和私人企业在初始阶段私人企业与政府共同参与项目的识别、可行性研究、设施和融资等项目建设过程，保证了项目在技术和经济上的可行性，缩短前期工作周期，使项目费用降低。因此，PPP 模式有利于提高效率和降低工程造价，能够消除项目完工风险和资金风险。

（2）有利于转换政府职能，减轻财政负担。政府可以从繁重的事务中脱身出来，从过去的基础设施公共服务的提供者变成一个监管的角色，从而保证质量，也可以在财政预算方面减轻政府的压力。

（3）促进了投资主体的多元化。利用私营部门来提供资产和服务能为政府部门提供更多的资金和技能，促进了投融资体制改革。同时，私营部门参与项目还能推动在项目设计、施工、设施管理过程等方面的革新，提高办事效率，传播最佳管理理念和经验。

（4）政府部门和民间部门可以取长补短，发挥政府公共机构和民营机构各自的优势，弥补对方的不足。双方可以形成互利的长期目标，可以以最有效的成本为公众提供高质量的服务。

（5）使项目参与各方整合组成战略联盟，对协调各方不同的利益目标起关键作用。

（6）风险分配合理。与 BOT 等模式不同，PPP 在项目初期就可以实现风险分配，同时由于政府分担一部分风险，使风险分配更合理，减少了承建商与投资商风险，从而降低了融资难度，提高了项目融资成功的可能性。政府在分担风险的同时也拥有一定的控制权。

4. PPP 融资模式运作成功的必要条件

（1）政府部门的大力支持。

在 PPP 模式中，公共民营合作双方的角色和责任会随项目的不同而有所差异，为社会提供最优质的公共设施和服务是政府的总体角色和始终不变的责任。因此，在任何情况下，政府均应从保护和促进公共利益的立场出发，负责项目的总体策划，组织招标，理顺各参与机构之间的权限和关系，降低项目总体风险等。

（2）健全的法律法规制度。

PPP 项目的运作需要在法律层面上，对政府部门与企业部门在项目中需要承担的责任、义务和风险进行明确界定，保护双方的利益。在 PPP 融资模式下，项目设计、融资、运营、管理和维护等各个阶段都可以采纳公共民营合作，通过完善的法律法规对参与双方进行有效约束，是最大限度发挥优势和弥补不足的有力保证。

（3）专业化机构和人才的支持。

PPP 模式的运作广泛采用项目特许经营权的方式，进行结构融资，这需要比较复杂的法律、金融和财务等方面的知识。一方面要求政策制定参与方制定规范化、标准化的 PPP 交易流程，对项目的运作提供技术指导和相关政策支持；另一方面需要专业化的中介机构提供具体专业化的服务。

（4）有效的监管体系。

完善的监管体系建设和监管的有效执行，是一个工程项目得以顺利实施和运营的必要环节。清晰确定政府与市场的边界、详细设计相应监管机制是 PPP 模式下做好政府监管工作的关键。政府的监督主要体现在文件、计划、申请的审批，建设、试运营的验收、备案，运营过程和服务质量的监督检查三个方面。监管体系在监管范围上，包括投资、建设、运营的全过程；在监督时序上，包括事前监管、事中监管和事后监管；在监管标准上，结合具体内容，遵守了能量化的尽量量化，不能量化的尽量细化的原则。

5. PPP 融资模式的典型案例

下面以北京地铁 4 号线为例：

北京地铁 4 号线在国内首次采用 PPP 模式。北京地铁 4 号线是北京市轨道交通线网中的骨干线路和南北交通的大动脉。地铁 4 号线正线长度 28.65 km，共设 23 座地下车站和 1 座地面车站，平均站间距 1.18 km，全线采用地下线的敷设方式。根据工程项目初步设计概算，地铁 4 号项目总投资约为 153 亿元。按照建设责任主体，将工程的所有投资建设任务以 7∶3 的基础比例划分为 A、B 两部分：A 部分包括洞体、车站等土建工程的投资建设，由政府投资方（北京基础设施投资有限公司全资子公司）负责，投资额约为 107 亿元（占总投资的

70%）；B 部分包括车辆、信号、自动售票系统等设备资产的投资、运营和维护，投资额约为 46 亿元（占总投资的 30%），吸引社会投资组建的 PPP 项目公司（项目特许经营公司——“北京京港地铁有限公司”，公司是由京投公司、香港地铁公司和首创集团按 2∶49∶49 的出资比例组建）来完成。具体见图 4-12。

政府部门与京港地铁公司签订特许经营协议，要根据京港地铁公司所提供服务的质量、效益等指标，对企业进行考核。地铁 4 号线项目竣工验收后，京港地铁公司通过租赁取得四号线公司的 A 部分资产的使用权。京港地铁负责 4 号线的运营管理、全部设施（包括 A 和 B 两部分）的维护和除洞体外的资产更新，以及站内的商业经营，通过地铁票款收入及内商业经营收入回收投资并获得合理投资收益。

在项目特许期 30 年结束后，京港地铁将 B 部分项目设施完好、无偿地移交给市政府指定部门或续签经营合同，将 A 部分项目设施归还给四号线公司。

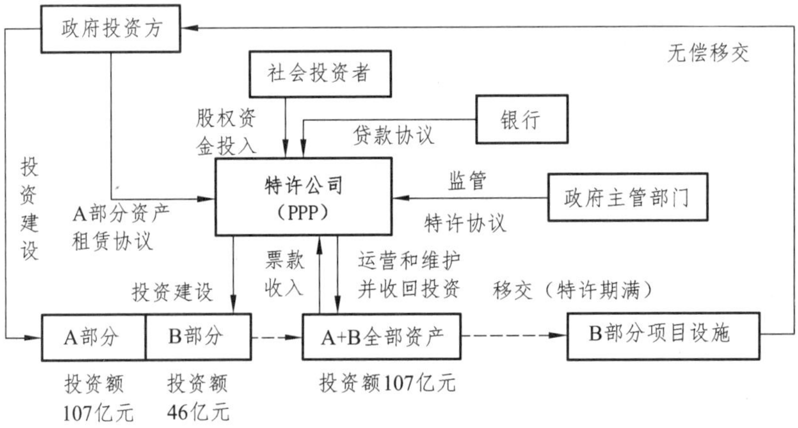

图 4-12 北京地铁四号线投资结构

从项目运作和实施结果来看，北京地铁 4 号线的 PPP 融资模式可以有以下经验借鉴：一是开创了我国轨道交通建设 PPP 融资模式的先河，解决了项目建设资金不足的问题，缓解了资金压力；二是 PPP 模式通过引入有实力和经验的国际投资人，引进了国际先进的地铁建设、管理理念和现代化经营理念，能够提高地铁行业的建设效率和运营服务水平；三是政府和社会投资者以契约的形式固定双方的权利和义务，实现项目建设和运营成本的降低，并使成本相对可控；四是通过社会投资者专业化、高效率的运作，可以为用户提供更优质的产品和服务；五是建立有力的政策保障体系，在整个项目实施过程中，政府由以往的领导者转变成了全程参与者和全力保障者，并为项目配套出台了《关于本市深化城市基础设施投融资体制改革的实施意见》等相关政策；六是构建合理的收益分配及风险分担机制，通过票价机制和客流机制的巧妙设计，在社会投资人的经济利益和政府方的公共利益之间找到了有效平衡点。

当然，轨道交通等基础设施的投融资是一项极其复杂的系统工程，需要综合运用金融、财务和法律等方面的知识，以保证项目的规范运作与实施。

4.5.3 ABS 模式

ABS（Asset-Backed Securitization），即资产收益证券化融资。是以项目资产可以带来的预期收益为保证，通过一套提高信用等级计划在资本市场发行债券来募集资金的一种项目融资方式。ABS 发起于 20 世纪 80 年代的美国，具体运作过程：

（1）组建一个特别目标公司（SPV），该公司可以是信托投资公司、信用担保公司、投资保险公司或其他法人机构。

（2）目标公司选择能进行资产证券化融资的对象。

（3）以合同、协议等方式将政府项目未来现金收入的权利转让给目标公司。

（4）目标公司直接在资本市场发行债券募集资金或者由目标公司信用担保，由其他机构组织发行，并将募集到的资金用于项目建设。

（5）目标公司通过项目资产的现金流入清偿债券本息。

ABS 融资方式可用于铁路、公路、港口、机场、桥梁、隧道和电力、煤气、天然气等交通运输、能源等建设项目，也可用于供水、供电和电信网络等公共设施建设项目。

本章小结

本章首先介绍了项目融资的基本概念、分类以及工程项目融资的主体与融资方式；其次介绍了项目资本金的来源、项目的债务融资和租赁融资等多种项目融资的方式；再次详细介绍融资成本的分析与计算，并对项目融资风险进行分析；最后介绍了 BOT、PPP 和 ABS 三种典型的项目融资模式案例。

本章练习题

一、单项选择题

1. 某项目贷款筹资总额 8 000 万元，筹资费率为 1%，贷款年利率为 9%，企业所得税率为 25%，不考虑资金的时间价值，则该项贷款的资金成本率为（　　）。

A. 6.75%　　B. 6.82%　　C. 9.00%　　D. 9.09%

2. 某项目的资金占用费率 4.23%，筹资费用率为 8%，借款偿还期为 8 年，实际筹得金额与名义借贷金额的比率为 1，则其借贷资金成本为（　　）。

A. 5%　　B. 5.42%　　C. 5.56%　　D. 5.68%

3. 某公司发行总额为 1 000 万元的 10 年期债券，票面利率为 10%，按照面值发行且发行费率为 4%，公司所得税率为 25%，则该公司发行债券的资金成本为（　　）。

A. 9.60%　　B. 8.00%　　C. 7.81%　　D. 7.50%

4. 某公司发行优先股面值 100 元，发行价格为 98 元，发行费用为 3%，每年付息一次，固定利息率 8%，则该优先股的资金成本为（　　）。

A. 8.42%　　B. 7.76%　　C. 8.16%　　D. 8.25%

5. 采用融资租赁筹资的缺点（　　）。

A. 风险较大　　B. 资金成本高

C. 融资限制条件较多　　　　D. 不能享受税收优惠

6. 进行项目建设必须要有项目资本金，项目资本金的筹集包括（　　）。

A. 发行股票　　B. 发行债券　　C. 银行贷款　　D. 融资租赁

二、多项选择题

1. 新设法人融资项目的资本金筹措方式有（　　）。

A. 股东直接投资　　B. 发行股票　　C. 政府投资

D. 股东增资扩股　　E. 发行债券

2. 公司融资和项目融资的区别包括（　　）。

A. 融资主体不同　　B. 贷款期限不同　　C. 追索性质不同

D. 筹资渠道不同　　E. 还款来源不同

3. 下列资金成本中，属于资金占用费的有（　　）。

A. 借款手续费　　B. 债券利息　　C. 贷款利息

D. 发行债券支付的印刷费　　E. 筹资过程中支付的广告费

4. 企业发行股票筹资的特点包括（　　）。

A. 企业资金成本率较低　　B. 企业负债比率可得到降低

C. 企业少纳所得税　　D. 原有股东控制权降低

E. 企业融资风险小

5. 影响企业筹资的综合资金成本的因素主要有（　　）。

A. 资金结构　　B. 个别资金成本的高低

C. 筹集资金总额　　D. 筹资期限长短

E. 筹资范围

6. 项目的融资风险分析主要包括（　　）等。

A. 资金运用风险　　B. 项目控制风险　　C. 项目实施风险

D. 资金供应风险　　E. 资金追加风险

三、思考题

1. 什么是工程项目融资？
2. 工程项目融资的分类有哪些？
3. 既有法人融资的基本内涵和使用条件是什么？其资金来源有哪些？
4. 新设法人融资的基本内涵和使用条件是什么？其资金来源有哪些？
5. 公司融资与项目融资的主要区别是什么？
6. 什么是项目资本金？项目资本金的来源有哪些？
7. 国内、国外负债融资有哪些主要渠道？
8. 试阐述租赁融资的概念和特点。租赁融资的方式有哪些？
9. 如何理解资金成本的基本含义？各种不同来源的资金成本如何计算？
10. 常见的融资风险有哪些？
11. 如何理解 BOT、PPP 融资模式的基本内涵、运作框架？

5　工程项目经济评价与比选

本章的学习目标

- 掌握建设项目各评价指标的概念、计算、判断准则
- 掌握独立型方案、互斥型方案、混合型方案、组合-互斥型方案的经济比选
- 熟悉建设项目各评价指标的优缺点
- 熟悉互补型方案、现金流量相关型方案的经济比选
- 了解基准收益率的影响因素、确定方法

本章的知识结构图

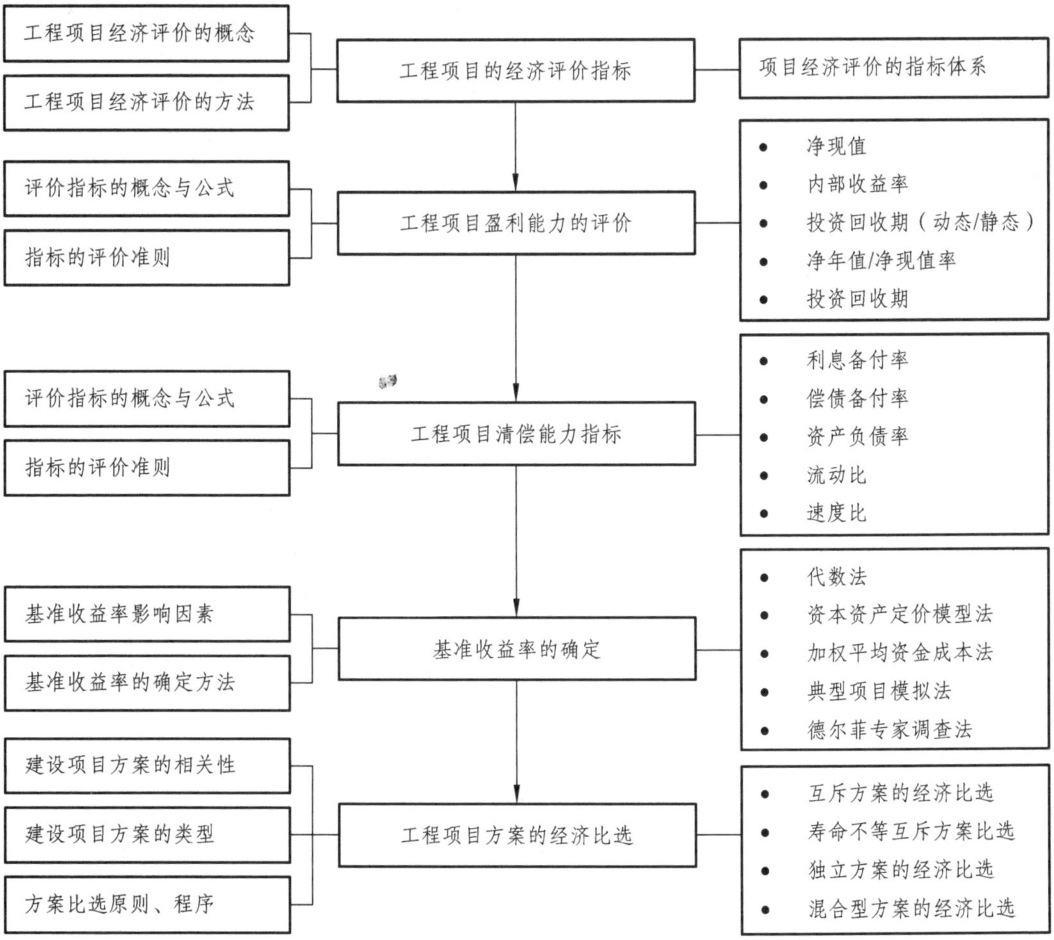

5.1 工程项目的经济评价指标

5.1.1 工程项目经济评价的概念与主要内容

1. 工程项目经济评价的概念

工程项目经济评价是指根据国民经济与社会发展以及行业、地区发展规划的要求，在项目初步方案的基础上，采用科学的分析方法，对拟建项目的财务可行性和经济合理性进行分析论证，为拟建项目的科学决策提供经济方面的依据。根据评价的角度、范围、作用等，工程项目经济评价可分为财务评价（也称财务分析）和国民经济评价（也称经济分析）两个层次。

财务评价是工程项目经济评价的第一步，是从企业或项目的角度，根据国家现行财税制度和现行市场价格，计算项目的投资费用、产品成本与产品销售收入、税金等，进而计算和分析项目的盈利能力、清偿能力以及外汇平衡能力等财务状况，据以判断项目的财务可行性，并得出财务评价的结论。投资者可根据项目财务评价的结论、项目投资的财务经济效果和投资所承担的风险程度来决定项目是否应该投资建设。

项目的财务评价是项目可行性研究和评价的核心内容，其目的在于根据国民经济、社会发展战略和行业地区发展规划的要求，在做好产品的市场需求预测及场址选择等的基础上，对项目进行评价，从微观和宏观两个方面对其建设的财务可行性和经济合理性进行分析论证，最大限度地提高投资效益，为项目的科学决策提供可靠的依据。财务评价必须保证评价的客观性、科学性、公正性，坚持定量分析与定性分析相结合、以定量分析为主及动态分析与静态分析相结合、以动态分析为主的原则。

2. 工程项目经济评价的主要内容

建设项目经济评价的主要内容包括以下几个方面：

（1）进行盈利能力分析。分析和测算项目计算期的盈利能力和盈利水平。

（2）进行清偿能力分析。分析和测算项目偿还贷款的能力和投资的回收能力。

（3）进行不确定性分析。包括敏感性分析、盈亏平衡分析和风险分析。分析项目在建设期和生产期可能遇到的不确定性因素和风险因素对建设项目经济效果的影响程度，考察项目承担各种风险的能力，提高项目投资的可靠性和盈利性。

本章仅介绍前两方面内容的评价方法，不确定性分析将在后续章节中详细介绍。

5.1.2 工程项目经济评价方法的分类

经济评价是建设项目经济分析的核心内容，其目的在于确保决策的正确性和科学性，避免或最大限度地降低投资方案的风险，明确投资方案的经济效果水平，最大限度地提高项目投资的综合经济效益，为项目的投资决策提供科学的依据。因此，正确选择经济评价方法是十分重要的。

1. 根据是否考虑不确定性因素分类

根据是否考虑不确定性因素，建设项目经济评价的基本方法分为确定性评价方法和不确定性评价方法两类，如图 5-1 所示。对于同一个项目，必须同时进行确定性评价和不确定性评价。

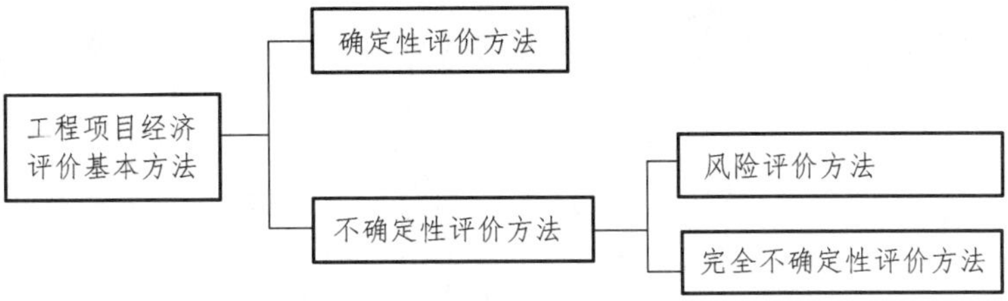

图 5-1　按信息完备程度分类

2. 按评价方法的性质分类

按评价方法的性质不同，建设项目经济评价分为定性评价和定量评价。

（1）定性评价。定性评价是指对无法精确度量的重要因素实行的估量分析方法。建设项目经济评价应坚持定性与定量分析相结合、以定量分析为主的原则。

（2）定量评价。定量评价是指对可度量因素的分析方法。例如，建设项目经济评价涉及的建设投资、建设期利息、流动资金、运营期成本费用、销售额、价格、项目寿命期、利率、汇率等因素均是可以度量的。

3. 按是否考虑时间因素分类

按是否考虑时间因素，建设项目经济评价方法分为静态评价方法和动态评价方法。

（1）静态评价方法。静态评价方法是不考虑货币的时间因素，亦即不考虑时间因素对货币价值的影响，而对现金流量分别进行直接汇总来计算评价指标的方法。静态评价方法的最大特点是计算简便。因此，在对方案进行粗略评价、对短期投资项目进行评价以及对于逐年收益大致相等的项目，静态评价方法还是可采用的。在方案初选阶段，可采用静态评价方法。

（2）动态评价方法。动态评价指标强调利用复利方法计算资金时间价值，它将不同时间内资金的流入和流出换算成同一时点的价值，从而为不同方案的经济比较提供了可比基础，并能反映方案在未来时期的发展变化情况。

在建设项目方案经济评价中，由于时间和利率的影响，对建设方案的每一笔现金流量都应该考虑所发生的时间以及时间因素对其价值的影响。它能较全面地反映投资方案整个计算期的经济效果。在进行方案比较时，一般以动态评价方法为主。

5.1.3　建设项目经济评价的指标体系

建设项目方案经济评价效果的好坏，一方面取决于基础数据的完整性和可靠性；另一方面则取决于选取的评价指标体系的合理性。只有选取正确的评价指标体系，经济评价的结果才能与客观实际情况相吻合，才具有实际意义。一般来讲，建设项目的经济评价指标不是唯一的，根据不同的评价深度要求、可获得资料的多少及项目本身所处的条件不同，可选用不同的指标，这些指标有主次之分，可以从不同侧面反映建设项目的经济效果。根据不同的划分标准，对建设项目经济评价指标体系可以进行不同的分类。

1. 按是否考虑资金时间价值分类

根据建设项目评价指标体系是否考虑资金时间价值，可分为静态评价指标和动态评价指标，如图 5-2 所示。

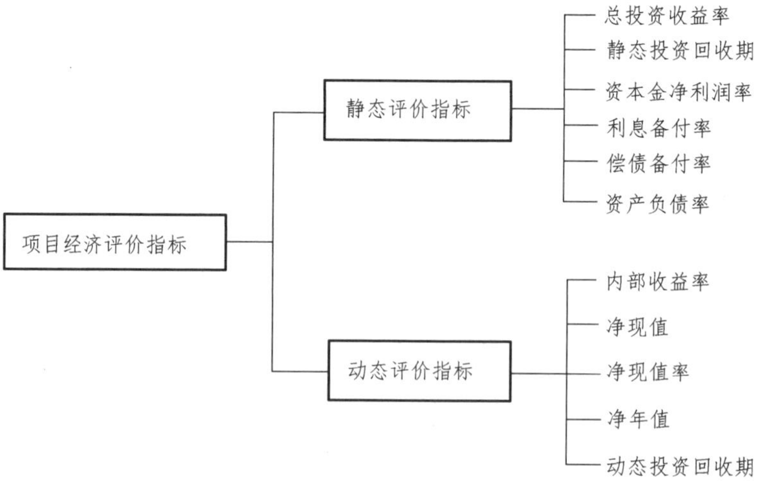

图 5-2　按是否资金时间价值分类

2. 按建设项目经济评价内容分类

按建设项目经济评价内容，也可将评价指标分为盈利能力分析指标、清偿能力分析指标和财务生存能力分析指标，如图 5-3 所示。

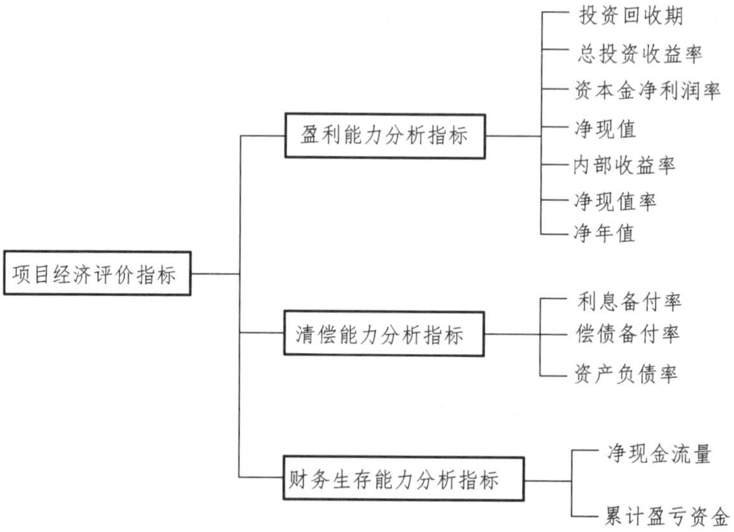

图 5-3　按建设项目经济评价内容分类

3. 按建设项目经济评价指标的性质分类

按建设项目经济评价指标的性质不同，可分为时间性、价值性和比率性指标，如图 5-4 所示。

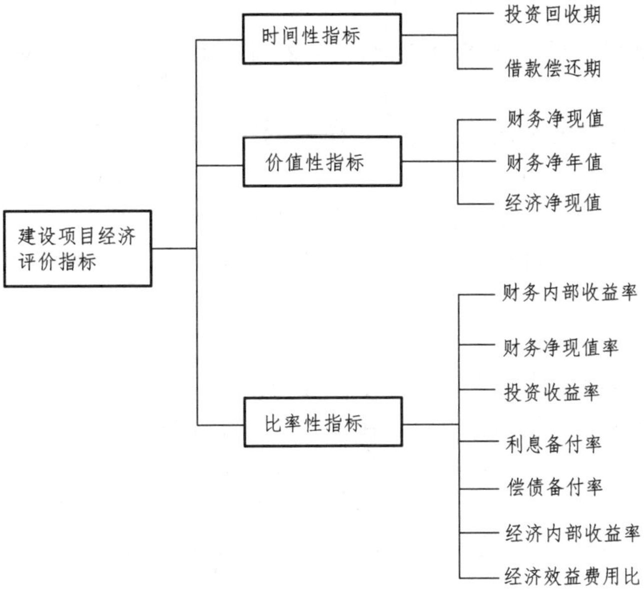

图 5-4　按建设项目经济评价指标的性质分类

5.2 工程项目盈利能力的评价指标

5.2.1 净现值

1. 净现值的概念

净现值（*NPV*, Net Present Value）是反映投资方案在计算期内获利能力的动态评价指标。方案的净现值是指方案在寿命期内各年的净现金流量按照设定的折现率（或预定的基准收益率）折现到期初时的现值之和。

2. 计算公式

$$NPV = \sum_{t=0}^{n}(CI - CO)_t(1+i_c)^{-t} \tag{5-1}$$

式中 NPV——净现值；

CI——第 t 年的现金流入量；

CO——第 t 年的现金流出量；

n——该方案的计算期；

i_c——设定的折现率（或基准收益率）。

3. 评价准则

在项目经济评价中，净现值是评价项目盈利能力的绝对指标。其评价准则如下：

（1）当 $NPV > 0$ 时，表示该投资方案实施后除保证可实现预定的收益率外，尚可获得更高的收益；

（2）当 $NPV = 0$ 时，表示该投资方案刚好达到预定的收益率标准，但并不代表盈亏平衡；

（3）当 $NPV < 0$ 时，表示该投资方案实施后的投资收益率不能达到所预定的收益率水平，但不能确定项目已经亏损。

因此，财务净现值指标衡量项目盈利能力的评价准则为：

当 $NPV \geqslant 0$，表示该项目在财务上可行；当 $NPV < 0$，表示该项目在财务上不可行。

4. 优缺点

净现值（NPV）指标的优点是：考虑了资金的时间价值，并全面考虑了项目在整个计算期内的经济状况；经济意义明确，能够直接以货币额表示项目的盈利水平；评价标准容易确定，判断直观。净现值适用于项目融资前的整体盈利能力分析。

净现值指标的不足之处是：必须首先确定一个符合经济现实的基准收益率，而基准收益率的确定往往比较复杂；在互斥方案评价时，净现值必须慎重考虑互斥方案的寿命，如果互斥方案寿命不等，必须构造一个相同的研究期才能进行各个方案之间的比选；净现值不能反映项目投资中单位投资的使用效率，不便进行投资额不等的互斥方案比较；不能直接说明在项目运营期间各年的经营成果。

【例题 5-1】 某工程项目第 1 年投资 1 000 万元，第 2 年投资 500 万元，两年建成投产并获得收益。每年的收益和经营成本如表 5-1 所示。该项目寿命期为 8 年。若基准折现率为 5%，试计算该项目的净现值，并判断方案是否可行。

表 5-1 某建设项目的现金流量（单位：万元）

计算期	0	1	2	3	4	5	6	7	8	9
净现金流量	−1 000	−500	100	150	250	250	250	250	250	300

解：该项目的净现值为

$$\begin{aligned}NPV &= 100(P/F,5\%,2)+150(P/F,5\%,3)+250(P/A,5\%,5)(P/F,5\%,3)+\\&\quad 300(P/F,5\%,9)-500(P/F,5\%,1)-1\,000\\&=-127.54\text{（万元）}\end{aligned}$$

由于该项目的 $NPV < 0$，所以该项目不可行，不能接受。

【例题 5-2】 某设备的购价为 40 000 元，每年的运行收入为 15 000 元，年运行费用 3 500 元，4 年后该设备可以按 5 000 元转让，如果基准收益率 $i_c = 20\%$，此项设备投资是否值得？

解：按净现值指标进行评价：

$$NPV(20\%) = -40\ 000 + (15\ 000 - 3\ 500)(P/A, 20\%, 4) + 5\ 000(P/F, 20\%, 4)$$
$$= -7\ 818.5\text{（元）}$$

由于 $NPV(20\%) < 0$，此投资经济上不合理。

在上例中，若其他情况相同，如果基准收益率 $i_c = 5\%$，此项投资是否值得？

解：计算此时的净现值：

$$NPV(5\%) = -40\ 000 + (15\ 000 - 3\ 500)(P/A, 5\%, 4) + 5\ 000(P/F, 5\%, 4)$$
$$= 4\ 892.5\text{（元）}$$

$NPV(5\%) > 0$，这意味着若基准收益率为 5%，此项投资是值得的。

显然，净现值的大小与折现率 i_c 有很大关系，当 i_c 变化时，*NPV* 也随之变化，两者呈非线性关系。

5. 净现值与折现率之间的关系

对具有常规现金流量（即在计算期内，开始时有支出而后才有收益，且方案的净现金流量序列的符号只改变一次的现金流量）的投资方案，其财务净现值的大小与折现率的高低有直接关系。工程经济中常规投资项目的财务净现值函数曲线在其定义域内是单调下降的，且递减率逐渐减小。即随着折现率的逐渐增大，财务净现值将逐渐变小，且由正变负，*NPV* 与 i 之间的关系如图 5-5 所示。

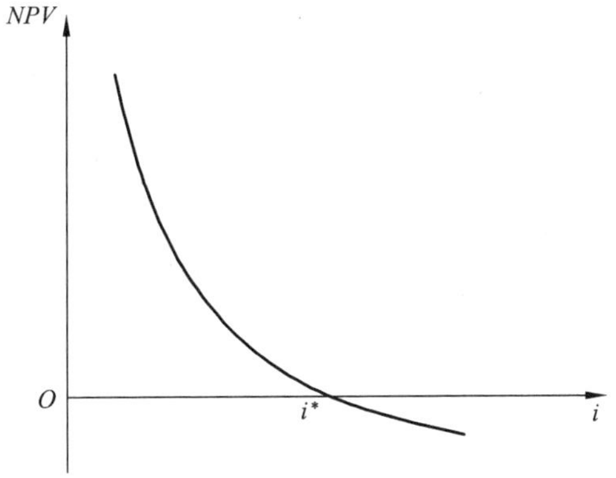

图 5-5　常规投资项目的净现值函数曲线

5.2.2　内部收益率

1. 内部收益率的概念

对项目而言，内部收益率（*IRR*，Interal Rate Return）是指项目净现值为零时所对应指标的收益率。根据图 5-5 可知，内部收益率的实质就是使投资方案在计算期内各年净现金流量的现值累计等于零时的折现率。也就是说，在这个折现率时，项目的现金流入的现值和等于其现金流出的现值和。

2. 计算公式

$$\sum_{t=0}^{n}(CI-CO)_t(1+IRR)^{-t}=0 \tag{5-2}$$

式中　IRR——内部收益率；

　　其余符号意义同前。

3. 求解方法

对于多数项目从理论上来说，IRR 的值域是（0，+∞）。式（5-2）是一个高次方程，不容易直接求解，通常用试算内插法求 IRR 的近似解，其原理如图 5-6 所示。

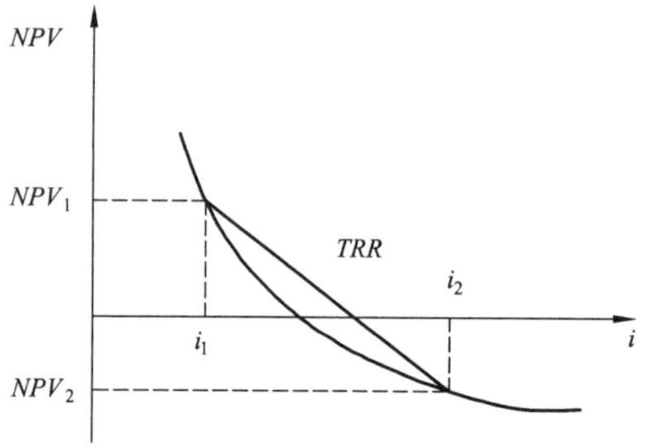

图 5-6　线性内插法求解示意图

$$IRR=i_1+(i_2-i_1)\frac{NPV_1}{NPV_1+|NPV_2|} \tag{5-3}$$

采用线性内插法计算 IRR 时，其计算精度与 i_2-i_1 有关，因为折现率和净现值不是线性关系，因此 i_1 和 i_2 之间的差距越小，则内部收益率计算的精度就越好。故为了保证 IRR 的精度，i_1 和 i_2 之间的差距一般控制在 2% 以内，最大不宜超过 5%。

具体计算步骤如下：

（1）列出 NPV 的表达式。

（2）给出一个折现率 i_1，计算对应的 $NPV(i_1)$，不断试算，使得 $NPV(i_1)>0$，且接近于 0。

（3）再给出一个折现率 i_2，计算对应的 $NPV(i_2)$，并不断试算，使得 $NPV(i_2)<0$，且接近于 0。

（4）计算 $\Delta i=i_2-i_1$。但选取的 i_2 和 i_1 的差别不能太大，要求 $i_2-i_1<2\%\sim5\%$，目的是减少内插的误差。

（5）将上述数据代入公式（5-3）计算 IRR。

4. 判断准则

若给定基准收益率 i_c，用内部收益率指标评价单方案的判定准则为：

若 $IRR\geqslant i_c$，则项目在经济效果上是可以接受的；

若 $IRR<i_c$，则项目在经济效果上应予否定。

【例题 5-3】　某工程项目期初投资 10 000 元，一年后投产并获得收益，每年的净收益为

3 000 元。基准折现率为 10%，寿命期为 10 年。试用内部收益率指标判定项目是否可行。

解：

$$NPV = 3\ 000(P/A, i, 10) - 10\ 000$$

取 $i_1 = 25\%$，$NPA(25\%) = 711.51$（元）

取 $i_2 = 30\%$，$NPA(30\%) = -725.38$（元）

代入公式（5-3）计算 IRR，得

$$IRR = 25\% + (30\% - 25\%)\frac{711.51}{711.51 + |-725.38|} = 27.48\%$$

因为基准折现率 $i_c = 10\% < IRR = 27.48\%$，所以项目可行。

5. 内部收益率的经济含义

IRR 的经济含义可以这样理解：项目在这样的利率下，在项目终了时，以每年的净收益恰好把投资全部收回来。也就是说，在项目寿命期内，项目始终处于“偿付”未被收回投资的状况。因此，内部收益率是指项目对初始投资的偿还能力或项目对贷款利率的最大承担能力。其值越高，一般说来方案的投资盈利能力越高。由于内部收益率不是用来计算初期投资的收益的，所以，一般不使用内部收益率指标直接排列两个或多个项目的优劣顺序。

6. 内部收益率优缺点

1）内部收益率指标的优点

（1）与净现值指标一样，内部收益率指标考虑了资金的时间价值，用于对项目进行动态分析，并考察了项目在整个寿命期内的全部情况。

（2）内部收益率是内生决定的，即由项目的现金流量特征决定的，不是事先外生给定的。这与净现值、净年值、净现值率等指标需要事先设定基准折现率才能进行计算比较，操作困难小。因此，我国进行项目经济评价时往往把内部收益率作为最主要的指标。

2）内部收益率指标的缺点

（1）内部收益率指标计算烦琐，非常规项目有多解现象，且分析、检验和判别比较复杂。

（2）内部收益率适用于独立方案的经济评价和可行性判断，一般不能直接用于独立方案之间的比较和选优，但可以用于互斥方案之间的优劣排序。

（3）内部收益率不适用于只有现金流入或现金流出的项目即纯投资项目（非常规投资项目）。

5.2.3 投资回收期

投资回收期也称返本期，指以项目的净收益回收其全部投资所需要的时间，是反映投资回收能力的重要指标（见图 5-7）。按是否考虑资金的时间价值，投资回收期分为静态投资回收期和动态投资回收期。

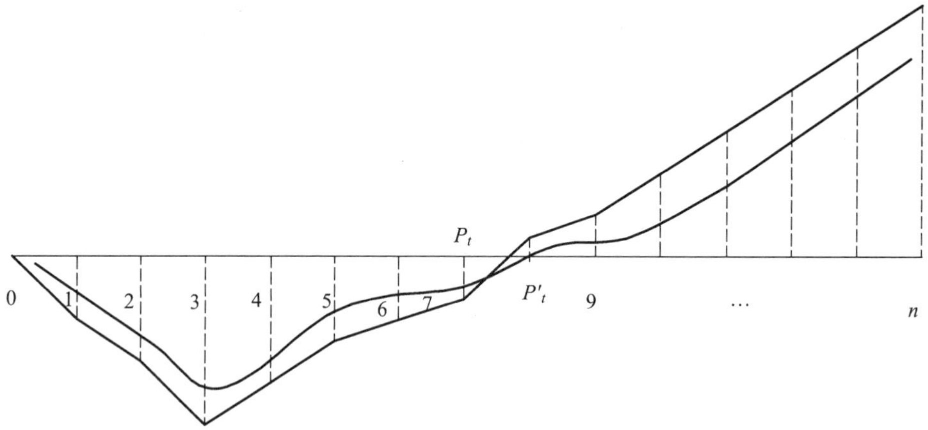

图 5-7　投资回收期示意图

1. 静态投资回收期

（1）定义：静态投资回收期是在不考虑资金时间价值的条件下，以方案的净收益回收项目全部投入资金所需要的时间。静态投资回收期可以自项目建设开始年算起，也可以自项目投产年开始算起，但应予注明。

（2）计算公式。

自建设开始年算起，静态投资回收期（以年表示）的计算公式如下：

$$\sum_{t=0}^{P_t}(CI-CO)_t=0 \tag{5-4}$$

式中　P_t——静态投资回收期；

CI——第 t 年的现金流入量；

CO——第 t 年的现金流出量。

（3）实际计算。

根据投资及净现金收入的情况不同，计算公式分以下几种：

① 项目在期初一次性支付全部投资 I，建成投产后各年的净收益均相同时，计算公式如下：

$$P_t=\frac{I}{A} \tag{5-5}$$

式中　I——项目投入的全部资金；

A——每年的净现金流量，即 $A=(CI-CO)_t$。

② 考虑各建设项目的实际情况，各年净收益相同的情况是很少见的，因为设备运转、人员管理等都有一个试运行的过程，因此，大多数项目在刚刚投产的前几年收益是不相同的，则当项目建成投产后各年的净收益不相同时，静态投资回收期可根据累计净现金流量求得。计算公式为

$$P_t = (\text{累计净现金流量出现正值的年份数} - 1) + \frac{\text{上一年份累计净现金流量的绝对值}}{\text{出现正值年份的净现金流量}} \tag{5-6}$$

（4）判断准则。

将计算出的静态投资回收期 P_t 与所确定的基准投资回收期 P_c 进行比较。若 $P_t \leqslant P_c$，表明项目投入的总资金能在规定的时间内收回，则方案可以考虑接受；若 $P_t > P_c$，则方案不可行。

P_c 基准投资回收期应有部门或行业标准，企业也可以有自己的标准。

（5）优点与不足。

静态投资回收期的最大优点是经济意义明确、直观、计算简单，便于投资者衡量建设项目承担风险的能力，同时在一定程度上反映了投资效果的优劣。因此，得到一定的应用。

静态投资回收期指标的不足主要有两点：① 投资回收期只考虑投资回收之前的效果，不能反映回收期之后的情况，难免有片面性；② 不考虑资金时间价值，无法用以正确地辨识项目的优劣。

静态投资回收期的局限性和不考虑资金时间价值，故有可能导致评价判断错误。因此，静态投资回收期不是全面衡量建设项目的理想指标，它只能用于粗略评价或者作为辅助指标和其他指标结合起来使用。

2. 动态投资回收期

（1）定义：动态投资回收期是指在给定的基准收益率下，用方案各年净收益的现值来回收全部投资的现值所需的时间。

（2）计算公式：

$$\sum_{t=0}^{P_t'} (CI - CO)_t (1 + i_c)^{-t} = 0 \tag{5-7}$$

式中 P_t'——动态投资回收期；

CI——第 t 年的现金流入量；

CO——第 t 年的现金流出量；

i_c——基准收益率。

（3）实际计算。

实际计算时，通常是根据方案的现金流量采用表格计算的方法，并用下列公式：

$$P_t' = (\text{累计净现金流量折现值出现正值的年份} - 1) + \frac{|\text{上年累计净现金流量折现值}|}{\text{当年的净现金流量折现值}} \tag{5-8}$$

（4）判断准则。

$P_t' \leqslant P_c'$ 时（P_c' 为基准动态投资回收期），考虑接受项目；

$P_t' > P_c'$ 考虑拒绝项目。

（5）动态投资回收期优点与不足。

优点：考虑了资金的时间价值，优于静态投资回收期，但计算相对复杂。

不足：不能反映投资回收之后的情况，仍然有局限性。

【例题 5-4】 某项目现金流量表如表 5-2 所示，根据表求静态和动态投资回收期（$i_c =$ 10%，$P_c = 10$ 年，$P_c' = 12$ 年）

表 5-2　某建设项目的现金流量（单位：万元）

年　份	1	2	3	4	5	6～20
净现金流量	－180	－250	－150	84	112	150

解： 列表计算如表 5-3 所示。

表 5-3　某建设项目的投资回收期计算表

年　份	净现金流量	累计净现金流量	折现系数	折现值	累计折现值
1	－180	－180	0.909 1	－163.64	－163.64
2	－250	－430	0.826 4	－206.6	－370.24
3	－150	－580	0.751 3	－112.7	－482.94
4	84	－496	0.683 0	57.37	－425.57
5	112	－384	0.620 9	69.54	－356.03
6	150	－234	0.564 5	84.68	－271.35
7	150	－84	0.513 2	76.98	－194.37
8	150	66	0.466 5	69.98	－124.39
9	150	216	0.424 1	63.62	－60.77
10	150	366	0.385 5	57.83	－2.94
11	150	516	0.350 5	52.58	49.64
12	150	1866	0.318 6	47.79	97.43

$$P_t = 8-1+\frac{|-84|}{150} = 7.56\ （年）$$

$$P_t' = 11-1+\frac{|-2.94|}{52.58} = 10.06\ （年）$$

$P_t < P_c$，表明项目投入的总资金能在规定的时间内收回，则方案可以考虑接受。

$P_t' < P_c'$，考虑接受项目。

5.2.4　净年值

1. 净年值的概念

净年值（*NAV*, Net Annual Value）又称等额年值、等额年金，是指以一定的基准收益率将项目计算期内净现金流量等值换算而成的等额年值。它与前述净现值（*NPV*）的相同之处是，两者都要在给出的基准收益率的基础上进行计算；不同之处是，净现值法把投资过程的现金流量化为基准期的现值，而净年值法则是把该现金流量化为等额年值。净现值是项目在计算期内获得的超过基准收益率水平的收益现值，而净年值则是项目在计算期内每期（年）的等额超额收益。由于同一现金流量的现值和等额年值是等价的（或等效的），所以净现值法与净年值法在方案评价中能得出相同的结论。而在多方案评价时，特别是各方案的计算期不相同时，应用净年值比净现值更为方便。

2. 计算公式

$$NAV = NPV(A/P,i_c,n) \text{或} NAV = [\sum_{t=0}^{n}(CI_t - CO_t)(1+i_c)^{-t}](A/P,i_c,n) \tag{5-9}$$

式中 NAV——净年值；

CI_t——第 t 年的现金流入量；

CO_t——第 t 年的现金流出量；

$(A/P,i_c,n)$——资金回收系数。

3. 判断准则

$NAV \geqslant 0$ 时，项目或方案可行。

$NAV < 0$ 时，项目或方案不可行。

【例题 5-5】 某项目的期初投资 1 000 万元，投资后一年建成并获益。每年的销售收入为 400 万元，年经营成本为 200 万元，该项目的寿命期为 10 年。若基准折现率为 5%，用净年值指标判断该项目是否可行？

解：

$$NAV = (400-200) - 1\,000(A/P,5\%,10) = 70.5 \text{（元）}$$

即该项目可行。

5.2.5 净现值率

1. 净现值率（指数）的概念

净现值指数（*NPVR*，Net Present Value Rate）是在净现值的基础上发展起来的，可作为净现值（*NPV*）指标的一种补充。净现值指数是项目净现值与项目全部投资现值之比，其经济含义是单位投资现值所能带来的净现值的大小，是一个考察项目单位投资盈利能力的指标。由于净现值不直接考虑项目投资额的大小，故为考虑投资的利用效率，常用净现值指数作为净现值指标的辅助评价指标。

2. 计算公式

$$NPVR = \frac{NPV}{I_P} \tag{5-10}$$

$$I_P = \sum_{t=0}^{k} I_t(P/F,i_c,t) \tag{5-11}$$

式中 I_P——投入资金现值；

I_t——第 t 年投资金额；

k——建设期年数；

$(P/F,i_c,t)$——现值系数。

3. 判断准则

$NPVR \geqslant 0$ 时，项目或方案可行；

$NPVR < 0$ 时，项目或方案不可行。

5.2.6 投资收益率

1. 投资收益率的概念

投资收益率是衡量投资方案获利水平的静态评价指标，是投资方案达到设计生产能力后一个正常年份的年净收益与方案的投资总额的比例。它表明投资方案在正常生产中，单位投资每年所创造的年净收益额。生产期内各年的净收益额变化幅度较大的方案，可计算生产期年平均净收益与投资总额的比例。

2. 计算公式

$$R = \frac{A}{I} \times 100\% \tag{5-12}$$

式中 R——投资收益率；

A——项目达到设计生产能力后一个正常年份的年净收益或年平均净收益；

I——项目总投资。

3. 评价准则

项目利用投资收益率这一指标进行评估时，投资收益率越大，项目的经济效果越好。那么投资收益率选择多大，才是经济合理的呢？其决策规则为：投资收益率 $R \geqslant$ 行业平均投资收益率 R_c。满足此条件时，该项目可行，否则该项目被否定。投资收益率高于同行业的收益率参考值，表明用总投资收益率表示的盈利能力满足要求。

4. 投资收益率的优点和不足

投资收益率是考察项目单位投资盈利能力的静态指标。其主要优点是简单、直观地反映项目单位投资的盈利能力。

其不足之处有以下几点：

（1）没有考虑资金的时间价值。

（2）年销售收入、年经营费用的计算主观随意性太强。进行适当的财务处理就会人为压低或抬高利润水平。所以以利润率作为决策依据不太可靠。

（3）纯收入若以尚未实际收到的现金收入作为收益，具有较大的风险。

（4）舍弃了更多的项目寿命期内的经济数据。

5. 投资收益率的应用指标

（1）总投资收益率（ROI）。

总投资收益率是指工程项目达到设计生产能力时的一个正常年份的年息税前利润或运营

期内年平均息税前利润与项目总投资的比例。其计算公式如下：

$$ROI = \frac{EBIT}{TI} \times 100\% \tag{5-13}$$

式中　ROI——总投资收益率；

$EBIT$——项目达到设计能力后正常年份的年息税前利润或运营期内年平均息税前利润；

TI——项目总投资。

年息税前利润 = 年营业收入 − 年营业税金及附加 − 年总成本费用 + 利息支出

项目总投资 = 建设投资 + 建设期利息 + 流动资金

当计算出的总投资收益率高于行业收益率参考值时，认为该项目盈利能力满足要求。

（2）项目资本金净利润率（ROE）。

项目资本金净利润率表示项目资本金的盈利水平，系指项目达到设计能力后正常年份的年净利润或运营期内年平均净利润与项目资本金的比例。其计算公式如下：

$$ROE = \frac{NP}{EC} \times 100\% \tag{5-14}$$

式中　ROE——项目资本金净利润率；

NP——项目达到设计能力后正常年份的年净利润或运营期内年平均净利润；

EC——项目资本金。

当计算出的资本金净利润率高于行业净利润率参考值时，表明用项目资本金净利润率表示的盈利能力满足要求。

【例题 5-6】　已知某技术方案拟投入资金和利润如表 5-4 所示。计算该技术方案的总投资利润率和资本金利润率。

表 5-4　某技术方案拟投入资金和利润表（单位：万元）

序号	项　目	年份						
		1	2	3	4	5	6	7—10
1	建设投资							
1.1	自有资金部分	1 200	340					
1.2	贷款本金		2 000					
1.3	贷款利息（年利率为 6%，投产后前 4 年等本偿还，利息照付）		60	123.6	92.7	61.8	30.9	
2	流动资金							
2.1	自有资金部分			300				
2.2	贷款			100	400			
2.3	贷款利息（年利率为 4%）			4	20	20	20	20
3	所得税前利润			−50	550	590	620	650
4	所得税后利润（所得税率为 25%）			−50	425	442.5	465	487.5

解：

（1）计算总投资收益率（ROI）。

方案总投资：

$$TI = 建设投资 + 建设期贷款利息 + 流动资金$$
$$= 1\,200 + 340 + 2\,000 + 60 + 300 + 100 + 400 = 4\,400（万元）$$

年平均息税前利润：

$$EBIT = [(123.6 + 92.7 + 61.8 + 30.9 + 4 + 20 \times 7) + (-50 + 550 + 590 + 620 + 650 \times 4)] \div 8$$
$$= 595.4（万元）$$

总投资收益率：

$$ROI = \frac{EBIT}{TI} \times 100\% = \frac{595.4}{4\,400} \times 100\% = 13.53\%$$

（2）计算资本金净利润率（ROE）。

资本金：$EC = 1\,200 + 340 + 300 = 1\,840$（万元）

年平均净利润：$NP = (-50 + 425 + 442.5 + 465 + 487.5 \times 4) \div 8 = 404.06$（万元）

资本金净利润率：$ROE = \frac{NP}{EC} \times 100\% = \frac{404.06}{1\,840} \times 100\% = 21.96\%$。

5.3 工程项目清偿能力指标

5.3.1 借款偿还期

1. 借款偿还期的概念

借款偿还期是指根据国家财政规定及投资项目的具体财务条件，以项目可作为偿还贷款的项目收益（利润、折旧、摊销费及其他收益）来偿还项目投资借款本金和建设期利息所需要的时间。它是反映项目借款偿债能力的重要指标。

2. 借款偿还期的计算公式

$$I_d = \sum_{t=1}^{P_d} (R_P + D + R_O - R_r) \tag{5-15}$$

式中 P_d——借款偿还期（从借款开始年计算）；

I_d——投资借款本金和利息之和（不包括已用自有资金支付的部分）；

R_P——第 t 年可用于还款的利润；

D——第 t 年可用于还款的折旧和摊销费；

R_O——第 t 年可用于还款的其他收益；

R_r——第 t 年企业留利。

3. 实际计算

在实际工作中，借款偿还期可直接根据资金来源与运用表或借款还本付息计算表推算。其具体推算公式如下：

$$P_d = (\text{借款偿还后出现盈余的年份数} - \text{借款开始的年份数}) + \frac{\text{当年应偿还借款额}}{\text{当年可用于还款的资金额}} \tag{5-16}$$

关于建设期贷款利息的计算，如果按实际贷款、还款日期计算将十分复杂，为简化计算，一般规定借款发生当年均在年中支付，按半年计息，其后年份按全年计息；还款当年按年末还款，按全年计息。这里仅介绍每年应计利息的近似公式：

$$\text{每年应计利息} = (\text{年初借款本息累计} + \text{本年借款额}/2) \times \text{年利率} \tag{5-17}$$

【例题 5-7】 已知某项目借款还本付息数据如表 5-5 所示，计算该项目的借款偿还期。

表 5-5 借款还本付息计算表（单位：万元）

序号	计算期	1	2	3	4	5	6
1	本年借款						
1.1	本金	400	600				
1.2	利息（$i=6\%$）	12	42.72				
2	还款资金来源			300	400	400	400
2.1	还款总额			200	310	310	310
2.2	折旧、摊销			150	150	150	150
2.3	企业留利			50	60	60	60
3	可用于还本付息			300	400	400	400
3.1	其中：本金			236.72	350.92	371.98	95.10
	付息			63.28	49.08	28.02	5.71
	年末借款累计	412	1 054.72	818.00	467.08	95.10	

解：各年利息计算如下：

$$I_1 = (400/2) \times 6\% = 12 \text{（万元）}$$

$$I_2 = (400 + 12 + 600/2) \times 6\% = 42.72 \text{（万元）}$$

$$I_3 = 1\,054.72 \times 6\% = 63.28 \text{（万元）}$$

当年还本：$300 - 63.28 = 236.72$（万元）

$$I_4 = 818 \times 6\% = 49.08 \text{（万元）}$$

当年还本：$400 - 49.08 = 350.92$（万元）

$$I_5 = 467.08 \times 6\% = 28.02 \text{（万元）}$$

当年还本：$400-28.02=371.98$（万元）

$$I_6=95.10\times6\%=5.71\ （万元）$$

当年还本：$95.10<400-5.71$ 万元，出现盈余

$$P_\mathrm{d}=(6-1)+(95.10+5.71)/400=5.25\ （年）$$

4. 评价准则

当计算出的借款偿还期满足贷款机构的要求期限时，即认为项目是有借款偿还能力的；反之，则说明项目没有借款偿还能力。借款偿还期指标适用于那些计算最大偿还能力，尽快还款的项目，不适用于那些预先给定借款偿还期的项目。对于预先给定借款偿还期的项目，应采用利息备付率和偿债备付率指标分析项目的偿债能力。

5.3.2 利息备付率

1. 利息备付率的概念

利息备付率（*ICR*，Interest Coverage Ratio）也称已获利息倍数，是指项目在借款偿还期内各年可用于支付利息的息税前利润（*EBIT*）与当期应付利息（*PI*）费用的比值。

2. 利息备付率的计算公式

$$利息备付率(ICR)=\frac{息税前利润(EBIT)}{当期应付利息(PI)} \tag{5-18}$$

式中　*EBIT*（息税前利润）——利润总额与计入总成本费用的利息费用之和，即息税前利润 = 利润总额 + 计入总成本费用的利息费用；

PI（当期应付利息）——计入总成本费用的全部利息。

利息备付率可以按年计算，也可以按整个借款期计算。但分年的利息备付率更能反映偿债能力。

3. 评价准则

利息备付率从付息资金来源的充裕性角度反映项目偿付债务利息的能力，它表示使用项目息税前利润付利息的保证倍率。对于正常经营项目，利息备付率应当大于 2；否则，表示项目的付息能力保障不足。尤其是当利息备付率低于 1 时，表示项目没有足够的资金支付利息，偿债风险很大。

5.3.3 偿债备付率

1. 偿债备付率的概念

偿债备付率（*DSCR*，Debt Service Coverage Ratio）又称偿债覆盖率，是指项目在借款偿还期内，各年可用于还本付息的资金（*EBITDA* – *TAX*）与当期应还本付息金额（*PD*）的比值。

2. 计算公式

$$DSCR=\frac{EBITDA-TAX}{PD} \tag{5-19}$$

式中 $EBITDA$——息税前利润加折旧和摊销；

TAX——企业所得税；

PD——当期应还本付息金额；

式中，可用于还本付息的资金包括可用于还款的折旧和摊销、成本中列支的利息费用、可用于还款的利润等。

当期应还本付息金额包括当期应还贷款的本金及计入成本的利息。

偿债备付率可以按年计算，也可以按项目整个借款期计算。分年计算的偿债备付率更能反映偿债能力。

如果项目在运营期内需要维持运营投资，可用于还本付息的资金应扣除维持运营投资。

3. 评价准则

偿债备付率表示可用于还本付息的资金偿还借款本息的保证倍数，偿债备付率高，表明可用于还本付息的资金保障程度高。正常情况下偿债备付率应大于 1，且越高越好。当指标小于 1 时，表示资金来源不足以偿付当期债务，需要通过短期借款偿付当期债务。

【例题 5-8】 已知某企业借款偿还期为 4 年，各年税息前利润总额、税后利润、折旧费和摊销费数额如表 5-6 所示。试计算各年的偿债备付率和利息备付率。

解： 各年的偿债备付率和利息备付率计算结果如表 5-6 所示。

表 5-6 偿债备付率和利息备付率计算表（单位：万元）

计算期	1	2	3	4
息税前利润	10 317	59 548	109 458	120 636
当期应付利息	74 208	64 932	54 977	43 799
税前利润	−63 891	−5 384	54 481	76 837
所得税（25%）	0	0	0	15 511
税后利润	−63 891	−5 384	54 481	61 326
折旧费	102 314	102 314	102 314	102 314
摊销费	42 543	42 543	42 543	42 543
偿还本金	142 369	152 143	162 595	173 774
还本付息总额	216 577	217 075	217 572	217 573
利息备付率	0.14	0.91	1.99	2.75
可用于还本付息资金	155 174	204 405	254 315	249 982
偿债备付率	0.72	0.94	1.17	1.15

注：在各年的所得税计算中，前两年亏损，不需要缴纳所得税，第 3 年的盈利不足以弥补以前年度亏损，第 4 年的利润弥补亏损后为 62 043 元（54 481 + 76 837 − 63 891 − 5 384 = 62 043），应缴纳所得税 15 511 元。

从表 5-6 的计算结果可以看出，该企业前两年的利息备付率均低于 1，偿债备付率低于 1，表明该企业前两年有较大的还本付息压力；后两年的利息备付率均远大于 1，表明该企业后两年的还本付息能力很有保障。

5.3.4 资产负债率

1. 资产负债率的概念

资产负债率（*LOAR*，Liabilities of Assets Ratio）是期末负债总额除以资产总额的百分比，也就是负债总额与资产总额的比例关系。资产负债率反映在总资产中有多大比例是通过借债来筹资的，也可以衡量企业在清算时保护债权人利益的程度。资产负债率这个指标反映债权人所提供的资本占全部资本的比例，也被称为举债经营比率。

2. 计算公式

$$资产负债率(LOAR)=\frac{负债总额(TL)}{资产总额(TA)}\times 100\% \tag{5-20}$$

式中　负债总额 *TL*——公司承担的各项负债的总和，包括流动负债和长期负债。

资产总额 *TA*——公司拥有的各项资产的总和，包括流动资产和长期资产。

3. 判断准则

资产负债率到底多少合适，没有绝对的标准，一般认为 0.5 ~ 0.8 是合适的。国外类似的指标有债务-资本比，它表示投资者的杠杆比率。投资者的权益资金越少，一般说来每一分权益资金的收益越高。从盈利性角度出发，权益的所有者希望保持较高的债务-资本比，以此赋予权益资金有较高的杠杆力——用较少的权益资金来控制整个项目。但是，资产负债比越高，项目的风险也越大，因为权益资本投资的大部分形成土地使用权、房屋和机械设备，变现较为困难，除非企业宣布破产。因此，银行和债权人一般不愿意贷款给权益资金出资额低于总投资 50% 的项目。在许多国家，负债与资本实际采用了 67：33 或 75：25，甚至更高的比率。这需要根据每一个项目各自优缺点加以估测，不可能有一个普遍适用的结论。

当资产负债率过高时，可以通过增加权益资金出资和减少利润分配等途径来调节。

5.3.5 流动比率

1. 流动比率的概念

流动比率（*CR*，Current Ratio）是流动资产对流动负债的比例，用来衡量企业流动资产在短期债务到期以前，可以变为现金用于偿还负债的能力。

2. 计算公式

$$流动比率=\frac{流动资产总额}{流动负债总额}\times100\% \tag{5-21}$$

式中：流动资产，是指企业可以在一年或者超过一年的一个营业周期内变现或者运用的资产，主要包括货币资金、短期投资、应收票据、应收账款和存货等。

流动负债，也叫短期负债，是指将在一年或者超过一年的一个营业周期内偿还的债务，包括短期借款、应付票据、应付账款、预收账款、应付股利、应交税金、其他暂收应付款项、预提费用和一年内到期的长期借款等。

3. 判断准则

流动比率旨在分析企业资产流动性的大小，判断短期债权人的债权，在到期前偿债企业用现金及预期在该期中能变为现金的资产偿还的限度。流动比率越高，表明企业偿付短期负债能力越强。流动比率数值一般要求达到 2，即 1 元的流动负债至少有 2 元的流动资产作后盾，保证项目按期偿还短期债务。如果比值过高，说明项目持有闲置的（不能盈利的）现金余额；比值过低，不利于企业获得贷款，表明项目可能会面临清偿到期账单、票据的某些困难，这是贷款机构不愿意接受的。

5.3.6 速动比率

1. 速动比率的概念

速动比率（*QR*，Quick Ratio）是指速动资产对流动负债的比例。它是衡量企业流动资产中可以立即变现用于偿还流动负债的能力。

2. 计算公式

$$速动比率=\frac{速动资产}{流动负债}\times100\%=\frac{流动资产-存货}{流动负债}\times100\% \tag{5-22}$$

式中：速动资产包括货币资金、短期投资、应收票据、应收账款、其他应收款项等，可以在较短时间内变现。而流动资产中存货、1 年内到期的非流动资产及其他流动资产等则不应计入。

3. 判断准则

在流动资产中，现金、应收账款、应收票据、短期投资等容易变现的资产，称为速动资产。一般认为，速动比率的满意范围为 1.0 ~ 1.2。

当流动比率和速动比率过小时，应设法减少流动负债，通过减少利润分配、减少库存等办法增加盈余资金。例如，通过增加长期借款等方法来加以调整。

5.4 基准收益率的确定

5.4.1 基准收益率的影响因素

基准收益率,是企业或行业或投资者以动态的观点所确定的投资方案最低标准收益水平。它表明投资决策者对项目资金时间价值的估价，是投资资金应当获得的最低盈利率水平，是评价和判断投资方案在经济上是否可行的依据，是一个重要的经济参数。基准收益率的确定一般以行业的平均收益率为基础，同时综合考虑资金成本、投资风险、通货膨胀以及资金限制等影响因素。对于国家投资项目，进行经济评价时使用的基准收益率是由国家组织测定并发布的行业基准收益率；非国家投资项目，由投资者自行确定，但应考虑以下因素：

1. 资金成本和机会成本（i_1）

资金成本是为取得资金使用权所支付的费用。项目投资后所获利润额必须能够补偿资金成本，然后才能有利可言。因此基准收益率最低限度不应小于资金成本。投资的机会成本是指投资者将有限的资金用于除拟建项目以外的其他投资机会所能获得的最好收益。换言之，由于资金有限，当把资金投入拟建项目时，将失去从其他最好的投资机会中获得收益的机会。显然，基准收益率应不低于单位资金成本和单位投资的机会成本两者的最高值，这样才能使资金得到最有效的利用。这一要求可用下式表达：

$$i_c \geqslant i_1 = \max\{\text{单位资本金，单位投资机会成本}\} \quad (5\text{-}23)$$

如工程项目完全由企业自有资金投资建设,可参考行业基准收益率确定项目基准收益率，这时可将机会成本等同于行业基准收益率；假如投资项目资金来源包括自有资金和贷款，最低收益率不应低于行业基准收益率与贷款利率的加权平均收益率。如果有好几种贷款，贷款利率应为加权平均贷款利率。

2. 风险贴补率（i_2）

在整个项目计算期内,存在着发生不利于项目的环境变化的可能性,这种变化难以预料，即投资者要冒着一定风险作决策。所以在确定基准收益率时，仅考虑资金成本、机会成本因素是不够的，还应考虑风险因素。通常，以一个适当的风险贴补率 i_2 来提高 i_c 值。就是说，以一个收益水平增量补偿投资者所承担的风险，风险越大，贴补率越高。为此，投资者自然就要求获得较高的利润，否则他是不愿去冒风险的。为了限制对风险大、盈利低的项目进行投资，可以采取提高基准收益率的办法来进行项目经济评价。

一般说来，从客观上看，资金密集项目的风险高于劳动密集的；资产专用性强的高于资产通用性强的；以降低生产成本为目的的低于以扩大产量、扩大市场份额为目的的。从主观上看，资金雄厚的投资主体的风险低于资金拮据者。

3. 通货膨胀率（i_3）

在通货膨胀影响下，各种材料、设备、房屋、土地的价格以及人工费都会上升。为反映和评价出拟建项目在未来的真实经济效果，在确定基准收益率时，应考虑通货膨胀因素。

通货膨胀以通货膨胀率 i_3 来表示，通货膨胀率主要表现为物价指数的变化，即通货膨胀率约等于物价指数变化率。由于通货膨胀年年存在，因此，通货膨胀的影响具有复利性质。一般每年的通货膨胀率是不同的，但为了便于研究，常取一段时间的平均通货膨胀率，即在所研究的计算期内，通货膨胀率可以视为固定的。

4. 资金限制

资金越少，越需要精打细算，使之利用得更加有效。为此，在资金短缺时，应通过提高基准收益率的办法进行项目经济评价，以便筛选掉盈利能力较低的项目。

5.4.2 基准收益率的确定方法

基准收益率的测定可采用代数和法、资本资产定价模型法、加权平均资金成本法、典型项目模拟法、德尔菲专家调查法等方法，也可同时采用多种方法进行测算，将不同方法测算的结果互相验证，经协调后确定。

1. 代数和法

若项目现金流量是按当年价格预测估算的，则应以年通货膨胀率 i_3 修正 i_c 值。这时，基准收益率可近似地用单位投资机会成本、风险贴补率、通货膨胀率之代数和表示，即

$$i_c = (1+i_1)(1+i_2)(1+i_3) - 1 \approx i_1 + i_2 + i_3 \quad (5\text{-}24)$$

若项目的现金流量是按基年不变价格预测估算的，预测结果已排除通货膨胀因素的影响，就不再重复考虑通货膨胀的影响。即

$$i_c = (1+i_1)(1+i_2) - 1 \approx i_1 + i_2 \quad (5\text{-}25)$$

上述近似计算的前提条件是 i_1，i_2，i_3 都为较小的数。

2. 资本资产定价模型法

采用资本资产定价模型法（CAPM）测算行业财务基准收益率的公式为

$$K = K_f + \beta \times (K_m - K_f) \quad (5\text{-}26)$$

式中 K——权益资金成本；

K_f——市场无风险收益率；

β——风险系数；

K_m——市场平均风险投资收益率。

风险系数，是反映行业特点与风险的重要数值，也是测算工作的重点和基础。应在行业内抽取有代表性的企业样本，以若干年企业财务报表数据为基础数据，进行行业风险系数测算。

市场无风险收益率，一般可采用政府发行的相应期限的国债利率；市场平均风险投资收益率可依据国家有关统计数据测定。

测算出的权益资金成本，可作为确定财务基准收益率的下限，再综合考虑采用其他方法测算得出的行业财务基准收益率并进行协调后，确定基准收益率的取值。

3. 加权平均资金成本法

采用加权平均资金成本（WACC）法测算基准收益率的公式为

$$WACC = K_e \frac{E}{E+D} + K_d \frac{D}{E+D} \tag{5-27}$$

式中 $WACC$——加权平均资金成本；

K_e——权益资金成本；

K_d——债务资金成本；

E——股东权益；

D——企业负债。

权益资金与负债的比例可采用行业统计平均值或者由投资者进行合理设定。债务资金成本为公司所得税后债务资金成本。权益资金成本可按式（5-26）确定。

根据式（5-27）测算出的行业加权平均资金成本，可作为全部投资行业财务基准收益率的下限，再综合考虑其他方法得出的基准收益率进行调整后，确定全部投资行业财务基准收益率的取值。

4. 典型项目模拟法

采用典型项目模拟法测算基准收益率，应在合理时间区段内，选择一定数量的具有行业代表性的已进入正常生产运营状态的典型项目，采集实际数据，计算项目的财务内部收益率，对结果进行必要的分析，并综合各种因素后确定基准收益率。

5. 德尔菲专家调查法

采用德尔菲（Delphi）专家调查法测算行业财务基准收益率，应统一设计调查问卷，征求一定数量的熟悉本行业情况的专家，依据系统的程序，采用匿名发表意见的方式，通过多轮次调查专家对本行业建设项目财务基准收益率取值的意见，逐步形成专家的集中意见，对调查结果进行必要的分析，并综合各种因素后确定基准收益率。

通过上述讨论，可进一步认识到，要正确确定基准收益率，其基础是资金成本、机会成本，而投资风险、通货膨胀和资金限制也是必须考虑的影响因素。

5.5 工程项目方案的经济比选

5.5.1 建设项目方案概述

1. 建设项目方案之间的相关性

项目之间的相关性是指采纳或放弃一个项目对其他项目的选择、经济利益或价值的影响。根据项目之间相关性的大小与性质，项目之间的相关性包括正相关性、负相关性、不相关性和不相容性等。

项目之间的正相关性是指一个项目的采纳将提高另一个项目的经济利益或价值，例如建设住宅小区项目与改善该住宅小区的道路交通项目之间就存在正相关性。项目之间的负相关性是指一个项目的采纳将降低另一个项目的经济利益或价值，例如在某条河流两岸修建一座桥梁项目与修建轮渡项目来解决交通问题在经济利益上是负相关的；在北京与上海之间修建高速公路与修建高速铁路项目，在经济利益上两者也是负相关的。项目之间的不相关性是指一个项目的采纳或放弃对另一个项目的经济利益或价值没有影响，例如一个企业在住宅建设项目上的投资与在工业建设项目上的投资就是两个不相关的项目。项目之间的互不相容性是指如果采纳某一项目就自动地（在技术上或经济上）排斥其他任何项目，则在这两个项目之间存在互不相容性，例如在某块地皮投资建住宅项目还是建宾馆项目之间就是互不相容型项目；某建筑物不同设计方案之间的选择，也是互不相容项目的例子，因为只能允许有一个方案被选中。很显然，两个互不相容的方案不可能同时被采纳。

2. 建设资金的定量分配

当可用于投资项目的资金不能满足投资主体采纳全部可行的项目时，就产生了资金的定量分配问题。资金限制对项目决策的影响产生了所谓投资决策的资金约束问题。资金总是有限的，相对于建设项目需求而言是短缺的，因此必须合理地、节约地使用资金。建设项目投资决策问题必然是资金约束条件下的投资决策。

一般说来，资金定量分配使投资主体必须从待选方案组中选用某些项目并放弃另一些项目，而这另一些项目从其本身的优点来看，是很可能被选中的。在资金的定量分配条件下，进行多方案选优时，必须搞清资金的来源、限额和资金成本是多少。

3. 建设项目的不可分性

项目的不可分性是指一个项目只能作为一个整体被完全采用或被完全放弃，只要在决策中一个项目被否定了，则整个项目的局部或“一小部分”也不应被采用。全部待选方案的资金需要量，一般很少正好与可利用的资金额相一致。某些大型项目可能需要可利用资金的很大一部分，而一些独立的较小的项目则只需要较少数量的可利用资金。这样，便可能产生在单一大项目和若干小项目之间取舍的项目选择问题。换句话说，由于定量分配资金而采用单一大项目，便自然要放弃采用若干较小的项目。

可以举一个例子来说明。3 个投资项目 A、B 和 C，它们都是不可分的，所需资金分别为 1 000 万元、800 万元和 800 万元，得到的净现值分别为 300 万元、200 万元和 200 万元。如果公司可利用的资金限额为 1 600 万元，那么若采用具有最高净现值（NPV = 300 万元）的大项目 A，就要放弃能够得到净现值共计为 400 万元的 B 和 C 项目。因此，为了决定哪些项目应该采纳或放弃，从项目的不可分性来说，也要求进行项目方案的比较。

4. 建设项目方案的类型

要想正确评价项目方案的经济性，仅凭对单个项目方案评价指标的计算及判别是不够的，还必须了解方案之间的相互关系，从而按照方案之间的相互关系确定适合的评价方法和指标，为最终做出正确的投资决策提供科学依据。

所谓方案类型，是指一组备选方案之间所具有的相互关系。这种关系一般分为独立型、互斥型、混合型、互补型、现金流量相关型、组合-互斥型和混合相关型等方案类型。

（1）独立型方案。

独立型方案是指方案间互不干扰，即一个方案的选择不影响另一个方案的选择，在选择方案时可以任意组合，直到资源得到充分运用为止。例如，国家为实行西部大开发，要修建若干个飞机场项目、高速公路项目、铁路项目，在满足建设资金的前提下，这些项目可以视为若干个独立型方案。

（2）互斥型方案。

互斥型方案是指在若干备选方案中，选择其中一个方案，则其他方案就必然被排斥的一组方案。因此，方案之间具有排他性。例如，在某确定的建设场地新建住宅项目和商场项目两个方案，如果选择其中一个方案，则另一个方案就无法实施，因此这两个方案之间的关系则为互斥型方案。互斥型方案还可按以下因素进行分类：

按服务寿命长短不同，投资方案可分为以下几种：

① 相同服务寿命的方案，即参与对比或评价的方案的服务寿命均相同。

② 不同服务寿命的方案，即参与对比或评价的方案的服务寿命均不相同。

③ 无限长寿命的方案，即参与对比或评价的方案可视为无限长寿命的工程，如大型水坝、运河工程等。

按规模不同，投资方案可分为以下几种：

① 相同规模的方案，即参与对比或评价的方案具有相同的产出量或容量，在满足相同功能数量方面的要求具有一致性和可比性。

② 不同规模的方案，即参与对比或评价的方案具有不同的产出量或容量，在满足相同功能数量方面的要求不具有一致性和可比性。

（3）混合型方案。

混合型方案是指项目方案群有两个层次，高层次是若干个相互独立的方案，每个独立方案中又存在若干个互斥的方案。例如，某公司的下属子公司分别进行新建、扩建和更新改造3个相互独立的项目A、B、C，而新建A项目有A_1、A_2两个互斥方案，扩建B项目有B_1、B_2两个互斥方案，更新改造C项目有C_1、C_2、C_3三个互斥方案。

（4）互补型方案。

互补型方案是指方案之间存在技术经济互补关系的一组方案。某一方案的接受有助于其他方案的接受，方案之间存在着相互补充的关系。根据互补方案之间相互依存的关系，互补方案可能是对称的。例如，建设一个大型非港口电站，必须同时建设铁路、电厂，它们无论在建成时间、建设规模上都要彼此适应，缺少其中任何一个项目，其他项目就不能正常运行，因此它们之间是互补型方案。此外，还存在着大量非对称的经济互补关系，如建造一座建筑物A和增加一个空调系统B，建筑物A本身是有用的，增加空调系统B后使建筑物A更有用，但采用方案A并不一定要采用方案B。

（5）现金流量相关型方案。

现金流相关型方案是指在一组方案中，方案之间不完全互斥，也不完全相互依存，但任一方案的取舍会导致其他方案现金流量的变化。例如，某跨江项目考虑两个建设方案，一个是建桥方案 A，另一是轮渡方案 B，两个方案都是收费的，此时，任一方案的实施或放弃都会影响另一方案的现金流量。

（6）组合-互斥型方案。

组合-互斥型方案是指在若干可采用的独立方案中，如果有资源约束条件（如受资金、劳动力、材料、设备及其他资源拥有量限制），则只能从中选择一部分方案实施，可以将它们组合为互斥型方案。例如，现有独立方案 A、B、C、D，它们所需的投资分别为 1 000 万元、600 万元、400 万元、300 万元。当资金总额限量为 1 000 万元时，除 A 方案具有完全的排他性外，其他方案由于所需金额不大，可以互相组合。这样，可能选择的方案共有：A、B、C、D、B + C、B + D、C + D 七种组合方案。因此，当受某种资源约束时，独立方案可以组成各种组合方案，这些组合方案之间是互斥或排他的。

在方案评价前，弄清各方案之间属于何种类型是非常重要的，因为方案类型不同，其评价方法、选择和判断的尺度就不同。如果方案类型划分不当，则会带来错误的评价结果。

5.5.2 工程项目互斥型方案的经济比选

建设项目方案的经济比选是寻求合理的经济和技术方案的必要手段，也是建设项目经济评价的重要内容。建设项目经济评价中宜对互斥型方案和可转化为互斥型方案的方案进行比选。

1. 互斥型方案的类型、比选原则和程序

（1）互斥型方案的类型。

在建设项目方案评选中，较多的是互斥型方案的比较和优选问题。由于技术的进步，为实现某种目标可能形成众多的工程技术方案。这些方案或是采用不同的技术工艺和设备，或是不同的规模和坐落位置，或是利用不同的原料和半成品，等等。当这些方案在技术上是可行的，在经济上也是合理的时候，项目经济评价的任务就是从中选择最好的方案。

按互斥型方案寿命期是否相等，互斥型方案分为两类：① 各方案寿命期相等的互斥型方案的选择；② 各方案寿命期不全相等的互斥型方案的选择。前者自动满足时间可比性的要求，故可直接进行比较；后者则要借助于某些方法进行时间上的变换，在保证时间可比性之后进行选择。

（2）互斥型方案评选的原则。

如果能够利用货币单位统一度量互斥型方案的效益和费用，则可以利用下述 4 条比较原则作出判断。

① 现金流量的差额评价原则。

即评价互斥型方案时，首先计算两个方案的现金流量之差，然后再考虑某一方案比另一方案增加的投资在经济上是否合算。应用差额现金流量法选择方案应遵循以下原则：唯有较低投资额的方案被证明在经济上合理时，较高投资额的方案才能与其比较。若追加投资是合理的，则应选择投资额较大的方案；反之，则应选择投资额较小的方案。

② 比较基准原则。

即相对于某一给定的基准收益率而言，如果投资差额收益率大于或等于基准收益率，则

应选择投资大的方案；如果投资差额收益率小于基准收益率，则应选择投资小的方案。

③ 环比原则。

即对于互斥型方案的选择，必须将各方案按投资额从小到大排序，依次比较，而不能将各方案与投资最小的方案进行比较。

当有多个互斥型方案进行比较时，为选出最优方案，各方案除与“0”方案［“0”方案意味着 $NPV(i_c)=0$ 或者说 $IRR=i_c$ 的方案］比较外，各方案之间还应该进行横向的两两比较。在方案间进行比较时，应采用基准收益率 i_c 进行贴现。N 个互斥型方案两两比较的可能性共有 $N(N-1)/2$ 种，如 10 个互斥型方案需比较 45 次。因此，在实际比较中可采用环比原则来减少比较次数。

④ 时间可比原则。

即进行互斥型投资方案比选时，各方案的寿命期应是相等的，否则必须利用某些方法，如最小公倍数法、研究期法等进行方案寿命上的变换，以保证各方案具有相同的比较时间。

（3）互斥型方案的评选过程。

对于互斥型方案的经济效果评价，主要包括以下两个步骤：

① 绝对经济效果检验。

绝对经济效果检验主要是考察备选方案中各方案自身的经济效果是否满足评价准则的要求，也可以将这个步骤简称为“筛选”。主要采用第三章中的各种经济评价指标进行检验，如净现值、内部收益率、净年值、投资回收期等。只有备选方案自身的经济效果满足了评价准则的要求（如净现值大于零、内部收益率大于基准收益率等），才有资格进入下一个选优的过程。

② 相对效果检验。

相对效果检验也可简称为“选优”，在通过绝对经济效果检验的资格方案中进行选择，考察备选方案中哪个方案相对最优，则最优的方案即是评选的结果。

2. 计算期相等的互斥型方案的经济比选

对于计算期相等的互斥方案，通常将方案的计算期设定为共同的分析期，这样，在利用资金等值原理经济效果评价时，方案间在时间上才具有可比性。在进行计算期相同方案的比选时，若采用价值性指标，则选用价值指标最大者为相对最优方案；若采用比率性指标，则需要考察不同方案之间追加投资的经济效益。

（1）净现值和净年值法。

当互斥型方案寿命期相等时，在已知各投资方案的收益与费用的前提下，直接用净现值或净年值指标进行方案评选最为简便。

操作步骤如下：

① 绝对经济效果检验：计算各方案的 NPV 或 NAV，并加以检验，若 $NPV \geqslant 0$ 或 $NAV \geqslant 0$，方案通过绝对经济效果检验，可以作为备选方案；反之，则没有资格进行下一步的选优。

② 相对效果检验：比较通过绝对经济效果检验的两个方案的 NPV 或 NAV 的大小。

③ 选最优方案：相对效果检验最后保留的方案为最优方案。

判别准则：

① $NPV_i \geqslant 0$ 且 $\max(NPV_i)$ 所对应的方案为最优方案；

② $NAV_i \geqslant 0$ 且 $\max(NAV_i)$ 所对应的方案为最优方案。

【例题 5-9】 某房地产开发商拟在某块土地上新建一开发项目，现有 A、B、C 三个方案，各投资方案的现金流量见表 5-7。各方案寿命期均为 6 年，基准收益率 $i_c = 10\%$，此开发商选择哪个方案在经济上最有利？

表 5-7 各投资方案的现金流量表（单位：万元）

投资方案	期初投资	销售收入	运营费用	净收益
A	2 000	1 200	500	700
B	3 000	1 600	650	950
C	4 000	1 600	450	1 150

解：

（1）净现值法。

这种方法就是将包括期初投资额在内的各期净现金流量换算成现值的比较方法。将各年的净收益换算成现值时，只要利用等额资金现值系数 $(P/A,10\%,6) = 4.355\ 3$ 即可。

各方案的净现值计算如下：

$$NPV_A = (1\ 200 - 500) \times (P/A,10\%,6) - 2\ 000 = 1\ 049 \text{（万元）}$$

$$NPV_B = (1\ 600 - 650) \times (P/A,10\%,6) - 3\ 000 = 1\ 137 \text{（万元）}$$

$$NPV_C = (1\ 600 - 450) \times (P/A,10\%,6) - 4\ 000 = 1\ 009 \text{（万元）}$$

$NPV_B > 0$，且在三个方案中是净现值最大的方案，因此，B 方案为最优方案。

（2）净年值法。

净年值法就是将各年净现金流量折算到计算期各年的等额年金的过程，各方案的净年值计算如下：

$$NAV_A = (1\ 200 - 500) - 2\ 000 \times (A/P,10\%,6) = 241 \text{（万元）}$$

$$NAV_B = (1\ 600 - 650) - 3\ 000 \times (A/P,10\%,6) = 261 \text{（万元）}$$

$$NAV_C = (1\ 600 - 450) - 4\ 000 \times (A/P,10\%,6) = 232 \text{（万元）}$$

$NAV_B > 0$，且在三个方案中是净年值最大的方案，因此，B 方案为最优方案。

这个结果与用净现值法计算得出的结果是一致的，由此可见，两种方法对于进行寿命期相等的互斥型方案的评选效果是相同的。

3. 投资差额净现值法（ΔNPV）

投资差额净现值法的比选原理是：以基准贴现率为基础，判定投资多的方案比投资少的方案所增加的投资是否值得。即投资差额部分与寿命期内增加的收益的现值之和是否大于或等于零。当然，除了投资差额部分应满足基准贴现率的收益水平外，两方案的相同部分（基础方案）必须首先满足这一基准水平。

（1）计算公式。

设 A、B 为有共同寿命周期而投资额不等的两个排他方案，A 方案比 B 方案投资大，则 A、B 两方案的投资差额净现值计算公式如下：

$$
\begin{aligned}
\Delta NPV &= \sum_{t=0}^{n}\left[(CI_{A}-CO_{A})_{t}-(CI_{B}-CO_{B})_{t}\right]\times(1+i_{c})^{-t} \\
&= \sum_{t=0}^{n}(CI_{A}-CO_{A})\times(1+i_{c})^{-t}-\sum_{t=0}^{n}(CI_{B}-CO_{B})\times(1+i_{c})^{-t} \\
&= NPV_{A}-NPV_{B}
\end{aligned}
\tag{5-28}
$$

（2）评价准则。

① 如果 $\Delta NPV_{A-B}\geqslant 0$，则表明投资增额部分是值得的，投资额大的方案优于投资额小的方案；

② 如果 $\Delta NPV_{A-B}<0$，则表明投资增额部分不能获得预期的收益率水平，是不值得投资的，因此，投资额小的方案优于投资额大的方案。

（3）操作步骤。

使用投资差额净现值指标进行方案评选应按照以下步骤进行：

① 将备选方案按投资额从小到大顺序排列。

② 增设投资、收益均为 0 的方案，以判定基础方案是否满足基准贴现率要求的收益水平。

③ 将投资小的方案 A_i 作为临时最优方案，投资大的方案 A_j 作为竞争方案（$j>i$）。计算 $\Delta NPV_{A_j-A_i}$，如果 $\Delta NPV_{A_j-A_i}\geqslant 0$，即 A_j 方案优于 A_i 方案。故竞争方案 A_j 取代原临时最优方案 A_i 作为新的临时最优方案；如果 $\Delta NPV_{A_j-A_i}<0$，则竞争方案 A_j 不如临时最优方案 A_i，此时方案 A_j 被淘汰，A_i 仍作为临时最优方案参与下一个过程的评选。

④ 按顺序将新的竞争方案与临时最优方案比较，不断重复步骤③，直至找出最优方案。

【例题 5-10】 某建筑承包商拟购买设备用于租赁，现有三个方案，各方案现金流量见表 5-8。各方案寿命期均为 10 年，10 年末残值为 0，基准收益率 $i_c=15\%$，选择哪个方案在经济上最有利？

表 5-8　各方案现金流量表（单位：万元）

项目方案	期初投资	年净收益
A_0	$NPV(15\%)=0$	
A_1	5 000	1 400
A_2	8 000	1 900
A_3	10 000	2 500

解： 将备选方案按投资额由小到大的顺序排列为 A_1, A_2, A_3，增设投资和收益均为 0 的基准方案 A_0。

（1）对方案 A_1 与基准方案 A_0 进行比较，计算这两个方案的追加投资的净现金流量，按

基准收益率 $i_c=15\%$，计算投资差额净现值 $\Delta NPV_{A_1-A_0}$。

$$\Delta NPV_{A_1-A_0}=1\ 400(P/A,15\%,10)-5\ 000=2\ 026.32>0$$

因为 $\Delta NPV_{A_1-A_0}>0$，说明方案 A_1 优于方案 A_0，则方案 A_0 被淘汰，保留方案 A_1 作为临时最优方案。

（2）对方案 A_2 和 A_1 进行比较，计算两个方案的追加投资的净现金流量，按基准收益率 $i_c=15\%$，计算投资差额净现值 $\Delta NPV_{A_2-A_1}$。

$$\Delta NPV_{A_2-A_1}=(1\ 900-1\ 400)(P/A,15\%,10)-(8\ 000-5\ 000)=-409.60<0$$

因为 $\Delta NPV_{A_2-A_1}<0$，说明方案 A_1 优于方案 A_2，则方案 A_2 被淘汰，仍然保留方案 A_1 作为临时最优方案。

（3）对方案 A_3 和 A_1 进行比较，计算两个方案的追加投资的净现金流量，按基准收益率 $i_c=15\%$，计算投资差额净现值 $\Delta NPV_{A_3-A_1}$。

$$\Delta NPV_{A_3-A_1}=(2\ 500-1\ 400)(P/A,15\%,10)-(10\ 000-5\ 000)=520.68>0$$

因为 $\Delta NPV_{A_3-A_1}>0$，说明方案 A_3 优于方案 A_1，则方案 A_1 被淘汰，A_3 是最终的最优方案。

（4）差额投资内部收益率法（ΔIRR）。

投资差额内部收益率法计算过程非常复杂，但由于它可在不掌握确切 i_c 值，而只知 i_c 大致范围的情况下进行方案比选，因此在实践中是非常实用的。

① 计算公式。

设 A、B 为有共同寿命周期 n 年而投资额不等的两个排他方案，A 方案比 B 方案投资大，则 A、B 两方案的投资差额内部收益率的计算公式如下：

$$\sum(CI_A-CO_A)\times(1+\Delta IRR)^{-t}-\sum(CI_B-CO_B)\times(1+\Delta IRR)^{-t}=0 \tag{5-29}$$

$$\sum(CI_A-CO_A)\times(1+\Delta IRR)^{-t}=\sum(CI_B-CO_B)\times(1+\Delta IRR)^{-t} \tag{5-30}$$

即

$$NPV_A(\Delta IRR)=NPV_B(\Delta IRR)$$

根据公式可知，投资差额内部收益率实质上是使两个互斥型方案差额净现值为零时的折现率，也是使两个互斥型方案净现值相等时的折现率。

② 评价准则。

如果 $\Delta IRR\geqslant i_c$，则投资大的方案优于投资小的方案；

如果 $\Delta IRR<i_c$，则投资小的方案优于投资大的方案。

③ 操作步骤。

投资差额内部收益率法与投资差额净现值法的比选程序相同，区别只是投资差额内部收益率法计算的是两方案差额的内部收益率。具体操作步骤如下：

a. 将备选方案按投资额从小到大顺序排列。

b. 增设投资、收益均为 0 的方案，以判定基础方案是否满足基准贴现率要求的收益水平。

c. 将投资小的方案 A_i 作为临时最优方案，投资大的方案 A_j 作为竞争方案（$j>i$），计算 $\Delta IRR_{A_j-A_i}$，如果 $\Delta IRR_{A_j-A_i}>i_c$，即 A_j 方案优于 A_i 方案。故竞争方案 A_j 取代原临时最优方

案 A_j 作为新的临时最优方案；如果 $\Delta IRR_{A_j-A_i} < i_c$，则竞争方案 A_j 不如临时最优方案 A_i，此时方案 A_j 被淘汰，A_i 仍作为临时最优方案参与下一个过程的评选。

d. 按顺序以新的竞争方案与临时最优方案比较，不断重复步骤 c，直至找出最优方案。

【例题 5-11】 以例题 5-10 为例，基准收益率 $i_c = 15\%$。试比较哪个方案在经济上最优。

解：（1）比较竞争方案 A_1 和基准方案 A_0，计算两者的差额内部收益率 $\Delta IRR_{A_1-A_0}$。

$$\Delta IRR_{A_1-A_0} = 1\,400(P/A, \Delta IRR, 10) - 5\,000 = 0$$

利用线性内插法解得

$$\Delta IRR_{A_1-A_0} = 25\% > i_c = 15\%$$

因为投资差额内部收益率大于基准收益率 15%，所以方案 A_1 优于方案 A_0，A_0 被淘汰，A_1 为临时最优方案。

（2）比较方案 A_2 和方案 A_1，计算两者的差额内部收益率 $\Delta IRR_{A_2-A_1}$。

$$\Delta IRR_{A_2-A_1} = (1\,900 - 1\,400) \times (P/A, \Delta IRR, 10) - (8\,000 - 5\,000) = 0$$

利用线性内插法解得

$$\Delta IRR_{A_1-A_0} = 10.56\% < i_c = 15\%$$

因为追加投资内部收益率小于基准收益率 15%，所以方案 A_2 劣于方案 A_1，应去掉方案 A_2，A_1 仍为临时最优方案。

（3）计算方案 A_3 对方案 A_1 的追加投资内部收益率 $\Delta IRR_{A_3-A_1}$。使追加投资 $(A_3 - A_1)$ 的净现值等于零，以求出 $\Delta IRR_{A_3-A_1}$：

$$\Delta IRR_{A_3-A_1} = (2\,500 - 1\,400)(P/A, \Delta IRR, 10) - (10\,000 - 5\,000) = 0$$

利用线性内插法解得

$$\Delta IRR_{A_3-A_1} = 17.6\% > i_c = 15\%$$

因为追加投资内部收益率大于基准收益率 15%，所以方案 A_3 优于方案 A_1，可去掉方案 A_1。所有方案都已比较完毕，故方案 A_3 为最优方案。

必须指出的是，虽然在多数情况下，采用内部收益率法评价互斥型方案能够得到与追加投资内部收益率法相同的选优结果，但在相当多的情况下，直接按互斥型方案的内部收益率的高低选择方案并不一定能选出在基准收益率下净现值最大的方案。如以例题 5-11 为例，$IRR_{A_0} = 15\%$，$IRR_{A_1} = 25\%$，$IRR_{A_2} = 19.9\%$，$IRR_{A_3} = 21.9\%$。若按 *IRR* 数值大小选优，则方案 A_1 为最优方案，这一结论与上述几种比选的结论是不一致的。

这种不一致，可用图 5-8 来说明。虽然方案 A_1 的内部收益率大于 A_3，但在 $i_c = 15\%$ 处，A_3 的净现值却大于 A_1 的净现值。追加投资内部收益率 $\Delta IRR_{A_3-A_1} = 17.6\%$，表示贴现率为 17.6% 时，两个方案的净现值相同。由图 5-7 可见，当给定的基准收益率 $i_c < \Delta IRR_{A_3-A_1}$，$NPV_{A_3}(i_c) > NPV_{A_1}(i_c)$，即 A_3 方案为最优方案；当给定的基准收益率 $i_c > \Delta IRR_{A_3-A_1}$，则

$NPV_{A_3}(i_c) < NPV_{A_1}(i_c)$，即 A_1 方案为最优方案。因此，和净现值评价方法不同，用内部收益率来比较互斥型方案时，应采用追加投资内部收益率，而不能直接用内部收益率的大小进行比较。

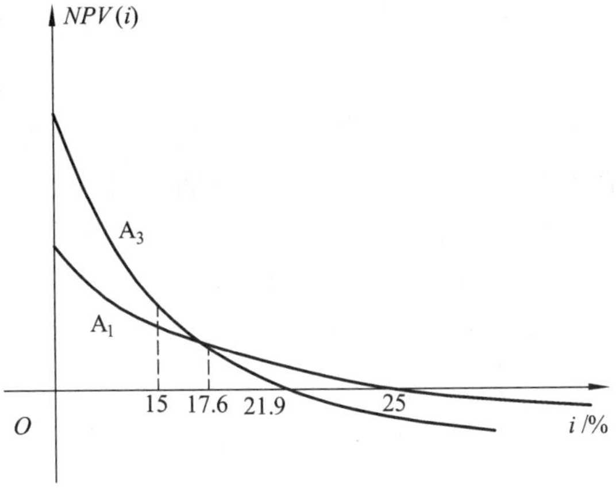

图 5-8　互斥型方案内部收益率比较图

4．费用现值和费用年值法

实际中，经常遇到下面这类问题，例如，在水力发电和火力发电之间、在铁路运输和公路运输之间、在水泥结构的桥梁和金属结构的桥梁之间进行选择。这类问题的特点是，无论选择哪一种方案，其效益是相同的或者是无法用货币衡量的。这时，在对各方案效益水平认可的前提下，我们不再考虑各方案效益这一相同因素，而只是比较各方案的不同因素——方案费用的大小，费用最小的方案就是最优方案。

在方案组中各方案寿命是相等的条件下，可使用费用现值法或费用年值法比较方案间费用的不同。

【例题 5-12】　四种具有同样功能的设备，使用寿命均为 10 年，残值均为 0。初始投资和年经营费用见表 5-9（$i_c = 10\%$）。选择哪种设备在经济上更为有利？

表 5-9　某项目设备初始投资和年经营费（单位：万元）

项目（设备）	A	B	C	D
初始投资	3 000	3 800	4 500	5 000
年经营费	1 800	1 770	1 470	1 320

解：

（1）费用现值比较法。

由于四种设备功能相同，故可以比较费用大小，选择相对最优方案；又因各方案寿命相等，保证了时间可比性，故可以利用费用现值（PC）选优。费用现值是投资项目的全部开支的现值之和，可视为净现值的转化形式（收益为零）。判据是选择诸方案中费用现值最小者。对于本题，因为有：

$$PC_A(10\%) = 3\,000 + 1\,800(P/A,10\%,10) = 14\,060 \text{（万元）}$$

$$PC_B(10\%) = 3\,800 + 1\,770(P/A,10\%,10) = 14\,676 \text{（万元）}$$

$$PC_C(10\%)=4\ 500+1\ 470(P/A,10\%,10)=13\ 533\text{（万元）}$$
$$PC_D(10\%)=5\ 000+1\ 320(P/A,10\%,10)=13\ 111\text{（万元）}$$

其中设备 D 的费用现值最小，故选择设备 D 较为有利。

（2）费用年值比较法。

将费用现值变换为费用年值（AC），根据年费用最小来选择最优方案，其计算如下：

$$AC_A(10\%)=3\ 000(A/P,10\%,10)+1\ 800=2\ 288\text{（万元）}$$
$$AC_B(10\%)=3\ 800(A/P,10\%,10)+1\ 770=2\ 388\text{（万元）}$$
$$AC_C(10\%)=4\ 500(A/P,10\%,10)+1\ 470=2\ 202\text{（万元）}$$
$$AC_D(10\%)=5\ 000(A/P,10\%,10)+1\ 320=2\ 134\text{（万元）}$$

由于设备 D 的费用年值最小，故选择设备 D 较为有利。

5.5.3 寿命期不相等的互斥型方案比选

当几个互斥型方案寿命期不同时，方案之间不能直接比较。这时必须对方案的寿命期作适当处理，以保证时间上的可比性。保证时间可比性的方法有多种，最常用的是方案重复法、年等值法和研究期法。

1. 方案重复法

方案重复法也叫最小公倍数法。这种方法是将相比较的各方案重复执行若干次，直到彼此期限相等为止。即以各备选方案计算期的最小公倍数为各方案的共同计算期，假设各个方案均在这样一个共同的计算期内重复进行，即各备选方案在其计算期结束后，均可按与其原方案计算期内完全相同的现金流量系列周而复始地循环下去，直至到共同的计算期，显然这一相等的期限就是各方案寿命期的最小公倍数。在此基础上计算出各个方案的净现值，以净现值最大的方案为最佳方案。

【例题 5-13】 采用机器 A 和采用机器 B 效果相同，采用机器 A 的初始费用为 9 000 元，在 6 年使用寿命结束时没有残值，年度运行费 5 000 元。机器 B 初始费用为 16 000 元，在 9 年的经济寿命结束时可转卖 4 000 元，年度运行费 4 000 元，折现率为 10%。试用方案重复法比较两种方案。

解： 6 和 9 的最小公倍数为 18。则在 18 年里，机器 A、B 的现金流量图如图 5-9 和图 5-10 所示。

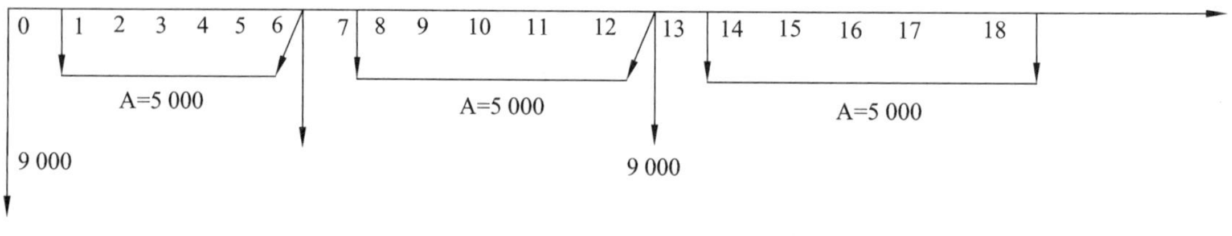

图 5-9 机器 A 现金流量图

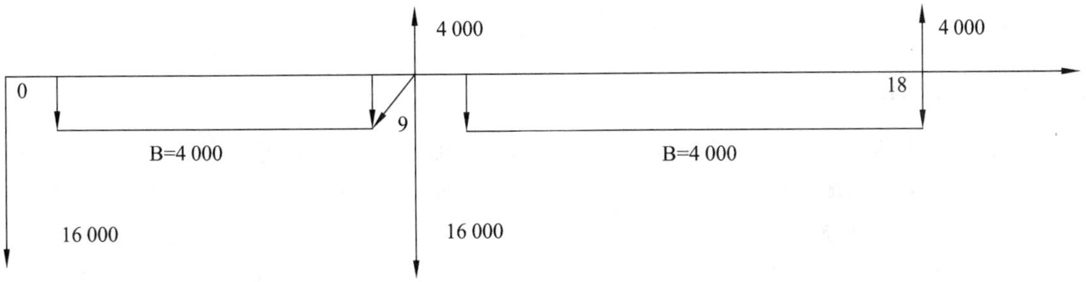

图 5-10　机器 B 现金流量图

方案 A、B 的费用现值分别为

$$
\begin{aligned}
PC_A &= 9\ 000 + 5\ 000(P/A,10\%,18) + 9\ 000(P/F,10,6) + 9\ 000(P/F,10\%,12) \\
&= 9\ 000 + 5\ 000 \times 8.201 + 9\ 000 \times 0.564 + 9\ 000 \times 0.319 \\
&= 57\ 952 \text{（元）}
\end{aligned}
$$

$$
\begin{aligned}
PC_B &= 16\ 000 + (16\ 000 - 4\ 000)(P/F,10\%,9) + 4\ 000(P/A,10,18) - 4\ 000(P/F,10\%,18) \\
&= 16\ 000 + (16\ 000 - 4\ 000) \times 0.424 + 4\ 000 \times 8.201 - 4\ 000 \times 0.180 \\
&= 53\ 172 \text{（元）}
\end{aligned}
$$

可见，$PC_B < PC_A$，则 B 方案优于 A 方案。

利用方案重复法有效地解决了寿命不等的方案之间净现值的可比性问题，计算较简单。但这种方法所依赖的方案可重复实施的假设不是在任何情况下都适用的。对于某些技术更新较快的产品和设备方案的比较，因为在没有到公共的计算期之前，某些方案存在的合理性已经成为问题，重复实施的假定就降低了计算方案经济效果指标的可靠性和真实性；对于某些不可再生资源开发项目，在进行计算期不等的排他方案评选时，方案可重复实施的假定不再成立，这种情况下就不能用方案重复法确定计算期了。另外，方案重复法也不适于用来处理更新改造项目，因为让不进行改造的项目以及进行改造的项目反复进行多次，实际上是不可能的。

2. 净年值法

净年值法，与寿命期相等的互斥型方案选择时的年等值法是同一种方法。用净年值法进行寿命期不相等的互斥型方案的经济效果评价，实际上隐含着这样一个假定：各方案在其寿命结束时均可按原方案重复实施或以原方案经济效果水平相同的方案实施。净年值以“年”为时间单位，比较各方案的经济效果，因为一个方案无论重复实施多少次，其净年值是不变的，从而使寿命期不等的互斥型方案间具有时间可比性。故年等值法更适用于评价具有不同寿命期的互斥型方案的评选。

【例题 5-14】　以例题 5-13 为例，用净年值法进行方案比选，哪个方案最优？

$$
NAV_A = 5\ 000 + 9\ 000(A/P,10\%,6) = 5\ 000 + 9\ 000 \times 0.229\ 6 = 7\ 066.4 \text{（元）}
$$

$$
\begin{aligned}
NAV_B &= 4\ 000 + 16\ 000(A/P,10\%,9) - 4\ 000(A/F,10\%,9) \\
&= 4\ 000 + 16\ 000 \times 0.173\ 6 - 4\ 000 \times 0.073\ 6 \\
&= 6\ 483.2 \text{（元）}
\end{aligned}
$$

$NAV_B < NAV_A$，则 B 方案优于 A 方案。

3. 研究期法

方案重复法、净年值法及追加投资内部收益率法实质上都是延长寿命期以达到可比要求，这通常被认为是合理的。但在某些情况下并不符合实际，因为技术进步往往使完全重复是不经济的，甚至在实践中是完全不可能的。一种比较可行的办法是利用研究期法，即选择一段时间作为可比较的计算期。研究期的选择没有特殊的规定，但显然以各方案中寿命最短者为研究期时计算最为简便，而且可以完全避免可重复性假设。

不过，值得注意的是，研究期法涉及寿命未结束方案的未使用价值的处理问题。其处理方式有 3 种：第 1 种承认方案未使用价值，第 2 种不承认未使用价值，第 3 种预测方案未使用价值在研究期末的价值并作为现金流入量。

【例题 5-15】 以例题 5-13 为例，假设用研究期法进行设备 A、B 方案的选优。试问：选择哪台设备在经济上更有利？

解： 承认方案未使用价值，假定取设备 A 方案的寿命 6 年为研究期，并承认设备 B 方案投资使用 9 年的价值，即将设备 B 投资按时间价值分摊到整个寿命期 9 年中，然后取 6 年研究期的净现值与设备 A 方案的净现值相比较，则有

$$PC_A = 9\ 000 + 5\ 000(P/A,10\%,6) = 9\ 000 + 5\ 000 \times 4.355 = 30\ 775\text{（元）}$$

$$\begin{aligned}PC_B &= [16\ 000 + 4\ 000(P/A,10\%,9) - 4\ 000(P/F,10,9)](A/P,10\%,9)(P/A,10\%,6)\\ &= [16\ 000 + 4\ 000 \times 5.759 - 4\ 000 \times 0.424] \times 0.174 \times 4.355 = 28\ 295\text{（元）}\end{aligned}$$

可见，$PC_B < PC_A$，则 B 方案优于 A 方案。

不承认未使用价值，如果不承认设备 B 使用 9 年价值，取 6 年研究，则有

$$PC_A = 9\ 000 + 5\ 000(P/A,10\%,6) = 9\ 000 + 5\ 000 \times 4.355 = 30\ 775\text{（元）}$$

$$\begin{aligned}PC_B &= 16\ 000 + 4\ 000(P/A,10\%,6) - 4\ 000(P/F,10,6)\\ &= 16\ 000 + 4\ 000 \times 4.355 - 4\ 000 \times 0.564\ 5 = 31\ 162\text{（元）}\end{aligned}$$

可见，$PC_B > PC_A$，则 A 方案优于 B 方案。

预测方案未使用价值，假设设备 B 在研究期末可以处理回收现金 7 000 元，则有

$$PC_A = 9\ 000 + 5\ 000(P/A,10\%,6) = 9\ 000 + 5\ 000 \times 4.355 = 30\ 775\text{（元）}$$

$$\begin{aligned}PC_B &= 16\ 000 + 4\ 000(P/A,10\%,6) - 7\ 000(P/F,10,6)\\ &= 16\ 000 + 4\ 000 \times 4.355 - 7\ 000 \times 0.564\ 5 = 29\ 469\text{（元）}\end{aligned}$$

可见，$PC_B < PC_A$，则 B 方案优于 A 方案。

5.5.4 独立型方案的比选

1. 单一方案

单一方案可以看作独立方案的特例。单一方案评价实质是在“可行”与“不可行”之间

进行选择。单一方案在经济上是否可行，取决于方案自身的经济性，即方案的经济效果是否达到预先确定的评价标准。具体的方法就是计算方案的经济效果指标，并按照指标的判别准则进行判断即可。这种对方案自身经济性的检验叫作“绝对经济效果检验”。

（1）静态评价（投资收益率或静态投资回收期等）。

（2）动态评价（净现值 *NPV* 和内部收益率等）。

具体的评价方法已在前面章节详细讨论，在此不再重述。

2. 单非一方案

当一组投资方案相互独立时，首先要考虑是否存在资金约束问题。如果没有资金约束，则投资决策是比较容易的。只需要分别计算各方案的净现值、年等值、净现值率或内部收益率中的任一指标，只要指标达到评价标准就可考虑接受。因为对于独立的常规方案，上述指标的评价结果都是一致的。具体的评价方法已在前面章节详细讨论，在此不再重述。

若资金不足以分配到全部 $NPV \geqslant 0$ 的项目时，即形成所谓的资金约束条件下的定量分配问题，这种情况下，独立型项目方案的评选方法介绍如下：

独立型方案互斥法又称方案组合法。有资源约束条件下独立方案的比选，可将可行的方案组合列出来，每个方案组合可以看成是一个满足约束条件的互斥型方案，这样按互斥型方案的经济评价方法可以选择一个符合评价准则的方案组合，该方案组合就是独立方案的一个选择。因此，有约束条件的独立方案的选择可以通过方案组合转化为互斥型方案的比选，其方法如同前述。

利用方案组合法进行独立型方案评选的过程如下：

（1）列出所有可能的项目方案组合。如果能够利用某种方法把各独立型项目方案都组合成相互排斥的方案群，其中每个组合方案代表由若干个项目组成的与其他组合相互排斥的方案，因为每个项目都有两种可能，选择或被拒绝，故 m 个独立型项目方案可以构成 $2m$ 个互斥型方案。

（2）从所有可能的方案组合中取出投资额不大于总额资金约束的方案。

（3）按互斥型方案的选择原则，选出最优项目方案组合。

【例题 5-16】 某企业现有三个独立的投资方案 A、B、C，期初投资及年净收益见表 5-10，其基准收益率为 $i_c = 12\%$，各方案的净现值也列于该表中。现企业可用于投资的金额为 300 万元，应怎样选取方案？

表 5-10　独立方案 A、B、C 的投资、年净收益和净现值表（单位：万元）

方案	投资	年净收益	寿命/年	净现值
A	−100	25	8	24.19
B	−200	46	8	28.51
C	−150	38	8	38.77

解： 首先建立所有互斥的方案组合。本例中共有 8 个互斥的方案组合，各组合的投资、年净收益及净现值见表 5-11。

表 5-11 组合方案投资、年净收益及净现值（单位：万元）

组合序号	方案组合	投资总额	年净收益	净现值
1	0	0	0	0
2	A	− 100	25	24.19
3	B	− 200	46	28.51
4	C	− 150	38	38.77
5	AB	− 300	71	52.70
6	AC	− 250	63	62.96
7	BC	− 350	84	67.28
8	ABC	− 450	109	91.47

根据上表，方案组合 7、8 的投资总额超出限额，所以不予考虑。对满足资金限额条件的前 6 个方案组合，由于第 6 个方案组合（AC）的净现值最大，故（AC）为相对最优方案组合。

应该指出，这种方法适用于方案数目较少的情况。若方案数目较多，其方案组合数目就会很大，该方法显得太烦琐，但是借助计算机手段可以解决大量的计算工作。

5.5.5 混合型方案的比选

现实中存在着大量的混合型方案选择问题，如一个企业拥有多个分公司或有多种经营战略，其投资方案不止一个。不同的投资方向间的业务是相互独立的。对每个投资方向而言，又可能有多种可供选择的方案，这些方案之间是互斥关系。这些所有投资方向中的备选方案即为混合型方案。在复杂条件下方案之间的关系会更为复杂，方案之间不仅是独立或互斥的关系，而且可能会有依存关系、互补关系。

混合型方案的选择与独立型方案的选择一样，可以分为资金无限制和资金有限制两种情况。如果无资金约束，只要从各独立项目中选择净现值最大且不小于零的互斥型方案加以组合即可。当资金有限制时，选择方法比较复杂：一种方法是西方工程经济学的方法，即混合型方案的互斥型方法；另一种方法是日本经济性工程学的方法，即追加投资效率指标排序法。

1. 混合型方案的互斥型法

混合型方案的互斥型法处理思路与独立方案互斥型法的思路是相同的，都是通过真值表将所有可能形成的互斥型方案组合全部列出来。计算出各方案组合所需的资金量，并按资金约束程度排除不合条件的方案组合，对余下的方案组合依互斥型方案评价方法进行评价，选出符合最优条件的方案组合。

【例题 5-17】 某企业下属的 A、B、C 三个分厂提出了表 5-12 所示的技术改造方案。各分厂之间是相互独立的，而各分厂内部的技术改造方案是互斥的。若各方案的寿命均为 8 年（不考虑建设期），基准收益率为 $i_c = 15\%$。试问：当企业的投资额在 400 万元以内时，从整个企业角度出发，最有利的选择是什么？

表 5-12 各分厂技术改造方案

分厂	投资方案	初始投资/万元	年净收益/万元
A	A_1	100	40
	A_2	200	70
	A_3	300	90
B	B_1	100	20
	B_2	200	55
	B_3	300	75
	B_4	400	95
C	C_1	200	85
	C_2	300	110
	C_3	400	150

解:（1）将分厂内各互斥方案按净现值指标进行优选排序，并剔除不合格方案。所谓不合格方案，是指不符合评价标准的方案。

A 分厂：

$$NPV_{A_1}=-100+40(P/A,15\%,8)=79.48\text{（万元）}$$
$$NPV_{A_2}=-200+70(P/A,15\%,8)=114.09\text{（万元）}$$
$$NPV_{A_3}=-300+90(P/A,15\%,8)=103.83\text{（万元）}$$

优先次序为 A_2、A_3、A_1。

B 分厂：

$$NPV_{B_1}=-100+20(P/A,15\%,8)=-10.26\text{（万元）}$$
$$NPV_{B_2}=-200+55(P/A,15\%,8)=46.79\text{（万元）}$$
$$NPV_{B_3}=-300+75(P/A,15\%,8)=36.53\text{（万元）}$$
$$NPV_{B_4}=-400+95(P/A,15\%,8)=26.27\text{（万元）}$$

剔除 B_1 方案；优选次序为 B_2、B_3、B_4。

C 分厂：

$$NPV_{C_1}=-200+85(P/A,15\%,8)=181.40\text{（万元）}$$
$$NPV_{C_2}=-300+110(P/A,15\%,8)=193.57\text{（万元）}$$
$$NPV_{C_3}=-400+150(P/A,15\%,8)=273.05\text{（万元）}$$

优先序为 C_3、C_2、C_1。

（2）对分厂间的各独立方案，找出在资金限额条件下的较优互斥组合，从中选取相对最优者。所谓较优互斥组合，是指至少保证某一互斥关系中的相对最优方案得以入选的互斥组合。

在本例中，限额资金为 400 万元，则较优互斥组合方案有五个：（A_2，B_2，C_0）、（A_0，

B_0，C_3)、(A_2，B_0，C_1)、(A_0，B_2，C_1)、(A_1，B_2，C_0)，组内 A_0，B_0，C_0 为"基础方案"(不投资方案)。计算出的净现值为

$$NPV_{A_2+B_2+C_0}=160.88\text{（万元）}$$
$$NPV_{A_0+B_0+C_3}=273.05\text{（万元）}$$
$$NPV_{A_2+B_0+C_1}=295.49\text{（万元）}$$
$$NPV_{A_0+B_2+C_1}=228.19\text{（万元）}$$
$$NPV_{A_1+B_2+C_0}=126.27\text{（万元）}$$

比选结果表明，应选(A_2，B_0，C_1)组合，即选择 A 分厂的 A_2 方案和 C 分厂 C_1 的方案。

2. 追加投资效率指标排序法

混合型方案的追加投资效率指标排序法的计算程序如下：

(1)计算独立型方案中各排他型方案之间的投资差额内部收益率；

(2)淘汰无资格方案，重新计算无资格方案被淘汰后的投资差额内部收益率；

(3)按投资差额内部收益率由大到小对项目方案进行排序并绘图；

(4)在图中标注资金成本率和资金约束条件；

(5)选择最优项目组合。

其中，无资格方案是指在投资额递增的 N 个方案中，若按投资额排序为 $1,2,\cdots,j,j+1,\cdots,N$，而第 j 个方案对第 $j-1$ 个方案的追加投资收益率低于第 $j+1$ 个方案对第 j 个方案的追加投资收益率，则第 j 个方案即为无资格方案。若用横坐标表示投资 I，纵坐标表示净收益 R，连接各方案位于 R-I 坐标平面上的点，则各折线的斜率即为追加投资收益率。投资依次递增时，各折线必须是上凸的，下凹点对应的方案即为无资格方案，应予以淘汰。如图 5-10 所示的 C 即为无资格方案，应去掉。为此，只要将 B 和 D 直接连接，这样新组成的 OABD 折线是上凸的，各方案均为有资格方案。

【例题 5-18】 某公司下属的 A、B、C 三个子公司单位分别制订投资寿命期为 1 年的投资计划，各单位之间的投资彼此互不影响(即互相独立)，其投资额和投资后的净收益如表 5-13 所示。各单位内部的投资方案是互斥的。当该公司的资金总额为 400 万元和 500 万元时，该公司应该选择哪些方案？设该公司的基准收益率 $i_c=10\%$。

表 5-13　A、B、C 三个子公司的投资方案(单位：万元)

A 子公司			B 子公司			C 子公司		
方　案	投资额 I	净收益 R	方　案	投资额 I	净收益 R	方　案	投资额 I	净收益 R
A_1	100	130	B_1	100	148	C_1	100	115
A_2	200	245	B_2	200	260	C_2	200	240
A_3	300	354	—	—	—	C_3	300	346

解： 首先求出各方案的投资差额内部收益率：

$$\Delta R(P/A,\Delta IRR,1)-\Delta I=0$$

各个方案的投资差额内部收益率可求得如下：

$$\Delta IRR_{A_1-A_0}=30\%\ ;\quad \Delta IRR_{A_2-A_1}=15\%\ ;\quad \Delta IRR_{A_3-A_2}=9\%\ ;$$

$$\Delta IRR_{B_1-B_0}=48\%\ ;\quad \Delta IRR_{B_2-B_1}=12\%\ ;$$

$$\Delta IRR_{C_1-C_0}=15\%\ ;\quad \Delta IRR_{C_2-C_1}=25\%\ ;\quad \Delta IRR_{C_3-C_2}=6\%$$

将上述投资差额内部收益率画成互斥方案选择图（见图 5-11）。

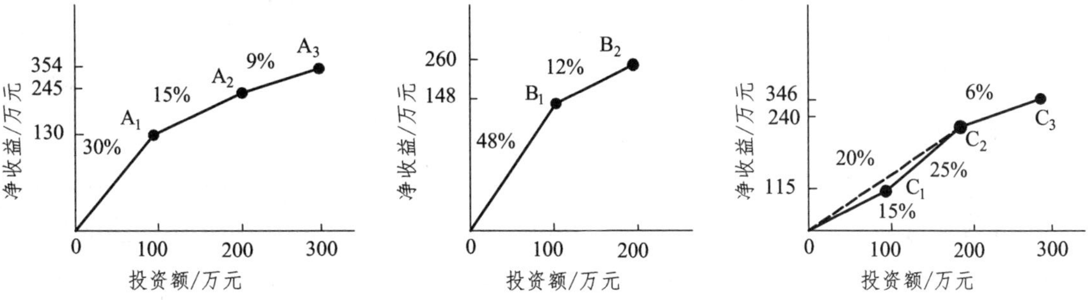

（a）A 子公司投资　（b）B 子公司投资　（c）C 子公司投资

图 5-11　3 个子公司投资方案的差额内部收益率

由图 5-11 可知，C_1 方案是无资格方案，将其排除在外。求出新的投资差额内部收益率：

$$\Delta IRR_{C_2-C_0}=20\%$$

将上述各追加投资方案看作是独立方案，按投资差额内部收益率的大小为序依次排列，即可选出最优方案（见图 5-12）。

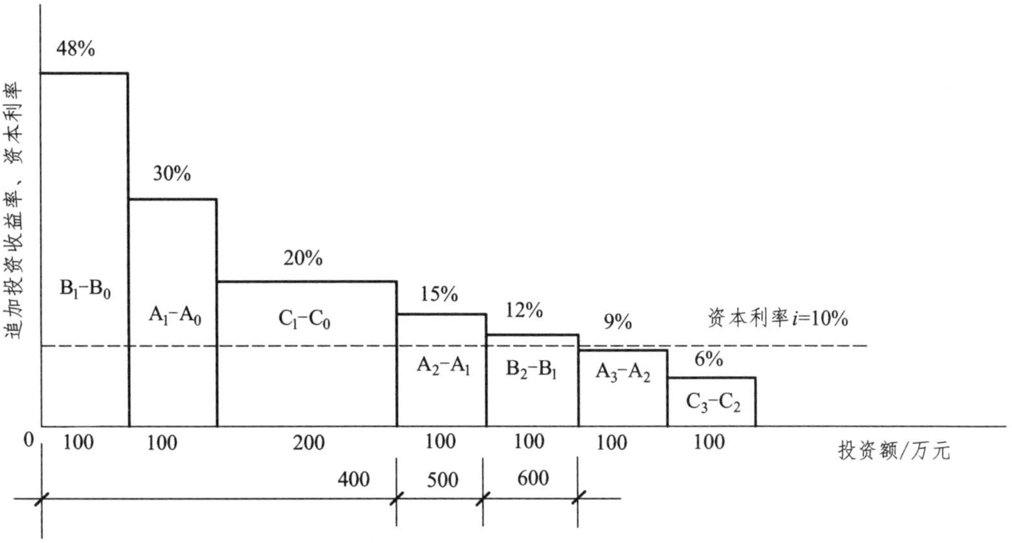

图 5-12　方案优劣选择排序图

当资金限额为 400 万元时，应选择 $(B_1-B_0)+(A_1-A_0)+(C_2-C_0)=B_1+A_1+C_2$，即 A_1、B_1、C_2 为最优组合方案。

当资金限额为 500 万元时，应选择 $(B_1-B_0)+(A_1-A_0)+(C_2-C_0)+(A_2-A_1)=B_1+C_2+A_2$，即 A_2、B_1、C_2 为最优组合方案。

案例分析

某建设单位拟建一幢建筑面积为 8 650 m² 的综合办公楼，该办公楼供暖热源拟由社会热网公司提供，室内采暖方式可以考虑两种：方案 A 为暖气片采暖、方案 B 为低温地热辐射（地热盘管）采暖。有关投资和费用资料如下：

（1）一次性支付社会热网公司入网费 60 元/m²，每年缴纳外网供暖费用为 28 元/m²（其中包含应由社会热网公司负责的室内外维修支出费用 5 元/m²）。

（2）方案 A 的室内外工程初始投资为 110 元/m²，每年日常维护管理费用 5 元/m²。

（3）方案 B 的室内外工程初始投资为 130 元/m²，每年日常维护管理费用 6 元/m²。该方案应考虑室内有效使用面积增加带来的效益（按每年 2 元/m² 计算）。

（4）不考虑建设期的影响，初始投资设在期初。两个方案的使用寿命均为 50 年，大修周期均为 15 年，每次大修费用均为 16 元/m²。不计残值。

问题：

1. 试计算方案 A、B 的初始投资费用、年运行费用、每次大修费用。

2. 绘制方案 B 的全寿命周期费用现金流量图，并计算其费用现值。

3. 在建设单位拟采用方案 B 后，有关专家提出一个新的方案 C，即供暖热源采用地下水源热泵，室内供热为集中空调（同时也用于夏季制冷）。其初始工程投资为 280 元/m²；每年地下水资源费用为 10 元/m²，每年用电及维护管理等费用 45 元/m²；大修周期 10 年，每次大修费 15 元/m²，使用寿命为 50 年，不计残值。该方案应考虑室内有效使用面积增加和冬期供暖、夏季制冷使用舒适度带来的效益（按每年 6 元/m² 计算）。初始投资和每年运行费用、大修费用及效益均按 60% 为采暖，40% 为制冷计算，试在方案 B、C 中选择较经济的方案。

问题 1：

解：（1）方案 A 初始投资费用、年运行费用、每次大修费用：

初始投资费用：$W_A=60\times8\,650+110\times8\,650=147.05$（万元）

年运行费用：$W_{A'}=28\times8\,650+5\times8\,650=28.545$（万元）

每次大修费用：$16\times8\,650=13.84$（万元）

（2）方案 B 初始投资费用、年运行费用、每次大修费用：

初始投资费用：$W_B=60\times8\,650+130\times8\,650=164.35$（万元）

年运行费用：$W_{B'}=28\times8\,650+(6-2)\times8\,650=27.68$（万元）

每次大修费用：$16\times8\,650=13.84$（万元）

问题 2：

解：（1）方案 B 的全寿命周期费用现金流量图如图 5-13 所示。

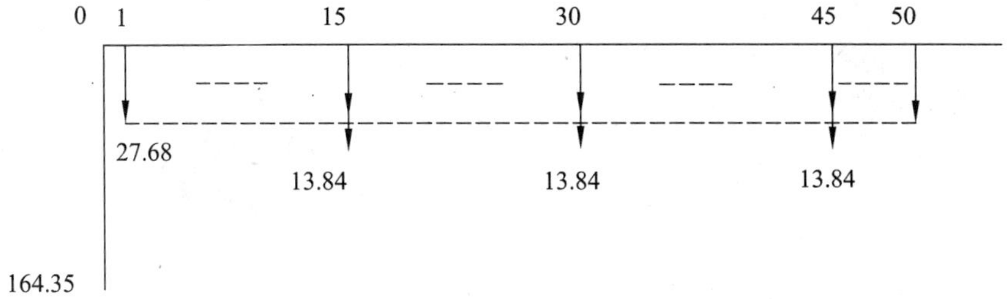

图 5-13　方案 B 的全寿命周期费用现金流量图

（2）方案 B 的费用现值：

$$\begin{aligned}P_B &= 27.68\times(P/A,6\%,50)+13.84\times(P/F,6\%,15)+13.84\times(P/F,6\%,30)+\\&\quad 13.84\times(P/F,6\%,45)+164.35\\&=27.68\times15.761\,9+13.84\times0.417\,3+13.84\times0.174\,1+13.84\times0.072\,7+164.35\\&=609.83\text{（万元）}\end{aligned}$$

问题 3：

解：

（1）方案 C 初始投资费用、年运行费用、每次大修费用：

初始投资费用：$W_C = 280\times8\,650\times60\% = 145.32$（万元）

年运行费用：$W_{C'} = (10\times8\,650+45\times8\,650-6\times8\,650)\times60\% = 25.431$（万元）

每次大修费用：$15\times8\,650\times60\% = 7.785$（万元）

（2）方案 C 的费用现值：

$$\begin{aligned}P_C &= 25.431\times(P/A,6\%,50)+7.785\times(P/F,6\%,10)+7.785\times(P/F,6\%,20)+\\&\quad 7.785\times(P/F,6\%,30)+7.785\times(P/F,6\%,40)+145.32\\&=25.431\times15.761\,9+7.785\times0.558\,4+7.785\times0.311\,8+7.785\times0.174\,1+\\&\quad 7.785\times0.097\,2+145.32\\&=555.05\text{（万元）}\end{aligned}$$

（3）方案选择。

因为费用现值 $P_C < P_B$，所以选择方案 C。

本章小结

本章主要介绍的是工程项目的经济评价指标与方案比选。在介绍工程项目的经济评价指标（概念与内容、评价方法分类、指标体系）的基础上，重点介绍项目各评价指标的概念、计算、判断准则以及基准收益率的确定方法，并详细介绍独立型方案、互斥型方案、混合型方案、组合一互斥型方案的经济比选。

本章练习题

一、单项选择题

1. 在寿命期不同的互斥方案中选择最优方案时，应采用（　　）。

A. 差量内部收益率法　　B. 独立项目排他化法

C. 净年值法　　D. 效率指标排序法

2. 已知两个互斥投资方案的内部收益率 IRR_1 和 IRR_2 均大基准收益率 i_c，且增量内部收益率为 ΔIRR，则（　　）。

A. $IRR_1 > IRR_2$ 时，说明方案 1 优于方案 2

B. $IRR_1 < IRR_2$ 时，说明方案 1 优于方案 2

C. $\Delta IRR < i_c$ 时，投资额大的方案为优选方案

D. $\Delta IRR > i_c$ 时，投资额大的方案为优选方案

3. 现有 A、B 两个互斥并可行的方案，寿命期相同，A 方案的投资额小于 B 方案的投资额，则 A 方案优于 B 方案的条件是（　　）。

A. $\Delta IRR_{B-A} > i_c$　　B. $\Delta IRR_{B-A} < i_c$

C. $\Delta IRR_{B-A} > 0$　　D. $\Delta IRR_{B-A} < 0$

4. 在寿命期相同的互斥方案比选时，按照净现值与内部收益率指标计算得出的结论产生矛盾时，应该采用（　　）最大准则作为方案比选的决策依据。

A. 净现值　　B. 内部收益率

C. 净现值率　　D. 投资收益率

二、多项选择题

1. 基准收益率的确定一般应综合考虑的因素有（　　）。

A. 资金成本　　B. 投资风险

C. 方案的收益率　　D. 机会成本

E. 通货膨胀

2. 采用动态方法评价计算期相同的互斥方案经济效果时，选择最佳方案的准则有（　　）。

A. 增量投资收益率大于基准投资收益率时投资额大的方案

B. 增量内部收益率大于基准收益率时投资额大的方案

C. 净终值非负且其值为最大的方案

D. 净现值非负且其值为最大的方案

E. 净年值非负且其值为最大的方案

3. 下列有关基准收益率确定和选用要求的表述中，正确的有（　　）。

A. 基准收益率应由国家统一规定，投资者不得擅自确定

B. 从不同角度编制的现金流量表应选用不同的基准收益率

C. 资金成本和机会成本是确定基准收益率的基础

D. 选用的基准收益率不应考虑通货膨胀的影响

E. 选用的基准收益率应考虑投资风险的影响

4. 下列关于净现值与折现率的关系，正确的有（　　）。

A. 具有常规现金流量的投资方案，其净现值的大小与折现率的高低有直接的关系

B. 具有常规现金流量的投资方案，其净现值和折现率呈正比变化

C. 净现值为 0 时的折现率称作内部收益率

D. 基准折现率定得越高，则净现值也会越大

E. 基准折现率的确定一般以行业的平均收益率为基础，同时考虑其他因素

5. 在选择有资金约束条件下的独立型多方案时，可采用的经济评价方法包括（　　）。

A. 增量内部收益率法

B. 独立方案组合互斥化择优法

C. 增量投资收益率法

D. 净现值率排序法、组合法

E. 最小公倍数法

三、计算题

1. 某技术方案的净现金流量如表 5-14 所示，贴现系数为 10%，且该行业的基准投资回收期为 6 年。计算动态投资回收期，并说明项目的可能情况。

表 5-14　将现金流量

年　份	0	1	2	3	4	5	6	7	8	9	10
净现金流量	−15	−10	2	6	8	8	8	8	8	8	10

2. 已知方案 A 投资为 100 万元，寿命期为 5 年，每年净收益 50 万元；方案 B 投资为 200 万元，寿命期为 8 年，每年净收益 55 万元。假定基准收益率为 10%，试用净年值法选择较优方案。

3. 已知某项目第一年投资 750 万元，第二年投资 150 万元，第三年净现金流量 225 万元，第 4～10 年净现金流量均为 375 万元，计算项目净现值（贴现率 10%）。

4. 某厂拟购置设备一套，有 X、Y 两种型号可供选择，两种型号设备的性能相同，但使用年限不同，有关资料如表 5-15 所示：

表 5-15　X、Y 两种型号设备的资料

设备	设备售价	维修及操作成本								残值
		第 1 年	第 2 年	第 3 年	第 4 年	第 5 年	第 6 年	第 7 年	第 8 年	
X	20 000	4 000	4 000	4 000	4 000	4 000	4 000	4 000	4 000	3 000
Y	10 000	3 000	4 000	5 000	6 000	7 000	—	—	—	1 000

如果该企业的资金成本为 10%，试用费用年值法判断应选用哪一种型号设备。

5. 某制造厂考虑 X、Y、Z 三个投资计划，在 5 年计划期中，这三个投资方案的现金流量情况如表 5-16 所示（希望的最低收益率为 10%）。

表 5-16 X、Y、Z 三个投资方案

方 案	X	Y	Z
最初成本/元	65 000	58 000	93 000
年净收入（1~5 年末）/元	18 000	15 000	23 000
残值/元	12 000	10 000	15 000

（1）假设这三个计划是独立的，且没有资金限制，应如何选择？

（2）在（1）中假设资金限制在 160 000 元，如何选择？

6. 某特大城市为改善目前已严重拥堵的城市主干道的交通状况，拟投资建设一交通项目，有地铁、轻轨和高架道路 3 个方案。该 3 个方案的使用寿命均按 50 年计算，分别需每 15 年、10 年、20 年大修一次。单位时间价值为 10 元/小时，基准折现率为 8%，其他有关数据见表 5-17。

不考虑建设工期的差异，即建设投资均按期初一次性投资考虑，不考虑动拆迁工作和建设期间对交通的影响，3 个方案均不计残值，每年按 360 天计算。

寿命周期成本和系统效率计算结果取整数，系统费用效率计算结果保留两位小数。

表 5-17 各方案基础数据

方 案	地铁	轻轨	高架道路
建设投资/万元	1 000 000	500 000	300 000
年维修和运行费/（万元/年）	10 000	8 000	3 000
每次大修费/（万元/次）	40 000	30 000	20 000
日均客流量/（万人/天）	50	30	25
人均节约时间/（小时/人）	0.7	0.6	0.4
运行收入/（元/人）	3	3	0
土地升值/（万元/年）	50 000	40 000	30 000

问题：

1. 3 个方案的年度寿命周期成本各为多少？

2. 若采用寿命周期成本的费用效率（CE）法，应选择哪个方案？

3. 若轻轨每年造成的噪声影响损失为 7 000 万元，将此作为环境成本，则在地铁和轻轨 2 个方案中，哪个方案较好？

6　工程项目财务评价

本章的学习目标

- 掌握建设项目财务评价中基本报表、辅助报表的编制
- 掌握工程项目盈利能力分析、偿债能力分析、财务生存能力分析
- 熟悉财务评价原则、程序
- 了解财务评价的概念及作用

本章的知识结构图

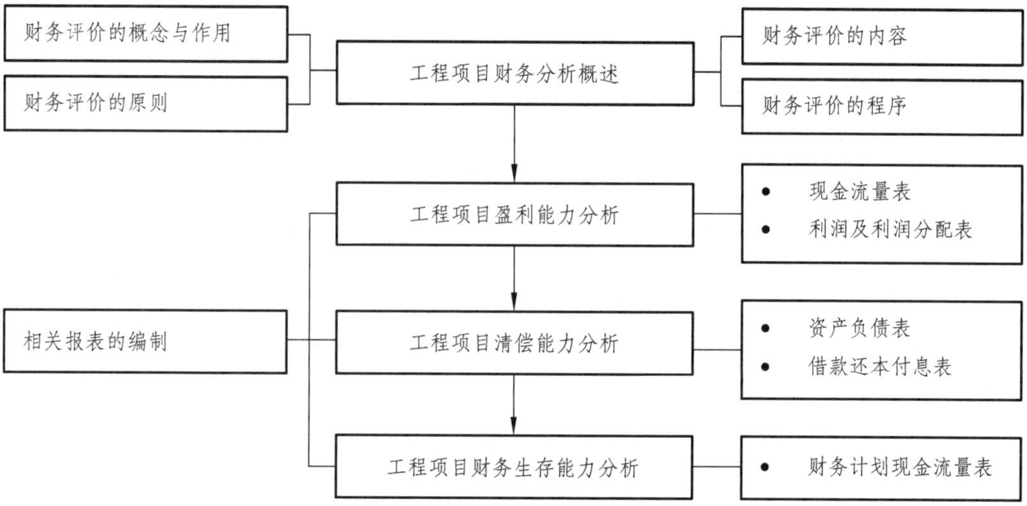

6.1　财务评价概述

6.1.1　财务评价的概念及作用

1. 财务评价的概念

财务评价是在国家现行财税制度和价格体系的前提下，从项目的角度出发，计算项目范围内的财务效益和费用，编制财务报表，计算财务评价指标，分析项目的盈利能力和清偿能力，评价项目在财务上的可行性。

财务评价应在初步确定的建设方案、投资估算和融资方案的基础上进行，财务评价结果又可以反馈到方案设计中，用于方案比选，优化方案设计。

2. 财务评价的作用

财务评价对企业投资决策、金融机构提供贷款及有关部门审批项目都具有十分重要的意义。

（1）财务评价是建设项目决策分析与评价的重要组成部分。对建设项目的评价应从多角度、多方面进行，无论是对建设项目的前评价、中间评价和后评价中财务评价都是必不可少的重要内容。在对建设项目的前评价——决策分析与评价的各个阶段中，无论是机会研究、项目建议书、初步可行性研究报告，还是可行性研究报告，财务评价都是其中的重要组成部分。

（2）财务评价是建设项目投资决策的重要依据。在项目决策涉及的范围中，财务评价虽然不是唯一的决策依据，但却是重要的决策依据。在市场经济条件下，绝大部分项目的有关各方根据财务评价结果做出相应的决策：项目发起人决策是否发起或进一步推进该项目；投资人决策是否投资于该项目；债权人决策是否贷款给该项目；各级项目审批部门在做出是否批准该项目的决策时，财务评价结论也是重要的决策依据之一。具体说来，财务评价中的盈利能力分析结论是投资决策的基本依据，其中项目资本金盈利能力分析结论同时也是融资决策的依据；偿债能力分析结论不仅是债权人决策贷款与否的依据，也是投资人确定融资方案的重要依据。

（3）财务评价在项目或方案比选中起着重要作用。建设项目决策分析与评价的关键是方案比选。无论是在规模、技术、工程等方面都必须通过方案比选予以优化，使项目整体更趋于合理，此时项目财务数据和指标往往是重要的比选依据。在投资机会不止一个的情况下，如何从多个备选项目中择优，往往是项目发起人、投资者，甚至政府有关部门关心的事情，财务评价的结果在项目或方案比选中所起的重要作用是不言而喻的。

（4）财务评价是项目投资各方谈判签约与平等合作的重要依据。目前，投资主体多元化已成为项目融资的主流，存在着多种形式的合作方式，主要有国内合资或合作的项目、中外合资或合作的项目、多个外商参与的合资或合作的项目等。而项目投资各方合同条款的拟定、谈判和合同正式签约的重要依据就是建设项目的财务评价结果。因此，财务评价结果起着促使投资各方平等合作的重要作用。

6.1.2 财务评价原则

1. 定量分析与定性分析相结合的原则

工程项目财务评价的本质要求是对项目建设中的诸多经济因素，通过费用、效益计算，给出明确的数量概念，从而进行经济分析与评价。因此，定量分析能正确反映项目建设与生产经营的两个方面。但是，一个复杂的大型工程项目，总会存在一些难以量化的经济因素，因而无法直接量化，需要通过定性分析和定量分析结合在一起进行评价。

2. 静态分析与动态分析相结合的原则

静态分析对时间因素往往不做价值形态的定量分析，所采用的指标和测算办法很难反映未来时期的发展变化情况，致使由此做出的投资决策失误较多。而动态分析考虑资金的时间价值对投资效益的影响，反映工程项目寿命期的发展变化情况，使投资者和决策者牢固树立资金周转观念、利息观念、投入产出观念，使投资者决策科学化、合理化、规范化，对合理利用有限的建设资金、提高投资经济效益具有十分重要的意义。因此，在工程项目财务评价中，必须以动态分析为主要方法。

3. 阶段性经济效益分析与全过程经济效益分析相结合的原则

以往项目财务分析过分偏重建设阶段的投资、工期和造价，而对项目生产运营阶段流动资金的投资、生产经营成本、经济效益不够重视，致使项目建设投产或交付使用后不能充分发挥设计能力，甚至亏损。鉴于此，当前财务分析应遵循全过程经济效益分析的原则，强调应把项目评价的出发点和归宿点放在投资全过程的经济分析上，采用能够反映项目整个寿命期内经济效益的动态分析方法及其评价指标，据此判断项目的可行性。

6.1.3 财务评价的内容

1. 按项目的性质分类

建设项目财务评价的内容应根据项目的性质和目标确定。

对于经营性项目，财务评价应通过编制财务分析报表，计算财务指标，分析项目的盈利能力、偿债能力和财务生存能力，判断项目的财务可接收性，明确项目对财务主体及投资者的价值贡献，为项目决策提供依据。

对于非经营性项目，财务分析应主要分析项目的财务生存能力。财务生存能力分析应在财务分析辅助表及利润与利润分配表的基础上编制财务计划现金流量表，通过考察项目计算期内的投资、融资和经营活动所产生的各项现金流入和流出，计算净现金流量和累计盈余资金，分析项目是否有足够的净现金流量维持正常运营，以实现财务的可持续性。

2. 按是否考虑融资方案分类

建设项目财务评价可分为融资前分析和融资后分析。一般宜先进行融资前分析，在融资前分析结论满足要求的情况下，初步设定融资方案，再进行融资后分析。

（1）融资前分析

融资前分析应以动态分析为主、静态分析为辅。融资前动态分析应以营业收入、建设投资、经营成本和流动资金的估算为基础，考察整个计算期内现金流入和现金流出，编制项目投资现金流量表，计算项目投资内部收益率和净现值等指标。融资前分析排除了融资方案变化的影响，从项目投资总获利能力的角度考察项目方案设计的合理性。融资前分析计算的相关指标应作为初步投资决策与融资方案研究的依据与基础。

（2）融资后分析

融资后分析应以融资前分析和初步的融资方案为基础，考察项目在拟定融资条件下的盈利能力、偿债能力和财务生存能力，判断项目方案在融资条件下的可行性。融资后分析用于比选融资方案，帮助投资者做出融资决策。

6.1.4 财务评价的基本程序

财务评价是在项目市场研究、生产条件及技术研究的基础上进行的，它主要通过有关的基础数据，编制财务报表，计算分析相关经济评价指标，做出评价结论。建设项目财务评价包括融资前评价和融资后评价。融资前评价以动态分析为主，静态分析为辅；融资后评价在融资前分析结论满足要求的基础上，考察项目在初步设定的融资条件下的盈利能力。

1. 融资前财务评价方法

首先编制项目投资现金流量表，然后计算出项目的财务内部收益率、财务净现值等动态盈利能力指标，也可计算投资回收期（静态）指标。

2. 融资后财务评价方法

（1）项目资本金现金流量表的编制。计算出项目资本金财务内部收益率和财务净现值等动态盈利能力指标，考核项目资本金的收益水平。

（2）利润与利润分配表的编制。计算出项目资本金净利润率和项目总投资收益率等静态盈利能力指标，考核项目资本金的净利润率和总投资收益率是否高于同行业水平。

（3）清偿能力分析。通过财务计算现金流量表和资产负债表，计算出投资项目的借款偿还期、资产负债率、流动比率和速动比率等静态指标，考核项目的偿债能力和筹资能力是否满足要求。

（4）对于投资额度较大的项目，还应作盈亏平衡分析和敏感性分析等风险性分析。

6.2 工程项目盈利能力分析

6.2.1 工程项目盈利能力分析

盈利能力直接关系到项目建成后能否获得利润，是财务分析的主要内容。不仅关系到经营性项目的生存和发展，而且对于公益性等非经营性项目，盈利能力的分析也有助于投资方衡量其投资项目在多大程度上需要国家或地方财政给予必要的支持。

项目盈利能力分析不仅要分析项目在正常生产年份可能获得的盈利水平，还要考虑整个寿命期的盈利水平。其中，正常生产年份的盈利水平可以通过投资利润率、自有资金利润率等指标来体现；而全寿命期内的盈利水平主要通过财务净现值、财务内部收益率和投资回收期等指标来体现。

6.2.2 盈利能力分析报表的编制

1. 现金流量表

现金流量表是用以反映项目计算期内各年的现金流入和现金流出的表格，用以计算各项动态和静态评价指标，进行项目财务盈利能力分析。按照投资的角度不同，可以分为：

1）项目投资现金流量表

从全部投资的角度出发，假设全部投资都是自有资金，不考虑投资来源，考察项目总投资的盈利能力，为各个投资方案（不论其资金来源及利息多少）进行比较建立共同基础，见表 6-1。该表可用于计算项目投资财务净现值、项目投资内部收益率及项目投资回收期等指标。

表 6-1 投资现金流量表

序号	项 目	计算期					
		1	2	3	4	…	*N*
1	现金流入						
1.1	营业收入						
1.2	补贴收入						
1.3	回收固定资产余值						
1.4	回收流动资金						
2	现金流出						
2.1	建设投资						
2.2	流动资金						
2.3	经营成本						
2.4	营业税金及附加						
2.5	维持运营投资						
3	所得税前净现金流量（1－2）						
4	累计所得税前净现金流量						
5	调整所得税						
6	所得税后净现金流量（3－5）						
7	累计所得税后净现金流量						
8	折现系数						
9	折现后净现金流量						
10	累计折现后净现金流量						

基于项目投资现金流量表的财务评价指标：

（1）有三个常见指标：净现值（*FNPV*）、内部收益率（*FIRR*）、静态投资回收期或动态投资回收期（P_t或P_t'）。

（2）财务评价：净现值≥0，项目可行；内部收益率≥行业基准收益率，项目可行；静态投资回收期≤行业基准回收期，项目可行；动态投资回收期≤项目计算期，项目可行。反之不可行。

在表 6-1 中，现金流入为营业收入、补贴收入、回收固定资产余值、回收流动资金 4 项之和。其中，营业收入是指项目建成后对外销售产品或提供劳务所取得的收入。营业收入 = 销售量 × 销售价格。计算销售收入时，假设生产出的产品全部售出，销售量等于生产量；销售价格一般采用出厂价格，也可根据需要采用送达用户的价格或离岸价格。另外，固定资产余值和流动资金均在计算期最后一年回收。固定资产余值 = 年折旧费 ×（固定资产使用年限 - 运营期）+ 残值。流动资金回收额为全部流动资金。

现金流出包含建设项目的建设投资、流动资金、经营成本和营业税金及附加等各项支出。如果运营期内需要发生设备或设施的更新费用及矿山、石油开采项目的拓展费用（维持运营投资），也应作为现金流出。建设投资取自建设投资估算表；流动资金投入为各年流动资金增加额；经营成本取自总成本费用估算表；营业税金及附加取自产品营业收入和营业税金及附加估算表。由于项目投资现金流量表主要用于建设项目融资前的财务评价，主要进行盈利能力分析，因此，表中的调整所得税为以息税前利润（ *EBIT* ）为基数计算的所得税，不同于利润与利润分配表、项目资本金现金流量表中的所得税。

需要注意，现金流量表反映项目在计算期内逐年发生的现金流入和流出。与常规会计方法不同，现金收支何时发生就在何时计算，不作分摊。由于投资已按其发生的时间作为一次性支出被计入现金流出，不能再以折旧和摊销方式计入现金流出，否则会发生重复计算。因此，作为经常性支出的经营成本中不包括折旧费和摊销费。由于项目投资现金流量表以全部投资作为计算基础，不分投资资金来源，因而利息支出不作为现金流出，而自有资金现金流量表中已将利息支出单列，因此，经营成本中也不包括利息支出。

项目计算期内各年的净现金流量为各年现金流入量减去对应年份的现金流出量，各年累计净现金流量为本年及以前各年净现金流量之和。

所得税前净现金流量为上述净现金流量加所得税之和，即在现金流出中不计入所得税时的净现金流量。

2）项目资本金现金流量表

从项目法人（或投资者整体）角度出发，以项目资本金作为计算基础，把贷款时得到的资金作为现金流入，借款还本付息作为现金流出，见表 6-2。该表用于计算资本金财务内部收益率，考察项目自有资金的盈利能力。

表 6-2 项目资本金现金流量表

序 号	项 目	计算期				
		1	2	3	…	*N*
1	现金流入					
1.1	营业收入					
1.2	补贴收入					
1.3	回收固定资产余值					
1.4	回收流动资金					
2	现金流出					
2.1	项目资本金					

续表

序号	项目	计算期				
		1	2	3	…	N
2.2	借款本金偿还					
2.3	借款利息支付					
2.4	经营成本					
2.5	营业税金及附加					
2.6	所得税					
2.7	维持运营投资					
3	净现金流量（1－2）					
4	累计净现金流量					
5	折现系数					
6	折现净现金流量					
7	累计折现净现金流量					

基于项目资本金现金流量表的财务评价指标：

（1）常见指标：净现值（*FNPV*）、内部收益率（*FIRR*）、静态投资回收期或动态投资回收期（P_t或P_t'）。

（2）财务评价：净现值≥0，项目可行；内部收益率≥行业基准收益率，项目可行；静态投资回收期≤行业基准回收期，项目可行；动态投资回收期≤项目计算期，项目可行。反之不可行。

从项目投资主体的角度看，建设项目投资借款是现金流入，但又同时将借款用于项目投资，构成同一时间、相同时点的现金流出，二者相抵，对净现金流量的计算其实没有影响。因此，表中投资只计自有资金。另外，现金流入又是因项目全部投资所获得，故应将借款本金的偿还及利息支付计入现金流出。

现金流入的各项及数据来源与项目投资现金流量表相同。项目资本金现金流量表主要用于建设项目融资后的财务评价，主要进行盈利能力分析、偿债能力分析和财务生存能力分析，因此，表中所得税为应纳税所得额与所得税率的乘积。

现金流出项目资本金部分数额取自项目总投资使用计划与资金筹措表中资金筹措项下的资本金分项。借款本金偿还由两部分组成：一部分为借款还本付息计算表中本年还本额；另一部分为流动资金借款本金偿还，一般发生在计算期最后一年。借款利息支付数额来自总成本费用估算表中的利息支出项（包括流动资金借款利息和长期借款利息）。现金流出中其他各项与全部投资现金流量表相同。

3）投资各方财务现金流量表

分别从各个投资者的角度出发，以投资者的出资额作为计算的基础，反映其具体的现金流入与现金流出情况，计算投资各方内部收益率，为其投资决策和进行合作谈判提供参考依据，见表6-3。

① 实分利润是指投资者由投资方案获取的利润。

表 6-3 项目投资各方现金流量表

序　号	项　目	计算期					
		1	2	3	4	…	n
1	现金流入						
1.1	实分利润						
1.2	资产处置收益分配						
1.3	租赁收入						
1.4	技术转让或使用收入						
1.5	其他现金流入						
2	现金流出						
2.1	实缴资本						
2.2	租赁资产支出						
2.3	其他现金流出						
3	净现金流量（1－2）						
计算指标：投资各方财务内部收益率（%）。							

注：本表可按不同投资方分别编制，投资各方现金流量表中现金流入是指出资方因该投资方案的实施将实际获得的各种收入；现金流出是指出资方因该投资方案的实施将实际投入的各种支出，标注科目应根据投资方具体情况进行调整。

② 资产处置收益分配是指对有明确的合营期限的投资方案，在期满时对资产余值按股比或约定比例的分配。

③ 租赁费收入是指出资方将自己的资产租赁给投资方案使用所获得的收入，此时应将资产价值作为现金流出，列为租赁资产支出科目。

④ 技术转让或使用收入是指出资方将自己的专利或专有技术转让或允许该投资方案使用所获得的收入。

2. 利润及利润分配表的编制

利润及利润分配表是反映项目计算期内各年的销售（营业）收入、总成本费用、利润总额、所得税及税后利润的分配情况的重要财务报表。此表的编制基础是会计上的权责发生制原则。权责发生制又称应计制或应计基础，是指收入、费用的确认，应当以收入和费用的实际发生作为确认计量的标准，凡是当期已经实现的收入和已经发生或应当负担的费用，不论款项是否收付，都应当作为当期的收入和费用处理；凡是不属于当期的收入和费用，即使款项已经在当期收付，都不应作为当期的收入和费用处理。因此，利润及利润分配表中使用的是总成本费用。利润及利润分配表综合反映了项目每年的盈利水平，在项目财务评价中用以计算投资收益率的各项指标，同时通过利润分配可计算出用于偿还贷款的利润额度。利润及利润分配表的编制以利润总额的计算过程为基础。

在用于项目财务评价编制的利润及利润分配表中，通常在测算项目利润时，将投资净收益和营业外收支净额省略。因为，投资净收益一般属于项目建成投产后的对外再投资收益，这类活动在项目评价时难以估算，因此可以暂不计入；营业外收支净额，除非已有明确的来源和开支项目需单独列出，否则也暂不计入。因此，项目进行财务评价时，利润总额为

$$利润总额=产品销售（营业）收入-销售税金及附加-总成本费用 \quad (6-1)$$

利润及利润分配表的格式见表 6-4。

表 6-4　项目利润及利润分配表

序　号	项　目	运营期				
		1	2	3	…	N
1	营业收入					
2	营业税金及附加 = 1 × 6%					
3	总成本费用					
4	补贴收入					
5	利润总额（1 − 2 − 3 + 4）					
6	弥补以前年度亏损					
7	应纳税所得额（5 − 6）					
8	所得税 = 7 × %					
9	净利润（5 − 8）					
10	期初未分配利润					
11	可供分配的利润（9 + 10 − 6）					
12	提取法定盈余公积金 = 9 × %					
13	可供投资者分配的利润（11 − 12）					
14	应付优先股利权					
15	提取任意盈余公积金					
16	应付普通股股利（13 − 14 − 15）					
17	各投资方利润分配					
	其中：××方					
	××方					
18	未分配利润（13 − 14 − 15 − 17）					
18.1	用于还款未分配利润					
18.2	剩余利润（转下年期初未分配利润）（18 − 18.1）					
19	息税前利润（*EBIT*） （利润总额 + 利息支出）					
20	息税折旧摊销前利润（*EBITDA*） （息税前利润 + 折旧 + 摊销）					

基于利润与利润分配表的财务评价：
主要评价指标：总投资收益率（*ROD*）、项目资本金利润率（*ROE*）。
财务评价：总投资收益率≥行业收益率参考值，项目可行。
项目资本金利润率≥行业资本金利润率，项目可行。

6.3 建设项目偿债能力分析

6.3.1 偿债能力分析概述

偿债能力是通过对“借款还本付息计划表”“资产负债表”的计算，考察项目计算期内各年的偿债能力。偿债能力分析通过计算利息备付率、偿债备付率和资产负债率等指标判别项目是否符合贷款机构的要求以及项目的风险程度和偿还流动负债的能力。

6.3.2 偿债能力分析报表的编制

1. 资产负债表

资产负债表能够综合反映项目计算期内各年年末资产、负债和所有者权益的增、减变化及对应关系，以考察项目资产、负债、所有者权益的结构是否合理，用以计算资产负债率、流动比率和速动比率等指标，进行清偿能力分析，见表 6-5。

表 6-5 项目资产负债表

序号	费用名称	评价期				
		1	2	3	…	n
1	资产					
1.1	流动资产总额					
1.1.1	流动资产					
1.1.2	累计盈余资金					
1.1.3	累计期初未分配利润					
1.2	在建工程					
1.3	固定资产净值					
1.4	无形及其他资产净值					
2	负债及所有者权益					
2.1	负债					
2.1.1	流动负债					
2.1.2	贷款负债					
2.2	所有者权益					
2.2.1	资本金					
2.2.2	累计盈余公积					
2.2.3	累计未分配利润					
计算指标	清偿能力分析： 1. 资产负债率（%）。 2. 流动比率（%）。 3. 速动比率（%）。					

资产负债表的主体结构包括三大部分，即资产、负债和所有者权益。它们具有下列关系：

$$资产=负债+所有者权益 \tag{6-2}$$

2. 借款还本付息计划表

借款还本付息计划表反映项目计算期内各年借款本金偿还和利息支付情况，用于计算偿债备付率和利息备付率指标。借款还本付息计划表与“建设期利息估算表”可合二为一，见表 6-6。

表 6-6　项目借款还本付息计划表

序号	项　目		计算期				
			1	2	3	…	n
1	期初借款余额						
2	当期还本付息						
	其中：	还本					
		付息					
3	期末借款余额						
4	计算指标		利息备付率 偿债备付率				

按现行财务制度的规定，归还固定资产投资借款（长期借款）的资金来源主要是项目投产后的折旧费、摊销费和未分配利润等。因流动资金借款本金在项目计算期末用回收流动资金一次偿还，故在此不必考虑流动资金借款偿还问题。

常见的还本付息方式包括：

（1）最大额偿还方式，指在项目投产运营后，将获得的盈利中可用于还贷的资金全部用于还贷，以最大限度地减少企业债务，使偿还期缩至最短的方式。

（2）逐年等额还本、年末付息方式（也称等额还本利息照付方式），是将贷款本金分若干年等额偿还并在年末计息的方式。

（3）本利等额偿还方式（也称等额还本付息方式），是将贷款本利和在偿还期内的各年平均分摊到每年等额偿还的方式。

（4）年末付息、期末一次还本方式（也称等额利息方式），是指每年只支付本金利息而不还本金，到偿还期末一次性还本的方式。

（5）期末本利和一次付清方式（也称一次偿付方式），是指在贷款期满前一直不还款，到期末连本带利全部付清的方式。

项目评价中可以选择等额还本付息或者等额还本利息照付方式来计算长期借款利息。

借款还本付息表的结构包括两大部分，即借款及还本付息部分和偿债能力分析指标部分。借款还本付息表的填列，在项目的建设期，当期期初余额为上期期末借款余额，当期期末余额为当期期初余额与当期应计利息之和（在当期期间借款或发行债券时，还应加上当期期间借款或债券额），当期还本、付息均为零。在项目的生产期，当期还本和付息额度应区别不同的还本付息方式采用不同的计算方法。当期付息额度可以根据期初借款余额结合贷款年利率求得。

6.4 财务生存能力分析

6.4.1 财务生存能力分析概述

财务生存能力分析旨在分析考察项目在整个计算期内的资金充裕程度，分析财务可持续性，判断在财务上的生存能力，主要根据财务计划现金流量表进行。财务生存能力分析应结合偿债能力分析进行，主要包括以下两个方面：

1. 分析项目是否有足够的净现金流量维持正常运营

（1）在项目运营期间，各项经济活动中得到足够的净现金流量，项目才能得以持续生存。

（2）拥有足够的经营净现金流量是财务可持续的基本条件，特别是在运营初期。

（3）通常因运营期前期的还本付息负担较重，故应特别注重运营期前期的财务生存能力分析。

2. 各年累计盈余资金不出现负值是财务生存的必要条件

在整个运营期间，允许个别年份的净现金流量出现负值，但不能容许任一年份的累计盈余资金出现负值。一旦出现负值，应适时进行短期融资；但较大的或较频繁的短期融资，有可能导致以后的累计盈余资金无法实现正值，致使项目难以持续运营。

6.4.2 财务生存能力分析报表的编制

财务生存能力分析也称资金平衡分析。在项目运营期间，确保从各项经济活动中得到足够的净现金流量是项目能够持续生存的条件。财务分析中应在财务分析辅助表和利润分配表的基础上编制财务计划现金流量表（见表 6-7），通过项目计算期内的投资、融资和经营活动所产生的各项现金流入和流出，计算净现金流量和累计盈余资金，分析项目是否有足够的净现金流量维持正常运营，以实现财务的可持续性。因此，财务生存能力分析亦可称为资金平衡分析。

表 6-7 财务计划现金流量表

序号	项　目	评价期				
		1	2	3	…	n
1	经营活动净现金流量（1.1 − 1.2）					
1.1	现金流入					
1.1.1	营业收入					

续表

序号	项　目	评价期				
		1	2	3	…	n
1.1.2	补贴收入					
1.1.3	回收固定资产余值					
1.1.4	回收流动资金					
1.1.5	其他流入					
1.2	现金流出					
1.2.1	经营成本					
1.2.2	营业税金及附加					
1.2.3	所得税					
1.2.4	其他流出					
2	投资活动净现金流（2.1 − 2.2）					
2.1	现金流入					
2.2	现金流出					
2.2.1	建设投资					
2.2.2	维持运营投资					
2.2.3	流动资金					
2.2.4	其他流出					
3	筹资活动净现金流（3.1 − 3.2）					
3.1	现金流入					
3.1.1	项目资本金投入					
3.1.2	建设投资借款					
3.1.3	流动资金借款					
3.1.4	短期借款					
3.1.5	其他流入					
3.2	现金流出					
3.2.1	利息支出					
3.2.2	偿还本金					
3.2.3	应付利润（股利分配）					
3.2.4	其他流出					
4	净现金流量（1 + 2 + 3）					
5	累计盈余资金					

财务可持续性应首先体现在有足够大的经营活动净现金流量，其次各年累积盈余资金不应出现负值。若出现负值，应进行短期借款，同时分析该短期借款的年份长短和数额大小，

进一步判断项目的财务生存能力。短期借款应体现在财务计划现金流量表中，其利息应计入财务费用。为维持项目正常运营，还应分析短期借款的可靠性。

案例分析

某企业拟投资建设一个市场急需产品的工业项目。该项目建设期为 1 年，运营期为 6 年。项目投产第一年可获得当地政府扶持该产品生产的补贴收入 100 万元，项目建设的其他基本数据如下：

1. 建设投资为 1 000 万元。预计全部形成固定资产（包含可抵扣固定资产进项税额 80 万元），固定资产使用年限为 10 年，按直线法折旧，期末净残值率 4%，固定资产余值在项目运营期末收回。投产当年又投入运营期资本金 200 万元。

2. 正常年份年营业收入为 678 万元（其中销项税额为 78 万元），经营成本 350 万元（其中进项税额为 25 万元），税金附加按应纳增值税的 10%计算，所得税税率为 25%，行业所得税后基准收益率为 10%；基准投资回收期 6 年。企业投资者期望的最低可接受所得税后收益率为 15%。

3. 投产第一年仅达到设计生产能力的 80%，预计这一年的营业收入及其所含销项税额、经营成本及其所含进项税额均为正常年份的 80%。以后各年均达到设计生产能力。

4. 运营第 4 年，需花费 50 万元（无可抵扣进项税额）更新新型自动控制设备配件，维持以后的正常运营需要，该维持运营投资按当期费用计入年度总成本。

问题：

1. 编制拟建项目投资现金流量表。
2. 计算项目的静态投资回收期、财务净现值和财务内部收益率。
3. 评价项目的财务可行性。

解：

问题 1：编制拟建项目投资现金流量表

编制现金流量表之前需要计算以下数据，并将计算结果填入表 6-8 中。

（1）计算固定资产折旧费（融资前，固定资产原值不含建设期利息）。

$$\text{固定资产原值}=\text{形成固定资产的费用}-\text{可抵扣固定资产进项税额}$$

$$\text{固定资产折旧费}=(1\,000-80)\times(1-4\%)\div 10=88.32\text{（万元）}$$

（2）计算固定资产余值

固定资产使用年限 10 年，运营期末只用了 6 年还有 4 年未折旧。所以，运营期末固定资产余值为

$$\text{固定资产余值}=\text{年固定资产折旧费}\times 4+\text{残值}=88.32\times 4+(1\,000-80)\times 4\%=390.08\text{（万元）}$$

（3）计算调整所得税

$$\text{增值税应纳税额}=\text{当期销项税额}-\text{当期进项税额}-\text{可抵扣固定资产进项税额}$$

故：

第 2 年（投产第一年）的当期销项税额 − 当期进项税额 − 可抵扣固定资产进项税额 $=78\times 0.8-25\times 0.8-80=62.4-20-80=-37.6$（万元）$<0$

故第 2 年应纳增值税额为 0。

第 3 年的当期销项税额 − 当期进项税额 − 上一年未抵扣完的固定资产进项税额 = 78 − 25 − 37.6 = 15.4（万元）

第 4 年、第 5 年、第 6 年、第 7 年的应纳增值税 = 78 − 25 = 53（万元）

调整所得税 = [营业收入 − 当期销项税额 − (经营成本 − 当期进项税额) − 折旧费 − 维持运营投资 + 补贴收入 − 增值税附加] × 25%
= 利润总额 × 25% = [收入(不含税) + 补贴 − 总成本 − 附加] × 25%

故：

第 2 年（投产第一年）调整所得税 = [(678 − 78) × 80% − (350 − 25) × 80% − 88.32 − 0 + 100 − 0] × 25% = 57.92（万元）

第 3 年调整所得税 = (600 − 325-88.32 − 0 + 0 − 15.4 × 10%) × 25% = 46.29（万元）

第 4 年调整所得税 = (600 − 325 − 88.32 − 0 + 0 − 53 × 10%) × 25% = 45.35（万元）

第 5 年调整所得税 = (600 − 325 − 88.32 − 50 + 0-53 × 10%) × 25% = 32.85（万元）

第 6、7 年调整所得税 = (600 − 325 − 88.32 − 0 + 0 − 53 × 10%) × 25% = 45.35（万元）

表 6-8　项目投资现金流量表（单位：万元）

序号	项　目	建设期	运营期					
		1	2	3	4	5	6	7
1	现金流入	0.00	642.40	678.00	678.00	678.00	678.00	1 268.08
1.1	营业收入（不含销项税额）		480.00 = 600 × 80%	600.00	600.00	600.00	600.00	600.00
1.2	销项税额		62.40 = 78 × 80%	78.00	78.00	78.00	78.00	78.00
1.3	补贴收入		100.00					
1.4	回收固定资产余值							390.08
1.5	回收流动资金							200.00
2	现金流出	1 000.00	537.92	413.23	453.65	491.15	453.65	453.65
2.1	建设投资	1 000.00						
2.2	流动资金投资		200.00					
2.3	经营成本（不含进项税额）		260.00 = 325 × 80%	325.00	325.00	325.00	325.00	325.00
2.4	进项税额		20.00 = 25 × 80%	25.00	25.00	25.00	25.00	25.00
2.5	应纳增值税		0.00	15.40	53.00	53.00	53.00	53.00
2.6	增值税附加			1.54 = 15.4 × 10%	5.30	5.30	5.30	5.30
2.7	维持运营投资					50.00		
2.8	调整所得税		57.92	46.29	45.35	32.85	45.35	45.35
3	所得税后净现金流量	− 1 000.00	104.48	264.77	224.35	186.85	224.35	814.43
4	累计税后净现金流量	− 1 000.00	− 895.52	− 630.75	− 406.40	− 219.55	4.80	819.23
5	折现率 10%	0.9091	0.8264	0.7513	0.683 0	0.620 9	0.564 5	0.513 2
6	折现后净现金流	− 909.10	86.34	198.92	153.23	116.02	126.65	417.97
7	累计折现净现金流量	− 909.10	− 822.76	− 623.84	− 470.60	− 354.39	− 227.94	190.02

问题 2：

（1）计算项目的静态投资回收期。

$$静态投资回收期 = (累计净现金流量出现正值的年份 - 1) + (|出现正值年份上年累计净现金流量|/出现正值年份当年净现金流量) = (6 - 1) + (|-219.55|/224.35) = 5.98 年$$

可知项目静态投资回收期为：5.98 年。

（2）计算项目财务净现值。

项目财务净现值是把项目计算期内各年的净现金流量，按照基准收益率折算到建设期初的现值之和。也就是计算期末累计折现后净现金流量 190.02 万元，见表 6-8。

（3）计算项目的财务内部收益率。

编制财务内部收益率试算表见表 6-9。

首先设定 $i_1 = 15\%$，以 i_1 作为设定的折现率，计算出各年的折现系数。利用财务内部收益率试算表，计算出各年的折现净现金流量和累计折现净现金流量，从而得到财务净现值 $FNPV_1 = 7.80$（万元），见表 6-9。

再设定 $i_2 = 17\%$，以 i_2 作为设定的折现率，计算出各年的折现系数。同样，利用财务内部收益率试算表，计算出各年的折现净现金流量和累计折现净现金流量，从而得到财务净现值 $FNPV_2 = -49.28$（万元），见表 6-9。

算结果满足：$FNPV_1 > 0$，$FNPV_2 < 0$，且满足精度要求，可采用插值法计算出拟建项目的财务内部收益率 $FIRR$。

表 6-9　财务内部收益率试算表（单位：万元）

序号	项　目	建设期	运营期					
		1	2	3	4	5	6	7
1	现金流入	0.00	642.40	678.00	678.00	678.00	678.00	1 268.08
2	现金流出	1 000.00	537.92	413.23	453.65	491.15	453.65	453.65
3	净现金流量	−1 000.00	104.48	264.77	224.35	186.85	224.35	814.43
4	折现系数 $i = 15\%$	0.869 6	0.756 1	0.657 5	0.571 8	0.497 2	0.432 3	0.375 9
5	折现后净现金流量	−869.60	79.00	174.09	128.28	92.90	96.99	306.14
6	累计折现净现金流量	−869.60	−790.60	−616.51	−488.23	−395.33	−298.34	7.80
7	折现系数 $i = 17\%$	0.8547	0.730 5	0.624 4	0.533 7	0.456 1	0.389 8	0.333 2
8	折现后净现金流量	−854.70	76.32	165.32	119.74	85.22	87.45	271.37
9	累计折现净现金流量	−854.70	−778.38	−613.06	−493.32	−408.10	−320.65	−49.28

由表 6-9 可知：

$i_1 = 15\%$ 时，$FNPV_1 = 7.80$

$i_2 = 17\%$ 时，$FNPV_2 = -49.28$

用插值法计算拟建项目的内部收益率 FIRR，即

$$
\begin{aligned}
FIRR &= i_1 + (i_2 - i_1) \times FNPV_1/(|FNPV_1| + |FNPV_2|) \\
&= 15\% + (17\% - 15\%) \times 7.80/(7.80 + |-49.28|) \\
&= 15\% + 0.27\% = 15.27\%
\end{aligned}
$$

问题 3：评价项目的财务可行性。

本项目的静态投资回收期为 5.98 年小于基准投资回收期 6 年；累计财务净现值为 190.02 万元 > 0；财务内部收益率 $FIRR = 15.27\%$ > 行业基准收益率 10%，因此，从财务角度分析该项目可行。

本章小结

本章主要介绍了工程项目的财务评价，在介绍财务评价的概念、评价原则、主要内容和程序的基础上，从工程项目的盈利能力、偿债能力和财务生存能力等三方面进行经济分析评价，并介绍了建设项目财务评价中基本报表、辅助报表的编制。

本章练习题

一、单项选择题

1. 下列现金流量表中，用来反映投资方案在整个计算期内现金流入和流出的是（　　）。

   A. 投资各方现金流量表　　B. 资本金现金流量表

   C. 投资现金流量表　　D. 财务计划现金流量表

2. 经营性项目财务分析可分为融资前分析和融资后分析，关于融资前分析和融资后分析的说法中，正确的是（　　）。

   A. 融资前分析应以静态分析为准，动态分析为辅

   B. 融资后分析只进行动态分析，不考虑静态分析

   C. 融资前分析应以动态分析为主，静态分析为辅

   D. 融资后分析只进行静态分析，不考虑动态分析

3. 下列财务数据中，可以列入项目资本金现金流量表中，而不出现在项目投资现金流量表中的是（　　）。

   A. 维持运营投资　　B. 经营成本

   C. 租赁资产支出　　D. 借贷本金偿还

4. 某项目在经营年度外购原材料、燃料和动力费为 1 100 万元，工资及福利费为 500 万元，修理费为 50 万元，其他费用为 40 万元，折旧费 50 万元，摊销费 40 万元，财务费用 40 万元，则该项目年度经营成本为（　　）万元。

   A. 1 690　　B. 1 640　　C. 1 650　　D. 1 660

5. 投资方案经济效果评价中的总投资是由（　　）组成。

   A. 建设投资和建设期利息之和

   B. 建设投资、建设期利息和流动资金之和

C. 建设期利息和临时性营运资金之和

D. 工程造价、建设期利息和流动资金之和

二、多项选择题

1. 投资方案现金流量表中，经营成本的组成项有（　　）。

A. 折旧费　　B. 摊销费　　C. 修理费

D. 利息支出　　E. 外购原材料、燃料及动力费

2. 工程项目经济分析的主要报表包括（　　）。

A. 项目投资经济费用效益流量表

B. 经济费用效益分析投资费用估算调整表

C. 财务计划现金流量表

D. 经济费用效益分析经营费用估算调整表

E. 投资各方现金流量表

3. 在财务分析的项目投资现金流量表中，属于现金流出构成内容的有（　　）。

A. 建设投资　　B. 借款本金偿还　　C. 流动资金

D. 借款利息支付　　E. 经营成本

4. 通过技术方案投资现金流量表可计算技术方案投资（　　）。

A. 总投资收益率　　B. 财务内部收益率　　C. 财务净现值

D. 资产负债率　　E. 静态投资回收期

三、计算题

1. 某新建建设项目的基础数据如下：

（1）项目建设期为 2 年，运营期为 10 年，建设投资为 3 600 万元，预计全部形成固定资产。

（2）项目建设投资来源为自有资金和贷款，贷款总额为 2 000 万元，贷款年利率 6%（按年计息），贷款合同约定运营期第 1 年按照项目的最大偿还能力还款，运营期第 2～5 年将未偿还款项等额本息偿还。自有资金和贷款在建设期内均衡投入。

（3）项目固定资产使用年限 10 年，残值率 5%，直线法折旧。

（4）项目生产经营所必需的流动资金 250 万元由项目自有资金在运营期第 1 年投入。

（5）运营期间正常年份的营业收入为 850 万元，经营成本为 280 万元，增值税附加税率按照营业收入的 0.8%估算，所得税率为 25%。

（6）运营期第 1 年达到设计产能的 80%，该年的营业收入、经营成本均为正常年份的 80%，以后各年均达到设计产能。

（7）在建设期贷款偿还完成之前，不计提盈余公积金，不分配投资者股利。

（8）假定建设投资中无可抵扣固定资产进项税额，上述其他各项费用及收入均为不含增值税价格。

问题：

（1）列式计算项目建设期的贷款利息。

（2）列式计算项目运营期第 1 年偿还的贷款本金和利息。

（3）列式计算项目运营期第 2 年应偿还的贷款本息额，并通过计算说明项目能否满足还款要求。

（4）项目资本金现金流量表运营期第 1 年、第 2 年和最后 1 年的净现金流量分别是多少？

2. 某项目建设期为 2 年，运营期为 6 年。建设期内，每年均衡投入自有资金和贷款各 500 万元，贷款年利率为 6%，按年计息。

问题：

（1）列式计算建设期贷款利息。

（2）如项目贷款在运营期间按照等额还本、利息照付的方法（等额本金法）偿还，列式计算运营期各年应还本金与利息额，并填写还本付息表。

（3）如项目贷款在运营期前 3 年按照等额还本付息的方法（等额本息法）偿还，列式计算运营期各年应还本金与利息额，并填写还本付息表。

（4）如合同约定运营期第 1 年按照项目的最大偿还能力还款，假定运营期第 1 年的营业收入为 720 万元（不含销项税额），经营成本为 224 万元（不含可抵扣的进项税额），增值税附加为 43.2 万元，利润总额为 −28.08 万元。列式计算运营期第 1 年应偿还的本金和利息。

7　工程项目国民经济评价

本章的学习目标

- 掌握影子价格及其他通用参数的确定方法和国民经济评价的步骤
- 掌握国民经济评价中效益与费用的含义、内容、识别与计算
- 熟悉国民经济评价指标体系和报表的编制
- 了解工程项目国民经济评价的概念

本章知识结构架图

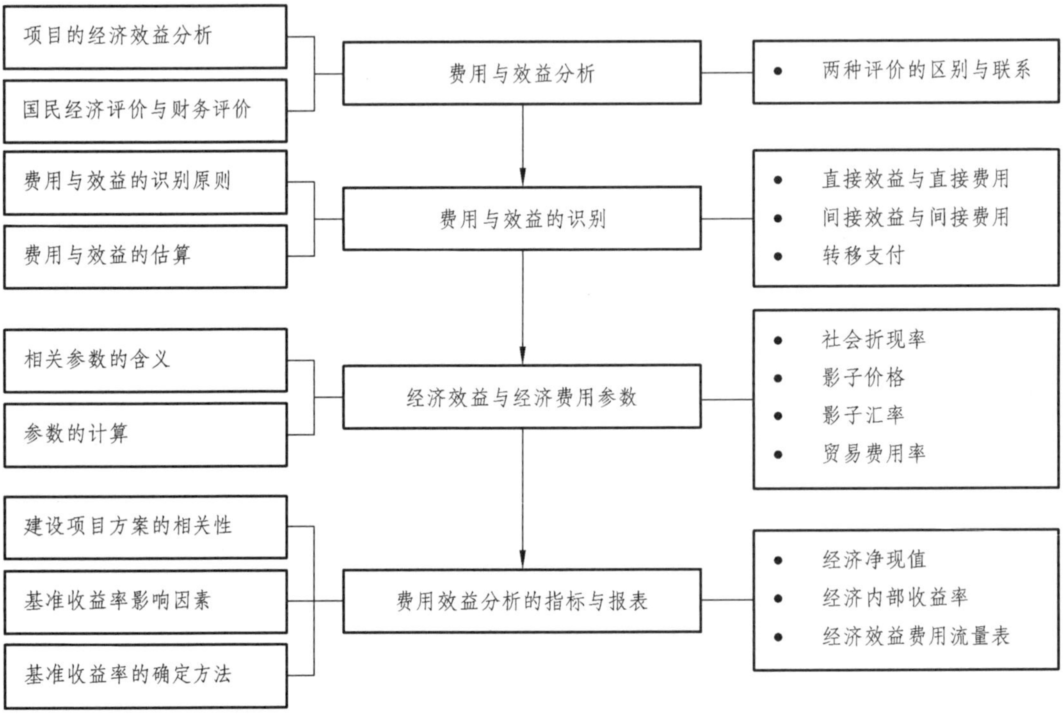

7.1　工程项目国民经济评价概述

工程项目国民经济评价也称项目经济分析，是从宏观经济的角度对投资项目进行决策分析与评价，通过对项目的经济费用和经济效益进行系统、全面的识别和分析，求得项目的经济净收益，并以此评价项目的经济可行性与合理性。工程项目经济分析主要考察项目的效益和费用。因此，费用-效益分析（Cost-Benefit Analysis）法是当前广泛采用的对项目进行经济

评价方法，其核心是通过比较各种备选方案的全部预期效益和全部预计费用的现值来评价这些备选方案，并以此作为决策的参考依据。

7.1.1 项目经济分析的作用、范围及基本方法

1. 经济分析的主要作用

（1）正确反映项目对社会经济的净贡献，评价项目的经济合理性。

由于分析视角不同和其他因素，项目财务盈利性至少在以下几方面可能难以全面正确地反映项目的经济合理性：

① 为支持某些行业或特殊地区的发展，国家给予项目相应补贴；

② 因行业或地区差异，企业向国家缴纳不同的税项；

③ 由于价格管制的原因，某些货物市场价格可能的扭曲，难以真实反映资源的供求关系和时机价值；

④ 一些项目存在显著的外部效果，包括间接费用和间接效益，难以在财务评价中反映出来。

因此，进行项目经济分析是从宏观的角度，以合理衡量项目对社会的净贡献。

（2）合理反映社会资源的配置效率，为政府合理地配置资源提供依据。

项目的经济分析对项目的资源配置效率进行分析评价，可为政府在资源配置的决策中提供重要依据，提高资源配置（包括土地、劳动力、资金、各种自然资源等）的有效性。主要体现在以下两方面：一是对那些本身财务效益好，但经济效益差的项目进行调控（比如通过项目审批或核准制进行适当限制，减少社会资源的低效占用）；二是对那些本身财务效益差，而经济效益好的项目予以鼓励（比如基础设施、科教文卫等项目）。

（3）通过方案比选和优化，为财务效益较差的基础性公益项目提供指定财务方案的依据。

对于具有明显经济合理性但其自身不具备财务生存能力的项目，应通过经济分析来论证对其投资建设的经济合理性，分析利用公共资源投资其建设的必要性，从而为政府对其投资建设和生产运营提供优惠政策、进行投资补助等决策活动提供依据；对于市场化运作的基础设施等项目，通过经济分析来论证项目的经济价值，为制订财务方案提供依据。

2. 经济分析的基本方法

（1）经济分析采用费用效益分析或费用效果分析方法，即效益（效果）与费用比较的理论方法，寻求以最小的投入（费用）获取最大的产出（效益，效果）。

（2）采取“有无对比”方法识别项目的效益和费用。

（3）采取影子价格理论方法估算各项效益和费用。

（4）遵循效益和费用的计算范围对应一致的基本原则。

（5）经济费用效益分析采用费用效益流量分析方法，采用内部收益率、净现值等经济盈利性指标进行定量的经济效益分析。经济费用效果分析对费用和效果采用不同的度量方法，计算效果费用比或费用效果比指标。

3. 经济分析的适用范围

从投资管理的角度，需要进行经济分析的项目有如下几类：

（1）政府预算内投资用于关系国家安全、国土开发和市场不能有效配置资源的公益性项目和公共基础设施建设项目，保护和改善生态环境项目，重大战略性资源开发项目。

（2）政府各类专项建设基金投资用于交通运输、农林水利等基础设施、基础产业项目。

（3）利用国际金融组织和外国政府贷款,需要政府主权信用担保的建设项目。

（4）企业投资建设的涉及国家经济安全，影响环境资源、公共利益，可能出现垄断，涉及整体布局等问题，需要政府核准的建设项目。这些项目主要有企业投资建设并且涉及到公共利益的无形产品项目，如水电资源开发、交通运输、市政建设、教育、医疗卫生等公共基础设施项目，以及具有明显外部性的有形产品项目（如污染严重的工业项目）。

（5）法律、法规规定的其他政府性资金投资的项目。

7.1.2 国民经济评价与财务评价的区别与关系

1. 国民经济评价与财务评价的区别

项目的财务评价与经济评价的主要区别包括评价角度、费用与效益的划分，采用的价格，以及主要参数的不同，见表 7-1 所示。

表 7-1 项目的财务评价与国民经济评价的主要区别

主要区别	财务评价	国民经济评价
评价角度	从企业财务考察项目收支、盈利能力和清偿能力，来确定投资项目的财务可行性	从国民经济（国家的）角度考察项目需要国家付出的代价和对国家的贡献，来确定投资项目的经济合理性
效益和费用划分	根据项目直接发生的实际收支确定项目的效益和费用，凡是项目的货币支出都视为费用，税金、利息等也均记为费用	根据项目对社会提供的有用产品（包括服务）来考察项目效益，还需考虑间接费用和间接效益
采用的价格	对投入物和产出物均采用财务价格，即现行市场价格（预测值）	采用根据机会成本和供求关系确定的影子价格
主要参数	官方汇率与行业基准收益率	影子汇率和社会折现率

2. 国民经济评价结论与财务评价结论的关系

由于财务评价和国民经济评价有所区别，虽然在很多情况下两者的结论是一致的，但也有不少时候两种评价结论是不同的。可能出现的四种情况及相应的决策如下：

（1）财务评价和国民经济评价均可行的项目，应予以通过。

（2）财务评价和国民经济评价均不可行的项目，应予以否定。

（3）财务评价不可行，国民经济评价可行的项目应予以通过，但国家和主管部门应采取相应的优惠政策，如减免税、财政补贴等，使项目在财务上具有生存能力。

（4）财务评价可行，国民经济评价不可行的项目，应予以否定，或者重新考虑方案，进行“再设计”。

7.2 费用与效益的识别

项目的国民经济效益是指项目对国民经济所做的贡献，分为直接效益和间接效益；项目的国民经济费用是指国民经济为项目付出的代价，分为直接费用和间接费用。正确地识别费用与效益，是保证国民经济评价正确的前提。

7.2.1 识别费用与效益的原则

1. 基本原则

国民经济分析的目标是实现社会资源的最优配置，从而使国民收入最大化。凡是增加国民收入的，就是国民经济效益；凡是减少国民收入的，就是国民经济费用。

2. 边界原则

财务分析从项目自身的利益出发，其系统分析的边界是项目。凡是流入项目的资金，就是财务效益，如销售收入；凡是流出项目的资金，就是财务费用，如投资支出、经营成本和税金。国民经济分析则从国民经济的整体利益出发，其系统分析的边界是整个国家。国民经济分析不仅要识别项目自身的内部效果，而且需要识别项目对国民经济其他部门和单位产生的外部效果。

3. 资源变动原则

在计算财务收益和费用时，依据的是货币的变动。凡是流入项目的货币是直接效益；凡是流出项目的货币是直接费用。经济资源的稀缺性意味着一个项目的资源投入会减少这些资源在国民经济其他方面的可用量，从而减少了其他方面的国民收入。从这种意义上说，该项目对资源的使用产生了国民经济费用。凡是减少社会资源的项目投入都产生国民经济费用；凡是增加社会资源的项目产出都产生国民经济收益。

7.2.2 直接效益与直接费用

1. 直接效益

直接效益是指由项目产出物直接产生，并在项目范围内计算的经济效益。一般包括以下内容：

（1）增加项目产出物（或服务）的数量以增加国内市场的供应量，其效益就是所满足的国内需求。

（2）项目产出物（或服务）替代相同或类似企业的产出物（或服务），是被替代企业减产从而减少国家有用资源的耗用（或损失），其效益就是被替代企业释放出来的资源。

（3）项目产出物（或服务）增加了出口量，其效益就是增加外汇收入。

（4）项目产出物（或服务）减少了进口量，即代替了进口货物其效益为所节约的外汇支出。

2. 直接费用

直接费用是指项目使用投入物所产生的，并在项目范围内计算的经济费用。直接费用的内容包括：

（1）国内其他部门为本部项目提供投入物，而扩大了该部门的生产规模，其费用为该部门增加生产所耗用的资源。

（2）项目投入物本来用于其他项目，由于改用于拟建项目而减少了对其他项目（或最终消费）投入物的供应，其费用为其他项目（或最终消费）因此而放弃的消费。

（3）项目的投入物来自国外，即增加进口，其费用为增加的外汇支出。

（4）项目的投入物本来首先用于出口，为满足项目需求而减少了出口，其费用为减少出口所减少的外汇收入。

在国民经济评价中，工程项目的直接效益和费用的识别与度量通常在财务评价的基础上进行。一般来说，需要对财务费用和效益进行调整。如果某些投入物和产出物的市场价格与影子价格存在偏差，则必须对其按影子价格重新进行估计；在财务评价中被排除的某些费用和效益可能需要补充进来，而另一些在财务评价中已经考虑的费用和效益则可能根据其对经济的整体影响重新进行归类或调整。

7.2.3 间接效益与间接费用

间接效益与间接费用是指项目对国民经济做出的贡献或国民经济为项目付出的代价，在直接效益与直接费用中未得到反映的那部分效益和费用。

通常，把与项目相关的间接效益（外部效益）和间接费用（外部费用），统称为外部效果。

外部效果的计算应考虑环境及生态影响效果、技术扩散效果和产业关联效果。对显著的外部效果能定量的，要做定量分析；计入项目的效益和费用，不能定量的，应作定性描述。计算中，为防止间接效益的扩大化，项目外部效果一般只计算一次相关效果，不应连续扩展。

外部效果的计算应考虑的内容如下：

1. 环境及生态影响效果

环境及生态影响效果主要是指工业项目排放“三废”造成的环境污染和生态平衡被破坏，是一种间接费用。从项目本身讲，环境的污染和生态平衡被破坏所造成的损失并不计入成本；而从全社会的角度讲，这种破坏是全社会福利的损失，是实施该项目的成本。因此，作国民经济评价时，必须把这些在作项目财务评价时不会考虑到的成本计算在内。

2. 技术扩散效果

技术扩散效果通常包括技术培训和技术推广等，这是一种比较明显的技术外部效果，是一种间接效益。投资兴建一个技术先进的项目，会培养和造就大量的工程技术人员和管理人员。而人员的流动和技术外流，最终会给整个社会经济的发展带来好处。由于这种效果通常是隐蔽、滞后的，因而难以识别和计量，实际中大多只作定性的描述。

3. 产业关联效果

产业关联效果包括对上游企业和下游企业的关联效果。对上游企业的关联效果是指一个项目的建设会刺激为该项目提供原材料或半成品的经济部门的发展；对下游企业的关联效果主要是指生产初级产品的项目对以其产出物为原料的经济部门产生效果。

7.2.4 转移支出

从国民经济角度看，项目的某些财务收益和支出，并不真正反映经济整体有用资源的投入和产出的变化，没有造成资源的实际增加或减少，只是表现为资源的使用权从社会的一个实体转到另一个实体手中，是国民经济内部的“转移支出”，不能计为项目的国民经济效益或费用。

1. 国家和地方政府的税收，仅是从项目转移到政府

税收是政府调节分配和供求的手段。对于企业财务评价，纳税确实是一项费用支出；但是对于国民经济评价，它仅仅表示项目对国民经济的贡献有一部分转到政府手中，由政府再分配。项目对国民经济的贡献大小并不随税金的多少而变化，因而它属于国民经济内部的转移支付。

2. 国家或地方政府给予项目的补贴，仅是从政府转移到项目

政府对项目的补贴，仅仅表示国民经济为项目所付出的代价中，有一部分来自政府财务支出；但是，整个国民经济为项目所付代价并不以这些代价来自何处为计算依据，更不会由于有无补偿或补贴多少而改变。因此，补贴也不是国民经济评价中的费用或效益。

3. 国内银行借款利息，仅是从项目转移到金融机构

国内贷款利息在企业财务评价中的资本金财务现金流量中是一项费用。对于国民经济评价，它表示项目对国民经济的贡献有一部分转移到了政府或国内贷款机构。项目对国民经济所做贡献的多少，与所支付的国内贷款利息多少无关。因此，它也不是国民经济评价中的费用或效益。

4. 国外贷款与还本付息

在国民经济评价中，根据分析角度的不同，国外贷款和还本付息有两种不同的处理原则：

（1）在全部投资效益费用流量表中的处理。

在全部投资效益费用流量表中，把国外贷款看作国内投资，以项目的全部投资作为计算基础，对拟建项目使用的全部资源的使用效果进行评价。由于随着国外贷款的发放，国外相应实际资源的支配权力也同时转移到了国内，这些国外贷款资源与国内资源一样，也存在着合理配置的问题。因此，在全部投资效益费用流量表中，国外贷款还本付息与国内贷款还本付息一样，既不作为效益，也不作为费用。

（2）在国内投资效益费用流量表中的处理。

为了考察国内投资对国民经济的实际贡献，应以国内投资作为计算的基础。因此，在国内投资效益费用流量表中，把国外贷款还本付息视为费用。

如果以项目的财务评价为基础进行国民经济评价时，应从财务效益和费用中剔除其中的转移支付部分。

7.2.5 费用与效益的估算

经济费用效益分析应采用反映资源真实经济价值的计算价格，来估算项目费用和效益，用以纠正投入物与产出物因市场失灵和政策干预失当所造成的财务现金流量计算的偏差。

项目投资所引发的经济费用或效益的计算应在利益相关者分析的基础上，研究在特定的社会经济背景条件下相关利益主体获得的收益及付出的代价，计算项目相关的费用和效益。计算时，应遵循支付意愿、受偿意愿、机会成本和实价计算的原则。

1. 具有市场价格的投入物或产出物

对于具有市场价格的投入物或产出物，其费用或效益的计算应该遵循下列原则：

（1）该货物或服务处于竞争性市场环境中，市场价格能够反映支付意愿或机会成本，应采用市场价格作为计算项目投入物或产出物经济价值的依据。

（2）如果项目的投入物或产出物的规模很大，项目的实施将足以影响其市场价格，导致“有项目”和“无项目”两种情况下市场价格不一致，理论上应考虑拟建项目对该物品均衡市场价格的影响。在项目评价实践中，可以取两者的平均值作为测算该物品经济价值的依据。

（3）对于外贸货物，其投入物或产出物价格应基于国际市场价格进行推算，其价格取值应反映国际市场竞争的实际情况。

2. 不具有市场价格或市场价格难以真实反映其经济价值的产出物

对于不具有市场价格或市场价格难以真实反映其经济价值的产出物，应采用下列方法对项目的产品或服务的经济价值进行测算：

（1）按照消费者支付意愿的原则，通过其他相关市场价格信号，按照“揭示偏好”的方法，寻找揭示这些影响的隐含价值，对其效果进行间接估算。

（2）采用意愿调查评估的方法，按照“表达偏好”的原则进行间接估算。

7.3 经济费用与效益分析的参数

7.3.1 社会折现率（影子利率）

社会折现率是社会对资金时间价值的估算，是从整个国民经济角度所要求的资金投资收益率标准，代表占用社会资金所应获得的最低收益率。资金的机会成本，又称为资金的影子价格，单位资金的影子价格就叫影子利率。因此国民经济评价中所用的社会折现率就是资金的影子利率。在投资项目的国民经济评价中，社会折现率主要用来作为计算净现值时的折现率，或者用作评价项目国民经济内部收益率高低的基准（即用作基准内部收益率）。

1. 社会折现率的作用

作为项目费用效益不同时间性价值之间的折现率，社会折现率反映了对于社会费用效益价值的时间偏好。这种偏好在一定程度上受到社会经济增长的影响，但并非完全由经济增长所决定。

作为项目费用效益要求的最低经济收益率，社会折现率代表社会投资所要求的最低收益水平，理论上认为应该由社会投资机会成本决定，也就是由社会投资的边际收益率决定。

由社会资本投资的机会成本所决定的社会折现率，并不一定会等于由社会时间偏好所决定的社会折现率。一般认为，社会时间偏好率应低于社会投资机会成本。

2. 社会折现率对项目的影响

社会折现率的高低直接影响项目的经济可行性判断。

社会折现率的高低会影响方案比选的结果。

3. 社会折现率的确定和取值

有两种思路：一种是基于资本的社会机会成本的方法；另一种是基于社会时间偏好的方法。

按照资本机会成本原则确定的社会折现率总是高于按照费用时间偏好率原则确定的数值。《建设项目评价方法与参数》（第三版）推荐的社会折现率为 8%。对于一些特殊项目，如水利工程、环境改良工程、某些稀缺资源的开发利用项目，采取较低的社会折现率。交通运输项目的社会折现率要比水利项目高；对于远期收益大的项目，允许对远期收益计算采取较低的折现率；对于永久性工程或者受益期超长的项目，宜采用低于 8% 的社会折现率；对于超长期项目，社会折现率可用按时间分段递减的取值方法。社会折现率的取值不可低于 6%。

7.3.2 影子价格

影子价格是指依据一定原则确定，能反映投入物和产出物真实经济价值，反映市场供求状况，反映资源稀缺程度，使资源得到合理配置的价格。影子价格是一种虚拟价格，是为了实现一定的社会经济发展目标而人为确定、更为合理的价格。进行国民经济评价时，项目的主要投入物和产出物价格，原则上都应采用影子价格。为了简化计算，在不影响评价结论的前提下，可只对其价格在效益或费用中所占比例较大或国内价格明显不合格的产出物或投入物使用影子价格。

1. 由市场机制定价的货物的影子价格

随着我国市场经济的发展和贸易范围的扩大，大部分货物由市场定价，受供求影响，其价格可以近似反映其真实价值，进行国民经济评价时，可将这些货物的市场价格加减国内运杂费等作为影子价格。只是在确定其影子价格前，应先将货物区分为外贸货物和非外贸货物。

（1）外贸货物的影子价格。

所谓外贸货物，是指其使用或产生将对国家进出口产生直接或间接影响的货物，主要包括产出物直接出口、间接出口或替代进口的货物以及投入物中直接进口、间接进口或减少出口（原可用于出口）的货物。

外贸货物影子价格的确定，以口岸价为基础，乘以影子汇率，加或减国内运杂费费用。其计算公式为

投入物影子价格（项目投入物的到厂价格）

=到岸价（*CIF*）×影子汇率+国内运杂费+贸易费　（7-1）

项目范围内主要为本项目服务的商业、教育、文化、卫生、住宅等生活福利设施的投资应计为项目的费用。这些生活设施所产生的效益可视为已经体现在项目的产出效益中，一般不必单独核算。其计算公式为

产出物影子价格（项目产出物的出厂价格）

=离岸价（*FOB*）×影子汇率+国内运杂费−贸易费　（7-2）

贸易费用是指外贸部门为进口货物所耗用，用影子价格算就的流通费用，包括货物的储运、在包装、运输、装卸、保险等环节的费用的支出及资金占用的机会成本，但不包括长途运输费用。货物外贸费用一般用货物的口岸价乘以贸易费率计算。

（2）非贸易货物的影子价格。

非贸易货物是指其生产或使用不影响国家进出口的货物。

其中包括“天然”不能进行贸易的货物和服务，如建筑物、国内运输等；还包括由于地理位置所限，运输费用过高或受国内外贸易政策的限制而不能进行外贸的货物。非贸易货物的影子价格以市场价格加减国内运费作为影子价格。其计算公式为

投入物影子价格（投入物的到厂价格）

=市场价格+国内运杂费　（7-3）

产出物影子价格（产出物的出厂价格）

=市场价格−国内运杂费　（7-4）

2. 由国家调控价格的货物的影子价格

目前，在我国价格管理体制条件下，有些货物（或服务）不完全由市场机制形成价格，还受国家宏观调控的制约，主要包括指导价、最高限价、最低限价等。调控价格不能完全反

映货物的真实价值。在进行国民经济评价时，其影子价格应采用特殊方法确定。确定影子价格的原则是投入物按机会成本分解定价；产出物按消费者支付意愿定价。

（1）电价。

电力作为项目投入物时的影子价格，一般按完全成本分解定价，电力过剩时按可变成本分解定价；作为项目产出物的影子价格，可按电力对当地经济的边际贡献定价。

（2）铁路定价①。

铁路作为项目投入物时的影子价格，一般按完全成本分解定价，对运力有富余的路段，按可变成本分解定价；铁路项目的国民经济效益按“有无法”计算运输费用节约等效益。

（3）水价。

水作为项目投入物时的影子价格，按后备水源的边际成本分解定价或按恢复水功能的成本计算；作为项目产出物的影子价格，按消费者支付意愿（一般消费者承受能力加政府补贴）计算。

3. 特殊投入物的影子价格

项目的特殊投入物是指项目在建设、生产运营中使用的劳动力、土地和自然资源等物品。项目在使用这些特殊投入物所产生的国民经济费用，应分别采用下列方法确定其影子价格。

1）劳动力的影子价格

劳动力作为一种资源被项目使用时，国民经济评价采用“影子工资”计算其费用。影子工资是国民经济为项目使用劳动力所付出的真实代价，由劳动力机会成本和劳动力就业或转移而引起的新增资源耗费两部分构成。

（1）劳动力机会成本，是指项目的劳动力如果不用于拟建项目使用而用于其他生产经营活动所能创造的最大效益。它与劳动力的技术熟练程度、过剩或稀缺程度有关，技术熟练程度和稀缺程度越高，其机会成本越高；反之越低。

（2）劳动力就业或转移而引起的新增资源耗费，是指因项目使用劳动力而引起的培训费用、劳动力搬迁费用、城市管理费用、城市交通等基础设施投资费用等。

在国民经济评价中，影子工资作为经济费用计入经营费用。其计算公式为

$$\text{影子工资} = (\text{财务工资} + \text{职工福利基金}) \times \text{影子工资换算系数} \tag{7-5}$$

影子工资换算系数是影子工资与财务评价中劳动力的工资和福利费的比值。影子工资换算系数是工程项目国民经济评价的通用参数，由国家相关部门根据我国劳动力的状况、结构及就业水平等测定和发布。

2）土地影子价格

土地是一种不可再生资源，土地影子价格反映土地用于拟建项目而使社会为此放弃的国民经济效益，以及国民经济为此增加的资源消耗。

---

① 根据国家发展改革委关于深化铁路货运价格市场化改革等有关问题的通知（发改价格〔2017〕2163号）铁路集装箱、零担各类货物运输价格，以及整车运输的矿物性建筑材料、金属制品、工业机械等12个货物品类运输价格实行市场调节，由铁路运输企业依法自主制定。标志铁路定价走向市场化，可以采用由市场机制定价的货物的影子价格定价。

（1）土地影子价格构成。

① 土地的机会成本。按照土地因项目占用而放弃的“最好可替代用途”的净收益测算，原则上根据具体项目情况，由项目评价人员自行测算。在难以测算的情况下，可参考有关土地分类、土地净收益和经济区域划分的规定执行。

② 因土地占用而新增加的社会资源消耗，如拆迁费、劳动力安置费、养老保险费等。

（2）土地影子价格确定方法。

① 农用土地的影子价格是指项目占用农用土地使国家为此损失的收益，由土地的机会成本和占用土地而引起的新增资源消耗两部分构成。土地机会成本按项目占用土地而使国家为此损失的该土地最佳替代用途的净效益计算。土地影子价格中新增资源消耗，一般包括拆迁费用和劳动力安置费用。

土地影子价格可以直接从机会成本和新增资源消耗两方面求得，也可在财务评价土地费用的基础上调整计算得出。项目实际征地费用包括三部分：一是机会成本性质的费用，如土地补偿费、青苗补偿费等，应按机会成本的计算方法调整计算；二是新增资源消耗，如拆迁费用、剩余劳动力安置费用、养老保险费用等，应按影子价格调整计算；三是转移支付，如粮食开发基金、耕地占用税等，应予以剔除。

② 城镇土地影子价格计算。通常按市场价格计算，主要包括土地出让金、征地费、拆迁安置补偿费等。

3）自然资源影子价格

各种有限的自然资源也是一种特殊的投入物。一个项目使用了矿产资源、水资源、森林资源等，是对国家资源的占用和消耗。

矿产等不可再生自然资源的影子价格按资源的机会成本计算，可再生自然资源的影子价格按资源再生费用计算。

7.3.3 影子汇率

影子汇率是指正确反映外汇增加或减少对国民经济贡献或损失的汇率，即外汇影子价格，体现了从国家角度对外汇价格的估算。凡是工程项目投入物和产出物涉及进出口的，都应采用影子汇率进行外汇与人民币之间的换算。同时，影子汇率又是经济换汇或节汇成本的判断依据。

影子汇率以美元与人民币的比价表示，对于美元以外的其他国家的货币，应先根据项目评价确定的某个时间国家公布的国际金融市场美元与该种货币的兑换率，折现为美元，再用影子汇率换算成人民币。

目前，影子汇率通过影子汇率换算系数计算。其计算公式为

$$\text{影子汇率} = \text{外汇牌价(即官方汇率)} \times \text{影子汇率换算系数} \tag{7-6}$$

影子汇率换算系数是影子汇率与国家外汇牌价之比，其取值上的高低会影响项目评价中进出口的选择，影响采用进出口设备还是国产设备的选择，影响产品进出口型项目的选择。因此，影子汇率换算系数由国家统一测定和定期发布。根据目前我国外汇收支状况，主要进

出口商品的国内价格与国外价格的比较，出口换汇成本及进出口关税等因素综合分析，目前我国的影子汇率换算系数仍取值为 1.08。

7.3.4 贸易费用率

国民经济评价中的贸易费用是指外贸部门为进出口货物所耗用的，用影子价格计算的流通费用，包括货物的储运、再包装、短途运输、装卸、保险和检验等环节的费用支出以及资金占用的机会成本，但不包括长途运输费用。而贸易费用率是贸易费用与货物影子价格之比率，是工程项目国民经济评价中的重要参数，由国家有关部门测定和发布。目前我国贸易费用率一般取 6%。对于少数价格高、体积和重量较小的货物，可适当降低贸易费用率。

实际运用时，可用下列公式计算：

$$\text{进口货物贸易费用}=\text{到岸价}\times\text{影子汇率}\times\text{贸易费用率} \tag{7-7}$$

$$\text{出口货物贸易费用}=\frac{(\text{离岸价}\times\text{影子汇率}-\text{国内长途运输费})\times\text{贸易费用率}}{1+\text{贸易费用率}} \tag{7-8}$$

对于不经过流通部门而由生产厂家直供的货物，则不计算贸易费用。

7.4 费用效益分析指标与报表

7.4.1 国民经济评价的步骤

（1）识别国民经济的效益和费用在国民经济评价中，应从整个国民经济的角度来划分和考虑项目的效益和费用。它包括项目本身的直接效益费用和间接效益费用。

（2）确定影子价格。正确确定项目产出物和投入物的影子价格是保障项目国民经济评价正确性的关键。在国民经济的评价中应选择既能够反映资源本身的真实经济价值，又能够反映供求关系及国家经济政策的影子价格。

（3）编制评价表。影子价格确定以后，可以将项目的各项财务评价基础数据按照影子价格进行调整，计算项目的各项国民经济效益和费用。根据调整，计算所得的项目的各项国民经济效益及费用数值，编制国民经济评价报表（包括辅助报表和基本报表）；也可以直接计算项目的经济效益与费用，编制国民经济评价报表。

（4）评价指标的计算与分析。根据国民经济评价报表及社会折现率等经济参数，计算项目的国民经济评价指标，分析项目的国民经济效益及经济合理性。此外。应对难以量化的外部效果进行定性分析，还可以从整个社会的角度来考虑分析项目对社会目标的贡献，即进行所谓的费用效益分析。

（5）作出评价结论与建议。根据上诉费用效益，对项目的经济合理性作出判断，然后结合财务的评价结果，作出项目经济评价的最终结论，提出相应建议。

7.4.2 国民经济评价指标体系

在国民经济评价中，由于不计清偿能力，因此没有时间型指标，而价值型指标、比率型指标与财务评价类似。

国民经济评价指标与国民经济评价内容、基本报表的关系详见表 7-2。

表 7-2 国民经济评价内容、基本报表与评价指标的关系

评价内容	基本报表	国民经济评价指标
赢利能力分析	全部投资国民经济效益费用流量表	价值型指标：经济净现值
		比率型指标：经济内部收益率
	国内投资国民经济效益费用流量表	价值型指标：经济净现值
		比率型指标：经济内部收益率

1. 经济净现值

经济净现值（*ENPV*）是反映项目对国民经济净贡献的绝对指标，是用社会折现率将项目计算期内各年的净效益流量折算到建设期初的现值之和，是经济费用效益分析的主要评价指标，其计算公式如下：

$$ENPV=\sum_{t=1}^{n}(B-C)_t(1+i_s)^{-t} \tag{7-9}$$

式中 B——经济效益流量；

C——经济费用流量；

$(B-C)_t$——第 t 期的经济净效益流量；

n——项目计算期；

i_s——社会折现率。

项目经济净现值等于或大于零，表示国家为拟建项目付出的代价可以得到符合社会折现率要求的社会盈余的补偿；或除得到符合社会折现率的社会盈余的补偿外，还可以得到以现值计算的超额社会盈余。经济净现值越大，表示项目所带来的经济效益的绝对值越大。

2. 经济内部收益率

经济内部收益率（*EIRR*）是反映项目对国民经济净贡献的相对指标，它表示项目占用的资金所能获得的动态收益率，是项目在计算期内各年经济净收益流量的现值累计等于零时的折现率，是经济费用效益分析的辅助评价指标，其计算公式如下：

$$\sum_{t=1}^{n}(B-C)_t(1+i_s)^{-t}=0 \tag{7-10}$$

经济内部收益率等于或大于社会折现率，表示项目对国民经济的净贡献达到或超过要求的水平，应认为项目可以接受。

按分析对象的不同，上述评价指标又可分为全投资与国内投资经济内部收益率和经济净现值。如果该项目没有国外投资和国内借款，则全投资指标与国内投资指标相同；如果项目有国外资金流入与流出，则应以国内投资的经济内部收益率和经济净现值作为项目国民经济评价的取舍指标。

3. 效益费用比

效益费用比（R_{BC}）是指项目在计算期内效益流量的现值与费用流量的现值的比率，是经济费用效益分析的辅助评价指标，其计算公式如下：

$$R_{BC}=\frac{\sum_{t=1}^{n}B_{t}(1+i_{s})^{-t}}{\sum_{t=1}^{n}C_{t}(1+i_{s})^{-t}} \tag{7-11}$$

式中　B_t——第 t 期的经济效益流量；

C_t——第 t 期的经济费用流量。

如果效益费用比大于 1，表明项目资源配置的经济效益达到可以接受的水平；反之亦然。

7.4.3　国民经济评价报表

进行国民经济评价，一般只需编制国民经济效益费用流量表，分析国民经济赢利能力。国民经济效益费用流量表分为两种：一是全投资效益费用流量表；二是国内投资效益费用流量表。全投资效益费用流量表以全部投资作为对象，分析项目全部投资赢利能力；国内投资效益费用流量表以国内全部投资作为对象，分析项目国内投资部分的赢利能力。

国民经济效益费用流量表可在财务评价的基础上进行调整编制，也可以直接编制。

1. 在财务评价基础上调整编制国民经济效益费用流量表

以财务评价为基础编制国民经济效益流量表，须根据项目的具体情况，合理调整项目的费用与效益的范围和数值，确定可以量化的外部效果。分析确定哪些是项目的重要外部利益和外部费用，需采取什么方法估算，并保持效益费用计算口径一致。调整内容如下：

1）调整固定资产投资

用影子价格、影子汇率和影子工资等逐项调整构成固定资产投资的各项费用，具体包括以下几方面内容：

（1）剔除转移支付。将财务现金流量表中列支的流转税金及附加、国内借款利息、国家或地方政府的补贴作为转移支付剔除。

（2）调整引进设备价值。包括影子汇率将外币价值折算为人民币价值和运输费用的调整。

（3）调整国内设备价值。包括采用影子价格计算设备本身的价值和运输费。

（4）调整建筑费用。原则上应按分解成本的方法计算建筑工程影子造价。为了简化计算，也可只作材料费用价格调整。一般的项目可将建筑工程的财务价格直接乘以建筑工程的影子价格换算系数，得出影子造价。

（5）调整安装费用。一般情况下可主要调整安装材料的价格（主要指钢材），计算采用影子价格后所引起的变化。如果使用引进材料，还要考虑采用影子汇率所引起的数值调整。

（6）调整土地费用。如果项目占用农田、林地、山坡地、荒滩等，可将项目占用该土地导致国民经济的净收益损失加上土地征购补偿费中属于实际新增资源耗费的费用作为项目占用土地的费用。如果占用土地有明显的其他替代用途，原则上应按该替代用途所能产生的净收益计算。

（7）其他费用调整。其他费用中的外币须按影子汇率折算为人民币。其他费用中的有些项目如供电补贴费，应从投资额中剔除。

（8）将反映建设期内价格上涨的涨价预备费从投资额中剔除。

2）调整流动资金

（1）调整范围。

构成流动资金总额的存货部分既是项目本身的费用，又是国民经济为项目付出的代价，在国民经济评价中仍然作为费用。而流动资金的应收、应付货款及现金（银行存款和库存现金）占用，只是财务会计账目上的资产或负债占用，并没有实际耗用经济资源（其中库存现金虽确属资金占用，但因数额很小，可忽略不计），在国民经济评价时应从流动资金中剔除。

（2）调整方法。

如果财务评价流动资金是采用扩大指标估算的，国民经济评价仍应按扩大指标法，以调整后的销售收入，经营费用等乘以相应的流动资金指标系数进行估算；如果财务评价流动资金是采用分项详细估算法进行估算的，则应用影子价格重新分项详细估算。

根据固定资产投资和流动资金的调整结果，编制国民经济评价辅助报表中的投资调整计算表，格式见表 7-3。

表 7-3　国民经济评价投资调整计价表

序号	项目	财务评价				国民经济评价				国民经济评价比财务评价增减（±）
		合计	其中			合计	其中			
			外币	折合人民币	人民币		外币	折合人民币	人民币	
1	固定资产投资									
1.1	建筑工程									
1.2	设备									
	进口设备									
	国内设备									
1.3	安装工程									
	进口材料									
	国内部分材料及费用									
1.4	其他费用									
	其中： （1）土地费用 （2）价差预备费									
2	流动资金									
3	合计									

3）调整经营成本

用影子价格调整各项经营费用，具体调整内容包括以下三方面：

（1）确定主要原材料、燃料及外购动力的货物类型（属于外贸货物还是非外贸货物），然后根据其属性确定影子价格，并重新计算该项成本。对自产水、电、气等，原则上按其成本构成重新调整计算后，确定影子价格。

（2）根据调整后的固定资产投资计算出调整后的固定资产原值与递延资产原值，除国内借款的建设期利息不计入固定资产原值外，其他各项的计算方法与财务评价相同。

（3）确定影子工资换算系数，对劳动工资及福利按影子工资进行调整。

最后将调整后的项目与未调整的项目相加即得调整后的经营费用，并编制国民经济评价辅助报表中的经营费用调整计算表，格式见表7-4，国民经济评价销售收入调整计算表见表7-5。

表7-4　国民经济评价经营费用调整计算表

序号	项　目	单位	年耗量	财务评价		国民经济评价	
				单价/元	年经营成本/万元	单价/元（或调整系数）	年经营费用/万元
1	外购材料						
2	外购燃料和动力						
2.1	煤						
2.2	水						
2.3	电						
2.4	气						
2.5	重　油						
3	工资及福利费						
4	修理费						
5	其他费用						
6	合　计						

表7-5　国民经济评价销售收入调整计算表

序号	产品名称	年销售量					财务评价				国民经济评价						
		单价	内销	替代进口	外销	合计	内销		外销		内销		替代进口		外销		合计
							单价	销售收入	单价	销售收入	单价	销售收入	单价	销售收入	单价	销售收入	
1	投产第一年 生产负荷/% 产品A 产品B																
2	投产第二年 生产负荷/% 产品A 产品B																
3	正常生产年份 生产负荷																

（4）调整外汇价值。对于涉及进出口或外汇收支的项目，应对各项销售收入和费用支出中的外汇部分，应用影子汇率进行调整计算外汇价值。从国外借入的资金和向国外支付的投资收益和贷款的还本付息，也应用影子汇率进行调整，并编制经济外汇流量表，用于计算外汇效果分析指标。

根据辅助报表编制国民经济评价的基本报表——国内投资国民经济效益费用流量表（格式见表 7-6）和全部投资国民经济效益费用流量表（格式见表 7-7）。

表 7-6 国民经济效益费用流量表（国内投资）（单位：万元）

序号	项 目	建设期		投产期		达到设计能力生产期			合计
		1	2	3	5	6	…	n	
1	效益流量								
1.1	销售（营业）收入								
1.2	回收固定资产余值								
1.3	回收流动资金								
1.4	项目间接效益								
2	费用流量								
2.1	固定资产投资中国内资金								
2.2	流动资金中国内资金								
2.3	经营费用								
2.4	流至国外的资金								
2.4.1	偿还国外借款本金								
2.4.2	支付国外借款利息								
2.4.3	其他费用								
2.5	项目间接费用								
3	净效益流量（1－2）								

计算指标：经济内部收益率 *EIRR*（%）；经济净现值 *ENPV*（i_s＝%）。

表 7-7 国民经济效益费用流量表（全部投资）（单位：万元）

序号	项 目	年 份							合计
		1	2	3	5	6	…	n	
1	效益流量								
1.1	销售（营业）收入								
1.2	回收固定资产余值								
1.3	回收流动资金								
1.4	项目间接效益								
2	费用流量								

续表

序号	项　目	年　份							合计
		1	2	3	5	6	…	n	
2.1	固定资产投资								
2.2	流动资金								
2.3	流动资金								
2.4	项目间接费用								
3	净效益流量（1－2）								
计算指标：经济内部收益率 *EIRR*（%）；经济净现值 *ENPV*（ i_s =%）。									

2. 直接编制国民经济效益费用流量表

有些行业的项目可能需要直接进行国民经济评价来判断项目的经济合理性。这种情况下，可按以下步骤直接编制国民经济效益费用流量表。

（1）识别和计算项目的国民经济直接效益。对为国民经济提供产出物的项目，按产出物的种类、数量及相应的影子价格计算项目的直接效益；对为国民经济提供服务的项目，根据提供服务的数量及用户的受益程度计算项目的直接收益。

（2）投资估算。用货物的影子价格、土地的影子价格、影子工资和社会折算率等，参照财务评价的投资估算方法和程序，直接进行投资估算，包括固定资产投资估算和流动资金估算。

（3）计算经营费用。根据生产消耗数据，用货物影子价格、影子工资和影子汇率等计算项目的经营费用。

（4）识别、计算或分析项目的间接效益和间接费用。对能定量的项目外部效果进行定量计算，对难以定量的作定性描述。

根据上述数据编制国民经济评价基本报表，具体格式与表 7-7 和表 7-8 相同。

本章小结

本章阐述了工程项目经济评价、影子价格、直接费用与间接费用、直接效益与间接效益等基本概念；明确了经济评价中效益与费用的含义、内容、识别与计算，介绍了影子价格及其他通用参数的确定方法和经济评价的步骤。通过编制经济评价报表，计算评价指标，以分析、计算结果对项目作出判断。

本章练习题

一、单项选择题

1. 下列不属于特殊投入物的影子价格是（　　）。

A. 劳动力费用　　B. 外贸货物

C. 土地影子价格　　D. 自然资源影子价格

2. 项目经济分析对效益和费用进行识别的角度是（　　）。

A. 项目经营者的角度　　B. 项目投资者的角度

C. 项目未来的债权人的角度　　D. 全社会的角度

3. 下列不属于项目的转移支付的是（　　）。

A. 向国内银行支付利息　　B. 劳动力资源的耗费

C. 政府给项目的补贴　　D. 项目向政府交纳的税费

4. 工程项目经济评价应当采取（　　）方法识别项目的费用和效益。

A. 影子价格　　B. 报表分析

C. 有无对比分析　　D. 内部收益率

5. 项目经济分析（国民经济评价）的作用是（　　）。

A. 正确反映项目对社会福利的净贡献　　B. 促进稀缺资源在市场中均衡流动

C. 促进企业利益与国家利益完全一致　　D. 为企业合理配置自身资源提供依据

二、多项选择题

1. 下列项目中，一般需要进行经济分析的是（　　）。

A. 国家参与投资的大型项目

B. 涉及国家安全的项目

C. 利用国际金融组织和外国政府贷款，需要政府主权信用担保的建设项目

D. 市场定价的竞争性项目

E. 私人投资项目

2. 需要进行经济影响分析的项目，一般应具有下列（　　）部分或全部特征。

A. 项目实施会带来技术进步和产业升级，引发关联产业或新产业群体的产生和发展

B. 项目对生态及社会环境影响范围广，持续时间短

C. 项目对国家经济安全会产生影响

D. 项目对区域或国家长期财政收支会产生较小影响

E. 项目的投入或产出对进出口影响较小

3. 经济效益与费用识别的基本要求包括（　　）。

A. 对经济效益与费用进行全面识别

B. 使用效益与费用比较的理论方法

C. 遵循有无对比的原则

D. 合理确定经济效益与费用识别的时间跨度

E. 正确处理“转移支付”

4. 下列关于经济费用效益分析与财务分析的区别，表述正确的是（　　）。

A. 经济费用效益分析注重从项目投入人、债权人、经营者的角度分析项目

B. 财务分析使用预测的财务收支价格

C. 经济费用效益分析通常只进行盈利能力和偿债能力的分析

D. 经济费用效益分析不仅考虑直接的费用和效益，还要考虑间接的费用和效益

E. 经济费用效益分析解决项目的可持续发展能力

5. 对项目在财务评价基础上进行国民经济评价时，应当（　　）。

A. 剔除在财务评价中已计算为效益或费用的转移支付

B. 增加财务评价中未反映的间接效益

C. 采用影子汇率和社会折现率

D. 使用投入物与产出物的现行价格

E. 项目获得的国内贷款利息

三、思考题

1. 什么是建设项目国民经济评价，它的作用是什么？
2. 建设项目国民经济评价与财务评价有什么异同？
3. 在国民经济评价中，识别费用效益的原则是什么？
4. 国民经济评价的参数有哪些？
5. 外贸货物影子价格如何确定？

四、计算题

1. 某投资项目，正式投产运营时要购置两台机器设备，一台可在国内购得，其国内市场价格为 300 万元/台，影子价格与国内市场价格的换算系数为 1.3；另一台设备必须进口，起到岸价格为 60 万美元一台，影子汇率换算系数为 1.08，外汇牌价为 6.45 元/美元，进口设备的国内运杂费和贸易费用为 10 万元和 5 万元。试求该种产品进行生产时，两台设备的影子价格和所需设备的总成本。

2. 项目甲的投入物乙由丙厂生产，由于甲的建成使原用户丁由丙厂供应的投入物减少，一部分要靠进口。已知：甲距离丙有 100 km，丙距离丁有 130 km，丁距离港口有 200 km，进口到岸价为 300 美元/吨，影子汇率为 1 美元 = 6.97 元人民币，贸易费用按采购价格的 6% 计算，国内运费为 0.1 元/吨 · km，求项目甲投入物的影子价格。

8 设备更新与租赁的经济分析

本章的学习目标

- 掌握设备寿命的静态计算方法，现有设备处置决策方法
- 掌握设备更新分析方法应用，设备大修理的经济界限，设备更新方案的综合比较
- 熟悉设备磨损的补偿方法
- 熟悉经济寿命的动态计算方法，设备租赁与购买方案的比选分析
- 了解设备磨损、设备寿命和设备租赁的概念，以及设备更新方法

本章的知识结构图

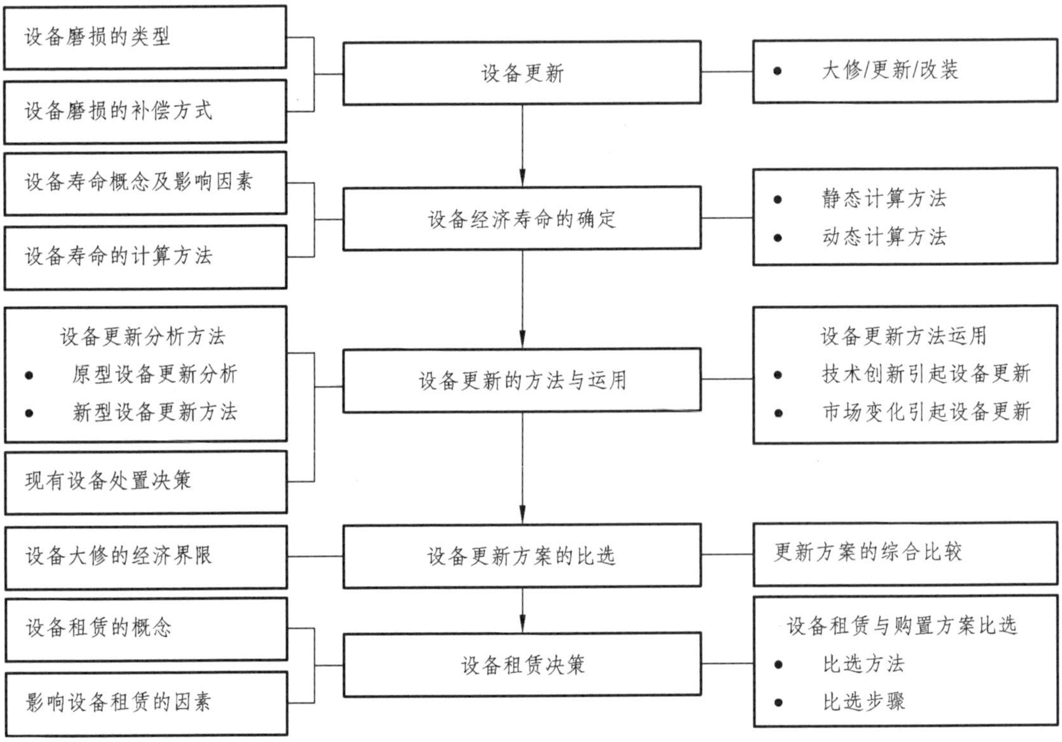

8.1 设备更新的概述

随着新工艺、新技术、新机具、新材料的不断涌现，工程施工在更大的深度和广度上实现了机械化，施工机械设备已成为施工企业生产力不可缺少的重要组成部分。因此，建筑施

工企业都存在着如何使企业的技术结构合理化，如何使企业设备利用率、机械效率和设备运营成本等指标保持在良好状态的问题，这就必须对设备磨损的类型及补偿方式、设备更新方案的比选进行科学的技术经济分析。

8.1.1 设备磨损的类型

设备是企业生产的重要物质条件，企业为了进行生产，必须花费一定的投资，用以购置各种设备。设备购置后，无论是使用还是闲置，都会发生磨损。设备磨损分为两大类，四种形式，具体如下：

1. 有形磨损（又称物质磨损）

1）第Ⅰ类有形磨损

设备在使用过程中，在外力的作用下实体产生的磨损、变形和损坏，称为第Ⅰ类有形磨损，这种磨损的程度与使用强度和使用时间长度有关。造成第一种有形磨损的主要原因有摩擦磨损、机械磨损和热损伤。

第Ⅰ类有形磨损会使得设备的精度有不同程度的降低，劳动生产率下降。当这种有形磨损达到一定程度时，整个设备的功能将会有所下降，导致设备故障频发、废品率升高、使用成本增加，甚至难以维系正常工作，丧失使用价值。

2）第Ⅱ类有形磨损

设备在闲置过程中受自然力的作用而产生的实体磨损，如金属件生锈、腐蚀、橡胶件老化等，称为第Ⅱ类有形磨损，这种磨损与闲置的时间长度和所处环境有关。必须说明的是，第Ⅱ类有形磨损与生产过程的使用无关，甚至在一定程度上还同使用程度成反比。

上述两种有形磨损都会造成设备的性能、精度等的降低，使得设备的运行费用和维修费用增加、效率低下，反映着设备使用价值的降低。

2. 无形磨损（又称精神磨损、经济磨损）

设备无形磨损不是由生产过程中使用或自然力的作用造成的，而是由于社会经济环境变化造成的设备价值贬值，是技术进步的结果。无形磨损也有两种形式：

1）第Ⅰ类无形磨损

设备的技术结构和性能并没有变化，但由于技术进步，设备制造工艺不断改进，社会劳动生产率水平的提高，同类设备的再生产价值降低，因而设备的市场价格也降低了，致使原设备相对贬值。

这种磨损称为第一种无形磨损。这种无形磨损的后果只是现有设备原始价值部分贬值，设备本身的技术特性和功能即使用价值并未发生变化，故不会影响现有设备的使用。因此，不产生提前更换现有设备的问题。

2）第Ⅱ类有形磨损

第二种无形磨损是由于科学技术的进步，不断创新出结构更先进、性能更完善、效率更高、耗费原材料和能源更少的新型设备，使原有设备相对陈旧落后，其经济效益相对降低而发生贬值。第二种无形磨损的后果不仅是使原有设备价值降低，而且由于技术上更先进的新设备的发明和应用会使原有设备的使用价值局部或全部丧失，这就产生了是否用新设备代替现有陈旧落后设备的问题。

有形和无形两种磨损都会引起设备原始价值的贬值，这一点两者是相同的。不同的是，遭受有形磨损的设备，特别是有形磨损严重的设备，在修理之前，常常不能工作；而遭受无形磨损的设备，并不表现为设备实体的变化和损坏，即使无形磨损很严重，其固定资产物质形态却可能没有磨损，仍然可以使用，只不过继续使用它在经济上是否合理，需要分析研究。

3. 设备的综合磨损

设备的综合磨损是指同时存在有形磨损和无形磨损的损坏和贬值的综合情况。

对任何特定的设备来说，这两种磨损必然同时发生和同时互相影响。某些方面的技术提高时能加快设备有形磨损的速度，例如高强度、高速度、大负荷技术的发展，必然使设备的物质磨损加剧。同时，某些方面的技术进步又可提供耐热、耐磨、耐腐蚀、耐振动、耐冲击的新材料，使设备的有形磨损减缓，但是其无形磨损加快。

8.1.2 设备磨损的补偿方式

设备发生磨损后，需要进行补偿，以恢复设备的生产能力。由于设备遭受磨损的形式不同，补偿磨损的方式也不一样。补偿分局部补偿和完全补偿。设备有形磨损的局部补偿是修理，设备无形磨损的局部补偿是现代化改装。设备有形磨损和无形磨损的完全补偿是更新，详见图 8-1。

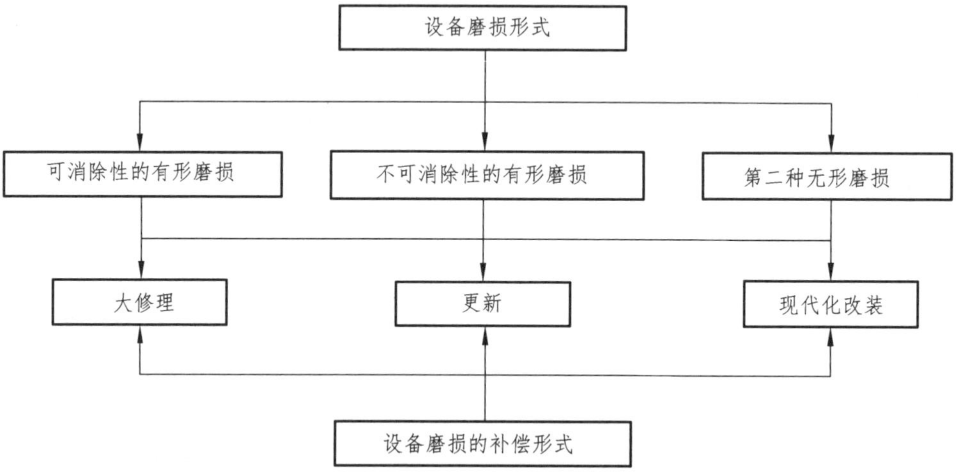

图 8-1　设备磨损的补偿方式示意图

设备大修理是更换部分已磨损的零部件和调整设备,以恢复设备的生产功能和效率为主；

设备现代化改造是对设备的结构作局部的改进和技术上的革新，如增添新的、必需的零部件，以增加设备的生产功能和效率为主；更新是对整个设备进行更换。

由于设备总是同时遭受到有形磨损和无形磨损，对其综合磨损后的补偿形式应进行更深入的研究，以确定恰当的补偿方式。对于陈旧落后的设备，即消耗高、性能差、使用操作条件不好、对环境污染严重的设备，应当用较先进的设备尽早替代；对整机性能尚可，有局部缺陷，个别技术经济指标落后的设备，应选择适应技术进步的发展需要，吸收国内外的新技术，不断地加以改造和现代化改装。

在设备磨损补偿工作中，最好的方案是有形磨损期与无形磨损期相互接近，这是一种理想的“无维修设计”(也就是说，当设备需要进行大修理时，恰好到了更换的时刻)。但是大多数的设备，通常通过修理可以使有形磨损期达到 20 ~ 30 年甚至更长，但无形磨损期却比较短。在这种情况下，就存在如何对待已经无形磨损但物质上还可使用的设备的问题。

此外，第二种无形磨损虽使设备贬值，但它是社会生产力发展的反映，这种磨损越大，表示社会技术进步越快。因此应该充分重视对设备磨损规律性的研究，加速技术进步的步伐。

8.2 设备经济寿命的确定

8.2.1 设备寿命的概念

设备的寿命在不同需要的情况下有不同的内涵和意义。现代设备的寿命，不仅要考虑自然寿命，而且还要考虑设备的技术寿命和经济寿命。

1. 设备的自然寿命

设备的自然寿命，又称物质寿命。它是指设备从投入使用开始，直到因物质磨损严重而不能继续使用、报废为止所经历的全部时间。它主要是由设备的有形磨损所决定的。

做好设备维修和保养可延长设备的物质寿命，但不能从根本上避免设备的磨损，任何一台设备磨损到一定程度时，都必须进行更新。因为随着设备使用时间的延长，设备不断老化，维修所支出的费用也逐渐增加，从而出现恶性使用阶段，即经济上不合理的使用阶段。因此，设备的自然寿命不能成为设备更新的估算依据。

2. 设备的技术寿命

由于科学技术迅速发展，一方面，对产品的质量和精度的要求越来越高；另一方面，也不断涌现出技术上更先进、性能更完善的机械设备，这就使得原有设备虽还能继续使用，但已不能保证产品的精度、质量和技术要求而被淘汰。因此，设备的技术寿命就是指设备从投入使用到因技术落后而被淘汰所延续的时间，也即是指设备在市场上维持其价值的时间，故又称有效寿命。

例如一台电脑，即使完全没有使用过，它的功能也会被更为完善、技术更为先进的电脑所取代，这时它的技术寿命可以认为等于零。由此可见，技术寿命主要是由设备的无形磨损所决定的，它一般比自然寿命要短，而且科学技术进步越快，技术寿命越短。所以，在估算设备寿命时，必须考虑设备技术寿命期限的变化特点及其使用的制约或影响。

3. 设备的经济寿命

经济寿命是指设备从投入使用开始到继续使用的过程中，在经济上不合理而被更新所经历的时间。它是由设备维护费用的提高和使用价值的降低决定的。设备使用年限越长，所分摊的设备年资产消耗成本越少。但是随着设备使用年限的增加，一方面需要更多的维修费维持原有功能；另一方面设备的操作成本及原材料、能源耗费也会增加，年运行时间、生产效率、质量将下降。因此，年资产消耗成本的降低，会被年度运行成本的增加或收益的下降所抵消。在整个变化过程中存在着某一年份，设备年平均使用成本最低，经济效益最好，如图8.2所示，在 N_0 年时，设备年平均使用成本达到最低值。我们称设备从开始使用到其年平均使用成本最小（或年盈利最高）的使用年限 N_0 为设备的经济寿命。所以，设备的经济寿命就是从经济观点（即成本观点或收益观点）确定的设备更新的最佳时刻。

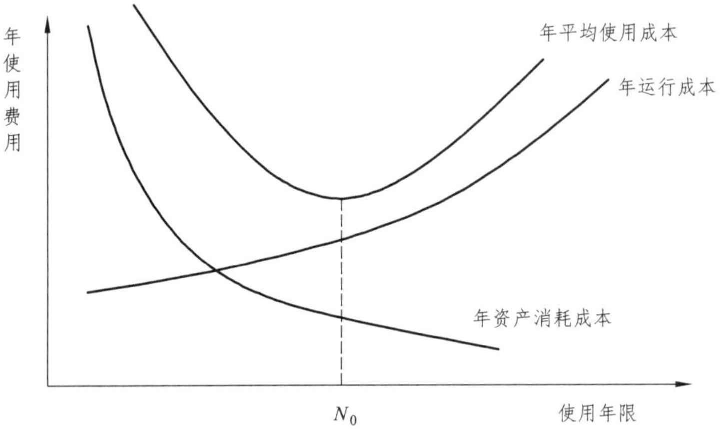

图 8-2　设备年度费用曲线图

4. 设备寿命期限的影响因素

影响设备寿命期限的因素较多，主要有设备的技术构成（包括设备的结构及工艺性、技术进步）、设备成本、加工对象、生产类型、工作班次、操作水平、产品质量、维护质量和环境要求。

5. 设备经济寿命的确定原则

原则 1：使设备在经济寿命内平均每年净收益（纯利润）达到最大；

原则 2：使设备在经济寿命内一次性投资和各种经营费总和达到最小。

8.2.2　经济寿命的静态计算方法

静态模式下设备经济寿命的确定方法，就是在不考虑资金时间价值的基础上计算设备年平均使用成本 $\bar{C}_N$。

根据图 8-2 所示，年平均使用成本等于年运行成本与年资产消耗成本之和，由此可得

$$年运行成本=\frac{\sum_{t=1}^{N}C_t}{N} \tag{8-1}$$

$$年资产消耗成本=\frac{P-L_N}{N} \tag{8-2}$$

$$年平均使用成本(\bar{C}_N)=\frac{P-L_N}{N}+\frac{1}{N}\sum_{t=1}^{N}C_t \tag{8-3}$$

式中　$\bar{C}_N$ —— N 年内设备的年平均使用成本；

P ——设备目前实际价值（如果是新设备，包括购置费和安装费；如果是旧设备，包括旧设备现在的时长价值和继续使用旧设备追加的投资）；

C_t ——第 t 年的设备运行成本，包括人工费、材料费、能源费、维修费、停工损失、废次品损失等；

L_N ——第 N 年末的设备净残值

【例题 8-1】 某设备目前实际价值为 30 000 元，有关统计资料见表 8-1，求其经济寿命。

表 8-1　某设备的年运行成本及年末残值统计表

继续使用年限	1	2	3	4	5	6	7
年运行成本/元	5 000	6 000	7 000	9 000	11 500	14 000	17 000
年末残值/元	15 000	7 500	3 750	1 875	1 000	1 000	1 000

解： 根据题目所示的数据以及公式（8-3），计算出每年的不同成本，计算结果见表 8-2。

表 8-2　设备的年平均使用成本计算表

使用年限 N	资产消耗成本 $P-L_N$	年平均资产消耗成本 ③=②/①	年度运行成本 C_t	运行成本累计 $\sum C_t$	平均年度运行成本 ⑥=⑤/①	年平均使用成本 ⑦=③+⑥
①	②	③	④	⑤	⑥	⑦
1	15 000	15 000	5 000	5 000	5 000	20 000
2	22 500	11 250	6 000	11 000	5 500	16 750
3	26 250	8 750	7 000	18 000	6 000	14 750
4	28 125	7 031	9 000	27 000	6 750	13 781
5	29 000	5 800	11 500	38 500	7 700	13 500
6	29 000	4 833	14 000	52 500	8 750	13 583
7	29 000	4 143	17 000	69 500	9 929	14 071

由计算结果可知，该设备在使用 5 年时，其平均使用成本为 13 500 元，为最低。因此，该设备的经济寿命为 5 年。

从上面这个例题可以看出，用设备的年平均使用成本估算设备的经济寿命的过程是：在已知设备现金流量的情况下，逐年计算出从寿命 1 年到 N 年全部使用期的年平均使用成本 $\bar{C}_N$，从中找出年平均使用成本 $\bar{C}_N$ 的最小值及其所对应的年限，从而确定设备的经济寿命。

由于设备使用时间越长，设备的有形磨损和无形磨损越加剧，从而导致设备的维护修理费用增加得越多，这种逐年递增的费用 ΔC_t 称为设备的低劣化。用低劣化数值表示设备损耗的方法称为低劣化数值法。如果每年设备的劣化增量是均等的，即 $\Delta C_t=\lambda$，每年劣化呈线性增长。假设评价基准年（即评价的第一年）设备的运行成本为 C_1，则平均每年设备使用成本 $\bar{C}_N$（AC_N）可表示为

$$
\begin{aligned}
AC_N &= \frac{P-L_N}{N}+\frac{\sum_{t=1}^{N} C}{N} \\
&= \frac{P-L_N}{N}+\frac{C_1+(C_1+\lambda)+(C_1+2\lambda)+\ldots+[C_1+(N-1)\lambda]}{N} \\
&= \frac{P-L_N}{N}+\frac{NC_1+[\lambda+2\lambda+\ldots+(N-1)\lambda]}{N} \\
&= \frac{P-L_N}{N}+C_1+\frac{N(N-1)}{2N}\lambda \\
&= \frac{P-L_N}{N}+C_1+\frac{(N-1)}{2}\lambda \qquad (8\text{-}4)
\end{aligned}
$$

设 L_N 为一个常数（如果 L_N 不是常数且无规律可循时，需用列表法计算），对上式的 N 进行一阶求导，并令其导数为零，便可以得到上述公式的最小值，换句话说，就可以用这种简化方法得到经济寿命的计算公式，即

$$N_0=\sqrt{\frac{2(P-L_N)}{\lambda}} \qquad (8\text{-}5)$$

式中　N_0——设备的经济寿命；

　　　λ——设备的低劣化值。

【例题 8-2】 设有一台设备，目前实际价值 $P=8\ 000$ 元，预计残值 800 元，第一年的设备运行成本 $Q=600$ 元，每年设备的劣化增量是均等的，年劣化值 $=300$ 元，求该设备的经济寿命。

解： 由公式（8-5）可得

$$N_0=\sqrt{\frac{2\times(8\ 000-800)}{300}}=7\text{年}$$

我们用之前静态经济寿命的一般计算方法，列表计算进行验证，结果如下（见表 8-3）：

表 8-3　某设备的经济寿命计算表

使用年限	年平均消耗成本	年度运行成本	运行成本累计	平均年度运行成本	年平均使用成本
1	7 200	600	600	600	7 800
2	3 600	900	1 500	750	4 350
3	2 400	1 200	2 700	900	3 300
4	1 800	1 500	4 200	1 050	2 850
5	1 440	1 800	6 000	1 200	2 640
6	1 200	2 100	8 100	1 350	2 550
7	1 029	2 400	10 500	1 500	2 529
8	900	2 700	13 200	1 650	2 550
9	800	3 000	16 200	1 800	2 600
10	720	3 300	19 500	1 950	2 670

由上表的计算结果可知，无论是用公式法还是用表格法，计算结果是一致的。

8.2.3　经济寿命的动态计算方法

在经济寿命的静态计算方法中，我们假设利率为零，即不考虑资金的时间价值，但是在实际中应该考虑资金的时间价值问题，因此，我们在进行了静态分析的基础上还要进一步进行动态计算。

动态计算的核心思路是将设备的现值 P 、残值 L_N 以及年运营成本 C_N 均折算为年值，然后计算出每年的平均成本，通过比较，从而得到经济寿命。

1. 经济寿命动态计算的一般表达式

假设设备现值为 P 、残值为 L_N 、年运营成本 C_N ，利率为 i ，年份为 N ，则该设备在全寿命周期内的现金流量图，如图 8-3 所示。

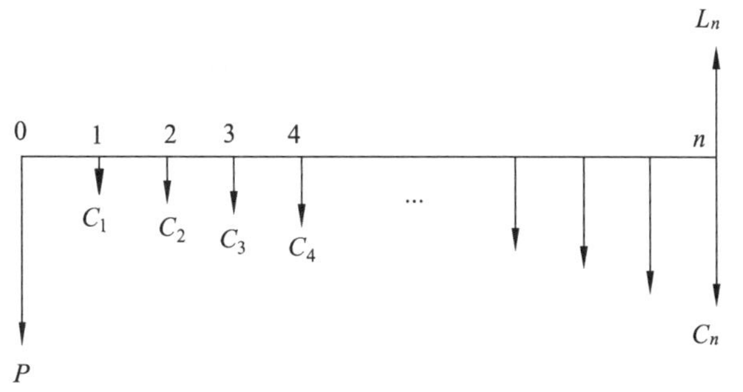

图 8-3　经济寿命动态计算的一般表达式的现金流量图

根据图 8-3 和资金时间价值的等值公式，可得

$$C_{L_N}=L_N(A/F,i,n)=L_N(P/F,i,n)(A/P,i,n) \quad (8\text{-}6)$$

$$C_P=P(A/P,i,n) \quad (8\text{-}7)$$

$$C_{C_N}=\sum_{i=1}^{n}C_j(P/F,i,n)(A/P,i,n) \quad (8\text{-}8)$$

$$AC_n=[P-L_n(P/F,i,n)+\sum_{j=1}^{n}C_j(P/F,i,n)](A/P,i,n) \quad (8\text{-}9)$$

2. 经济寿命动态计算的等差表达式

第一种情况是在每年的运营成本无规律可循的时候使用的通用公式，当每年的年运营成本是一个等差数列，即每年的运营成本增加值为 λ，其他条件不变，则该设备在全寿命周期内的现金流量图，如图 8-4 所示。

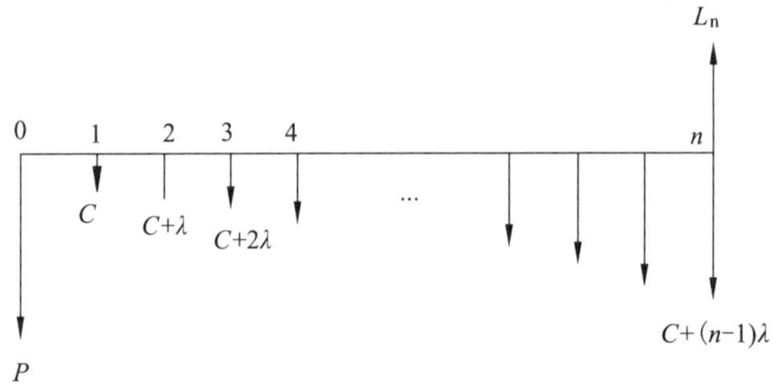

图 8-4　经济寿命动态计算的等差表达式的现金流量图

根据图 8-4 和资金时间价值的等值公式，可得

$$C_{L_N}=L_N(A/F,i,n) \quad (8\text{-}10)$$

$$C_P=P(A/P,i,n) \quad (8\text{-}11)$$

$$C_{C_N}=C+\lambda(A/G,i,n) \quad (8\text{-}12)$$

$$AC_n=[P-L_n(P/F,i,n)](A/P,i,n)+C+\lambda(A/G,i,n) \quad (8\text{-}13)$$

【例题 8-3】 某设备购置费为 24 000 元，第 1 年的设备运营费为 8 000 元，以后每年增加 5 600 元，设备逐年减少的残值如表 8-4 所示。假设年利率为 12%。求该设备的经济寿命。

表 8-4　某设备的各年份的产值表

年　份	1	2	3	4
设备残值	12 000	8 000	4 000	0

解： 由于设备每年的运行成本是等差数列，因此，可以利用公式（8-13）计算，计算过程如下：

$$AC_1=[24\ 000-12\ 000\times0.892\ 9]\times1.12+8\ 000=22\ 879.4\text{（元）}$$

$$AC_2=[24\ 000-8\ 000\times0.797\ 2]\times0.591\ 7+8\ 000+5\ 600\times0.472=21\ 070.4\text{（元）}$$

$$AC_3=[24\ 000-4\ 000\times0.711\ 8]\times0.416\ 3+8\ 000+5\ 600\times0.925=21\ 985.9\text{（元）}$$

$$AC_4=[24\ 000-0]\times0.329\ 2+8\ 000+5\ 600\times1.359=23\ 511.2\text{（元）}$$

经过比较，该设备的经济寿命周期为 2 年。

8.3 设备更新的方法及运用

8.3.1 设备更新分析方法

设备更新分析方法的结论取决于所采用的分析方法，而设备更新分析的假定条件和设备的研究期是选用设备更新分析方法时应该考虑的重要因素。

研究期是互斥方案进行现金流量计算时共同的计算期，它是为消除各方案计算周期的长短不一而建立的可比条件。一般情况下有两种情况：原型设备更新分析和新型设备更新分析。

1. 原型设备更新分析

所谓原型设备更新分析，就是假设企业的生产经营期较长，并且设备一旦选定，今后均采用原型设备重复更新，这相当于研究期为各设备自然寿命的最小公倍数。一般情况下，原型设备分析有三个步骤：

步骤 1：确定各方案共同的研究期。

步骤 2：用费用年值法确定各方案设备的经济寿命。

步骤 3：通过比较每个方案设备的经济寿命确定最佳方案，即旧设备是否更新以及新设备未来的更新周期。

【例题 8-4】 某公司未来生产经营期能维持相当长的时间，公司现有一台设备 O，目前市场上另有两种功能与其相当的设备 A 和 B，这三台设备构成了互斥方案组。设备 O 还有 5 年使用期，A 和 B 的自然寿命分别为 6 年和 7 年，设备各年的现金流量数据如表 8-5 所示。假设基准收益率为 10%。

表 8-5 设备各年的现金流量数据如表

设备名	现值	1	2	3	4	5	6	7
O 设备	14 000	9 900	8 800	6 600	5 500	3 300		
A 设备	20 000	0	0	0	0	0	0	
B 设备	27 500	0	0	0	0	0	0	0

解： 研究期为 5、6、7 的最小公倍数，即 210 年。

采用费用年值法确定各台设备的经济寿命，共有 18 种策略，如表 8-6 所示，各设备等额年总成本最低的策略所对应的使用期限即为该设备的经济寿命。

表 8-6　三台设备更新策略表

设备	O	A	B
策略	① 1 年更新 1 次 ② 2 年更新 1 次 ③ 3 年更新 1 次 ④ 4 年更新 1 次 ⑤ 5 年更新 1 次	⑥ 1 年更新 1 次 ⑦ 2 年更新 1 次 ⑧ 3 年更新 1 次 ⑨ 4 年更新 1 次 ⑩ 5 年更新 1 次 ⑪ 6 年更新 1 次	⑫ 1 年更新 1 次 ⑬ 2 年更新 1 次 ⑭ 3 年更新 1 次 ⑮ 4 年更新 1 次 ⑯ 5 年更新 1 次 ⑰ 6 年更新 1 次 ⑱ 7 年更新 1 次

利用公式 $AC_n=[P-L_n(P/F,i,n)+\sum_{j=1}^{n}C_j(P/F,i,n)](A/P,i,n)$

可以计算出各个设备在不同年份的平均成本，例如：

$$AC_1=[P-L_1(P/F,10\%,1)+C_1(P/F,10\%,1)](A/P,10\%,1)$$
$$=(14\ 000-9\ 900\times0.909\ 1+3\ 300\times0.909\ 1)\times1.10=8\ 800\text{（元）}$$

$$AC_2=[P-L_2(P/F,10\%,2)+C_1(P/F,10\%,1)+C_2(P/F,10\%,2)](A/P,10\%,2)$$
$$=(14\ 000-8\ 800\times0.826\ 4+3\ 300\times0.909\ 1+5\ 500\times0.826\ 4)\times0.576\ 2$$
$$=8\ 224\text{（元）}$$

$$AC_3=[P-L_3(P/F,10\%,3)+C_1(P/F,10\%,1)+C_2(P/F,10\%,2)+C_3(P/F,10\%,3)](A/P,10\%,3)$$
$$=(14\ 000-6\ 600\times0.751\ 3+3\ 300\times0.909\ 1+5\ 500\times0.826\ 4+6\ 050\times0.751\ 3)\times0.402\ 1$$
$$=8\ 497\text{（元）}$$

如此类推，可计算出各个设备各年的使用成本，计算结果如表 8-7 所示。

表 8-7　各设备各年份的使用成本计算结果表

N年末	O 设备			A 设备			B 设备		
	第 n 年残值	N 年期间的运行成本	等额年总成本	第 n 年残值	N 年期间的运行成本	等额年总成本	第 n 年残值	N 年期间的运行成本	等额年总成本
0	14 000			20 000			27 500		
1	9 900	3 300	8 800	0	1 200	23 200	0	1 650	31 900
2	8 800	5 500	8 224	0	3 400	13 772	0	1 650	17 496
3	6 600	6 050	8 497	0	5 800	11 363	0	1 650	12 708
4	5 500	8 800	8 943	0	8 000	10 639	0	1 650	10 326
5	3 300	9 900	9 549	0	10 200	10 567	0	1 650	8 905
6				0	12 600	10 819	0	1 650	7 964
7							0	1 650	7 299

根据计算结果可知：旧设备 O 的经济寿命为 2 年，新设备 A 的经济寿命为 5 年，新设备 B 的经济寿命为 7 年。在研究期内，以各个方案设备经济寿命对应的等额年总成本为比较依据，B 设备年费用最小，因此 B 设备为最优。

结论：用新设备 B 更新现有设备 O，B 设备未来的更新周期为其经济周期 7 年。

2. 新型设备更新

所谓新型设备更新，就是假定企业现有设备可被其经济寿命内等额年总成本最低的新设备取代。

【例题 8-5】 假设上例中的现有设备 O，可采用经济寿命内等额年总成本最低的新设备进行更新，试进行更新决策。

解：之前为了选择三种设备，共有 18 种策略，但是经过计算，设备 B 在经济寿命 7 年内的等额年总成本为 7 299 元，低于设备 A 在其经济寿命期 5 年内的等额年总成本为 10 567 元，因此将设备 B 作为现有设备 O 的潜在更新设备。这意味着，我们能够选择的策略就由 18 种变为了 6 种，如表 8-8 所示。

表 8-8 设备更新的策略分析表

策略编号	策略描述
1	设备 O 使用 1 年，更新为 B 设备，B 设备 7 年更新 1 次
2	设备 O 使用 2 年，更新为 B 设备，B 设备 7 年更新 1 次
3	设备 O 使用 3 年，更新为 B 设备，B 设备 7 年更新 1 次
4	设备 O 使用 4 年，更新为 B 设备，B 设备 7 年更新 1 次
5	设备 O 使用 5 年，更新为 B 设备，B 设备 7 年更新 1 次
6	直接更新为 B 设备，B 设备 7 年更新 1 次

无论我们选择哪一种策略，7 年以后都会是使用 B 设备，然后每 7 年更新 1 次。这意味着 7 年后的现金流量是完全相同的。因此，我们以 7 年为研究期。

$$P_1 = 8\,800 \times (P/A,10\%,1) + 7\,299(P/A,10\%,6) \times (P/F,10\%,1)$$
$$= 8\,800 \times 0.909\,1 + 7\,299 \times 4.355\,3 \times 0.909\,1 = 36\,899.8\text{（元）}$$
$$P_2 = 8\,224 \times (P/A,10\%,2) + 7\,299(P/A,10\%,5) \times (P/F,10\%,2)$$
$$= 8\,224 \times 1.735\,5 + 7\,299 \times 3.790\,8 \times 0.826\,4 = 37\,138.5\text{（元）}$$
$$P_3 = 8\,497 \times (P/A,10\%,3) + 7\,299(P/A,10\%,4) \times (P/F,10\%,3)$$
$$= 8\,497 \times 2.486\,9 + 7\,299 \times 3.169\,9 \times 0.751\,3 = 38\,514.1\text{（元）}$$
$$P_4 = 8\,943 \times (P/A,10\%,4) + 7\,299(P/A,10\%,3) \times (P/F,10\%,4)$$
$$= 8\,943 \times 3.169\,9 + 7\,299 \times 2.486\,9 \times 0.683\,0 = 40\,746.2\text{（元）}$$
$$P_5 = 9\,549 \times (P/A,10\%,5) + 7\,299(P/A,10\%,2) \times (P/F,10\%,5)$$
$$= 9\,549 \times 3.790\,8 + 7\,299 \times 1.735\,5 \times 0.620\,9 = 41\,766.3\text{（元）}$$
$$P_6 = 7\,299(P/A,10\%,7) = 7\,299 \times 4.868\,7 = 35\,536.6\text{（元）}$$

根据计算结果，策略 6 的成本最低，因此选择策略 6，即用新设备 B 立即更新现有设备 O。

【例题 8-6】 假设 B 缺货，只能用 A 对现有设备进行更新，试进行更新决策。

解： 根据前题的原理，现在的策略只有 6 种，见表 8-9。

表 8-9　B 缺货情况下的设备更新的策略分析表

策略编号	策略描述
1	设备 O 使用 1 年，更新为 A 设备，A 设备 5 年更新 1 次
2	设备 O 使用 2 年，更新为 A 设备，A 设备 5 年更新 1 次
3	设备 O 使用 3 年，更新为 A 设备，A 设备 5 年更新 1 次
4	设备 O 使用 4 年，更新为 A 设备，A 设备 5 年更新 1 次
5	设备 O 使用 5 年，更新为 A 设备，A 设备 5 年更新 1 次
6	直接更新为 A 设备，A 设备 5 年更新 1 次

$$P_1 = 8\ 800\times(P/A,10\%,1)+10\ 567(P/A,10\%,4)\times(P/F,10\%,1)$$
$$=8\ 800\times0.909\ 1+10\ 567\times3.169\ 9\times0.909\ 1=38\ 451.6\text{（元）}$$
$$P_2 = 8\ 224\times(P/A,10\%,2)+10\ 567(P/A,10\%,3)\times(P/F,10\%,2)$$
$$=8\ 224\times1.735\ 5+10\ 567\times2.486\ 9\times0.826\ 4=35\ 989.8\text{（元）}$$
$$P_3 = 8\ 497\times(P/A,10\%,3)+10\ 567(P/A,10\%,2)\times(P/F,10\%,3)$$
$$=8\ 497\times2.486\ 9+10\ 567\times1.735\ 5\times0.751\ 3=34\ 909.3\text{（元）}$$
$$P_4 = 8\ 943\times(P/A,10\%,4)+10\ 567(P/A,10\%,1)\times(P/F,10\%,4)$$
$$=8\ 943\times3.169\ 9+10\ 567\times0.909\ 1\times0.683\ 0=34\ 909.6\text{（元）}$$
$$P_5 = 9\ 549\times(P/A,10\%,5)=9\ 549\times3.790\ 8=36\ 198.3\text{（元）}$$
$$P_6 = 10\ 567\times(P/A,10\%,5)=10\ 567\times3.7908=40\ 057.4\text{（元）}$$

根据计算结果，策略 3 的成本最低，因此选择策略 3，即用设备 O 保留 3 年后更新为 A 设备。

【例题 8-7】 假设现在公司的生产经营期只能维持 7 年，试进行更新决策。

解： 根据前题的原理，现在的策略只有 6 种，见表 8-10。

表 8-10　公司生产经营期 7 年的设备更新策略分析表

策略编号	策略描述
1	设备 O 使用 1 年，更新为 B 设备，B 设备使用 6 年
2	设备 O 使用 2 年，更新为 B 设备，B 设备使用 5 年
3	设备 O 使用 3 年，更新为 B 设备，B 设备使用 4 年
4	设备 O 使用 4 年，更新为 B 设备，B 设备使用 3 年
5	设备 O 使用 5 年，更新为 B 设备，B 设备使用 2 年
6	直接更新为 B 设备，B 设备使用 7 年

$$P_1 = 8\ 800\times(P/A,10\%,1)+7\ 964(P/A,10\%,6)\times(P/F,10\%,1)$$
$$=8\ 800\times0.909\ 1+7\ 964\times4.355\ 3\times0.909\ 1=39\ 532.8\text{（元）}$$

$$P_2 = 8\ 224 \times (P/A,10\%,2) + 8\ 905(P/A,10\%,5) \times (P/F,10\%,2)$$
$$= 8\ 224 \times 1.735\ 5 + 8\ 905 \times 3.790\ 8 \times 0.826\ 4 = 42\ 169.6\text{（元）}$$
$$P_3 = 8\ 497 \times (P/A,10\%,3) + 10\ 326(P/A,10\%,4) \times (P/F,10\%,3)$$
$$= 8\ 497 \times 2.486\ 9 + 10\ 236 \times 3.169\ 9 \times 0.751\ 3 = 45\ 723.0\text{（元）}$$
$$P_4 = 8\ 943 \times (P/A,10\%,4) + 12\ 708(P/A,10\%,3) \times (P/F,10\%,4)$$
$$= 8\ 943 \times 3.169\ 9 + 12\ 708 \times 2.486\ 9 \times 0.683\ 0 = 49\ 933.6\text{（元）}$$
$$P_5 = 9\ 549 \times (P/A,10\%,5) + 7\ 299(P/A,10\%,2) \times (P/F,10\%,5)$$
$$= 9\ 549 \times 3.790\ 8 + 17\ 496 \times 1.735\ 5 \times 0.620\ 9 = 55\ 051.5\text{（元）}$$
$$P_6 = 7\ 299(P/A,10\%,7) = 7\ 299 \times 4.868\ 7 = 35\ 536.6\text{（元）}$$

根据计算结果，策略 6 的成本最低，因此选择策略 6，即用直接更新为 B 设备，使用周期为 7 年。

8.3.2 现有设备处置决策

在市场经济条件下，受需求量的影响，许多企业在现有设备的自然寿命周期内，必须考虑是否停产并变卖现有设备，这类问题称为现有设备的处置决策。

一般而言，现有设备的处置决策仅与旧设备有关，且假设旧设备自然寿命期内每年的残值都能估算出来。

【例题 8-8】 假设前面提到的设备 O 是否应该立即处置，如果现在不处置该何时处置。假设设备 O 给企业每年带来的收益是 8 500 万元，基准收益率为 10%。

解： 如果站在设备所有人的立场上，将研究期定为 5 年，现有设备处置决策应考虑的互斥方案有 6 个，见表 8-11。

表 8-11 对现有设备处置策略表

策略编号	策略描述
1	立即变卖设备
2	旧设备继续使用 1 年
3	旧设备继续使用 2 年
4	旧设备继续使用 3 年
5	旧设备继续使用 4 年
6	旧设备继续使用 5 年

计算各个方案的净现值，计算如下：

$$NPV_1 = 14\ 000\text{（元）}$$
$$NPV_2 = (-3\ 300 + 9\ 900 + 8\ 500) \times (P/F,10\%,1) = 13\ 727\text{（元）}$$
$$NPV_3 = -3\ 300(P/F,10\%,1) + (-5\ 500 + 8\ 800) \times (P/F,10\%,2) + 8\ 500(P/A,10\%,2)$$
$$= -3\ 300 \times 0.909\ 1 + 3\ 300 \times 0.826\ 4 + 8\ 500 \times 1.735\ 5 = 14\ 479\text{（元）}$$

$$NPV_4 = -3\ 300\times(P/F,10\%,1) - 5\ 500\times(P/F,10\%,2) - 6\ 050\times(P/F,10\%,3) + 6\ 600\times(P/F,10\%,3) + 8\ 500\times(P/A,10\%,3)$$
$$= -3\ 300\times0.909\ 1 - 5\ 500\times0.826\ 4 + (-6\ 050 + 6\ 600)\times0.751\ 3 + 8\ 500\times2.486\ 9$$
$$= 14\ 007 \text{（元）}$$

同理，可计算得到

$$NPV_5 = 12\ 600 \text{（元）}$$
$$NPV_6 = 10\ 023 \text{（元）}$$

根据计算结果，策略 3 的净现值最高，因此选择策略 3，即旧设备 O 最好继续使用 2 年时再变卖。

8.3.3 设备更新分析方法应用

1. 技术创新引起的设备更新

通过技术创新不断改善设备的生产效率，提高设备的使用功能，会造成旧设备产生无形磨损，从而有可能导致企业对旧设备进行更新。

【例题 8-9】 某公司用旧设备 A 加工某产品的关键零件，设备 A 是 8 年前购买的，当时购买及安装费为 8 万元，设备 A 目前市场价为 18 000 元，估计设备 A 可以再使用 2 年，退役时残值为 2 750 元。目前市场上有一种新设备 B，购置及安装费为 120 000 元，使用寿命为 10 年，残值为原值的 10%。旧设备和新设备加工 100 个零件所需的时间分别为 5.24 h 和 4.22 h，该公司预计今后每年平均能销售 44 000 件该产品。公司人工费为 18.7 元/h。旧设备动力费为 4.7 元/h，新设备动力费为 4.9 元/h。基准收益率为 10%，试分析是否应该采用新设备更新旧设备。

解： 选择旧设备剩余的 2 年为研究期，采用年值法计算新旧设备的等额年总成本。

$$AC_A = 18\ 000\times(A/P,10\%,2) - 2\ 750\times(A/F,10\%,2) + \text{生产成本}$$
$$= 18\ 000\times0.576\ 2 - 2\ 750\times0.476\ 2 + \frac{5.24}{100}\times44\ 000\times(18.7+4.7)$$
$$= 63\ 013.09 \text{（元）}$$
$$AC_B = 120\ 000\times(A/P,10\%,10) - 1\ 200\times(A/F,10\%,10) + \text{生产成本}$$
$$= 120\ 000\times0.162\ 7 - 12\ 000\times0.062\ 7 + \frac{4.22}{100}\times44\ 000\times(18.7+4.9)$$
$$= 62\ 592.08 \text{（元）}$$

根据计算结果，使用新设备 A 比使用旧设备 B 每年节约 421 元，因此，应该使用 A 设备去更新旧设备。

2. 市场需求变化引起的设备更新

有时旧设备的更新是由于市场需求增加，超过了生产能力而引起的。

【例题 8-10】 由于市场需求量的增加，某钢铁集团公司高速线材生产线面临两种选择。第一，保留现有生产线 A 的基础上，3 年后再上一条生产线 B，使生产能力增加一倍；第二，放弃现在的生产线 A，直接上一条生产线 C，使生产能力增加一倍。生产线 A 是 10 年前建造的，其剩余寿命估计为 10 年，到期残值为 100 万元，目前市场上有厂家愿意以 700 万元收购。生产线今后一年的经营成本为 20 万元，以后每年递增 5 万元。B 生产线 3 年后建设，总投资 6 000 万元，寿命期 20 年，到期残值 1 000 万元，每年经营成本为 10 万元。C 生产线目前建设，投资 8 000 万元，寿命期 30 年，到期残值为 1 200 万元，年运营成本为 8 万元。假设基准收益率 10%，试比较方案优劣，研究期为 10 年。

解：方案 1 和方案 2 的现金流量图如图 8-5、8-6 所示。设定研究期为 10 年，各方案的等额年总成本计算如下：

$$AC_A = 700\times(A/P,10\%,10) - 100\times(A/F,10\%,10) + 20 + 5\times(A/G,10\%,10)$$

$$= 700\times0.162\ 7 - 100\times0.062\ 7 + 20 + 5 + 3.725 = 146.25\text{（万元）}$$

$$AC_B = [6\ 000\times(A/P,10\%,20) - 1\ 000\times(A/F,10\%,20) + 10](F/A,10\%,7)(A/F,10\%,10)$$

$$= [6\ 000\times0.117\ 5 - 1\ 000\times0.017\ 5 + 10]\times9.487\ 2\times0.062\ 7 = 414.91\text{（万元）}$$

$$AC_1 = AC_A + AC_B = 146.25 + 414.91 = 561.16\text{（万元）}$$

$$AC_C = 8\ 000\times(A/P,10\%,30) - 1\ 200\times(A/F,10\%,30) + 8 = 849.48\text{（万元）}$$

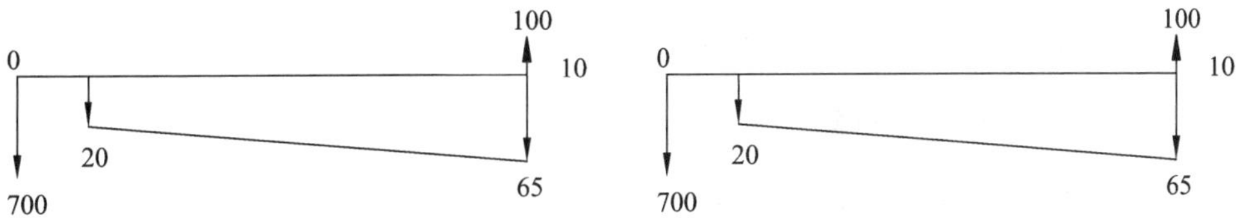

图 8-5　方案 1 的现金流量图

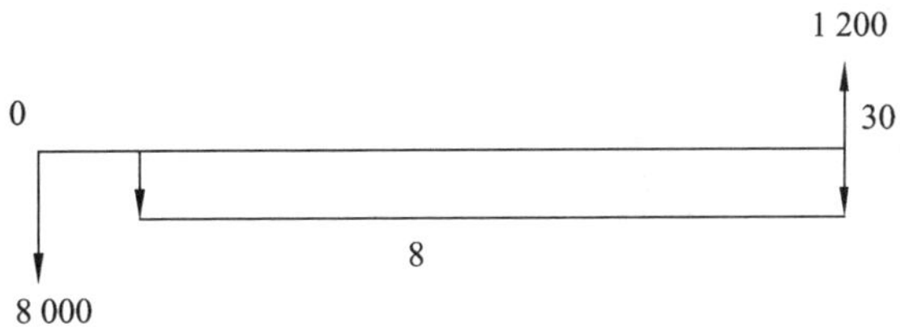

图 8-6　方案 2 的现金流量图

根据计算结果，方案 1 的成本比方案 2 的成本低，因此，选择方案 1。

8.4　设备更新方案的比选

8.4.1　设备大修理的经济界限

1. 大修理的实质

设备在使用过程中不断地经受着有形磨损。由于设备的零部件是由各种不同性质的材料制成的，它们的使用功能和功能也各不相同，因此，设备各部分的有形磨损是不均匀的，即设备的零部件有着不同的物理寿命。

如表 8-12 所述施工机械的物理寿命：如果这台设备的使用寿命是 4 年，则在寿命期以内，设备的第一部分不需要更换，第二部分需要更换 2 次，第三部分需要更换 3 次，第四部分需要更换 8 次。

表 8-12　某机械设备寿命期内的部分寿命及更换次数

部　位	第一部分	第二部分	第三部分	第四部分
使用寿命	4 年	2 年	1 年	半　年
更换次数	0	2	4	8

设备的大修理是通过调整、修复或更换磨损的零部件，恢复设备的精度和生产效率，使整机全部或接近全部恢复功能，基本上达到设备原有的使用功能，从而延长设备的自然寿命。

大修理能够利用被保留下来的零部件，从而能在一定程度上节约资源，因此在设备更新分析时，大修理是设备更新的替代方案，这也是大修理的经济实质，同时也是大修理这种磨损补偿方式存在的前提。

对设备进行更新分析时应与大修理方案进行比较，反过来，进行设备大修理决策时，也应同设备更新及设备其他再生产方式相比较。

2. 设备大修理的经济界限

虽然通过大修理能够使设备延长其物理寿命，但是这种延长，无论是在技术上，还是在经济上，并不是没有限度的。如图 8-7 所示，A_0 表示设备初始性能，A_1 表示设备基本性能。

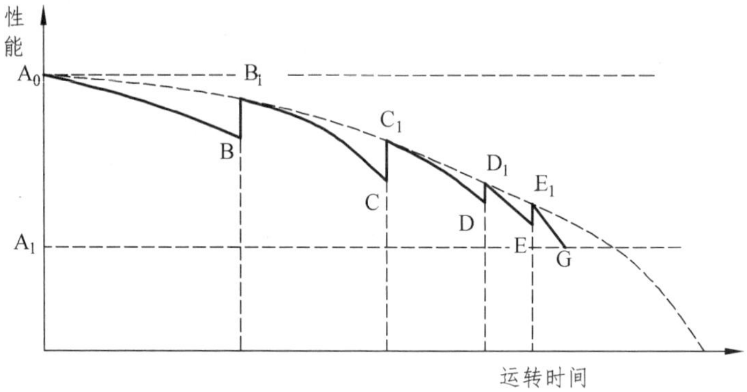

图 8-7　每次大修理时设备性能劣化曲线

设备在使用过程中，其性能是沿着 A_0B 曲线下降的，如果不及时进行大修理，设备的寿命可能会非常短。如果在 B 点进行大修理，其性能则可能恢复到 B_1。自 B_1 点继续使用，其性能又会继续劣化，当降到 C 点时，又进行第二次修理，其性能可恢复到 C_1，但经过使用后又会下降，终至 G 点，设备就不能再进行修理了。由此可见，设备的修理并不是无止境的，而是有限度的。

从经济角度出发，为了提高设备的经济效益，降低设备的使用费用，必须确定设备的大修经济界限。

如果设备的大修理费用超过同种设备的重置价格，则这样的行为在经济上是不合理的。因此，我们将之视为大修理在经济上具有合理性的起码条件，或称为最低经济界限。

$$I \leqslant P - L \tag{8-14}$$

式中 I——本次大修理的费用；

P——同种设备的重置价值；

L——旧设备被替换时的残值。

有时候，即便满足了上述公式，我们还需要考虑另一个重要的问题——如果大修理之后，设备的综合质量下降了，导致生产一个单位产品的成本与同种用途的新设备相比成本提高了，那么大修理是不合理的。因此，还应该补充一个条件，即

$$C_j \leqslant C_0 \tag{8-15}$$

式中 C_j——用第 j 次大修理后的旧设备生产单位产品的计算费用；

C_0——用具有相同功能的新设备生产单位产品的计算费用。

8.4.2 更新方案的综合比较

设备超过最佳期限后，就存在更新问题。但陈旧设备直接更换是否必要或是否为最佳选择，是需要进一步研究的问题。一般而言，超过最佳期限的设备可以采用 5 种处理办法。

（1）继续使用旧设备。

（2）用原形设备更新旧设备。

（3）用新型高效设备更新旧设备。

（4）对旧设备进行现代化技术改造（利用现代化技术消除第二类无形磨损的有效手段）。

（5）对旧设备进行大修理。

为了比较五种方法的优劣，我们通常使用最低总费用现值法。

其计算公式为

$$PC_{方法} = \frac{1}{\alpha_{方法}}[P_{方法} + \sum_{j=1}^{n} C_{方法j}(P/F, i_c, j) - L_{方法n}(P/F, i_c, j)] \tag{8-16}$$

式中 P——该方法需要的投资；

C——该方法各年的运营成本；

L——该方法使用到第 N 年的残值；

α——生产效率指数，通常将原型设备的效率指数定为基准值，即 $\alpha = 1$。

注：方法包括：继续使用旧设备、原型更新、新型设备更新、现代化改装、大修理。

【例题 8-11】 某旧设备各种更新方案各项费用的原始资料如表 8-13 所示，基准收益率为 10%，试选择最佳方案。

表 8-13　某旧设备各种更新方案各项费用的原始参数表

方　案	P	α	参数	1	2	3	4	5	6	7	8	9	10
继续使用旧设备	3 000	0.7	C	1 400	1 800	2 200							
			L	1 200	600	300							
用原型设备更新	16 000	1	C	450	550	650	750	850	950	1 050	1 150	1 250	1 350
			L	9 360	8 320	7 280	6 240	5 200	4 160	3 120	2 080	1 300	1 300
用新型设备更新	20 000	1.3	C	350	420	490	560	630	700	770	840	910	980
			L	11 520	10 240	8 600	7 250	5 700	4 700	4 000	3 000	2 000	2 000
进行技术改造	11 000	1.2	C	550	680	810	940	1 070	1 200	1 330	1 460	1 590	1 720
			L	9 000	8 000	6 700	5 700	4 700	3 700	2 700	1 700	1 000	1 000
旧设备大修理	7 000	0.98	C	700	950	1 200	1 450	1 700	1 950	2 200	2 450	2 700	2 950
			L	6 400	5 800	5 200	4 700	3 800	3 000	2 200	1 400	700	700

解：根据公式（8-16）可以计算出不同服务年限各个方案的总费用现值，例如：

$$PC_{11}=\frac{1}{0.7}\times[3\ 000+1\ 400\times(P/F,10\%,1)-1\ 200\times(P/F,10\%,1)]$$

$$=\frac{1}{0.7}\times(3\ 000+1\ 400\times0.909\ 1-1\ 200\times0.909\ 1)=4\ 545.46$$

其余方案的计算结果如表 8-14 所示。

表 8-14　某旧设备各种更新方案各项费用表

方　案	1	2	3	4	5	6	7	8	9	10
继续使用旧设备	4 545.5	7 520.7	10 268.3							
用原型设备更新	7 900.0	9 987.6	11 882.4	13 602.2	15 163.2	16 580.1	17 866.0	19 033.2	19 982.4	20 553.0
用新型设备更新	7 573.4	9 386.5	11 209.3	12 664.7	14 052.2	15 037.9	15 803.6	16 607.5	17 328.4	17 678.4
进行技术改造	2 765.2	4 542.0	6 363.9	7 849.5	9 215.5	10 471.5	11 626.1	12 687.4	13 556.8	14 141.5
旧设备大修理	1 855.3	3 702.1	5 526.8	7 248.2	9 193.4	10 996.2	12 724.2	14 376.0	15 908.0	17 096.1

从计算结果可以看出，如果设备只使用 1 年，那么最优选择应该为继续使用旧设备（看第二列，使用旧设备的费用最低）；如果使用 2～5 年，那么最优选择应该为旧设备进行大修理；如果使用 6 年以上，则应该采用技术改造。

8.5　设备租赁决策

8.5.1　设备租赁的概念

1. 设备租赁的概念

设备租赁是设备使用者（承租人）按照合同规定，按期向设备所有者（出租人）支付一定费用而取得设备使用权的一种经济活动。设备租赁一般有融资租赁和经营租赁两种方式。在融资租赁中，租赁双方承担确定时期的租让和付费义务，而不得任意中止和取消租约，贵重的设备（如重型机械设备等）宜采用这种方法；而在经营租赁中，租赁双方的任何一方可以随时以一定方式在通知对方后的规定期限内取消或中止租约，临时使用的设备（如车辆、仪器等）通常采用这种方式。租赁具有把融资和融物结合起来的特点，能够提供及时而灵活的资金融通方式，是企业取得设备进行生产经营的一个重要手段。

2. 设备租赁的优缺点

（1）对于承租人来说，设备租赁与设备购买相比的优越性在于：

① 在资金短缺的情况下，既可用较少资金获得生产急需的设备，也可以引进先进设备，加速技术进步的步伐。

② 可以获得良好的技术服务。

③ 可以保持资金的流动状态，防止资金呆滞，也不会使企业资产负债状况恶化。

④ 可避免通货膨胀和利率波动的冲击，减少投资风险。

⑤ 设备租金可在所得税前扣除，能享受税费上的利益。

（2）设备租赁的不足之处在于：

① 在租赁期间承租人对租用设备无所有权，只有使用权，故承租人无权随意对设备进行改造，不能处置设备，也不能用于担保、抵押贷款。

② 承租人在租赁期间所交的租金总额一般比直接购置设备的费用要高。

③ 长年支付租金，形成长期负债。

④ 毁约要赔偿损失，罚款较多等。

正是由于设备租赁有利有弊，在租赁前要进行慎重的决策分析。

8.5.2 影响设备租赁与购买的主要因素

企业在决定进行设备投资之前，必须进行多方面的考虑。因为，决定企业租赁或购买的关键在于能为企业节约尽可能多的支出费用，实现最好的经济效益。为此，首先需要考虑影响设备投资的因素。

1. 影响设备投资的因素

影响设备投资的因素较多，其主要包括：

（1）项目的寿命期。

（2）企业是需要长期占有设备，还是只是希望短期占有这种设备。

（3）设备的技术性能和生产效率。

（4）设备对工程质监或产品质量的保证程度，对原材料、能源的消耗量以及设备生产的安全性。

（5）设备的成套性、灵活性、耐用性、环保性和维修的难易程度。

（6）设备的经济寿命以及技术过时风险的大小。

（7）设备的资本预算计划、资金可获得量（包括自有资金和融通资金），融通资金时借款利息或利率高低。

（8）提交设备的进度。

2. 影响设备租赁的因素

对于设备租赁的，除考虑上述因素外，还应考虑如下影响因素：

（1）租赁期长短。

（2）设备租金额，包括总租金额和每租赁期租金额。

（3）租金的支付方式，包括租赁期起算日、支付日期、支付币种和支付方法等。

（4）企业经营费用减少与折旧费和利息减少的关系，租赁的节税优惠。

（5）预付资金（定金）、租赁保证金和租赁担保费用。

（6）维修方式，即是由企业自行维修，还是由租赁机构提供维修服务。

（7）租赁期满，资产的处理方式。

（8）租赁机构的信用度、经济实力，与承租人的配合情况。

3. 影响设备购买的因素

对于设备购买的，除考虑前述的因素外，也应考虑如下影响因素：

（1）设备的购置价格、设备价款的支付方式、支付币种和支付利率等。

（2）设备的年运转费用和维修方式、维修费用。

（3）保险费，包括购买设备的运输保险费，设备在使用过程中的各种财产保险费。

总之，企业是否作出租赁与购买决定的关键在于技术经济可行性分析。因此，企业在决定进行设备投资之前，必须充分考虑影响设备租赁与购买的主要因素，才能获得最佳的经济效益。

8.5.3 设备租赁与购买方案的比选分析

是采用购置设备还是采用租赁设备应取决于这两种方案在经济上的比较，比较的原则和方法与一般的互斥投资方案的比选方法相同。

1. 设备租赁与购置方案分析的步骤

（1）根据企业生产经营目标和技术状况，提出设备更新的投资建议。

（2）拟订若干设备投资、更新方案，包括购置方案和租赁方案。

（3）定性分析筛选方案，包括：分析企业财务能力，分析设备技术风险、使用维修特点。

① 分析企业财务能力，如果企业不能一次筹集并支付全部设备价款，则去掉一次付款购置方案。

② 分析设备技术风险、使用维修特点，对技术过时风险大、保养维护复杂、使用时间短的设备，可以考虑经营租赁方案；对技术过时风险小、使用时间长的大型专用设备，则融资租赁方案或购置方案均是可以考虑的方式。

（4）定量分析并优选方案，结合其他因素，作出租赁还是购买的投资决策。

2. 设备经营租赁与购置方案的经济比选方法

进行设备经营租赁与购置方案的经济比选，必须详细地分析各方案寿命期内各年的现金流量情况，据此分析方案的经济效果，确定以何种方式投资才能获得最佳。

1）设备经营租赁方案的净现金流量

采用设备经营租赁的方案，租赁费可以直接计入成本，但为与设备购置方案具有可比性，特将租赁费用从经营成本中分离出来，其任一期净现金流量可表示为

净现金流量＝营业收入－租赁费用－经营成本－与营业相关的税金－所得税

或　　净现金流量＝营业收入－租赁费用－经营成本－与营业相关的税金－所得税率×(营业收入－租赁费用－经营成本－与营业相关的税金)

式中，租赁费用主要包括租赁保证金、租金、担保费。

（1）租赁保证金。

为了确认租赁合同并保证其执行，承租人必须先交纳租赁保证金。当租赁合同结束时，租赁保证金将被退还给承租人或在偿还最后一期租金时加以抵消。保证金一般按合同金额的一定比例计，或是某一基期数的金额（如一个月的租金额）。

（2）担保费。

出租人一般要求承租人请担保人对该租赁交易进行担保，当承租人由于财务危机付不起租金时由担保人代为支付租金。一般情况下，承租人需要付给担保人一定数目的担保费。

（3）租金。

租金是签订租赁合同的一项重要内容，直接关系到出租人与承租人双方的经济利益。

出租人要从取得的租金中得到出租资产的补偿和收益，即要收回租赁资产的购进原价、贷款利息、营业费用和一定的利润。承租人则要比照租金核算成本。影响租金的因素很多，如设备的价格、融资的利息及费用、各种税金、租赁保证金、运费、租赁利差、各种费用的支付时间以及租金采用的计算公式等。对于租金的计算，主要有附加率法和年金法。

① 附加率法。

附加率法是在租赁资产的设备货价或概算成本上再加一个特定的比例来计算租金。

每期租金 R 的表达式为

$$R = P\frac{(1+N\times i)}{N} + P\times r \tag{8-17}$$

式中　P——租赁资产的价格；

N——租赁期数，可按月、季、半年、年计；

i——与租赁期数相对应的利率；

r——附加率。

【例题 8-12】 租赁公司拟出租给某企业一台设备，设备的价格为 68 万元，租期为 5 年，每年年末支付租金，折现率为 10%，附加率为 4%。则年租金为多少？

解：

$$R = 68\times\frac{(1+5\times10\%)}{5} + 68\times4\% = 23.12\ (\text{万元})$$

② 年金法。

年金法是将一项租赁资产价值按动态等额分摊到未来各租赁期间内的租金计算方法。年金法计算有期末支付和期初支付租金之分。

a. 期末支付方式是在每期期末等额支付租金。

期末支付方式与资金时间价值中已知现值求年值是同一个原理，计算公式如下：

$$R_a = P\frac{i(1+i)^N}{(1+i)^N - 1} \tag{8-18}$$

式中 R_a——每期期末支付的租金额；

P——租赁资产的价格；

N——租赁期数，可按月、季、半年、年计；

i——与租赁期数相对应的折现率或利率。

b. 期初支付方式是在每期期末等额支付租金。

期初支付要比期末支付提前一期支付租金，其计算公式如下：

$$R_a = P\frac{i(1+i)^{N-1}}{(1+i)^N - 1} \tag{8-19}$$

【例题 8-13】 租赁公司拟出租给某企业一台设备，设备的价格为 68 万元，租期为 5 年，每年年末支付租金，折现率为 12%。试分别按每年年末、每年年初支付方式计算租金。

解：期末支付的租金为

$$R_a = P\frac{i(1+i)^N}{(1+i)^N - 1} = 68\times\frac{12\%\times(1+12\%)^5}{(1+12\%)^5 - 1} = 18.86（万元）$$

期初支付的租金为

$$R_a = P\frac{i(1+i)^{N-1}}{(1+i)^N - 1} = 68\times\frac{12\%\times(1+12\%)^4}{(1+12\%)^5 - 1} = 16.84（万元）$$

2）购买设备方案的净现金流量

在与租赁设备方案相同的条件下，购买设备方案的任一期净现金流量可表示为

净现金流量 = 营业收入 − 设备购置费 − 经营成本 − 贷款利息 − 与营业相关的税金 − 所得税

或

净现金流量 = 营业收入 − 设备购置费 − 经营成本 − 贷款利息 − 与营业相关的税金 − 所得税率 ×(营业收入 − 经营成本 − 折旧 − 贷款利息 − 与营业相关的税金)　　（8-20）

3. 设备租赁与设备购置方案的经济比选

对于承租人来说，关键的问题是决定租赁设备，还是购买设备。而设备租赁与购置的经济比选也是互斥方案选优问题，一般寿命相同时可以采用净现值（或费用现值）法，设备寿命不同时可以采用净年值（或年成本）法。无论是用净现值法，还是用净年值法，均以收益效果较大（或成本较少）的方案为宜。

在工程经济互斥方案分析中，为了简化计算，常常只需比较它们之间的差异部分。而设备租赁与购置方案经济比选，最简单的方法是在假设所得到设备的营业收入相同的条件下，将租赁方案和购买方案的费用进行比较。根据互斥方案比选的增量原则，只需比较它们之间的差异部分。

（1）设备租赁：

净现金流量＝营业收入－租赁费用－经营成本－与营业相关的税金－所得税率×(营业收入－租赁费用－经营成本－与营业相关的税金)

化简后：

所得税率×租赁费用–租赁费用　　（8-21）

（2）设备购置：

净现金流量＝营业收入－设备购置费－经营成本－贷款利息－与营业相关的税金－所得税率×(营业收入－经营成本－折旧－贷款利息－与营业相关的税金)

化简后：

所得税率×(折旧＋贷款利息)－设备购置费－贷款利息　　（8-22）

因此，要比较购置及租赁方案只需要比较简化后的两个式子即可。

由于每个企业都要依利润大小缴纳所得税，按财务制度规定，租赁设备的租金允许计入成本；购买设备每期计提的折旧费也允许计入成本；若用借款购买设备，其每期支付的利息也可以计入成本。在其他费用保持不变的情况下，计入成本越多，则利润总额越少，企业交纳的所得税也越少。因此在充分考虑各种方式的税收优惠影响下，应选择税后收益更大或税后成本更小的方案。

本章小结

本章主要内容包括设备更新以及设备租赁决策两部分。在设备更新部分，首先介绍了设备磨损的基本概念以及磨损的补偿方式；然后介绍了设备的经济寿命的确定方法；并重点介绍了设备更新的方法及应用和设备更新方案的比选。在设备租赁决策分析中，主要介绍了设备租赁的相关概念、影响因素及方案比选等内容。

本章练习题

一、单项选择题

1. 设备的经济寿命是指设备从开始使用到其（　　）的使用年限。

A. 年度费用最小　　B. 年度资金恢复费用最小

C. 年度使用费用最小　　D. 设备残值为零

2. 设备更新方案的选择，多为（　　）项目的选择。

A. 寿命期相同的独立　　B. 寿命期不同的互斥

C. 寿命期相同的互斥　　D. 寿命期不同的独立

3. 由于科学技术的进步，不断创新出性能更完善、效率更高的设备，使原有设备相对陈旧落后，其经济效益相对降低而发生贬值。这种磨损称为（　　）。

A. 第一种有形磨损　　B. 第二种有形磨损

C. 第一种无形磨损　　D. 第二种无形磨损

4. 企业所使用的设备在使用一段时间后会发生运行故障，经修理后又可继续使用，这种修理属于（　　）。

A. 有形磨损的局部补偿　　B. 有形磨损的完全补偿

C. 无形磨损的局部补偿　　D. 无形磨损的完全补偿

5. 关于设备租赁的说法，错误的是（　　）。

A. 融资租赁通常适用于长期使用的贵重设备

B. 临时使用的设备适宜采用经营租赁方式

C. 租赁期内，融资租赁承担人拥有租赁设备的所有权

D. 经营租赁的任一方可以以一定方式在通知对方后的规定期限内取消租约

二、多项选择题

1. 对设备可消除性的有形磨损进行补偿的方式有（　　）。

A. 更新　　B. 现代化改装　　C. 大修理

D. 日常保养　　E. 淘汰

2. 造成设备无形磨损的原因有（　　）。

A. 通货膨胀导致货币贬值

B. 自然力的作用使设备产生磨损

C. 技术进步创造出效率更高、能耗更低的新设备

D. 设备使用过程中的磨损、变形

E. 社会劳动生产率水平提高使同类设备的再生产价值降低

3. 对承包人来说，经营性租赁设备与购买设备相比的优点有（　　）。

A. 可以避免设备的第一种无形磨损

B. 可缓解短期内资金不足的困难

C. 可以根据需要随时处置设备

D. 可以享受税费上的利益

E. 可以用租赁设备进行抵押贷款

4. 设备购买与租赁比较分析，如果按增量原则进行比较，需比较的内容包括（　　）。

A. 设备的租赁费　　B. 经营成本　　C. 折旧与贷款利息

D. 销售收入　　E. 与销售相关的税金

三、思考题

1. 设备磨损的类型有哪些？

2. 设备补偿的方式有哪些？

3. 什么是设备更新分析？设备更新分析有什么特点？

4. 设备的技术寿命、自然寿命和经济寿命有何区别和联系？

5. 超过最佳期限的设备可以采用的处理办法有哪些？

6. 设备寿命期限的影响因素有哪些？

7. 什么是设备租赁？其具有哪些优缺点？

四、计算题

1. 某企业 4 年前出资 2 200 元购置了 A 设备，目前设备 A 的剩余寿命为 6 年，寿命终了时的残值为 200 元，设备 A 每年的运营费用为 700 元。目前，有一个设备制造厂出售与设备 A 具有相同功效的设备 B，设备 B 售价 2 400 元，寿命为 10 年，残值为 300 元，每年运营费用为 400 元。如果企业购买设备 B，设备制造厂愿意出价 600 元购买旧设备 A。设基准收益率为 15%，研究期为 6 年，试判断现在公司应保留设备 A，还是用设备 B 更新设备 A。

2. 某公司畅销产品，其上的两个零件通过公司的一台车床加工，这台车床是 13 年前花 8 300 元购置的，估计还能使用 2 年，到期残值为 250 元。现在有人建议采用市场上出现的一种新的车床替换旧的车床，新车床的购置费为 25 000 元。每一百个零件分别由旧车窗和新车床生产所需的时间，见表 8-15。

表 8-15　旧车床、新车床生产所需时间

零　件	旧车床	新车床
零件 1	2.92 h	2.39h
零件 2	1.84 h	1.45h
总计	4.76 h	3.84h

估计未来公司每年连接器的销量将维持在 40 000 件，企业人工费为 17 元/h，可以认为新旧设备的动力费相同，基准收益率为 12%。新车床的推销员已经为公司找到一家公司，愿意以 1 200 元购买旧车床。新车床的使用寿命为 10 年，残值为原值的 10%。设基准折现率为 12%，研究期为 2 年，试比较新旧车床的优劣。

9　工程项目的不确定性与风险分析

本章的学习目标

- 掌握不确定性分析的概念及主要不确定性因素
- 掌握盈亏平衡分析方法、风险评估的内容与方法
- 熟悉单因素敏感性分析方法
- 熟悉风险识别的步骤与方法
- 了解风险分析方法

本章的知识结构图

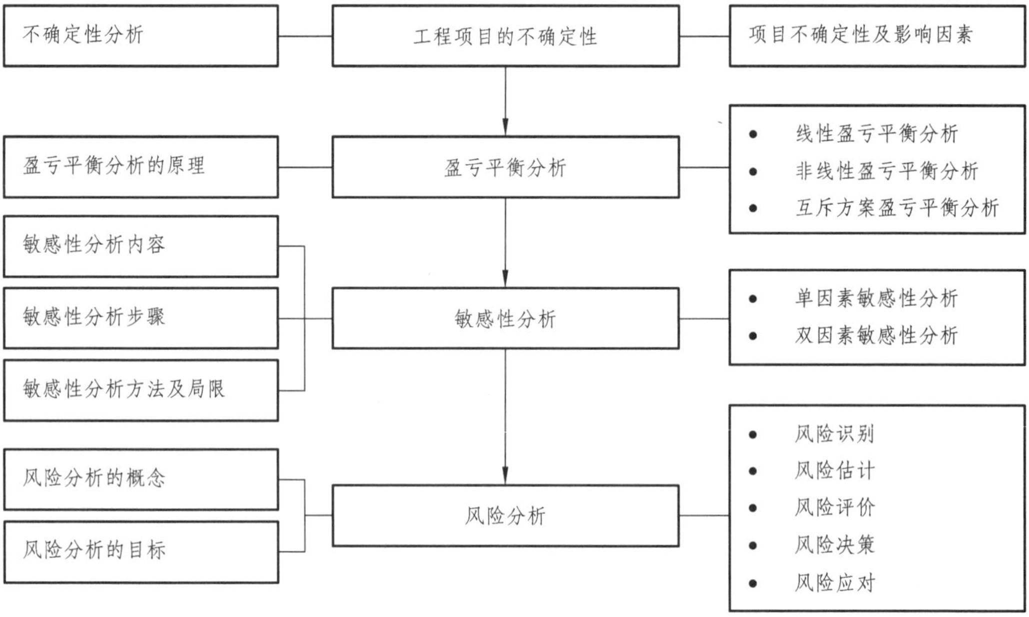

9.1　工程项目的不确定性

9.1.1　不确定性分析

1. 不确定性分析与风险的概念

工程项目投资的经济评价所采用的基础数据大部分来自于对未来的估算和预测，具有一定程度的不确定性和风险。为避免项目投资决策失误，有必要进行不确定性与风险分析。不

确定性分析是对决策方案受到各种事前无法控制的外部因素变化和影响所进行的研究与估计，是研究技术方案中主要不确定性因素对经济效益影响的一种方法。

受主观和客观因素的影响，技术经济分析中各因素的实际情况很难测定准确，像技术进步和革新指标、价格浮动指标、生产能力指标，加之政治、社会、道德、文化和风俗习惯等因素的共同作用，而这些因素又随着时间的推移不断发生变化，因此技术经济分析的结论并非是绝对的，即存在不确定性。

风险是指由于随机原因所引起的项目总体的实际价值与预期价值之间的差异。可见构成风险的条件主要包括不确定性和产生的不良后果两方面。风险与不确定性既有联系，又有区别。风险来源于不确定性，两者往往相伴而生，由于信息获取的不完备性和事物本身具有的不确定性，使得项目活动的实际结果具有不确定性，进而使经济主体可能得到的实际价值低于预期价值，即造成风险。两者的区别在于，不确定性是不知道未来可能发生的结果（可能高于预期目标，也可能低于预期目标），或不知道各种结果的可能性；而风险是指不知道确切的实际结果，但知道各种结果发生的可能性。

进行不确定性分析，是为了分析不确定因素，尽量弄清楚和减少不确定因素对经济效果评价的影响，以预测项目可能承担的风险，确定项目在财务上、经济上的可靠性。避免项目投产后不能获得预期的利润和收益，以致投资不能如期收回或给企业带来亏损。在项目评价中，不确定性就意味着项目具有风险性。风险性大的工程项目，必须具有较大的潜在获利能力。也就是说风险越大，则项目的内部收益率也越大。

2. 不确定性分析的方法

不确定性分析包括盈亏平衡分析（收支平衡分析）、敏感性分析（灵敏度分析）和风险分析；工程项目的风险分析主要涉及风险识别、风险估计、风险评价和风险应对。

盈亏平衡分析一般只用于财务评价，敏感性分析和概率分析可同时用于财务评价和国民经济评价。三者的选择使用，要看项目性质、决策者的需要和相应的人力等。

9.1.2 工程项目的不确定性因素及影响

在实际工程项目建设实践中，由于影响项目经济效果的各种因素（比如市场需求变化、工期变化、物价变化等）的存在，加之在项目方案测算时，各种基础数据（如投资额、产量、成本等）缺乏足够的信息或测算方法的误差，使得工程项目的实施效果往往带有不确定性。因此，进行不确定性分析，就是要找出影响工程项目的主要不确定性因素，分析其影响的程度，研究预防和应对措施，减少和消除对工程项目的不利影响，以达到项目的预期效果。建设工程项目的主要不确定性因素及其影响如下所述：

（1）项目数据的统计偏差。这主要是由于原始数据的统计样本不足、统计误差、数学统计模型的使用不当等所造成的误差。比如，项目固定资产投资和流动资金等基础数据的估算误差，常常导致工程项目的估算有偏差，从而影响项目的评价效果。

（2）物价变化。由于通货膨胀的存在、市场供求关系的变化以及其他原因，会导致物价的浮动，从而会影响工程项目评价中所采用的价格。如原材料的价格上涨、劳务费用的增长、产品价格的波动等。

（3）技术进步。技术进步会引起新老产品和工艺的替代，这样，根据原有技术条件和生产水平所估计出的销售收入和投入成本等就会与实际状况发生偏差。

（4）投资费用的变化。在投资估算时，由于工程项目的投资不足或是由于其他原因而延长工期，都将会引起项目投资费用的变化，从而导致项目投资规模、总成本费用、经营成本和利润等经济指标的变化。

（5）其他因素的影响。比如政府的政策变化和法律法规的制约，其中税收、财政、金融以及价格体制等对项目经济效益起着决定性作用。除此之外，国际经济形势的变化也会对项目的经济效果产生一定的甚至是难以预料的影响。

9.2 盈亏平衡分析

各种不确定因素（如投资、成本、销售量、产品价格和项目寿命期等）的变化会影响投资方案的经济效果，当这些因素的变化达到某一界限值时，就会影响方案的取舍。盈亏平衡分析的目的就是找出这个临界值，判断投资方案对不确定因素变化的承受能力，为决策提供依据，通过对项目投产获得盈亏平衡点（或称保本点）的预测分析，可以观察该项目可承受多大的风险而不至于发生亏损的经济界限。

在投资分析中，最常见的盈亏平衡分析是研究产量、成本和利润之间的关系。但盈亏平衡分析法的实际用途远比这些广泛，不仅可对单个方案进行分析，而且还可用于对多个方案进行比较。

盈亏平衡分析是通过计算技术方案达产年盈亏平衡点（*BFP*，Break Even Point），分析技术方案成本与收入的平衡关系，判断技术方案对不确定性因素导致产销量变化的适应能力和抗风险能力。技术方案盈亏平衡点（*BEP*）的表达形式有多种。可以用绝对值表示，如以实物产销量、单位产品售价、单位产品的可变成本、年固定总成本以及年销售收入等表示的盈亏平衡点；也可以用相对值表示，如以生产能力利用率表示的盈亏平衡点。其中以产销量和生产能力利用率表示的盈亏平衡点应用最为广泛。盈亏平衡点一般采用公式计算，也可利用盈亏平衡图求得。

9.2.1 线性盈亏平衡分析

1. 图解法

独立方案盈亏平衡分析的目的是通过分析产品量、成本与方案赢利能力之间的关系，找出投资方赢利与亏损在产量、产品价格和单位产品成本等方面的界限，以判断在各种不确定因素作用下方案的风险情况。平衡点是指项目方案既不赢利又不亏损，销售收入等于生产经营成本的临界点。

进行分析的前提是如果按销售量组织生产，产品销售量等于产品产量。在这里，市场条件不变，产品价格为一常数。这时，销售收入与销售量呈线性关系，即

$$TR = P \cdot Q \tag{9-1}$$

式中　TR——销售收入；

　　P——单位产品价格（不含销售税金及附力）；

　　Q——产品销售量。

项目投产后，其成本费可分为固定成本和变动成本两部分。固定成本指在一定的生产规模限度内不随产量的变动而变动的费用；变动成本指随产品产量的变动而变动的费用。在经济分析中一般可以近似认为变动成本与产品产量成正比例关系。

总成本费用是固定成本和变动成本之和，它与产品产量的关系也是可以近似的认为呈线性关系，即

$$TC = F + C_V \cdot Q \tag{9-2}$$

式中　TC——总成本费用；

　　F——总固定成本；

　　C_V——单位产品变动成本。

将式（9-1）和式（9-2）表示在同一坐标上，就得出线性盈亏平衡分析图，如图 9-1 所示。

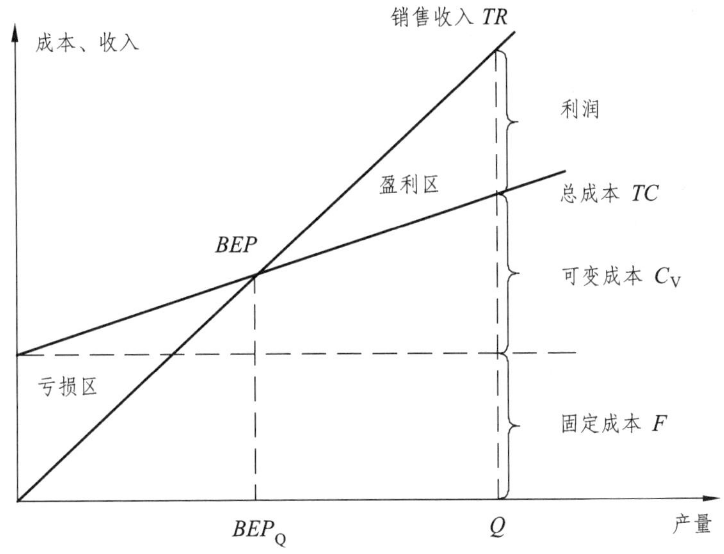

图 9-1　线性盈亏平衡分析图

图 9-1 中的横坐标为产销量，纵坐标为金额（成本和销售收入）。假定在一定时期内，产品价格不变时，销售收入 TR 随产销量的增加而增加，呈线性函数关系，在图形上就是以零为起点的斜线。产品总成本 TC 是固定总成本和变动总成本之和，当单位产品的变动成本不变时，总成本也呈线性变化。

销售收入线与总成本线的交点是盈亏平衡点（BEP），也叫保本点。表明技术方案在此产销量下总收入与总成本相等，即没有利润，也不发生亏损。在此基础上，增加产销量，销售收入超过总成本，收入线与成本线之间的距离为利润值，形成盈利区；反之，形成亏损区。

从图 9-1 中可以看出，当产量在 $0 < Q < BEP_Q$ 范围时，线 TC 位于线 TR 之上，此时企业处于亏损状态；而当产量在 $Q > BEP_Q$ 范围时，线 TR 位于线 TC 之上，此时企业处于赢利状态。

因此，线 TR 与 TC 的交点所对应的产量 Q 就是盈亏平衡点产量，我们这里用 BEP_Q 表示。这种用图示表达量本利的相互关系，不仅形象直观，一目了然，而且容易理解。

2. 公式计算法

1）用产销量表示的盈亏平衡点

根据盈亏平衡点的定义，当达到盈亏平衡状态时，总成本等于总收入，即

$$TR^* = TC^* \tag{9-3}$$

$$PQ^* = F + C_V \cdot Q^* + T \cdot Q^* \tag{9-4}$$

由公式（9-4），可导出以产销量表示的盈亏平衡点 BEP_Q，其计算公式如下：

$$BEP_Q = \frac{F}{P - C_V - T} \tag{9-5}$$

式中　BEP_Q——盈亏平衡点的产销量；

F——总固定成本；

P——单位产品销售价格；

C_V——单位产品变动成本；

T——单位产品销售税金及附加。

由于单位产品销售税金及附加常常是单位产品销售价格与销售税金及附加税率的乘积，故公式（9-5）又可表示为

$$BEP_Q = \frac{F}{P(1-r) - C_V} \tag{9-6}$$

【例题 9-1】 某技术方案年设计生产能力为 10 万台，年固定成本为 1 200 万元，产品单台销售价格为 900 元，单台产品可变成本为 560 元，单台产品销售税金及附加为 120 元。试求盈亏平衡点的产销量。

解：根据公式（9-5）可得

$$BEP_Q = \frac{12\ 000\ 000}{900 - 560 - 120} = 54\ 545（台）$$

计算结果表明，盈亏平衡点的产销量为 54 545 台，当技术方案产销量低于 54 545 台时，技术方案亏损；当技术方案产销量大于 54 545 台时，技术方案盈利。

2）生产能力利用率表示的盈亏平衡点

当项目不发生亏损时，至少应达到的生产能力利用率可用下式表示：

$$BEP_Y = \frac{BEP_Q}{Q} \times 100\% = \frac{F}{(P - C_V - T) \times Q} \times 100\% \tag{9-7}$$

式中　BEP_Y——盈亏平衡时的生产能力利用率；

Q——设计年产量。

经营安全率：

$$BEP_S = 1 - BEP_Y$$

盈亏平衡点的生产能力利用率一般不应大于 75%，经营安全率一般不应小于 25%。

3）以销售收入表示的盈亏平衡点

公式如下：

$$BEP_R = P \times \frac{F}{(P - C_V - T)} \tag{9-8}$$

式中　BEP_R——盈亏平衡时的销售收入。

4）以销售价格表示的盈亏平衡点（税前）

公式如下：

$$BEP_P = \frac{TR}{Q(1-r)} = \frac{F + C_V Q}{Q(1-r)} \tag{9-9}$$

5）以单位产品变动成本表示的盈亏平衡点

若按设计生产能力在进行生产和销售，且销售价格已定，则盈亏平衡点单位产品变动成本为

$$BEP_V = P(1-r) - \frac{F}{Q} \tag{9-10}$$

盈亏平衡点越低，表明企业适应市场变化的能力越大，抗风险的能力就越强。如何衡量企业经营风险的大小及抗风险能力呢？这里引入经营安全度这一指标来反映抗风险能力的大小。

$$A = \frac{Q - BEP_Q}{Q} \times 100\% = \frac{TR - TR^*}{TR} \times 100\% \tag{9-11}$$

式中　A——经营安全度。

A 越大，表明生产经营的安全性越大，抗风险能力越强。一般认为，$A > 30\%$ 时，项目经营才是安全的。

【例题 9-2】　某项目生产某种产品年设计生产能力为 3 万件，单位产品价格为 3 000 元，总成本费用为 7 800 万元，其中固定成本为 3 000 万元，总变动成本与产品生产量成正比，销售税率为 5%。求以产量、生产能力利用率、销售价格、销售收入、单位产品变动成本表示的盈亏平衡点，并计算满负荷生产时的经营安全度。

解：

（1）盈亏平衡点的产量。

首先计算单位产品变动成本：

$$C_V = \frac{TC - F}{Q} = \frac{7\,800 - 3\,000}{3} = 1\,600 \text{（元/件）}$$

$$BEP_Q = \frac{F}{P(1-r)-C_V} = \frac{3\ 000 \times 10^4}{3\ 000(1-5\%)-1\ 600} = 2.4\text{（万件）}$$

（2）盈亏平衡点的生产能力利用率：

$$BEP_Y = \frac{BEP_Q}{Q} \times 100\% = \frac{2.4}{3} \times 100\% = 80\%$$

（3）盈亏平衡点的单位销售价格：

$$BEP_P = \frac{F + C_V Q}{Q(1-r)} = \frac{3\ 000 \times 10^4 + 1\ 600 \times 3 \times 10^4}{3 \times 10^4 \times (1-5\%)} = 1\ 684.21\text{（元/件）}$$

（4）盈亏平衡点时的销售收入：

$$BEP_R = P \times BEP_Q = 3\ 000 \times 2.4 \times 10^4 = 7\ 200\text{（万件）}$$

（5）单位产品变动成本表示的盈亏平衡点：

$$BEP_V = P(1-r) - \frac{F}{Q} = 3\ 000(1-5\%) - \frac{3\ 000}{3} = 1\ 850\text{（元/件）}$$

（6）满负荷生产时的经营安全度：

$$A = \frac{Q - BEP_Q}{Q} \times 100\% = \frac{3-2.4}{3} \times 100\% = 20\%$$

9.2.2 非线性盈亏平衡分析

在实际生产经营过程中，产品的销售收入与销售量之间、成本费用与产量之间，并不一定呈现出线性的关系。当生产扩大到一定限度后，正常价格的原料、动力已不能保证供应，企业必须付出较高的代价才能获得，正常的生产班次也不能完成生产任务，不得不加班加点，增大了劳务费用。此外，设备的超负荷和运行带来了磨损的增大、寿命的缩短和维修费用的增加，以及根据报酬递减规律，由于项目达到经济规模导致产量增加，而单位产品的变动成本有所降低等。当项目的产品在市场中占有较大的份额时，其产量的高低可能会明显影响市场的供求关系，从而使得市场价格发生变化；在生产中还有一些辅助性的生产费用（通常称为半变动成本）随着产量的变化而成梯形分布。由于这些原因，造成产品的销售收入和总成本与产量之间存在着非线性的关系，在这种情况下进行的盈亏平衡分析称为非线性盈亏平衡分析。

非线性盈亏平衡分析的基本原理与线性盈亏平衡分析基本相同，可运用基本的盈亏平衡方程求解，只是此时的盈亏平衡点不止一个，需判断各区间的盈亏情况。

非线性盈亏平衡分析过程如图 9-2 所示，当产量小于 Q_1 时或大于 Q_2 时，项目都处于亏损状态，只有当产量处于 $Q_1 \leqslant Q \leqslant Q_2$ 时，项目才处在盈利区域，因此 Q_1 和 Q_2 是项目的两个盈亏平衡点。

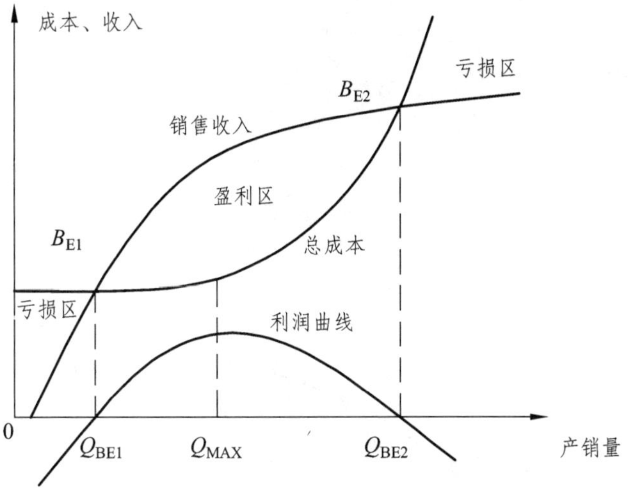

图 9-2　非线性盈亏平衡分析图

分别用一元二次曲线表示总成本费用和销售收入函数。运用销售收入等于总成本的基本方程求解，即可求得盈亏平衡点以及最优规模。

设：$TR = C_F + dQ + eQ^2$，$TR = fQ + jQ^2$，由 $TC - TR = 0$，可以得到

$$BEP(Q) = \frac{-(d-f)}{2(e-j)} \pm \frac{\sqrt{(d-f)^2 - 4(e-j)C_F}}{2(e-j)} \tag{9-12}$$

$$B(Q)_{\max} = \frac{-(d-f)}{2(e-j)} \tag{9-13}$$

【例题 9-3】　某企业投产后，它的年固定成本为 6 300 元，单位变动成本为 25 元，由于原材料整批购买，每多生产一件产品，单位变动成本可降低 0.01 元，单位销售价格为 55 元，销售量每增加一件产品售价下降 0.04 元。试求盈亏平衡点及最大利润时的销售量。

解： 单位产品的销售价为 55 − 0.04Q；单位产品的变动成本为 25 − 0.01Q。

（1）求盈亏平衡点时的产量 Q_1 和 Q_2。

$$C(Q) = 6\ 300 + (25 - 0.01Q)Q = 6\ 300 + 25Q - 0.01Q^2$$

$$R(Q) = 55Q - 0.04Q^2$$

根据盈亏平衡原理，令 $C(Q) = R(Q)$，即

$$6\ 300 + 25Q - 0.01Q^2 = 55Q - 0.04Q^2$$

解方程得

$$Q_1 = 300\text{（件）};\quad Q_2 = 700\text{（件）}$$

（2）求最大利润时的产量 $Q_{\max}$。

由 $B = R - C$ 得

$$B = -0.03Q^2 + 30Q - 6\ 300$$

令 $B'(Q)=0$ 得

$$-0.06Q+30=0$$

$$Q_{max}=500\text{（件）}$$

以上分析如图 9-3 所示。

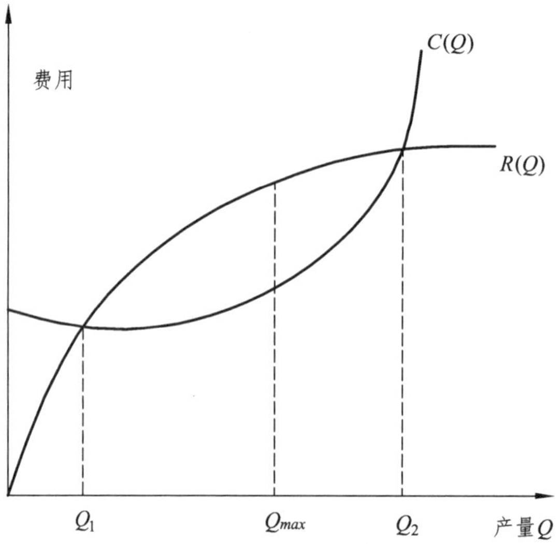

图 9-3 非线性盈亏平衡分析图

9.2.3 互斥方案的盈亏平衡分析

工程技术技术经济所研究的问题常常是多方案的分析、比较和选择。如互斥型方案的收益和成本是一个单变量的函数，则采用盈亏平衡分析就可以帮助我们做出正确的决策。在具体运用时，先列出每个方案总成本费用的数学函数式，然后将各方案总成本费用的函数表达式两两组合并令其相等，求出它们的交点（即总成本费用相等的点），这样就可以确定几个总成本费用最小的区间。最好根据变量的大小找出它所对应的总成本费用最小的方案作为所选择的最佳方案。此种分析解决问题的方法又称优劣平衡分析方法。

【例题 9-4】 某建设项目需要安装一条自动化生产线，现在有 3 种方案可供选择：

A 方案：从国外引进全套生产线，年固定成本为 800 万元，单位产品可变为 100 元。

B 方案：仅从国外引进主机，国内组装生产线，年固定成本为 500 万元，单位产品可变为 200 元。

C 方案：采用国内生产线，年固定成本为 300 万元，单位产品可变为 300 元。假设生产线的生产能力相同，试分析各种方案适用的生产规模。

解： 各方案的总成本（TC）均为产量 Q 的系数，即

$$TC_A=800+0.01Q$$

$$TC_B=500+0.02Q$$

$$TC_C=300+0.03Q$$

因此，首先以Q为变量，做出三个方案的总成本线（TC线），如图 9-4 所示。

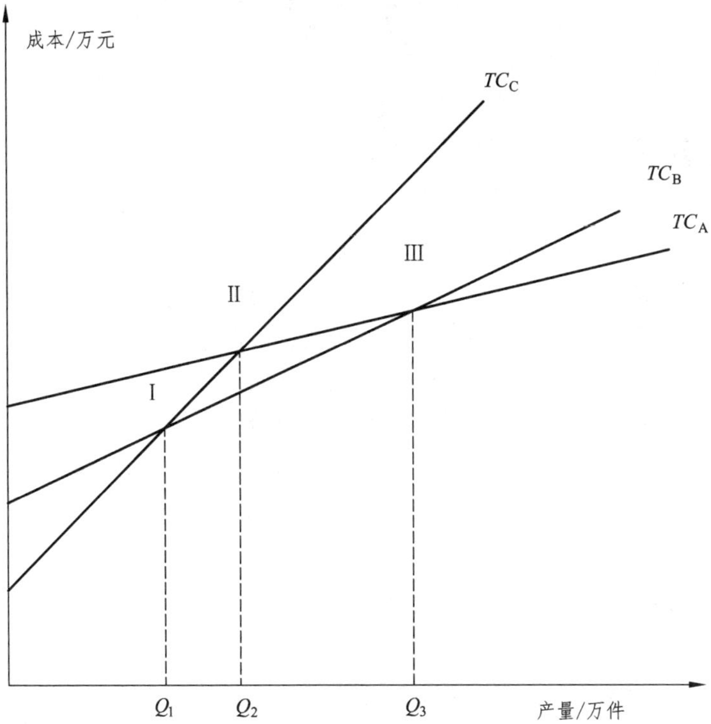

图 9-4　A、B、C 方案总成本曲线

从图中可见，三条TC线分别两两相交于Ⅰ、Ⅱ、Ⅲ三点，则这三点就分别是相应的两个方案的盈亏平衡点。其对应的产量就是盈亏平衡产量，例如TC_B和TC_C相交于Ⅰ点，则Ⅰ点就是方案 B 和方案 C 的盈亏平衡点，Q_1就是方案 B 和方案 C 的盈亏平衡点产量。即，当产量水平为Q_1时，从成本分析的角度，方案 B 和方案 C 是完全相同的两个方案。

我们可以根据盈亏平衡点的定义来分别计算出Q_1、Q_2和Q_3。

当产量水平为Q_1时，$TC_B = TC_C$，即

$$500 + 0.02Q = 300 + 0.03Q$$

可解得　　　　$Q_1 = 2$（万件）

当产量水平为Q_2时，$TC_A = TC_C$，即

$$800 + 0.01Q = 300 + 0.03Q$$

可解得　　　　$Q_2 = 2.5$（万件）

当产量水平为Q_3时，$TC_A = TC_B$，即

$$800 + 0.01Q = 500 + 0.02Q$$

可解得　　　　$Q_3 = 3$（万件）

由于各条生产线的生产能力是相同的，因此确定各个方案适用的生产规模也就是比较在

各种生产规模下各个方案的成本情况。由上面的计算结果和图 9-4 可知，当产量水平低于 2 万件时，以 C 方案最优；当产量水平位于 2～3 万件时，以 B 方案为最合理；当产量水平高于 3 万件时，以 A 方案最佳。

9.3 敏感性分析

敏感性分析是投资项目评价中最常见的一种不确定性分析方法。所谓敏感性，是指参数的变化对投资项目经济效果的影响程度。若参数的小幅度变化能导致经济效果的较大变化，则称投资项目经济效果对参数的敏感性大，或称这类参数为敏感性因素；反之，则称之为非敏感性因素。敏感性分析的目的就是通过分析及预测项目的主要变量因素（投资、成本、价格和建设工期等）发生变化时，对经济评价指标（如净现值、内部收益率、投资回收期等）的影响，从中找出敏感因素，并确定其敏感程度，从而对外部条件发生不利变化时投资方案的承受能力做出判断。

9.3.1 敏感性分析的内容

盈亏平衡分析虽然能够从市场适应性方面说明项目风险的大小，但并不能揭示产生项目风险的根源。因此，还需要采用其他一些方法来帮助达到这个目标。

项目评价中的敏感性分析，就是在项目确定性分析的基础上，通过进一步分析、预测项目技术方案主要不确定因素的变化对项目评价指标（如财务净现值、财务内部收益率等）的影响，从中找出敏感因素，确定评价指标对该因素的敏感程度和项目对其变化的承受能力。敏感性分析包括单因素敏感性分析和多因素敏感性分析两种。

单因素敏感性分析是指每次只考虑一个因素的变动，而假设其他因素保持不变时所进行的敏感性分析。即假设某一不确定性因素变化时，其他因素不变，各因素之间是相互独立的。单因素敏感性分析具有简单、直观的优点，但却只考虑了各因素独立的变化，忽略了各因素之间的相互影响。

多因素敏感性分析是指同时改变两个或两个以上相互独立的不确定性因素进行分析，估算多因素同时发生变化时对项目经济效果评价指标的影响程度和敏感程度。

为了找出关键的敏感性因素，通常多进行单因素敏感性分析。

9.3.2 单因素敏感性分析的一般步骤

1. 确定分析指标

投资效果可用多种指标来表示，在进行敏感性分析时，首先必须确定分析指标。一般而言，前面所议论过的经济评价指标体系中的一系列评价指标，都可以成为敏感性分析指标。在选择时，应根据经济评价深度和项目的特点选择一种或两种评价指标进行分析。需要注意的是，选定的分析指标必须与确定性分析的评价指标一致，这样便于进行对比和说明问题。在技术分析实践中，最常见的敏感性分析指标主要有投资回收期、方案净现值和内部收益率。

2. 选择需要分析的不确定性因素

影响项目经济评价指标的不确定因素很多，但并没有必要对所有的不确定因素都进行敏感性分析，而只需要选择一些主要的影响因素。在选择需要分析的不确定因素时主要考虑以下两条原则：

（1）预计这些因素在其可能变动的范围内对经济评价指标的影响较大。

（2）对在确定性经济效果分析中采用该因素的数据的准确性把握不大。

选定不确定性因素时应当把这两条原则结合起来进行。对于一般技术方案来说，通常根据以下几方面选择敏感性分析中的影响因素：

① 从收益方面来看，主要包括产销量与销售价格、汇率。许多产品，其生产和销售受国内外市场供求关系变化的影响较大，市场供求难以预测，价格波动也较大，而这种变化不是技术方案本身所能控制的，因此产销量与销售价格、汇率是主要的不确定性因素。

② 从费用方面来看，包括成本（特别是与人工费、原材料、燃料、动力费及技术水平有关的变动成本）、建设投资、流动资金占用、折现率、汇率等。

③ 从时间方面来看，包括技术方案建设期、生产期，生产期又可考虑投产期和正常生产期。

此外，选择的因素要与选定的分析指标相联系。否则，当不确定性因素变化一定幅度时，并不能反映评价指标的相应变化，达不到敏感性分析的目的。比如折现率因素对静态评价指标不起作用。

3. 计算不确定性因素变动对分析指标影响的数量效果

假定其他设定的不确定因素不变，一次仅变动一个不确定因素，重复计算各种可能的不确定因素的变化对分析指标影响的具体数值。然后采用敏感性分析表和敏感性分析图的形式，把不确定因素的变动与分析指标的对应数量关系反映出来，以便于测定敏感因素。

首先，对所选定的不确定性因素，应根据实际情况设定这些因素的变动幅度，其他因素固定不变。因素的变动可以按照一定的变化幅度（如 ± 5%、 ± 10%、 ± 15%、 ± 20%等；对于建设工期可采用延长或压缩一段时间表示）改变它的数值。

其次，计算不确定性因素每次变动对技术方案经济效果评价指标的影响。

对每一因素的每一变动，均重复以上计算，然后，把因素变动及相应指标变动结果用敏感性分析表和敏感性分析图的形式表示出来，以便于测定敏感因素。

4. 确定敏感因素

敏感因素是指引起分析指标产生相应较大变化的因素。测定某特定因素敏感与否，可以采用以下两种方式进行：

第一种是相对测定法，即计算敏感度系数并对敏感因素进行排序，设定要分析的因素均从基准开始变动，且各因素每次变动的幅度相同，比较在同一幅度下各因素的变化对经济效果指标的影响，就可以判别出各个因素的敏感程度。

敏感度系数表示技术方案经济效果评价指标对不确定因素的敏感程度。计算公式为

$$S_{AF}=\frac{\Delta A/A}{\Delta F/F} \tag{9-14}$$

式中 S_{AF}——敏感度系数；

$\Delta F/F$——不确定性因素 F 的变化率（%）；

$\Delta A/A$——不确定性因素 F 发生 ΔF 变化时，评价指标 A 的相应变化率（%）。

敏感度系数是项目效益指标变化的百分比与不确定性因素变化的百分比之比。敏感度系数越高，表示项目效益对该不确定性因素的敏感程度越高，表明应重视该不确定性因素对项目效益的影响。

第二种方式是绝对测定法，即设定因素均向降低投资效果的方向变动，并设该因素达到的可能的“最坏”值，然后计算在此条件下的经济效果指标，看其是否已达到使项目在经济上不可取的程度，如果项目已不能接受，则该因素就是敏感因素。绝对测定法的一个变通方式是先设定有关经济效果指标为其“临界值”，如令净现值等于零或内部收益率为基准折现率，然后求待分析因素的最大允许变动幅度，并与其可能出现的最大变动幅度相比较。如果某因素可能出现的变动幅度超过最大允许变动幅度，则表明该因素是方案的敏感因素。

5. 结合确定性分析进行综合评价，选择可行的比选方案

根据敏感因素对技术项目方案评价指标的影响程度，结合确定性分析的结果做进一步的综合评价，寻求对主要不确定因素变化不敏感的可选方案。

在技术项目方案的分析比较中，对主要不确定因素变化不敏感的方案，其抵抗风险的能力比较强，获得满意经济效益的潜力比较大，优于敏感方案，应优先考虑接受。有时，还可以根据敏感性分析的结果，采取必要的相应对策。

9.3.3 敏感性分析的方法

1. 单因素敏感性分析

这种方法是指每次只变动某一个不确定因素而假定其他的因素都不发生变化，分别计算其对确定性分析指标影响程度的敏感性。

【例题 9-5】 设某项目基本方案的基本数据值见表 9-1，试对该项目进行敏感性分析（基准收益率 $i_c=10\%$）。

表 9-1 基本方案的基本数据估算表（单位：万元）

敏感因素	期初投资	年营业收入	年经营成本	经济寿命
数　值	1 000	600	400	10

解：以净现值作为经济评价的分析指标，则预期净现值为

$$NPV=-1\,000+(600-400)(P/A,10\%,10)=228.91\text{（万元）}$$

下面用净现值指标分别就期初投资额、营业收入和经营成本等三个不确定性因素作敏感性分析。

设投资额变动的百分比为 x，投资额变动对方案净现值影响的计算公式为

$$NPV = -1\,000 \times (1+x) + (600-400)(P/A,10\%,10)$$

设营业收入变动的百分比为 y，产品价格变动对方案净现值影响的计算公式为

$$NPV = -1\,000 + (600 \times (1+y) - 400)(P/A,10\%,10)$$

设经营成本变动的百分比为 z，寿命期变动对方案净现值影响的计算公式为

$$NPV = -1\,000 + (600 - 400 \times (1+z))(P/A,10\%,10)$$

对期初投资、营业收入、经营成本在基准方案的基础上逐一变化 ±10%、±20% 取值，所对应的方案净现值变化结果如单因素敏感性分析表（见表 9-2）和单因素敏感性分析图（见图 9-5）所示。

表 9-2 单因素敏感性分析表（单位：万元）

	−20%	−10%	0%	10%	20%
期初投资	428.91	328.91	228.91	128.91	28.91
年营业收入	−508.43	−139.76	228.91	597.59	966.26
年经营成本	720.48	474.70	228.91	−16.87	−262.65

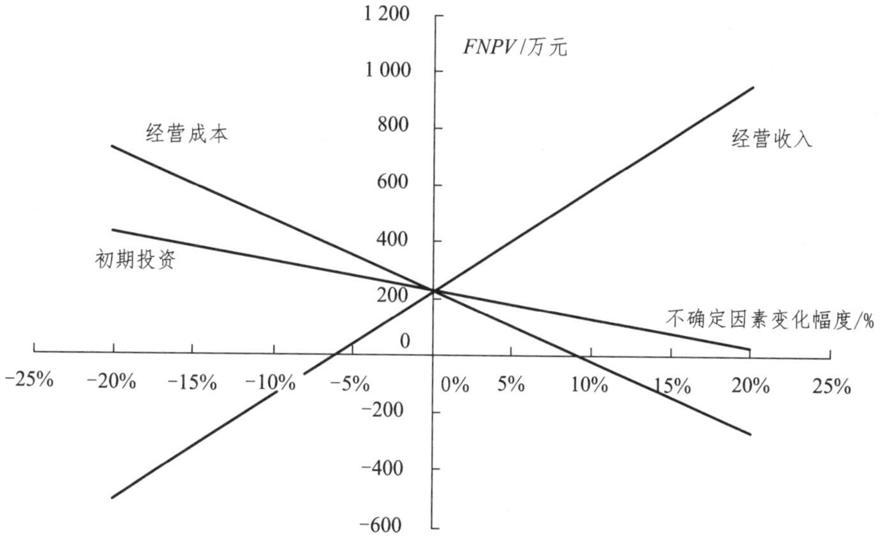

图 9-5 单因素敏感性分析图

可以看出，在同样的变动率下，营业收入的变动对方案净现值的影响最大，其次是经营成本的变动，期初投资额变动的影响最小。

根据上面的分析可知，对于本方案来说，营业收入是敏感因素，应对产品价格带来的营业收入进行更准确的测算。如果未来产品价格变化的可能性较大，则意味着这一方案的风险亦较大。

2. 多因素敏感性分析

单因素敏感性分析方法适合于分析项目方案的最敏感因素，但它忽略了各个变动因素综合作用的可能性。无论是哪种类型的技术项目方案，各个不确定因素对项目方案经济效益的影响，都是相互交叉、综合发生的，而且各个因素的变化率及其发生的概率的是随机的。因此，研究和分析经济评价指标受多个因素同时变化的综合影响，研究多因素的敏感分析，更具有实用价值。

多因素敏感性分析要考虑可能发生的各个因素不同变动幅度的多种组合，计算起来要比单因素敏感性分析复杂得多。多因素敏感性分析一般是在单因素敏感性分析基础上进行，而且分析的基本原理和单因素敏感性分析大致相同，需要注意的是多因素敏感性分析中的假定同时变动的多个不确定性因素是相互独立的，且各因素发生变化的概率相同。另外，多因素敏感性分析计算比多因素敏感性分析计算复杂得多，常见的多因素敏感性分析有双因素敏感性分析和三因素敏感性分析。

常见的多因素敏感性分析有双因素敏感性分析和三因素敏感性分析，以下主要通过例9-6介绍双因素敏感性分析。

【例题 9-6】 设某出租经营的房地产，固定资产投资为 170 000 元，年租金收入为 35 000 元，年经营费用为 3 000 元，项目经济寿命为 10 年，固定资产残值为的 20 000 元，基准收益率为 13%（现金流量图如图 9-6 所示），试就初始投资和年租金收入对该项目的净现值进行双因素的敏感性分析。

解： 根据上述条件，设 x 表示初始投资变化的百分数，y 表示同时改变的年租金收入的百分数，则：

$$NPV(13\%) = -170\ 000(1+x) - 3000(P/A,13\%,10) + 20\ 000(P/F,13\%10) +$$

$$35\ 000(1+y)(P/A,13\%,10)$$

如果 $NPV(13\%) \geqslant 0$，则该投资方案收益率在 13% 以上。

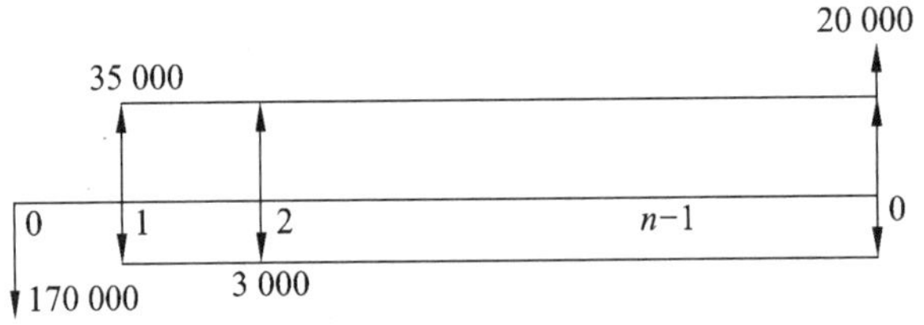

图 9-6 本经营项目的现金流量图

即 $9\ 531.6 - 170\ 000x + 189\ 918.52y \geqslant 0$，简化 $y \geqslant -0.050\ 2 + 0.895\ 2x$

在以初始投资变化百分数 x 为横坐标和以年租金收入变化百分数 y 为纵坐标的平面图上，我们可知 $y = -0.050\ 2 + 0.895\ 2x$ 与 x、y 轴分别交于（5.62，0）和（0，−5.02）点作出 $y = -0.050\ 2 + 0.895\ 2x$ 的一条直线，即 NPV(13%) = 0 的直线，则可以得到图 9-7。

图 9-7 中由 NPV(13%) = 0 直线分割成两个区域。斜线以上的区域，NPV(13%) > 0，也就是该区域上的任何一对 *xy* 的变化率组合，该项目均能得到 13% 以上的投资收益率，而且该组合离开 NPV(13%) > 0 直线的距离越远，其抗风险的能力也越强；斜线以下的区域，NPV(13%) < 0，该区域中任何一个 *xy* 的变化率组合均会使该投资的收益率低于 13%。从图 9-7 以看出，项目对投资的增加相对较为敏感。

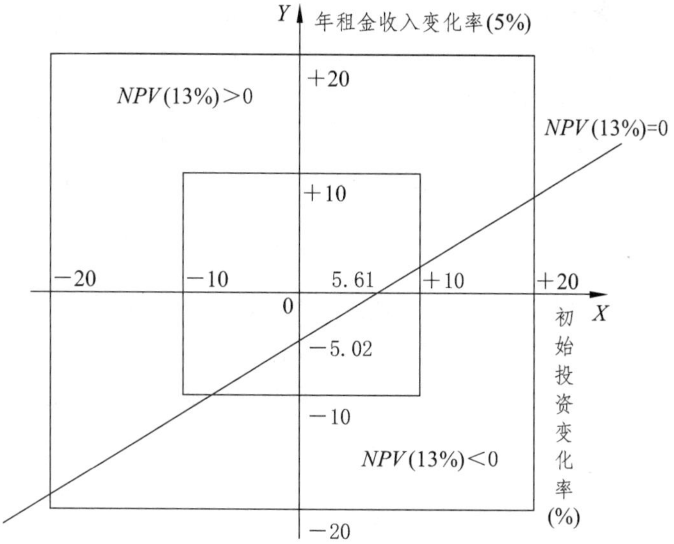

图 9-7 双因素敏感性分析图

敏感性分析具有分析指标具体，能与项目方案经济评价指标紧密结合，分析方法容易掌握，便于分析，便于决策等优点，有助于找出影响项目方案经济效益的敏感因素及其影响程度，对于提高项目方案经济评价的可靠性具有重大意义。但是，敏感性分析没有考虑各种不确定因素在未来发生变动的概率，这可能会影响分析结论的准确性。实际上，各种不确定因素在未来某一幅度变动的概率一般是不同的。可能有这样的情况，通过敏感性分析找出某一敏感因素未来发生不利变动的概率很小，因而实际上所带来的风险并不大，以至于可以忽略不计，而另一个不太敏感的因素未来发生不利变动的概率很大，实际上带来的风险比那个敏感因素更大。这种问题是敏感分析所无法解决的，必须借助概率分析方法。

9.4 风险分析

风险分析是一项有目的的管理活动，只有目标明确，才能起到有效的作用；否则，风险分析就会流于形式，没有实际意义，也无法评价其效果。

风险分析的目标为：

（1）实际投资不超过计划投资。

（2）实际工期不超过计划工期。

（3）实际质量满足预期的质量要求。

（4）建设过程安全。

9.4.1 风险识别

风险识别是进行风险管理的第一步。风险识别具有个别性、主观性、复杂性及不确定性。

1. 风险识别的步骤

风险识别的一般步骤如下：

（1）明确要实现的目标。

（2）找出影响目标值的全部因素。

（3）分析各因素对目标的相对影响程度。

（4）根据各因素向不利方向变化的可能性进行分析、判断，并确定主要风险因素。

2. 风险识别的原则

（1）由粗及细、由细及粗原则。由粗及细是指对风险因素进行全面分析，并通过多种途径对工程风险进行分解，逐渐细化，以获得对工程风险的广泛认识，从而得到工程初始风险清单。

由细及粗是指从工程初始风险清单的众多风险中，根据同类工程建设的经验以及对拟建工程建设具体情况的分析和风险调查，确定那些对建设工程目标实现有较大影响的工程风险，作为主要风险。

（2）严格界定风险内涵并考虑风险因素之间的相关性。对各种风险的内涵要严加界定，不能出现重复和交叉现象。另外，还要尽可能考虑各种风险因素之间的主次关系、因果关系、互斥关系、正相关关系等相关性。

（3）先怀疑，后排除。对于所遇到的问题都要考虑其是否存在不确定性，不要轻易否定或排除某些风险，要通过认真分析进行确认或排除。

（4）排除与确认并重。对于肯定可以排除和肯定可以确认的风险应尽早予以排除和确认；对于一时既不能排除又不能确认的风险再作进一步的分析，予以排除或确认。最后，对于肯定不能排除但又不能肯定予以确认的风险按确认考虑。

（5）必要时可做实验论证。对于某些按常规方式难以判定其是否存在，也难以确定其对工程建设目标影响程度的风险，尤其是技术方面的风险，必要时可做实验论证，如抗震实验、风洞实验等。

3. 风险识别的方法

工程建设的风险识别可以根据其自身特点，采用相应的方法，即专家调查法、财务报表法、流程图法、初始清单法、经验数据法和风险调查法。

（1）专家调查法。

专家调查法分为两种方式：一种是召集有关专家开会，让专家各抒己见，充分发表意见，起到集思广益的作用；另一种是采用问卷式调查，各专家不知道其他专家的意见。

（2）财务报表法。

财务报表法有助于确定一个特定企业或特定的工程建设可能遭受到的损失以及在何种情况下遭受到这些损失。通过分析资产负债表、现金流量表、营业报表及有关补充资料，可以识别企业当前的所有资产、责任及人身损失风险。将这些报表与财务预测、预算结合起来，可以发现企业或工程建设未来的风险。

（3）流程图法。

将一项特定的生产或经营活动按步骤或阶段顺序以若干个模块形式组成一个流程图，在每个模块中都标出各种潜在的风险因素或风险事件，从而给决策者一个清晰的总体印象。

（4）初始风险清单法。

如果对每一个工程建设风险的识别都从头做起，至少有三方面缺陷：第一，耗费时间和精力多，风险识别工作的效率低；第二，由于风险识别的主观性，可能导致风险识别的随意性，其结果缺乏规范性；第三，风险识别成果资料不便积累，对今后的风险识别缺乏指导作用。为了避免以上三方面的缺陷，故要建立初始风险清单。

（5）经验数据法。

经验数据法也称为统计资料法，即根据已建各类工程建设与风险有关的统计资料来识别拟建工程建设的风险。

（6）风险调查法。

风险调查法是工程建设风险识别的重要方法。风险调查应当从分析具体工程建设的特点入手，一方面对通过其他方法已识别出的风险（如初始风险清单所列出的风险）进行鉴别和确认；另一方面，通过风险调查有可能发现此前尚未识别出的重要工程风险。

9.4.2 风险评估

1. 风险评估的内容

1）风险因素发生的概率

风险发生的可能性可用概率表示。它的发生有一定的规律性，但也有不确定性。既然被视为风险，则它必然在必然事件（概率 = 1）和不可能事件（概率 = 0）之间。风险发生的概率需要利用已有数据资料和相关专业方法进行估计。

2）风险损失量的估计

风险损失量是个非常复杂的问题，风险造成的损失及影响程度也各不相同，工程建设风险损失包括投资风险、进度风险、质量风险和安全风险。

（1）投资风险。

投资风险导致的损失可以直接用货币形式来表现，即法规、价格、汇率和利率等的变化或资金使用安排不当等风险事件引起的实际投资超出计划投资的数额。

（2）进度风险。

进度风险导致的损失由以下几部分组成：

① 货币的时间价值：进度风险的发生可能会对现金流动造成影响，在利率的作用下，引起经济损失。

② 为赶上计划进度所需的额外费用：包括加班的人工费、机械使用费和管理费等一切因追赶进度所发生的非计划费用。

③ 延期投入使用的收入损失：这方面损失的计算相当复杂，不仅仅是延误期间内的收入损失，还可能由于产品投入市场过迟而失去商机，从而大大降低市场份额，因而这方面的损失有时是相当巨大的。

（3）质量风险。

质量风险导致的损失包括事故引起的直接经济损失、修复和补救等措施发生的费用以及第三者责任损失等。可分为以下几个方面：

① 建筑物、构筑物或其他结构倒塌所造成的直接经济损失。

② 复位纠偏、加固补强等补救措施和返工的费用。

③ 造成工期延误的损失。

④ 永久性缺陷对于建设工程使用造成的损失。

⑤ 第三者责任的损失。

（4）安全风险。

安全风险导致的损失包括：

① 受伤人员的医疗费用和补偿费。

② 财产损失，包括材料、设备等财产的损毁或被盗。

③ 因引起工期延误带来的损失。

④ 为恢复工程建设正常实施所发生的费用。

⑤ 第三者责任损失：在工程建设实施期间，因意外事故可能导致的第三者的人身伤亡和财产损失所做的经济赔偿以及必须承担的法律责任。

由以上四方面风险的内容可知，投资增加可以直接用货币来衡量；进度的拖延则属于时间范畴，同时也会导致经济损失；而质量事故和安全事故既会产生经济影响又可能导致工期延误和第三者责任，显得更加复杂。而第三者责任除了法律责任之外，一般都是以经济赔偿的形式来实现的。因此，这四方面的风险最终都可以归纳为经济损失。

3）风险等级评估

风险因素涉及各个方面，但并不是对所有的风险都予以十分重视；否则将提高管理费用，干扰正常的决策过程。所以，组织应根据风险因素发生的概率和损失量，确定风险程度，进行分级评估。

通常对一个具体的风险，它如果发生，则损失为 R_H，发生的可能性为 E_W，则风险的期望值为

$$R_W = R_H \times E_W \tag{9-15}$$

引用物理学中位能的概念，损失期望值高的，则风险位能高。可以在二维坐标上做等位能线（损失期望值相等），如图 9-8 所示，则具体项目中的任何一个风险可以在图上找到一个表示它位能的点。

在工程项目风险管理中，A 类是重点，B 类要顾及，C 类可以不考虑。

也可用Ⅰ级、Ⅱ级、Ⅲ级等表示风险类型，如表 9-3 所示，表中Ⅰ为可忽略风险；Ⅱ为可容许风险；Ⅲ为中度风险；Ⅳ为重大风险；Ⅴ为不容许风险。

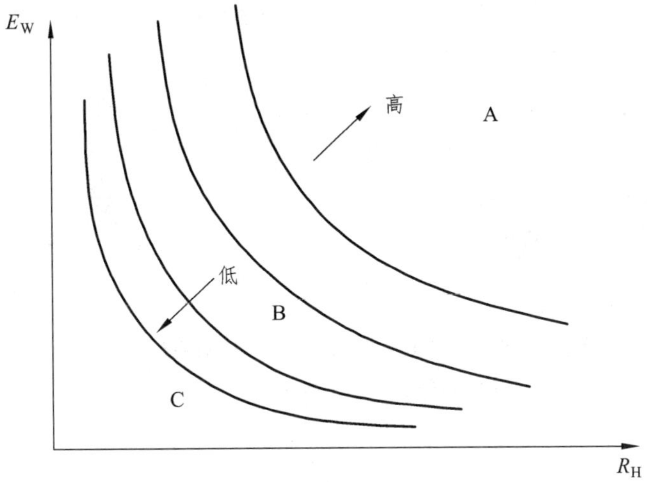

图 9-8 风险期望等值图

表 9-3 风险等级表

可能性	后果		
	轻度损失	中度损失	最大损失
很 大	Ⅲ	Ⅳ	Ⅴ
中 等	Ⅱ	Ⅲ	Ⅳ
极 小	Ⅰ	Ⅱ	Ⅲ

2. 风险评估的步骤

1）收集信息

风险评估分析时必须收集的信息包括：承包商类似工程的经验和积累的数据；与工程有关的资料、文件等；对上述两来源的主观分析结果。

2）对信息的整理加工

根据收集的信息和主观分析加工，列出项目所面临的风险，并将发生的概率和损失的后果列成一个表格，与风险因素、发生概率、损失后果、风险程度一一对应，如表 9-4 所示。

表 9-4 风险发生概率和损失后果表

风险因素	发生概率 P/%	损失后果 C/万元	风险程度 R/万元
物价上涨	10	50	5
地质特殊处理	30	100	30
恶劣天气	10	30	3
合 计	—	—	38

3）评价风险程度

风险程度是风险发生的概率和风险发生后的损失严重性的综合结果。其表达式为

$$R=\sum_{i=1}^{n}R_i=\sum_{i=1}^{n}P_i\times C_i \tag{9-16}$$

式中　R——风险程度；

R_i——每一风险因素引起的风险程度；

P_i——每一风险发生的概率；

C_i——每一风险发生的损失后果。

4）提出风险评估报告

风险评估分析结果必须用文字、图表的形式作风险评估报告。评估分析结果不仅作为风险评估的成果，而且应作为人们风险管理的基本依据。

3. 风险评估的方法

1）概率分析

某事件的概率可分为客观概率和主观概率两类。通常将以客观统计数据为基础的概率称为客观概率；以人为预测和估计为基础的概率称为主观概率，如产量、销售单价、投资、建设工期等。经济评价的概率分析主要是主观概率分析。

简单的概率分析是在根据经验设定各种情况发生的可能性（概率）后，计算项目净现值的期望值及净现值大于或等于零时的累计概率。在方案比选中，则可以只计算净现值的期望值。计算中应根据具体问题的特点选择适当的计算方法。一般的计算步骤是：

（1）列出各种要考虑的不确定性因素（敏感要素）。

（2）设想各不确定性因素可能发生的情况，即其数值发生变化的几种情况。

（3）分别确定每种情况出现的可能性（概率），每种不确定性因素可能发生情况的概率之和必须等于 1。

（4）分别求出各可能发生事件的净现值、加权净现值，然后求出净现值的期望值。

（5）求出净现值大于或等于零的累计概率。

【例题 9-7】　设某项目基本方案的基本数据估算值分别为：期初投资 1 000 万元，年营业收入 400 万元，年经营成本 200 万元，使用寿命 10 年。根据经验推断，营业收入和经营成本为离散型随机变量，其值在估计值的基础上可能发生的变化及其概率见表 9-5。试确定该项目净现值≥0 的概率（基准收益率 $i_c=10\%$）。

表 9-5　基本方案的基本数据（风险因素变动及其概率）估算表

风险因素	变动幅度		
	−10%	0	+10%
营业收入	0.3	0.5	0.2
经营成本	0.3	0.4	0.3

解：

（1）项目净现金流量未来可能发生的估算状态见表 9-6。

（2）分别计算项目净现金流量各种状态的概率 $P_j(j=1,2,\cdots,9)$。

$$P_1=0.3\times0.3=0.09；\ P_2=0.3\times0.4=0.12；\ P_3=0.3\times0.3=0.09$$

其余依次类推，结果见表 9-6。

（3）分别计算项目各状态下的净现值 $NPV(j)(j=1,2,...,9)$。

$$NPV(1)=-1\ 000+(360-180)(P/A,10\%,10)=106.03\text{（万元）}$$

其余依次类推，结果见表 9-6。

表 9-6 项目净现金流量未来可能发生的估算状态

营业收入状态概率	经营成本状态概率	可能状态（j）	状态概率（P_j）	NPV（j）	P_jNPV（j）
0.3	0.3	1	0.09	106.03	9.54
	0.4	2	0.12	− 16.86	− 2.02
	0.3	3	0.09	− 139.76	− 12.58
0.5	0.3	4	0.15	351.81	52.77
	0.4	5	0.20	228.92	45.78
	0.3	6	0.15	106.03	15.91
0.2	0.3	7	0.06	597.60	35.86
	0.4	8	0.08	474.70	37.98
	0.3	9	0.06	351.81	21.11
合计			1.00	2 060.28	204.35

（4）计算项目净现值的期望值：

$$\begin{aligned}E(NPV)&=0.09\times106.03+0.12\times(-16.86)+0.09(-139.76)+0.15\times351.81+\\&\quad 0.20\times228.92+0.15\times106.03+0.06\times597.60+0.08\times474.70+0.06\times351.81\\&=204.35\text{（万元）}\end{aligned}$$

$$\sigma(NPV)=\sqrt{\sum_{j=1}^{k}\left[NPV(j)-E(NPV)\right]^2P_j}=196.63\text{（万元）}$$

（5）计算净现值≥0 的概率：

$$P(NPV\geqslant0)=1-0.09-0.12=0.79$$

对上述计算结果进行分析得出结论：因 $E(NPV)=204.35$ 万元 > 0，故本项目是可行的；又因 $P(NPV\geqslant0)=0.79$，说明项目具有较高的可靠性。但由于标准差 $\sigma(NPV)=196.63$ 较大，所以期望值不一定能反映项目实施后的净现值。

2）解析法

在方案经济效果指标服从某种典型概率分布的情况下，如果已知其期望值与标准差，可以用解析法进行风险估计。

【例题 9-8】 假定某投资方案净现值服从均值为 400 万元、均方差为 200 万元的正态分布。试计算：（1）$NPV \geqslant 0$ 时的概率；（2）$NPV \geqslant 902$ 万元时的概率。

解：

由概率论知，若连续型随机变量 x 服从参数为 μ（均值）、σ（均方差）的正态分布，则 x 小于 x_0 的概率为

$$P(x < x_0) = \phi\left(\frac{x_0 - \mu}{\sigma}\right)$$

在本例中，已知 $\mu = E(NPV) = 400$ 万元，$\sigma = \sigma(NPV) = 200$ 万元，则

（1）方案净现值大于或等于零的概率为

$$P(NPV_1) = 1 - P(NPV < 0) = 1 - \phi\left(\frac{0-400}{200}\right) = 0.977\ 2$$

（2）方案净现值大于或等于 902 万元的概率为

$$P(NPV_1) = 1 - P(NPV < 0) = 1 - \phi\left(\frac{902-400}{200}\right) = 0.006\ 0$$

3）蒙特卡罗模拟法

蒙特卡罗模拟法是用随机抽样的方法抽取一组输入变量的概率分布特征的数值，输入这组变量计算项目评价指标，通过多次抽样计算可获得评价指标的概率分布及累计概率分布、期望值、方差、标准差，计算项目可行或不可行的概率，从而估计项目投资所承担的风险。

蒙特卡罗模拟法的步骤如下：

（1）确定风险随机变量。通常运用敏感性分析确定风险随机变量。

（2）确定风险随机变量的概率分布。

（3）通过随机数表或计算机为各随机变量抽取随机数。

（4）根据风险随机变量的概率分布将抽得的随机数转化为各输入变量的抽样值。

（5）将抽样值组成一组项目评价基础数据。

（6）选取经济评价指标，如内部收益率、财务净现值等，根据得到的基础数据计算出一组随机下的评价指标值。

（7）重复上述过程，进行多次反复模拟，得出多组评价指标值。

（8）整理模拟结果所得评价指标的期望值、方差、标准差和它的概率分布及累计概率，绘制累计概率图，同时检验模拟次数是否满足预定的精度要求。根据上述结果，分析计算项目可行或不可行的概率。

9.4.3 风险评价

风险评价是指根据风险识别和风险估计的结果，依据项目风险判断标准，找出影响项目成败的关键风险因素。对项目风险的大小进行评价应根据风险因素发生的可能性及其造成的损失来确定，一般采用评价指标的概率分布或累计概率、期望值、标准差作为判别标准，也可采用综合风险等级作为判别标准。

1. 以评价指标作为判别标准

一般财务（经济）内部收益率大于等于基准收益率（社会折现率）的累计概率值越大，风险越小，标准差越小，风险越小；财务（经济）内部净现值大于等于零的累计概率值越大，风险越小，标准差越小，风险越小。

2. 以综合风险等级作判别标准

根据风险因素发生的可能性及其造成损失的程度，建立综合风险等级的矩阵，将综合风险分为风险很强的 K（Kill）级、风险强的 M（Modify）级、风险较强的 T（Trigger）级、风险适度的 R（Review and reconsider）级和风险弱的 I（Ignore）级。综合风险等级分类表见表 9-7。

表 9-7 综合风险等级分类表

综合风险等级		风险影响的程度			
		严　重	较　大	适　度	低
风险的可能性	高	K	M	R	R
	较　高	M	M	R	R
	适　度	T	T	R	I
	低	T	T	R	I

9.4.4 风险决策

风险决策是着眼于风险条件下方案取舍的基本原则和多方案比较的方法。风险决策行为取决于决策者的风险态度，对于同一风险决策问题，风险态度不同的人决策的结果通常有较大的差异。典型的风险态度有三种表现形式：风险厌恶、风险中性和风险偏爱。

与风险态度相对应，风险决策人可有以下决策准则：

（1）优势原则。

在两个可选方案中，如果无论什么条件下方案 A 总是优于方案 B，则称 A 为优势方案；B 为劣势方案，应予以排除。应用优势原则一般不能决定最佳方案，但可以减少可选方案的数量，缩小决策范围。

（2）期望值原则。

如果选用的经济指标为收益指标，则应选择期望值大的方案；如果选用的是成本费用指标，则应选择期望值小的方案。

（3）最小方差原则。

方差反映了实际发生的方案可能偏离其期望值的程度。在同等条件下，方差越小，意味着项目的风险越小，稳定性和可靠性越高，应优先选择。

（4）最大可能原则。

若某一状态发生的概率显著大于其他状态，则可根据该状态下各方案的技术经济指标进行决策，而不考虑其他状态。只有当某一状态发生的概率大大高于其他状态，且各方案在不同状态下的损益值差别不是很大时方可应用最大可能原则。

（5）满意度原则。

在工程实践中由于决策人的理性有限性和时空的限制，既不能找到一切方案，也不能比较一切方案，并非人们不喜欢"最优"，而是取得"最优"的代价太高。因此，最优准则只存在于纯粹的逻辑推理中。在实践中只能遵循满意度准则，进行决策，即制定一个足够满意的目标值，将各种可选方案在不同状态下的损益值与此目标值进行比较进而做出决策。

9.4.5 风险应对

风险应对是指根据风险评价的结果，研究规避、控制与防范风险的措施，为项目全过程风险管理提供依据。

风险应对应具有针对性、可行性、经济性，并贯穿于项目评价的全过程。

决策阶段风险应对的主要措施包括：强调多方案比选；对潜在风险因素提出必要研究与试验课题；对投资估算与财务（经济）分析，应留有充分的余地；对建设或生产经营期的潜在风险可建议采取回避、转移、分担和自担措施。

结合综合风险因素等级的分析结果，应提出下列应对方案：K 级，风险很强，出现这类风险就要放弃项目；M 级，风险强，修正拟议中的方案，通过改变设计或采取补偿措施等；T 级，风险较强，设定某些指标的临界值，指标一旦达到临界值，就要变更设计或对负面影响采取补偿措施；R 级，风险适度（较小），适当采取措施后不影响项目；I 级，风险弱，可忽略。

风险应对的四种基本方法：风险规避、风险减轻、风险转移和风险保留。

1. 风险规避

风险规避指承包商设法远离、躲避可能发生风险的行为和环境，从而达到避免风险发生的可能，具体做法有以下三种：

（1）拒绝承担风险。

承包商拒绝承担风险的大致情况包括：对某些存在致命风险的工程拒绝投标；利用合同保护自己，不承担应该由业主承担的风险；不接受实力差、信誉不佳的分包商和材料、设备供应商，即使是业主或者有实权的其他任何人的推荐。

（2）承担小风险回避大风险。

在项目决策时要注意，放弃明显导致亏损的项目。对于风险超过自己的承受能力，成功把握不大的项目，不参与投标，不参与合资。甚至有时在工程进行到一半时，预测后期风险很大，必然有更大的亏损，不得不采取中断项目的措施。

（3）为了避免风险而损失一定的较小利益。

利益可以计算，但风险损失是较难估计的，在特定情况下，采用此种做法。如在建材市场有些材料价格波动较大，承包商与供应商提前订立购销合同并付一定数量的定金，从而避免因涨价带来的风险；采购生产要素时应选择信誉好、实力强的分包商，虽然价格略高于市场平均价，但分包商违约的风险减小了。

2. 风险减轻

承包商的实力越强，市场占有率越高，抵御风险的能力也就越强，一旦出现风险，其造成的影响就相对小些。例如，承包商承担一个项目，出现风险会使他难以承受；若承包若干个工程，其中一旦在某个项目上出现了风险损失，还可以有其他项目的成功加以弥补。这样，承包商的风险压力就会减轻。

在分包合同中，通常要求分包商接受建设单位合同文件中的各项合同条款，使分包商分担一部分风险。有的承包商直接把风险比较大的部分分包出去，将建设单位规定的误期损失赔偿费如数打入分包合同，将这项风险分散。

3. 风险转移

风险转移是指承包商在不能回避风险的情况下，将自身面临的风险转移给其他主体来承担。风险的转移并非转嫁损失，有些承包商无法控制的风险因素，其他主体都可以控制。风险转移一般指转移给分包商和保险机构。

（1）转移给分包商。

工程风险中的很大一部分可以分散给若干分包商和生产要素供应商。

承包商在项目中投入的资源越少越好，以便一旦遇到风险，可以进退自如。可以通过租赁或指令分包商自带设备等措施来减少自身资金、设备沉淀。

（2）工程保险。

购买保险是一种非常有效的转移风险的手段，将自身面临的风险很大一部分转移给保险公司来承担。

工程保险是指业主和承包商为了工程项目的顺利实施，向保险人（公司）支付保险费，保险人根据合同约定对在工程建设中可能产生的财产和人身伤害承担赔偿保险金的责任。

（3）工程担保。

工程担保是指担保人（一般为银行、担保公司、保险公司以及其他金融机构或个人）应工程合同一方（申请人）的要求向另一方（债权人）做出的书面承诺。工程担保是工程风险转移的一项重要措施，它能有效地保障工程建设的顺利进行。许多国家政府都在法规中规定要求进行工程担保，在标准合同中也含有关于工程担保的条款。

4. 风险自留

风险自留是指承包商将风险留给自己承担，不予转移。这种手段有时是无意识的，即当初并不曾预测的，不曾有意识地采取种种有效措施，以致最后只好由自己承受；但有时也可以是主动的，即经营者有意识、有计划地将若干风险主动留给自己。

决定风险自留必须符合的条件（满足其中一项即可）包括：自留费用低于保险公司所收取的费用；企业的期望损失低于保险人的估计；企业有较多的风险单位，且企业有能力准确地预测其损失；企业的最大潜在损失或最大期望损失较小；短期内企业有承受最大潜在损失或最大期望损失的经济能力；风险管理目标可以承受年度损失的重大差异；费用和损失支付分布于很长的时间里，因而导致发生很大的机会成本；投资机会很好；内部服务或非保险人服务优良。

如果实际情况与以上条件相反，则应放弃风险自留的决策。

本章小结

本章主要阐述了不确定性分析与风险分析的相关概念，详细介绍了不确定性分析与风险分析的各种方法，即盈亏平衡分析（线性盈亏平衡分析和非线性盈亏平衡分析）、敏感性分析（单因素和多因素敏感性分析）和风险分析（包括风险识别、风险估计、风险评价和风险应对）。

本章练习题

一、单项选择题

1. 在项目的盈亏平衡分析图中，销售收入线与（　　）线的交点是盈亏平衡点。

A. 变动成本　　B. 总利润　　C. 固定成本　　D. 总成本

2. 在盈亏平衡分析图中，保本点是指（　　）。

A. 总收入线与固定成本线的交点　　B. 总收入线与变动成本线的交点

C. 变动成本线与固定成本线的交叉点　　D. 总收入线与总成本线的交点

3. 风险是指由于可能发生的事件，（　　）。

A. 导致损失不确定

B. 导致某种收益的产生

C. 造成实际结果与主观预料之间的差异并可能伴随某种损失的产生

D. 导致某种损失或收益的产生

4. 项目风险管理中最重要的步骤是（　　）。

A. 风险识别　　B. 风险应对计划

C. 定性风险分析　　D. 风险监测与控制

5. 某公司生产单一产品，设计年生产能力为 3 万件，单位产品的售价为 380 元/件，单位产品可变成本为 120 元/件，单位产品税金及附加为 70 元/件，年固定成本为 285 万元。该公司盈亏平衡点的产销量为（　　）。

A. 20 000　　B. 1 900　　C. 15 000　　D. 7 500

6. 某项目设计年产量为 6 万件，每件售价为 1 000 元，单位产品可变成本为 350 元，单位产品营业税金及附加为 150 元，年固定成本为 360 万元，则用生产能力利用率表示的项目盈亏平衡点为（　　）。

A. 12%　　B. 30%　　C. 15%　　D. 9%

二、多项选择题

1. 一般情况下，导致工程项目不确定性的原因有（　　）。

A. 建设投资估算误差　　B. 决策者水平的局限

C. 生产工艺或技术的更新　　D. 假设条件与实际情况相差太远

E. 政策、法律的调整或改变

2. 在盈亏平衡分析图中，盈亏平衡点的位置越高，说明（　　）。

A. 此点的盈亏平衡产销量就越少　　B. 此点的盈亏平衡产销量就越多

C. 项目投产后盈利的可能性越小　　D. 项目投产后盈利的可能性越大

E. 适应市场变化的能力越弱

3. 风险事件的不确定性是由于（　　）导致的。

A. 人的评价标准

B. 项目外部环境的千变万化

C. 人们对风险后果的控制能力

D. 人们对于未来变化的预测能力有限

E. 项目本身的复杂性

4. 风险识别的目的在于（　　）。

A. 确认项目风险的存在

B. 确认项目风险的性质

C. 对项目风险进行分解

D. 确认在何时可能以何种方式造成何种后果

E. 制定风险管理计划

5. 下列风险管理工作内容中，属于项目风险评估工作的有（　　）。

A. 分析各种风险因素发生的概率

B. 分析各种风险发生的损失量

C. 确定风险等级

D. 确定风险量

E. 确定风险管理范围

三、思考题

1. 为什么要进行项目不确定性分析？
2. 盈亏平衡分析的基本思路是什么？什么是优劣盈亏平衡分析？
3. 敏感性分析的目的是什么？分哪几个步骤？
4. 什么是风险分析？风险分析的目标是什么？
5. 什么是风险识别？风险识别的原则和方法有哪些？
6. 风险评估的主要内容和方法有哪些？
7. 风险决策的原则及应对的基本方法。

四、计算题

1. 某建材厂设计能力年生产 T 形梁 7 200 件，每件售价 5 000 元，该厂固定成本为 680 万元，单位产品变动成本为 3 000 元。试通过盈亏平衡分析对该方案作出评价，并画出盈亏平衡简图。

2. 某家具制造厂生产一种书柜，售价 150 元，年固定费用为 19 万元，每张书柜的材料为 52 元，工资是 20 元，其他变动费用为 8 元，请做出如下决策：

要使工厂不亏本，每年至少要生产多少张书柜？

如果该工厂第一年内只能生产 2 000 台，按这一产量进行生产，企业能获利吗？如果考虑到第一年允许亏损 3 万元以下进行生产，企业该如何操作？

如果企业要获得 10 万元/年的利润，至少应该生产多少台？

如果企业最大生产能力为 5 万台/年，那么企业最高可得多少利润？

3. 某项目方案预计在计算期内的支出、收入如表 9-8 所示（单位：万元），试以净现值指标对方案进行敏感性分析（基准收益率为 10%）。

表 9-8　某项目方案预计在计算期内的支出、收入

指　标	年　份						
	0	1	2	3	4	5	6
投　资	50	300	50				
年经营成本				150	200	200	200
年经营收入				300	400	400	400

4. 某厂生产钢材的设计能力为 15 万吨/年，每吨钢材价格为 5 500 元，单位产品变动成本为 4 200 元。总固定成本为 1.5 个亿，使用期限为 6 年，按平均年限法折旧。试做出以下分析：

（1）以生产能力利用率表示的盈亏平衡点；

（2）当价格、固定成本和变动成本分别变动 ±10% 时，对生产能力利用率盈亏平衡点的影响，并指出敏感因素。

10 价值工程

本章的学习目标

- 掌握价值工程的原理、工作程序及对象选择方法
- 掌握价值工程中的功能评价
- 熟悉价值工程的功能系统分析
- 了解价值工程的方案创造及评价

本章的知识结构图

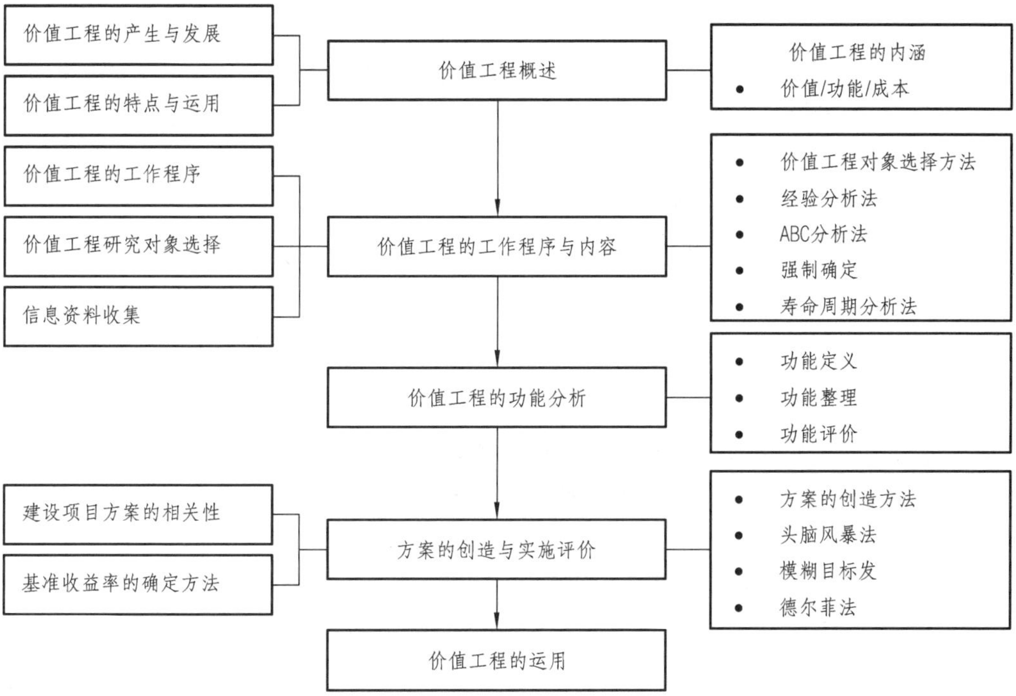

10.1 价值工程概述

10.1.1 价值工程的产生与发展

1. 价值工程的产生

价值工程（VE，Value Engineering），是一种新兴的科学管理技术，是降低成本提高经济

效益的一种有效方法。价值工程起源于 20 世纪 40 年代的美国，美国通用电器公司（GE）工程师麦尔斯（L. D. Miles）是价值工程的创始人。

价值工程最早是美国为了适应军事工业的需要创立和发展起来的，目的在于确保军事装备的技术性能（功能），并最大限度地节约采购费用（成本），降低军费开支。在“二战”期间，由于原材料供应短缺，一些重要的材料采购工作常常碰到难题。经过实际工作中不断地探索，麦尔斯发现有一些相对不太短缺的材料可以很好地替代短缺材料的功能。后来，麦尔斯从研究代用材料开始，逐渐总结出一套特殊的工作方法，把技术设计和经济分析结合起来考虑生产和管理的其他问题，用技术与经济价值统一对比的标准衡量问题，并把这种分析思想和方法推广到研究产品开发、设计、制造及经营管理等方面，形成一套比较系统和科学的方法。

1947 年，麦尔斯在《美国机械工程师》杂志上发表《价值分析》（*Value Analysis*）一文，首次提出了价值工程的基本理论，标志着“价值工程”作为一门科学理论正式诞生。

2. 价值工程的发展

价值工程产生后，立即引起了美国军工部门和大企业的浓厚兴趣，以后又逐步推广到民用部门。

1952 年麦尔斯举办了首批价值分析研究班，在他的领导下进行了有关价值分析的基础训练，这些专门从事价值分析的人员在后来工作中所创造的一系列重大成果，为在更多的产业界推行价值分析产生了重要影响。

1954 年，美国海军部首先制订了推行价值工程的计划。美国海军舰船局首先用这种方法指导新产品设计并把价值分析改名为价值工程。1956 年正式用于签订订货合同，即在合同中规定，承包厂商可以采取价值工程方法，在保证功能的前提下，改进产品或工程项目，把节约下来的费用的 20% ~ 30% 归承包商，这种带有刺激性的条款有力地促进了价值工程的推广，美国海军部在应用价值工程的第一年就节约 3 500 万美元。1969 年，就连美国航天局这个最不考虑成本的部门也开始推行价值工程。由此，价值工程方法备受政府和企业的重视，进而逐步推广到各行各业中。1968 年美国建筑部门将价值工程作为一项强制条款列入建筑施工和设计中，这一举措迅速被推广开来，在建筑业中形成价值管理的热潮并取得显著的效果。

1961 年，麦尔斯在《价值分析》的基础上进一步加以系统化，出版了专著《价值分析与价值工程技术》（*Techniques of Value Analysis and Engineering*），1972 年又出了修订版并被译成十多种文字在国外出版。

价值工程不仅为工程技术有关部门所关心，也成为当时美国政府所关注的内容之一。1977 年美国参议院第 172 号决议案中大量列举了价值工程应用效果，说明这是节约能量、改善服务和节省资金的有效方法并呼吁各部门尽可能采用价值工程。1979 年美国价值工程师协会（Society of American Value Engineer，SAVE）举行年会，卡特总统在给年会的贺信中说：“价值工程是工业和政府各部门降低成本、节约能源、改善服务和提高生产率的一种行之有效的分析方法。”

1955 年，日本派出一个成本管理考察团到美国，学习和引进价值工程法，把价值工程（VE）与工业工程（IE）和全面质量管理（QC）结合起来，形成具有日本特色的管理方法（VIQ）。1960 年，价值工程首先在日本的物资和采购部门得到应用，而后又发展到老产品更新、新产品设计、系统分析以及建筑业等方面。1965 年，日本成立了价值工程师协会（SJVE），价值工程得到了迅速推广。

西欧各国推行价值工程是把价值工程的原理和方法制订成整套的标准，成立了价值工程或价值分析的学会或协会，在政府技术经济部门和企业界推广应用价值工程，也都得到不同程度的发展并收到显著成效。

价值工程在工程设计和施工、产品研究开发、工业生产、企业管理等方面取得了较快发展，给企业和社会带来了巨大的经济效益和社会效益。随着全球信息化和互联网的发展，价值工程也呈现全球化发展的趋势，特别是最近几年在建筑业中的发展更为迅速，建筑行业中有 70% 的企业应用价值工程，价值工程在建筑项目管理方面的应用也得到长足的发展。2009 年 5 月 9 日在北京举行的“价值工程国际高层论坛”，国际价值工程协会（SAVE International）副主席、国际事务部主任 Donald Hannan 先生说：“已在世界各地对 360 多个工程项目进行过价值工程咨询，开展过 300 多次价值工程培训”。这表明价值工程在建筑工程管理中的应用发展迅速。

3. 价值工程在我国的推广与应用

价值工程首先在我国的机械工业部门得到应用，1981 年 8 月原国家第一机械工业部以一机企字（81）1047 号文件发出了《关于积极推行价值工程的通知》，要求机械工业企业和科研单位应努力学习和掌握价值工程的原理与方法，从实际出发，用实事求是的科学态度，积极推行价值工程，努力把价值工程贯穿到科研、设计、制造工艺和销售服务的全过程。1982 年 10 月，我国创办了唯一的价值工程专业性刊物《价值工程通讯》，后更名为《价值工程》杂志。1984 年国家经委将价值工程作为 18 种现代化管理方法之一向全国推广。1986 年由国家标准局组织制定了《中华人民共和国价值工程国家标准》（征求意见稿），1987 年国家标准局颁布了第一个价值工程标准《价值工程基本术语和一般工作程序》（GB 8223—87），1988 年 5 月，我国成立了价值工程的全国学术团体——中国企业管理协会价值工程研究会，并把《价值工程》杂志作为会刊。

在国家和社会各界的共同努力下，我国应用价值工程取得了巨大的经济效益，价值工程的应用和研究，从工业逐步推广到农业、商业、金融、国防、教育等各个领域，从产品、工艺、配方扩展到经营、管理、服务等对象。实践证明，价值工程在我国现代化管理成果中占有较大的比例，为提高经济效益做出了积极贡献。

价值管理的理念给建设业提供了一个全新的视角，在建筑项目的全过程中应用价值管理，可以在使各利益相关者得到最大满足的同时，达到节约成本的目的。当然，我国在建筑业中建筑项目的价值管理与国际相比还有一定的差距，没有得到足够的重视。在建筑项目建设的各个阶段应用价值管理还都处于初级阶段，在理论与实践上对价值管理的研究与应用还有待于提高。

10.1.2 价值工程的基本概念

价值工程是指以产品或作业的功能分析为核心，以提高产品或作业的价值为目的，力求以最低寿命周期成本实现产品或作业使用所要求的必要功能的一项有组织的创造性活动，因此，也称其为功能成本分析。

价值工程涉及价值、功能和寿命周期成本等三个基本要素。价值工程是一门工程技术理论，其基本思想是以最少的费用换取所需要的功能。价值工程理论的主要目标是提高生产制造企业的经济效益，其核心内容是通过对某一产品进行价值分析来促进产品改进、替代和开发。

1. 价值（Value）

价值工程中的“价值”，与哲学、经济学等学科中关于价值的概念有所不同。价值工程中的“价值”就是一种“评价事物有益程度的尺度”。价值高说明该事物的有益程度高、效益大、好处多；价值低则说明有益程度低、效益差、好处少。例如，人们在购买商品时，总是希望“物美而价廉”，即花费最少的代价换取最多、最好的商品。价值工程把“价值”定义为：“对象（某种产品、作业或服务等）所具有的功能与获得该功能的全部费用之比”，即用以下数学公式表示：

$$V = F / C \tag{10-1}$$

式中 V——价值（Value）;

F——功能（Function）;

C——成本（Cost）。

成本指产品周期成本，即产品从研制、生产、销售、使用过程中全部耗费的成本之和。衡量价值的大小主要看功能（F）与成本（C）的比值如何。人们一般对商品有“价廉物美”的要求，“物美”实际上就是反映商品的性能，质量水平；“价廉”就是反映商品的成本水平，顾客购买时考虑“合算不合算”就是针对商品的价值而言的。

2. 功能（Function）

对于价值工程而言，功能对于不同的对象有着不同的含义：对于产品来说，功能就是它的用途或效用；对于作业或方法来说，功能就是它所起的作用或要达到的目的；对于人来说，功能就是他应该完成的任务；对于企业来说，功能就是它应为社会提供的产品和效用。总之，功能是对象满足某种需求的一种属性。换而言之，功能是使用价值的具体表现形式。任何功能无论是针对机器还是针对工程，都是针对人类主体的一定需求目的，都是为了人类主体的生存与发展服务，因而最终将体现为相应的使用价值。因此，价值工程所谓的“功能”实际上就是使用价值的产出量。

功能包括多种属性，从不同的角度可以对功能进行分类。

（1）按功能隶属关系可分为基本功能和辅助功能。

基本功能是满足用户基本要求或实现产品用途必不可少的功能，它是产品存在的基础。例如茶杯的基本功能是用于盛水泡茶，笔的基本功能是写字等。辅助功能又称二次功能（二级功能），是为了不影响基本功能实现或更好地实现其基本功能，在产品功能中附加上辅助的功能，如手机的拍照功能，这些功能可以根据用户的需求进行调整。

（2）按用户要求可分为必要功能和不必要功能和缺乏功能。

必要功能是为满足使用者要求而必须具备的功能或作用。不必要功能是指用户不需要的或对基本功能实现没有任何作用的辅助功能。不必要功能有两种形式，一是多余功能，取消它对产品的基本功能无任何影响，如手表上装有指南针，一般人用不上；二是过剩功能，功能虽然必要，但在量上存在过剩，如功率过大的设备会带来电力损耗、设计上对材料要求过高等。用户需要而不具备的功能，称为缺乏功能。

（3）按照性质可分为使用功能和美观功能。

使用功能是使产品满足使用方各项特性要求的实用价值的功能。如电冰箱的使用功能是将人们所需要的把新鲜物品冷冻起来无害保存。美观功能是对产品的外观起美化、装饰作用的功能，如建筑物的外观、造型、颜色等给人的美感。

价值工程是一种定量化分析技术，需要对功能进行定量衡量。衡量功能大小有两种方法：一是用性能指标衡量功能。可以用定量化的性能指标衡量功能的大小，如产品的规格标准，达到的质量和性能指标等。二是用货币单位衡量功能。若用货币单位衡量便可实现不同产品之间的功能比较和不同零部件功能值的汇总计算，价值分析用实现功能必须支付的最低费用来衡量功能大小。

在实际生活中，产品的功能存在着两种情况：一是具有相同功能的不同产品存在着功能水平的差异。功能水平是指产品功能的实现程度，它由一系列指标表示，如产品的规格、性能指标、质量指标、安全指标、能耗指标、寿命指标、外观包装等。二是产品的功能中，存在着功能过剩或功能不足现象。

3. 成本（cost）

价值工程中产品成本是指产品寿命周期的总成本，即产品寿命周期从产品的研发开始算起，包括产品的设计、生产、销售、使用等环节，直至报废的整个时期，如图 10-1 所示。在这个时期发生的所有费用与成本（生产成本和使用成本），就是价值工程的产品成本。生产成本是指产品在研发、设计、制造、安装调试过程中发生的成本；使用和维护成本是指在使用成品过程中对成品的维护、保养、管理、能耗等方面的成本。

寿命周期费用 = 生产成本 + 使用成本，即用以下数学公式表示：

$$C = C_1 + C_2 \tag{10-2}$$

式中 C_1——生产成本；

C_2——使用成本。

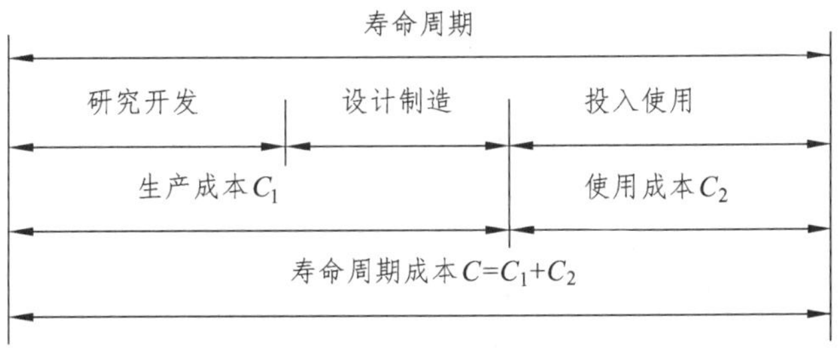

图 10-1 寿命周期成本、生产成本和使用成本关系图

功能与成本之间的关系如图 10-2 所示：产品的功能越高，生产成本也越高，但成品使用过程中所需的使用成本会越少；而产品的功能较差，生产成本较低，但其使用成本则会较高。

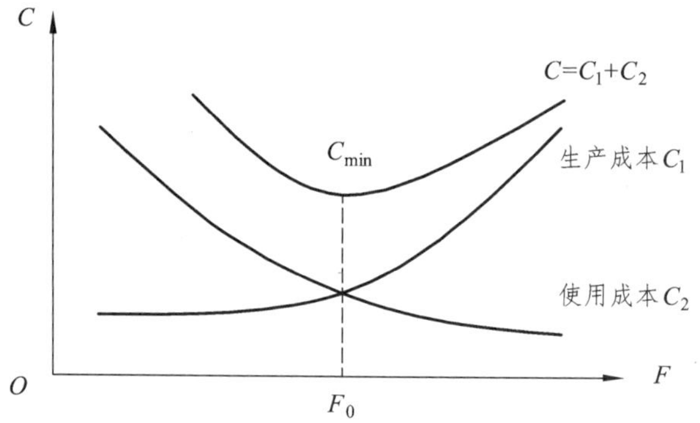

图 10-2　成品功能与产品成本的关系图

由图 10-2 可以看出，产品寿命周期有个最低点 C_{min}，与此相对应的有一个最适宜水平的生产功能 F_0。对于建设工程项目，在决策阶段，应当正确处理成本与功能的关系。既不能盲目地追求功能最大化而导致生产成本的急剧增加，也不能为节省材料、降低成本而偷工减料、降低产品质量，导致工程建成后不能正常发挥作用，从而造成维修成本的增加和额外的能耗费用。因此，从经济的角度看，设计阶段是确定工程造价的决定性阶段。

10.1.3　价值工程的特点和应用

1. 价值工程的特点

从价值工程的定义以及其涉及的价值、功能和寿命周期成本等三要素看，价值工程具有如下特点：

（1）价值工程是以功能分析为核心。在价值工程分析中，通过产品设计方案和使用方案，采用相关方法获取产品寿命周期成本相对较容易。产品功能由于影响因素较多，加之设计方案、制造工艺等的不完善，以及人们评价产品功能方法存在差异性等，造成产品功能难以准确界定。所以，产品功能的分析是对主要影响产品“功能实现”的因素进行分析评价，确定产品的功能和成本范围，从而成功地选择产品决策方案。

（2）价值工程的目的是满足使用者的功能需求。即以产品的最低寿命周期成本并能可靠地实现使用者所需的必要功能，并非单纯强调功能的提高或片面要求成本的降低，而是致力于研究功能与成本之间的关系，找出二者共同提高产品价值的结合点，以获得最佳的经济效益。

（3）价值工程是一个以信息为基础的创造性活动。价值工程分析是以产品成本、功能指标、市场需求等有关的信息数据资料为基础，寻找产品创新的最佳方案。因此，信息资料是价值工程分析的基础，产品创新才是价值工程的最终目标。

（4）价值工程是一个有组织的、需要多方协作的活动。价值工程分析过程不仅贯穿于产品整个寿命周期，而且它涉及面广，需要所有参与产品生产的单位、部门及专业人员的相互配合，才能准确地进行产品的成本计量、功能评价，达到提高产品的单位成本功效的目的。

（5）价值工程需要技术和经济问题的有机地结合。产品的功能设置是一个技术问题，而产品的成本降低是一个经济问题，价值工程是按照客户的需求，对成品功能和成本进行综合的定量定性分析，把技术工作和经济工作有机地结合起来，系统研究功能与成本之间的关系，寻找出功能与成本的合理匹配。

2. 提高价值的基本途径

根据价值工程的原理，即价值、功能和寿命周期成本等三要素的关系，可以得出，要实现提高价值有以下 5 种基本途径，如表 10-1 所示。

表 10-1 价值工程提高价值的途径表

途径	特　征	结果	*F*	*C*	*V*
1	提高功能，降低成本	大幅度提高价值	↑	↓	↑↑
2	功能不变，成本降低	提高价值	—	↓	↑
3	功能有所提高，成本保持不变	提高价值	↑	—	↑
4	功能略有下降，成本大幅度降低	适当提高价值	↓	↓↓	↑
5	成本的适当提高，功能的大幅度提高	适当提高价值	↑↑	↑	↑

3. 价值工程的应用

（1）工程建设和生产发展方面。

价值工程可以应用到对一项工程建设或者一项成套技术项目的分析中；也可以应用于企业生产的每一件产品、每一部件或每一台设备；在原材料采购方面也可应用此法进行分析。比如：新产品的设计和老产品的改造功能和价值分析，寻求适宜的质量水平；简单零部件、复杂产品、大型工程的生产和作业工艺、工序的安排、改进，寻求适宜的制造质量控制水平，降低生产成本；原材料、外购件、外协件的采购供应，选择供应方；设备改造、设备的大重型修理、技术服务、机构改革方案制订等。

（2）组织经营管理方面。

价值工程不仅是一种提高工程和产品价值的技术方法，而且是一项指导决策，是有效管理的科学方法，体现了现代经营的思想。在工程施工和产品生产中的经营管理方面也可采用这种科学思想和科学技术。例如：对经营品种价值分析、施工方案的价值分析、质量价值分析、产品价值分析、管理方法价值分析、作业组织价值分析等。

10.2 价值工程的程序与内容

10.2.1 价值工程的工作程序

价值工程已发展成为一项比较完善的管理技术，在实践中已形成了一套科学的工作实施程序。这套实施程序实际上是发现矛盾、分析矛盾和解决矛盾的过程，通常是围绕以下 7 个合乎逻辑程序的问题展开的：

（1）这是什么？

（2）这是干什么用的？

（3）它的成本多少？

（4）它的价值多少？

（5）有其他方法能实现这个功能吗？

（6）新的方案成本多少？功能如何？

（7）新的方案能满足要求吗？

按顺序回答和解决这七个问题的过程，就是价值工程的工作程序和步骤。即：选定对象，收集情报资料，进行功能分析，提出改进方案，分析和评价方案，实施方案，评价活动成果。

价值工程的一般工作程序可分为 4 个阶段，即准备阶段、分析阶段、创新阶段和实施阶段，各阶段的工作内容如表 10-2 所示。

表 10-2　价值工程一般工作程序

<table>
<tr><th rowspan="2">价值工程工作阶段</th><th rowspan="2">设计程序</th><th colspan="2">工作步骤</th><th rowspan="2">价值工程对应问题</th></tr>
<tr><th>基本步骤</th><th>详细步骤</th></tr>
<tr><td rowspan="2">准备阶段</td><td rowspan="2">制订工作计划</td><td rowspan="2">确定目标</td><td>1. 对象选择</td><td rowspan="2">1. 这是什么？</td></tr>
<tr><td>2. 信息搜集</td></tr>
<tr><td rowspan="5">分析阶段</td><td rowspan="5">规定评价（功能要求事项实现程度的）标准</td><td rowspan="2">功能分析</td><td>3. 功能定义</td><td rowspan="2">2. 这是干什么用的？</td></tr>
<tr><td>4. 功能整理</td></tr>
<tr><td rowspan="3">功能评价</td><td>5. 功能成本分析</td><td>3. 它的成本是多少？</td></tr>
<tr><td>6. 功能评价</td><td rowspan="2">4. 它的价值是多少？</td></tr>
<tr><td>7. 确定改进范围</td></tr>
<tr><td rowspan="5">创新阶段</td><td>初步设计（提出各种设计方案）</td><td rowspan="5">制订改进方案</td><td>8. 方案创造</td><td>5. 有其他方法实现这一功能吗？</td></tr>
<tr><td rowspan="3">评价各设计方案，对方案进行改进、选优</td><td>9. 概略评价</td><td rowspan="3">6. 新方案的成本是多少？</td></tr>
<tr><td>10. 调整完善</td></tr>
<tr><td>11. 详细评价</td></tr>
<tr><td>书面化</td><td>12. 提出提案</td><td>7. 新方案能满足功能要求吗？</td></tr>
<tr><td rowspan="3">实施与评价阶段</td><td rowspan="3">检查实施情况并评价活动成果</td><td rowspan="3">实施评价成果</td><td>13. 审批</td><td rowspan="3">8. 偏离目标了吗？</td></tr>
<tr><td>14. 实施与检查</td></tr>
<tr><td>15. 成果鉴定</td></tr>
</table>

由于价值工程的应用范围广泛，其活动形式也不尽相同，因此在实际应用中可参照工作程序，根据对象的具体情况，应用价值工程的基本原理和思想方法，考虑具体的实施措施和方法步骤。但是对象选择、功能分析、功能评价和方案创新与评价是工作程序的关键内容，体现了价值工程的基本原理和思想，是不可缺少的。

10.2.2 价值工程研究对象的选择

对于一个企业或项目而言，并不是对所有产品都应进行价值分析，而是有一定选择的。能否找准价值工程的研究对象，将直接关系到价值工程的成败。因此，价值工程的第一步就是正确确定研究对象。为了提高产品价值的目的，价值工程研究对象的选择要从市场需要出发，结合本企业实力系统地考虑。

1. 选择的一般原则

为了提高产品价值的目的，价值工程研究对象的选择要从市场需要出发，结合本企业实力系统地考虑，以存在问题、薄弱环节以及提高劳动生产率、提高质量降低成本的目标来决定对象。一般应遵循两条原则：一是优先考虑企业生产经营上迫切要求改进的主要产品，或是对国计民生有重大影响的项目；二是对企业经济效益影响大的产品（或项目）。具体包括以下几方面：

（1）设计方面：选择结构复杂、体大量重、技术性能差、能源消耗高、原材料消耗大或是稀有、贵重的奇缺产品进行价值工程活动，可以使产品结构、性能、技术水平得到优化，从而提高产品价值。

（2）施工生产方面：选择量多面广、工序烦琐、工艺复杂、关键部位、原材料消耗大和废品率高、质量难于保证的产品，特别是对于量多、产值比重较大的产品，成本的下降就会取得较大的经济效益。

（3）销售方面：选择用户意见多、系统配套差、维修能力低、竞争力差、市场占有率低或利润率低的，市场上畅销但竞争激烈的新产品、新工艺等进行价值工程活动，以赢得消费者的认同，占领更大的市场份额。

（4）成本方面：选择成本高、利润低的产品或在成本构成中比重大的产品，如材料费、管理费、人工费等，推行价值工程就是要降低寿命周期成本并实现产品的必要功能。

2. 价值工程对象选择的基本方法

价值工程对象选择的方法有多种，不同的方法适宜于不同的价值工程对象，采用一些定性与定量的分析方法，可以有助于我们分析某些问题，帮助找出价值工程的主要对象。常用的选择方法有经验分析法、ABC 分析法、强制确定法和寿命周期分析法等。

1）经验分析法

经验分析法，又称因素分析法，是根据有丰富经验的设计人员、施工人员以及企业的专业技术人员和管理人员对产品的设计、加工、制造、销售和成本等方面存在的问题进行综合分析，找出关键因素，并通过这些关键问题来确定价值工程对象的一种方法。运用该方法进行对象选择，要对各种影响因素进行综合分析，区分主次轻重，既考虑需要，也考虑可能，以保证对象选择的合理性。

经验分析法是对象选择的定性分析方法，其优点是简单易行，考虑问题综合全面，是目前实践中较为普遍采用的方法；缺点是缺乏定量分析，在分析经验不足时准确程度较低，但用于初选阶段是可行的。

2）ABC 分析法

ABC 分析法是一种运用数理统计理论方法的分析技术原理，按照局部成本在总成本中的比例大小来选择价值工程对象的方法。ABC 分析法的基本原理就是在选择价值工程对象时，要分清主次、轻重，区别“关键的少数”和“次要的多数”，根据不同的情况分类对待，抓住关键的少数用以解决问题的大部分。方法的基本思路是：以一个产品的各个部件（或项目的构成部分）为研究对象，按照成本的大小由高到低排列出来，并绘成费用累计分配图，如图 10-3 所示，然后将价值工程对象分为 A、B、C 三类：A 类为占总成本 70%～80%，占对象总数的 10%～20%；B 类为约占总成本 20%，占对象总数的 40% 左右；C 类为约占总成本 10%，占对象总数的 40% 左右。其中，A 类则为价值工程的重点研究对象。

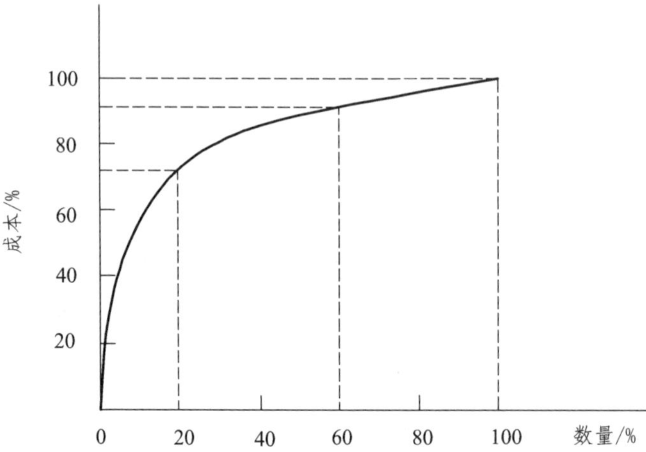

图 10-3　ABC 分析法曲线图

【例题 10-1】　某住宅楼工程基础部分包含 17 个分项工程，每个分项工程的造价及基础部分的直接费用表 10-3 所示，使用 ABC 分析法确定该基础工程中可作为价值工程研究对象的分项工程。

表 10-3　某住宅楼工程基础工程分项工程的 ABC 分类

分项工程名称	成本/元	累计分项工程数/个	累计分项工程数百分比	累计成本/元	累计成本百分比	分类
C20 钢筋混凝土条形基础	63 436	1	5.88%	63 436	39.50%	A
碎石砂垫层	29 119	2	11.76%	92 555	57.64%	
回填土	14 753	3	17.65%	107 308	66.83%	
商品混凝土	10 991	4	23.53%	118 299	73.67%	B
C10 混凝土垫层	10 952	5	29.41%	129 251	80.49%	
排水费	10 487	6	35.29%	139 738	87.02%	
C20 钢筋混凝土独立基础	6 181	7	41.18%	145 919	90.87%	
C10 无筋混凝土条形基础	5 638	8	47.06%	151 557	94.38%	C
C20 矩形钢筋混凝土柱	2 791	9	52.94%	154 348	96.12%	

续表

分项工程名称	成本/元	累计分项工程数/个	累计分项工程数百分比	累计成本/元	累计成本百分比	分类
M5 砂浆砌筑砖基础	2 202	10	58.82%	156 550	97.49%	
挖土机挖土	2 058	11	64.71%	158 608	98.77%	
推土机场外运费	693	12	70.59%	159 301	99.20%	
履带式挖土机场外运费	529	13	76.47%	159 830	99.53%	
满堂脚手架	241	14	82.35%	160 071	99.68%	
平整场地	223	15	88.24%	160 294	99.82%	
槽底钎探	197	16	94.12%	160 491	99.94%	
基础防潮层	89	17	100%	160 580	100%	
总成本	160 580					

解： 基础分项工程的 ABC 分类如表 10-3 所示，其中，C20 钢筋混凝土条形基础、碎石垫层、回填土等三项工程为 A 类工程，应考虑作为价值工程分析的对象。

3）强制确定法

强制确定法（Forced Dcision），简称 FD 法，是指抓住每一事物的评价特性，然后把这些因素组合起来进行强制评价。强制确定法兼顾功能与成本，具体做法是先求出分析对象的成本系数、功能系数，得出价值系数，揭示出分析对象的功能与花费的成本是否相符，不相符、价值低的被选为价值工程的研究对象。该方法在功能评价和方案评价中也有应用。

强制确定法从功能和成本两方面综合考虑，比较适用、简便。但该方法不能准确反映功能差距的大小，只适用于零件间功能差别不太大且比较均匀的对象，而且一次分析的零件数目也不能太多，以不超过 10 个为宜。在零部件很多时，可以先用 ABC 法、经验分析法选出重点零件，再用强制确定法细选；也可以用逐层分析法，从部件选起，然后在重点部件中选出重点零件。

4）寿命周期分析法

寿命周期分析法是一种以产品寿命周期来确定价值工程研究对象的方法。产品从研发、制造、投放市场到被淘汰的整个过程为产品寿命周期，具体细分为投产期、成长期、成熟期和衰退期等 4 个阶段。产品在各个不同阶段的营销情况和获利能力有着很大的差异，因此，价值工程对象的选择也有所区别。比如，在投产期的产品，投入成本较大，生产技术不成熟，产品性能不完善，价值工程的重点应放在改进产品的功能和降低成本上；在产品的成熟期，技术日益完善、市场销售量大增，但行业竞争也日趋激烈，此阶段价值工程的重点主要是改善生产经营流程，降低运营成本，加强质量管理，以增强产品市场竞争力等；在产品成熟期，产品销售的增长趋势减缓，企业一方面应当积极研发新产品，另一方面，还应注重增强和改善产品功能，降低生产成本上，以延长产品的生命周期；在产品衰退期，由于市场上出现了效用更大、价格更便宜的替代产品，此时价值工程的重点应及时转向新产品的开发上。

10.2.3 价值工程的信息资料收集

价值工程所需的信息资料，应视具体情况而定。对于产品分析来说，一般应收集以下几方面的信息资料：

（1）用户方面的信息资料。

（2）市场销售方面的信息资料。

（3）技术方面的信息资料。

（4）经济方面的信息资料。

（5）本企业方面的基本资料。

（6）环境保护方面的信息资料。

（7）外协方面的信息资料。

（8）政府和社会有关部门的法规、条例等方面信息资料。

收集的信息资料一般需加以分析、整理，剔除无效资料，使用有效资料，以利于价值工程活动的分析研究。

10.3 价值工程的功能分析

价值工程分析阶段的主要工作是：功能定义、功能整理与功能评价。

10.3.1 功能定义

功能指的是产品或劳务的效用、任务、分工、作用和目的等，是存在于产品或劳务过程中的一种本质。功能定义则是根据收集到的情报和资料，透过对象产品或部件的物理特征（或现象），找出其效用或功用的本质东西，并逐项加以区分和规定，以简洁的语言描述出来。这里要求描述的是产品的“功能”，而不是对象的结构、外形或材质。因此，功能定义的过程就是解剖分析的过程，如图 10-4 所示。

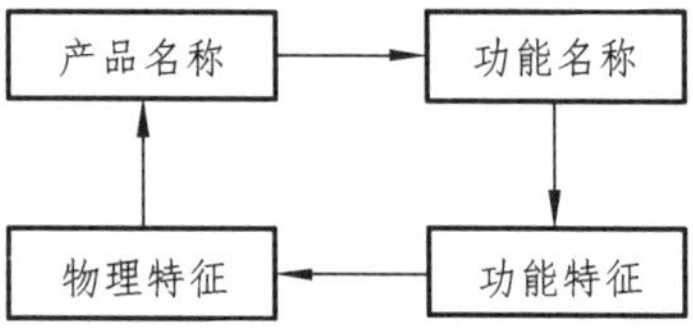

图 10-4 功能定义过程

功能定义的目的是：

（1）明确对象产品和组成产品各部件的功能，借以弄清产品的特性。

（2）便于进行功能评价，通过评价弄清哪些是价值低的功能和有问题的功能，实现价值工程的目的。

（3）便于构思方案，对功能下定义的过程实际上也是为对象产品改进设计的构思过程，为价值工程的方案创造阶段作了准备。

10.3.2 功能整理

功能整理就是对定义出的功能进行系统地分析、整理，明确功能之间的关系，分清功能类别，建立功能系统图，以明确产品的功能系统，从而为功能评价和方案构思提供依据。功能整理回答和解决的问题是“它的功能是什么”。

功能整理的步骤和方法如下：

（1）分析出产品的基本功能和辅助功能。

依据用户对产品的功能需求，找出并排出基本功能。基本功能一般总是上位功能，它通常可以通过回答如下几个问题来判别：

① 取消了这个功能，产品本身是不是就没有存在的必要了？

② 对于功能的主要目的而言，其作用是否必不可少？

③ 此功能如发生改变，是否要引起其他一连串的工艺和构配件的改变？

如果以上的回答是肯定的，那么，此功能就是基本功能。除了基本功能，剩下来的功能就是辅助功能。

（2）明确功能之间的上下位或并列关系。

在一个系统中，功能的上下位关系，就是指功能之间的从属关系，上位功能是目的，下位功能是手段。例如，平屋顶功能中的“遮盖室内空间”和“防水”的关系，就是上下位功能的关系。“遮盖室内空间”是上位功能，是目的，而“防水”是为了能够“遮盖室内空间”，所以“防水”是手段，是下位功能。需要指出的是，目的和手段是相对的，一个功能，对它的上位功能来说是手段，对它的下位功能来说又是目的。

功能的并列关系是指两个功能谁也不从属谁，但却同属于上位功能的关系。例如，平屋顶为了遮盖室内空间，有遮蔽顶部、防水、保温隔热等三条遮盖途径。很显然，这三个功能相对于“遮盖室内空间”来讲属于下位功能，而这三个功能之间属于并列关系。

（3）排列功能系统图。

在弄清功能之间的关系以后，即可排列功能系统图。所谓功能系统图，就是产品应有的功能结构图。在图中，上位功能在左，下位功能在右，依次排列，整个图形呈树形由左向右扩展、延伸。如图 10-5 所示。

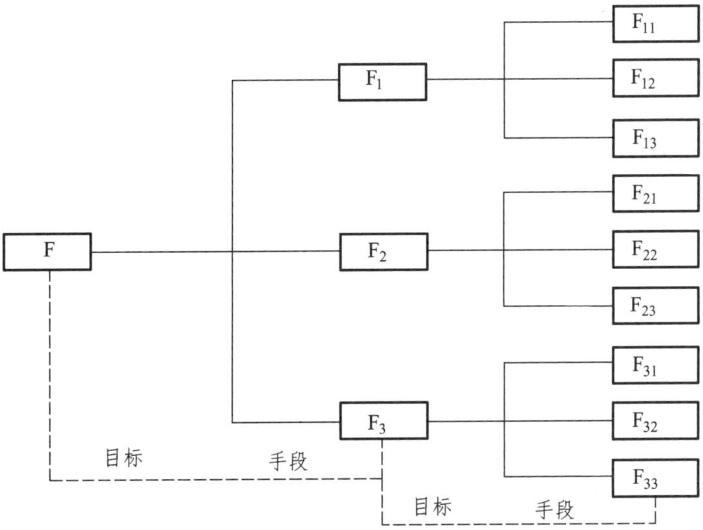

图 10-5　功能系统示意图

10.3.3　功能评价

通过功能定义和功能整理，明确了用户所要求的功能，仅仅是定性地解决了“功能是什么”的问题，而要有效地开展价值工程活动，还必须解决“功能的成本是多少”和“功能的价值是多少”的问题，即通过对功能进行定量地分析，确定重点改善的功能，这才是功能评价所要解决的问题。

所谓功能评价，是指对通过功能系统分析所确定的功能领域进行定量化计算，并定量地评价功能价值，从而选出功能价值低、改善期望值大的功能作为价值工程的重点改进对象的活动。依据价值工程的基本关系式$V=F/C$，要定量地评价功能价值，必须先将功能和成本数量化。成本可以用货币单位直接进行度量，但功能却不同。一方面，大多数功能不易用数量准确计量；另一方面，有些功能虽可能直接计量，但一个产品各项功能的计量单位也会不尽相同，须找出一个共同的标准才能进行比较和评价；即使计量相同，也往往不能进行简单的计算与比较。因此，功能评价的关键是将功能数量化，即对功能价值进行测定与比较。

（1）功能评价的程序。

功能评价的一般步骤如下：

① 计算功能的现实成本（实际成本）C。

② 确定评价对象的功能价值（目标成本）F。

③ 计算和分析评价对象的价值V。

④ 计算成本改进期望值ΔC。

⑤ 根据评价对象的价值高低和成本期望值的大小，确定改进的重点对象及优先次序。

功能评价就是找出实现功能的最低费用作为功能的目标成本，以目标成本为基准，通过与功能现实成本的比较，求出期望值大的功能作为价值工程活动的重点对象。功能评价的程序如图 10-6 所示。

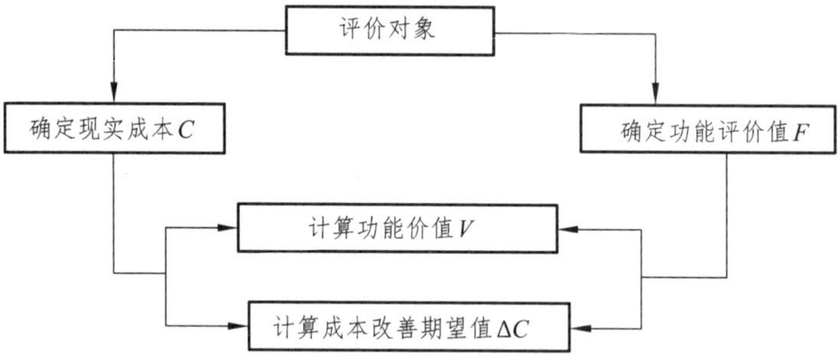

图 10-6　功能评价程序

（2）功能现实成本的计算。

功能现实成本就是功能的当前成本，是指以功能为对象进行分析计算，而非产品或对象本身，因此要将产品或对象的各个功能区分开来。功能现实成本的计算与一般传统的成本核算既有相同点，也有不同之处。两者的相同点是指它们在成本费用的构成项目上是完全相同的；两者不同之处在于功能现实成本的计算是以对象的功能为单位，而传统的成本核算是以产品或对象为单位。因此，在计算功能现实成本时，就需要根据传统的成本核算资料，将产品或对象的现实成本换算成功能的现实成本。

需要注意的是：当一个对象只具有一个功能时，该对象的成本就是它本身的功能成本；当一项功能要由多个对象共同实现时，该功能的成本就等于这些零部件的成本之和。当一个对象具有多项功能或同时与多项功能有关时，就需要将对象成本分摊给各项有关功能，至于分摊的方法和分摊的比例，可根据具体情况而定。

（3）成本系数的计算。

成本系数是指评价对象的现实成本在全部成本中所占的比例。其计算公式如下：

$$C_I = \frac{C_i}{C} \tag{10-3}$$

式中 C_I——第 i 个评价对象的现实系数；

C_i——第 i 个评价对象的现实成本；

C——全部成本。

（4）功能评价值的计算。

对象的功能评价值 F（目标成本），是指可靠地实现用户要求功能的最低成本，可以根据图纸和定额，也可根据国内外先进水平或根据市场竞争的价格来确定。功能评价值可以理解为是企业有把握，或者说应该达到的实现用户要求的最低成本。从企业目标的角度来看，功能评价值可以看成是企业预期的、理想的成本目标值，常用功能重要系数评价方法计算。

【例题 10-2】 某项目的开发征集到若干设计方案，经筛选后对其中 A、B、C、D 四个设计方案作进一步的技术经济评价。有关专家决定从五个方面（分别以 $F_1 \sim F_5$ 表示）对方案的功能进行评价，采用 0-4 评分法予以计算确定。得到方案的功能重要系数，如表 10-4 所示。

表 10-4 功能的重要系数计算表

	F_1	F_2	F_3	F_4	F_5	得分	功能重要系数
F_1	×	3	3	4	4	14	14/40 = 0.350
F_2	1	×	2	3	3	9	9/40 = 0.225
F_3	1	2	×	3	3	9	9/40 = 0.225
F_4	0	1	1	×	2	4	4/40 = 0.100
F_5	0	1	1	2	×	4	4/40 = 0.100
合 计						40	1.000

各专家对该四个方案的功能满足程度分别打分，其结果如表 10-5 所示。

表 10-5 专家对各方案功能的评价得分

功 能	各方案的功能得分			
	A	B	C	D
F_1	9	10	9	8
F_2	10	10	8	9
F_3	9	9	10	9
F_4	8	8	8	7
F_5	9	7	9	6

将各方案的各功能得分分别与该功能的权重相乘,然后汇总即为该方案的功能加权得分,各方案的功能加权得分即为方案的功能系数，如表 10-6 所示。

表 10-6　各方案的功能评价系数

功　能	方案				
	功能重要系数	A	B	C	D
		各方案的功能加权得分			
F_1	0.350	9×0.350	10×0.350	9×0.350	8×0.350
F_2	0.225	10×0.225	10×0.225	8×0.225	9×0.225
F_3	0.225	9×0.225	9×0.225	10×0.225	9×0.225
F_4	0.100	8×0.100	8×0.100	8×0.100	7×0.100
F_5	0.100	9×0.100	7×0.100	9×0.100	6×0.100
合　计	1.000	9.125	9.275	8.900	8.150
功能系数	1.000	9.125/35.45 = 0.257	0.262	0.251	0.230
备　注		9.125 + 9.275 + 8.900 + 8.150 = 35.45			

（5）计算功能价值 V，确定价值工程对象的改进范围。

由于对功能价值的测定方法及相应评价基准选择的不同，形成了不同的评价方法。总的来讲，可以分为两大类，即功能成本法和功能系数法。

功能指数法（相对值法），指的是通过评价各项目（或对象）的功能评价指数与其成本指数进行比较，得出评价对象的功能指数，并进行综合分析，进而确定价值工程的改进对象。其表达式如下：

$$V_i = \frac{F_i}{C_i} \tag{10-4}$$

式中　V_i——第 i 个评价对象的价值系数；

F_i——第 i 个评价对象的功能评价值（目标成本）；

C_i——第 i 个评价对象的现实成本。

根据上述公式计算的计算结果，功能的价值系数有以下几种结果：

$V_i = 1$，表示功能评价值等于功能现实成本。这表明评价对象的功能现实成本与实现功能所必需的最低成本大致相当，说明评价对象的价值为最佳，一般无需改进。

$V_i < 1$，此时功能现实成本大于功能评价值。表明评价对象的现实成本偏高，而功能要求不高，这一种可能是存在着过剩的功能；另一种可能是功能虽无过剩，但实现功能的条件或方法不佳，致使实现功能的成本大于功能的实际需要。此时价值工程的改善方向主要是降低成本。

$V_i > 1$，说明该部件功能比较重要，但分配的成本较少，即功能现实成本低于功能评价值。应具体分析，可能功能与成本分配已较不理想，或者有不必要的功能，或者应提高成本。

根据例题 10-2：根据造价工程师估算，A、B、C、D 四个方案的单位造价分别为 1 420 元/m²、1 230 元/m²、1 150 元/m²、1 360 元/m²。则个方案的价值系数计算如表 10-7 所示。

表 10-7 各方案价值系数计算表

方　案	项　目			
	功能现实成本	功能成本系数	功能评价系数	功能价值系数
	C	C_i	F_i	V_i
A	1 420	1 420/5 160 = 0.275	0.257	0.275/0.257 = 0.935
B	1 230	0.238	0.262	1.101
C	1 150	0.223	0.251	1.126
D	1 360	0.264	0.230	0.871
合计	5 160	1.000	1.000	

由表 10-7 计算的各方案的价值系数结果显示，C 方案的价值最大，应优选之；而 A 和 D 方案有可改进的空间。

功能成本法（绝对值法），是通过计算实现应有功能的所必须消耗的最低成本，同时计算为实现应有功能所消耗的现实成本，经过分析、对比，求得分析对象的价值系数和成本降低期望值，确定价值工程的改进对象和改善幅度。改善幅度可用下式表示：

$$\text{成本改善期望值}(\Delta C) = \text{功能的现实成本} - \text{功能评价值} \tag{10-5}$$

综上所述，可以得到各方案的成本改善对象及改善幅度，如表 10-8 所示。

表 10-8 各方案价值系数计算表

方　案	项　目			
	功能现实成本	功能成本系数	功能目标成本	成本改善期望值
	C	C_i		ΔC
A	1 420	0.275	5 160 × 0.257 = 1 326	94
B	1 230	0.238	1 352	− 122
C	1 150	0.223	1 295	− 145
D	1 360	0.264	1 187	173
合计	5 160	1.000	1.000	

由表 10-8 可见，方案 A 和方案 D 可以进行单位成本改进的幅度分别为 94 元/m^2 和 173 元/m^2。

10.4 方案的创造与实施评价

10.4.1 方案的创造

方案的创造是从提高对象的功能价值出发，在正确的功能分析和评价的基础上，针对应改进的具体目标，通过创造性的思维活动，提出能够可靠地实现必要功能的新方案。方案创造的理论依据是功能载体具有代替性，价值工程活动能否取得成功，关键是在正确的功能分析和评价的基础上能否提出可靠地实现必要功能的新方案。

方案的创造通常可以用头脑风暴法、模糊目标法和德尔菲法等。

1. 头脑风暴法（BS—Brain Storning）

头脑风暴法是以开小组会的方式进行（参加人数 5 ~ 10 人为宜）。具体做法是事先通知议题，开会时要求应邀参加会议的各方面专业人员在会上自由奔放地思考，集思广益、互相启发，提出不同的方案，多多益善。但不评价别人的方案，并且希望与会者在别人建议方案的基础上进行改进，提出新的方案。

2. 模糊目标法（Gordon）

模糊目标法是美国人哥顿在 20 世纪 60 年代提出来的，也称哥顿法。其特点是与会人会前不知道议题，在开会讨论时也只是抽象地讨论，不接触具体的实质性问题，以免束缚与会人员的思想。待讨论到一定程度以后才把中心议题提出来，以作进一步研究。

3. 德尔菲法（Delphi）

德尔菲法又称专家函询法，其不采用开会的形式，而是由主管人员或部门把已构思的方案以信函的方式分发给有关的专业人员，征询他们的意见，然后将意见汇总，统计和整理之后再分发下去，希望再次补充修改，如此反复若干次，即经过几上几下，把原来比较分散的意见作集中处理，作为新的代替方案。

方案创造的方法很多，总的原则是要充分发挥各有关人员的智慧，集思广益，多提方案，从而为评价方案创造条件。

10.4.2 方案的实施评价

方案的实施评价是在方案创造的基础上对新构思方案的技术、经济、社会和环境效果等几方面进行估价，以便于选择最佳方案。按其做法可分为概略评价和详细评价两个阶段，其过程如图 10-7 所示。

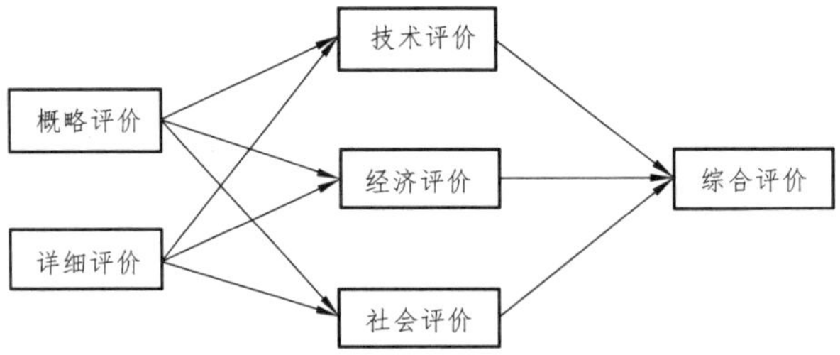

图 10-7　方案评价步骤示意图

1. 概略评价

概略评价是对已创造出来的方案从技术、经济和社会三个方面进行初步研究。其目的是从众多的方案中进行粗略的筛选，减少详细评价的工作量，使精力集中于优秀方案的评价。

2. 详细评价

方案的详细评价，就是对概略评价所得的比较抽象的方案进行调查和收集信息资料，使其在材料、结构、功能等方面进一步具体化，然后对它们做最后的审查和评价。

在详细评价阶段，对产品或服务的成本究竟是多少，能否可靠地实现必要的功能，都必须得到准确的解答。总之，要证明方案在技术和经济方面是可行的，而且价值必须得到真正的提高。

技术评价围绕功能进行，内容主要指方案能否实现所需要的功能以及实现程度；经济评价主要是围绕经济效果进行，内容是以成本为代表的经济可行性；社会评价围绕社会效果进行，主要评价内容是对社会的利弊。最后进行综合评价，方案经过评价，淘汰了不能满足要求的方案后，就可从保留方案中选择技术上先进、经济上合理和社会上有利的最优方案。

10.5 价值工程的具体应用

案例分析

案例背景：某房地产开发商要在某城区内的一地段进行住宅开发，地块面积约为 200 亩，一边临水，一边紧邻城市次干道，周边居民收入水平和环境条件一般。现对此地块住宅开发进行产品的档次定位分析。

1. 功能指标系统的选择

将开发的住房作为一个独立完整的“产品”进行功能定义和评价。功能指标系统的选取，主要考虑对住房市场需求和住房功能定位有直接影响的因素。因此，可建立下列功能系统图：经济适用（价格适中，布局合理）；生活便捷（设施完备，使用方便）；环境适宜（环境舒适，政策配套）；使用安全（结构牢固，三防齐全）；资产增值（地段改良，市场发展）。

2. 设计方案的特征和成本系数分析

根据地块的城市规划用途、地段特征以及周边城市居民的收入状况，现拟订建设三种不同住宅标准的住宅小区，其建造标准如表 10-3 所示。同时为了计算的简便，将开发商的住宅建造成本和市场上居民愿意或实际购买住宅的整体功能所支付的成本，转换为成本系数如表 10-9 所示。

表 10-9 三个设计方案的特征和成本系数分析

设计方案	主要特征	平均成本 /（元/m^2）	成本系数 C_i
A	环境幽雅、富有特色、智能化高档住宅小区，小高层框架结构，内外结构布置具有人文气息	2 750	0.393
B	各种环境较好的中档住宅小区，框架结构，一般智能化条件	2 250	0.321
C	环境一般化的低档经济型住宅小区，框架与砖混结合	2 000	0.286
合　计		7 000	1.00

3. 功能指标重要系数的确定

根据各功能指标在不同档次住宅中所占的地位不同，选取相应的目标客户、市场销售人员、专家等有代表性的相关群体为调查对象，对上述五个大类指标采用市场调查方式进行打分，以保证市场调查结果的科学性和合理性；运用指标之间的相对重要性对各指标评分，然后加权系数求和并归一化，得出各功能重要系数。

通过市场调查的数据整理分析可得功能重要性系数：

$$f_1 = 0.3\text{；}\ f_2 = 0.25\text{；}\ f_3 = 0.2\text{；}\ f_4 = 0.15\text{；}\ f_5 = 0.10$$

根据三个建设方案的各项功能指标打分，通过功能重要系数对各方案功能得分进行加权，并计算各方案的功能系数，如表 10-10 所示。

表 10-10 三个方案的功能系数评分表

功能因素	功能重要系数	方案功能得分加权值		
		A	B	C
经济适用 f_1	0.30	$10\times0.30=3.00$	$9\times0.30=2.70$	$8\times0.30=2.40$
生活便捷 f_2	0.25	$9\times0.25=2.25$	$9\times0.25=2.25$	$7\times0.25=1.75$
环境适宜 f_3	0.20	$9\times0.20=1.80$	$8\times0.20=1.60$	$6\times0.20=1.20$
使用安全 f_4	0.15	$9\times0.15=1.35$	$9\times0.15=1.35$	$7\times0.15=1.05$
资产增值 f_5	0.10	$10\times0.10=1.00$	$9\times0.10=0.90$	$8\times0.10=0.80$
合 计	1.00	9.40	8.80	7.20
功能系数		$\dfrac{9.40}{9.40+8.80+7.20}=0.370$	0.346	0.283

4. 方案价值系数的计算与分析

将表 10-9 中的成本系数和表 10-10 中的功能系数，按照价值工程的价值系数计算公式（$V=F/C$），即可求得各建设方案的价值系数，如表 10-11 所示。

表 10-11 各设计方案价值系数的计算及最优方案

设计方案	功能评价系数	成本系数	价值系数	最优方案
	F	C	$V=F/C$	
A	0.370	0.393	0.941	
B	0.346	0.321	1.078	√
C	0.283	0.286	0.990	

根据单位造价的价值系数计算结果可知：方案 B 最优。因此，在上述地段、环境等状况下，此项目应该选择建造中档价位住宅小区的产品决策方案最为合理。

首先选取相应的目标客户、市场销售人员、专家等有代表性的相关群体为调查对象，然后确定市场目前环境下的指标功能重要性系数，以此作为确定市场各类人员对指标细分评分调查表的有效性标准，运用价值工程法对具体项目的实证分析表明：

（1）价值工程法着重于提高房地产项目产品的整体价值，使产品具有较强的市场适应性。价值工程法兼顾功能、成本两个方面，不同于成本管理和质量管理。它通过价格性能比进行市场适应性调整，不仅能够改善产品性能，而且可以增强产品市场生存力，协调产品市场的供需平衡，致力于产品价值的提高。

（2）价值工程法可保证产品决策的科学性和可靠性。价值工程法能从多个方面考虑项目产品的影响因素，即对主要影响产品“功能实现”的因素进行分析评价，确定产品的功能和成本范围，从而成功地选择产品决策方案。它可克服目前单调的“成本-价格-利润”产品决策法和定性的多因素分析法的弊端，从而使房地产项目产品决策理论及其评价方法体系得到完善。

（3）价值工程法注重对用户所需的产品功能进行分析，促进项目产品功能的完善。价值工程法不直接研究产品的实物本身，而是抽象地研究住宅成本与用户所要求功能的适应性。它把成本、功能、用户有机地联系起来，提高产品价格性能比和环境的适应性。这种方法可使开发商认真地、全面地了解和分析具体地域产品的市场需求状况，确保产品决策的正确性和市场适时性。

但价值工程法并没有分析房地产项目产品的经济可行性，所以具体的产品决策还必须同时进行技术经济分析，以保证产品决策的经济可行性。也就是说，价值工程法还必须结合相关的方法，才能更好地发挥其作用。

本章小结

本章主要介绍了价值工程原理、工作程序、对象选择方法和功能系统分析，以及价值工程中的功能评价、方案创造及评价。

本章练习题

一、单项选择题

1. 价值工程中所涉及到的基本要素是（　　）。

A. 价值、功能、成本　　B. 价值、功能、寿命周期

C. 使用价值、功能、寿命周期成本　　D. 价值、功能、寿命周期成本

2. 价值工程的含义是（　　）。

A. 产品（或作业）功能的实现程度

B. 产品（或作业）消耗的社会必要劳动时间

C. 产品成本与产品功能的比值

D. 产品（或作业）所具备的功能与其获得该功能的全部费用之比

3. 价值工程的目的是（　　）。

A. 产品功能的改进　　B. 产品价值的提高

C. 产品的技术创新　　D. 产品成本的降低

4. 价值工程的核心是指（　　）。

A. 研究对象选择　　B. 成本测算

C. 功能分析　　D. 方案的创造与实施评价

5. 通过（　　）可对对象“他是作什么用的”价值工程提问做出回答。

A. 功能分类　　B. 功能分析　　C. 功能整理　　D. 功能评价

二、多项选择题

1. 按照产品功能的隶属关系，产品功能可分为（　　）。

A. 基本功能　　B. 缺乏功能　　C. 辅助功能

D. 使用功能　　E. 过剩功能

2. 价值工程中提高价值的途径包括（　　）。

A. 提高功能，降低成本　　B. 降低功能，提高成本

C. 成本有所上升，功能大幅度提高　　D. 功能不变的情况下降低成本

E. 成本不变的情况下提高功能

3. 价值工程对对象选择的基本方法有（　　）。

A. 经验分析法　　B. ABC 分析法　　C. 强制确定法

D. 寿命周期分析法　　E. 头脑风暴法

4. 价值工程中常用的方案创造方法有（　　）。

A. 头脑风暴法　　B. 模糊目标法　　C. 加权评分法

D. 优缺点法　　E. 德尔菲法

三、思考与案例分析题

1. 什么是价值工程？价值工程的特点是什么？

2. 价值工程的价值含义是什么？提高价值有哪些途径？

3. 价值工程中的功能指的是什么？功能的分类有哪些？

4. 价值工程一般工作程序是什么？

5. 怎样根据功能评价结果选择价值工程的改进对象？

6. 背景：某市高新技术开发区有两栋科研楼和一栋综合楼，其设计方案对比项目详见如下所述：A 楼方案：结构方案为大柱网框架轻墙体系，采用预应力大跨度叠合楼板，墙体材料采用多孔砖及移动式可拆装式分室隔墙，窗户采用单框双玻璃钢塑窗，面积利用系数为 93%，单方造价为 1 438 元/m^2。B 楼方案：结构方案同 A 方案，墙体采用内浇外砌，窗户采用单框双玻璃空腹钢窗，面积利用系数为 87%，单方造价为 1 108 元/m^2。C 楼方案：结构方案采用砖混结构体系，采用多孔预应力板，墙体材料采用标准黏土砖，窗户采用单玻璃空腹钢窗，面积利用系数 79%，单方造价为 1 082 元/ m^2。方案各功能的权重及各方案的功能得分如下表所示。

问题：试应用价值工程选择最优设计方案。（计算结果保留两位小数）

方案各功能的权重及各方案的功能得分，如表 10-12 所示。

表 10-12　各分案的功能得分

方案功能	功能权重	方案 A 功能得分	方案 B 功能得分	方案 C 功能得分
结构类型	0.25	10	10	8
模板类型	0.05	10	10	9
墙体材料	0.25	8	9	7
面积系数	0.35	9	8	7
窗户类型	0.10	9	7	8

计算各方案的功能指数 F_i、成本指数 C_i 和价值指数 V_i，填入表 10-13 中：

表 10-13　各方案指数

方　案	A	B	C	合　计
方案功能加权得分				
① 功能指数				
造价（元/m^2）				
② 成本指数				
③ 价值指数				

11　工程项目后评价

本章的学习目标

- 掌握工程项目后评价的含义、特点以及与前评价的区别
- 掌握工程项目后评价的范围与基本内容
- 熟悉工程项目后评价的方法与程序
- 熟悉工程项目后评价的指标体系
- 了解工程项目后评价的理论基础
- 了解工程项目后评价的目的、作用和原则

本章的知识结构图

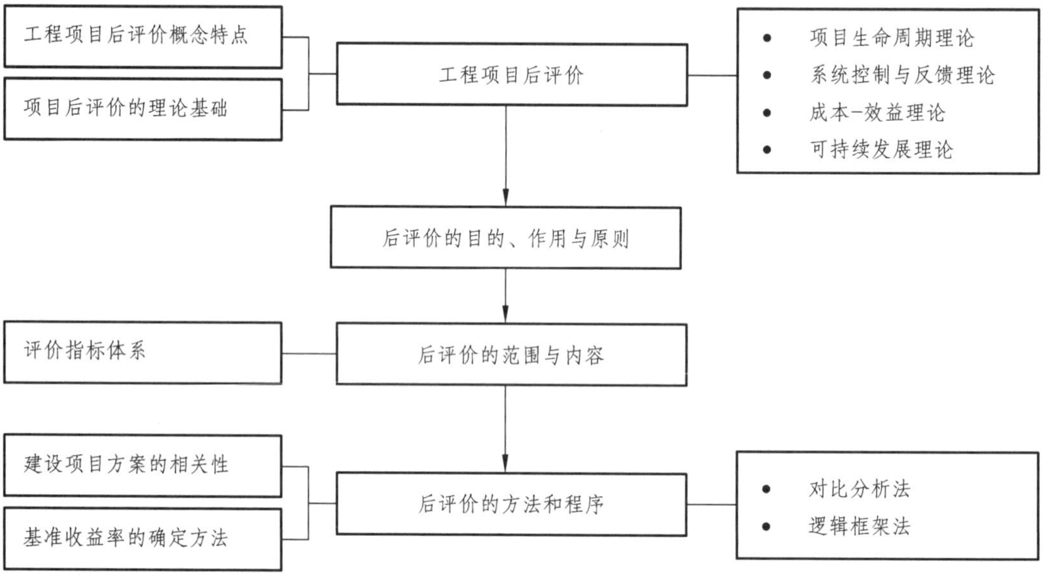

11.1　工程项目后评价概述

11.1.1　工程项目后评价的含义和特点

1. 工程项目后评价的含义

项目后评价（Post Project Evaluation）是指项目在投资完成之后或建成投产并达到设计生产能力后，通过对项目的立项决策、建设目标、实施全过程（设计施工、竣工验收、生产经

营等）的工程活动进行调查研究与总结回顾，运用技术经济方法对取得的效益（经济效益、社会效益和环境效益）、产生的影响及其持续性进行系统客观分析和综合评价，从而判断建设项目预期目标实现程度的一种评价方法。对于经营性项目，一般是在项目投产运营 3 ~ 5 年后进行后评价：与项目决策时确定的目标以及技术、经济、环境、社会指标进行对比，找出差别和变化，分析原因，总结经验，吸取教训，得到启示，提出对策建议。

项目后评价主要是服务于投资决策，是出资人对投资活动进行监管的重要手段之一。项目后评价也可以通过信息反馈，改善新一轮投资管理和决策，完善在建投资项目，为提高投资效益提供帮助。

项目后评价起源于 20 世纪 30 年代的美国国会和公众对经济大萧条期间政府“罗斯福新政”对投资效果的审视与关注。项目后评价经过 80 多年的发展已经形成一套比较完善的理论体系，并为以美国、加拿大、日本为代表的国家和联合国文教组织、联合国儿童基金会、联合国粮食组织、联合国人口活动基金、世界银行、亚洲开发银行等国际援助机构所采纳。我国的项目后评价起步较晚，开始于 20 世纪 80 年代中后期，主要是在利用外资尤其是世界银行贷款项目的管理过程中学习、借鉴国外先进经验的基础上发展起来的，并初步形成了自己的后评价体系。

原国家计委是我国最早开展后评价工作的部门，在 1988 年和 1989 年，其先后下发文件，要求首先在外资贷款项目中进行后评价工作，并委托中国国际工程咨询公司对十几个项目试点（涉及农业、交通、能源等许多行业）先后进行了后评价，这标志着项目后评价在我国的正式开始。随着我国社会主义市场经济体制改革的不断深入与发展，投资项目的可行性研究、项目决策、项目后评价也逐步受到政府、企业及社会各界的重视。

2004 年 7 月国务院颁布了《国务院关于投资体制改革的决定》（国发〔2004〕20 号），在加强和改进投资的监督管理中明确指出“建立政府投资责任追究制度，工程咨询、投资项目决策、设计、施工、监理等部门和单位，都应有相应的责任约束……完善重大项目稽查制度，建立政府投资项目后评价制度，对政府投资项目进行全过程监管。”政府投资项目后评价制度的建立，为确立项目后评价在我国投资管理体制中的作用和地位奠定了基础。为指导中央企业提高投资决策水平、管理水平和投资效益，规范投资项目后评价工作，推动投资项目后评价制度和责任追究制度的建立，2005 年 5 月颁发了《中央企业固定资产投资项目后评价工作指南》（国资发规划〔2005〕92 号），对项目后评价的概念、一般要求、内容、方法、实施和成果应用等作出了明确规定，促使国内各行业对投资项目后评价工作日益重视，对推动后评价工作开展发挥了重要作用。2008 年 11 月，国家发改委颁布了《国家发展改革委关于印发中央政府投资项目后评价管理办法（试行）的通知》（发改投资〔2008〕2959 号），意在建立与完善政府投资项目后评价制度，规范项目后评价工作，提高投资决策水平与投资效益。项目后评价承担了第三方独立、客观、公正、科学的监督与评价职能，成为国家对重大投资建设项目进行监督与管理的重要手段。

2. 工程项目后评价的特点

工程项目后评价具有现实性、全面性、反馈性及合作性等特点。

1）现实性

项目后评价分析研究的是项目实际的情况，是对工程项目建成投产后运营状况的总结评价，其所依据的数据资料是现实发生的真实数据或根据实际情况重新预测的数据。因此，项目后评价必须依据项目实际的技术、经济、环境、社会等各项指标，实事求是地对项目实施的效果进行评价。

2）全面性

在进行项目后评价时，需要对项目实践进行全面评价，不仅对项目从立项决策、项目实施、项目投产运营等全过程进行系统分析与评价，而且还要对项目的经济效益、社会效益、环境效益以及项目的综合管理效率等全方位评价，并把握影响项目效益的主要因素，总结经验教训，提出切实可行的改进措施。

3）反馈性

项目后评价的目的是为有关部门反馈信息，为新项目立项、调整投资规划和政策的提供依据，为今后项目管理、投资计划的制订和投资决策积累经验，并用来检测项目投资决策正确与否。因此，项目后评价的反馈机制、手段和方法便是评价成败的关键环节之一，通过项目周期各个阶段的信息交流和反馈，系统地为评价提供资料和向决策机构提供评价的反馈信息。

4）合作性

项目可行性研究和项目前评价一般只通过评价单位与投资主体间的合作，由专业的评价人员提出评价报告，而项目后评价则需要更多方面的合作，如专业的技术经济人员、项目经理、企业经营管理人员、投资项目主管部门等，各方融洽合作，项目后评价才能切实反映项目投资效益、管理水平和决策质量。

3. 项目后评价与前评价（财务评价）的异同点

项目后评价与前评价（财务评价）的相同之处主要表现为：一是评价的主要目标都是以实现项目投资收益最大化；二是在评价方法的选择上，均可采用定性分析和定量分析相结合、静态分析和动态分析的分析方法；三是评价指标的选取上也有共同之处。

但是，项目后评价和前评价在评价主体、评价阶段、评价内容、评价依据和评价的侧重点等方面存在一定的区别，如表 11-1 所示。

表 11-1　项目后评价与前评价的主要区别

区　别	项目前评价	项目后评价
评价主体	工程项目的投资主体、贷款决策机构、项目审批部门等组织实施	后评价执行机构和独立第三方会同计划、财政、审计、质量等有关部门进行
评价阶段	项目决策和审批立项前	项目建成投产或交付使用一段时间以后
评价内容	项目建设的必要性、可行性与合理性以及经济、社会和环境效益等评价	项目的决策目标、实施过程效率、运营的效益、项目的可持续性等综合性调查分析
评价依据	国家和相关部门颁布的政策、法规、方法和参数等	项目实施和运营过程中收集调查的实际数据
评价目的	论证项目必要性、可行性与合理性等	总结经验教训，对存在问题提出对策，提高未来项目决策效率和管理水平

11.1.2 项目后评价的理论基础

1. 项目生命周期理论

项目生命周期理论认为，任何项目都要经历提出设想、立项决策、设计、建设，到项目竣工验收交付使用或生产，收回投资、达到预期目的为止所经历的多阶段的完整过程。项目后评价是在项目竣工交付使用或投入运行一段时间后，对项目的决策目标、实施过程效率、运营的效益、项目的可持续性等开展的综合性调查分析、论证与评价。从项目后评价的功能定位看，项目后评价是整个项目生命周期的最后一个阶段，是对整个项目的目的、作用、实施过程、效益、影响程度与可行性研究的结果以及项目决策的正确性进行客观独立的分析和评价，是项目的终点和结束阶段。同时，项目后评价又可视为一个新项目的开端，其通过总结经验教训反馈到后续待建新项目中去，以提高项目决策效率和管理水平，对项目其他环节进行监督约束，构成新的项目周期循环。

2. 系统控制与反馈理论

项目后评价是运用现代系统工程与反馈控制的管理理论，对项目决策、实施和运营结果作出科学的分析和判定。项目后评价是一项严密和复杂的系统工程，是具有特定功能，由多个相关要素组成的有机整体，是内部各要素之间互相制约、互相影响的开放式环闭系统。该系统由“输入—处理—输出—反馈—控制”五个要素构成，通过人力、物力、财力、技术和管理等资源的投入，经过一系列处理（项目实施、运营和产出），及时反馈项目实施和运行中存在的问题，使投资决策者掌握项目实施全过程的动态，及时调整方案和执行计划，并在项目建设或运行过程中得到控制与改善，使项目顺利实施并投入运营。同时，对建设和运营的全过程作出科学、客观的评价，对今后的项目目标作出正确的决策，有利于保证项目顺利开展与科学化管理，实现系统与外部环境进行能量、信息的交换，最终达到系统的最优化。

因此，开展项目后评价工作，是将系统控制与反馈理论应用于工程项目管理的全过程中，有效地对项目投资的规律、结构和方向进行科学的、有效的宏观调控。

3. 成本-效益理论

成本-效益理论认为，任何经营项目的投入与产出都有相应的成本与效益，在特定的环境和条件下追求相对经济效益较大的方案，即收益相同选较低成本、成本相同选较高收益，从而达到经营项目整体合理性和经济效益的最大化。项目后评价衡量项目本身是否遵循成本-效益原则，项目建设总投资包括流动资产与固定资产的投入，项目支出包括直接费用、间接费用以及期间费用等支出，直至项目实施之后的销售收入、成本回收以及补贴等收益，是否达到了经济效益最大化的目标；或项目实施后是否比实施之前给企业、社会带来更大的收益。因此，成本-效益理论明确了项目后评价的条件界定。

4. 可持续发展理论

联合国《21 世纪议程》（1992）提出，可持续发展理论体系由经济、社会、生态三个分体系组成，是全面协调自然、经济、社会三维结构之间相互关系、相互渗透的复合系统。可持续发展突破了传统经济发展理论，提出经济、社会、资源和环境的承载能力相协调，强调发展的协调性和可持续性，经济的发展不能以牺牲社会的代内公平性和生态环境为代价，即经济可持续发展是基础，资源和生态可持续性是前提，社会可持续发展是目标。因此，在进行后评价时应充分考虑后评价项目是否符合“自然-经济-社会协调发展”可持续发展的目标要求，不仅要重视项目的经济效益，更需要重视项目与社会资源环境的协同效益，实现经济、社会和环境效益三位一体的协同发展。

11.2　工程项目后评价的目的、作用及原则

11.2.1　工程项目后评价的目的

项目后评价的目的是通过对项目实施过程结果及其影响进行全面的调查研究和系统的回顾分析，确定项目预期的目标是否达到，项目决策是否合理有效，项目的主要效益指标是否实现，通过技术经济分析评价找出项目成功与失败的原因，总结经验教训，通过及时有效的信息反馈，调整和完善投资政策和发展规划，为未来新项目的决策和提高完善投资决策管理水平提出建议，同时也为后评价项目实施运营中出现的问题提供改进意见，从而达到提高投资效益的目的。

11.2.2　工程项目后评价的作用

项目后评价对提高建设项目决策科学化水平、改进项目管理、提高投资效益和为政府及银行部门调整投资政策等方面发挥着极其重要的作用。结合我国开展项目后评价以来的实际效果，项目后评价的作用主要表现在以下几个方面：

1. 提高项目投资决策的科学化水平

项目前评价为项目投资决策提供依据。前评价中所做的预测和结论是否正确，需要项目建设的实践和后评价来检验和判断。因此，项目后评价是对项目投资决策依据及项目实施过程进行检查和总结，通过建立与完善建设项目后评价制度和科学的评价方法体系，通过项目实施的反馈信息进行分析，评价项目基本建设程序各环节和生产经营的实际效果，分析项目建设过程的立项、投资决策、技术采用及管理方法和经营手段等是否正确合理，及时纠正建设项目决策中存在的问题，从而提高未来建设项目决策的科学化水平。

2. 总结项目管理的经验教训，促使建设项目运营状态正常化

项目建设与管理是一个复杂的系统工程，项目能否顺利完成并取得预期效果，关键在于项目自身的管理效率和各相关部门的协调、合作及配合。项目后评价是项目建设周期中最后一个环节，通过运用实际数据、资料来检验、分析工程管理中存在的问题，进行分析研究，比较实施情况与预测的偏离程度，分析产生偏差的原因，并提出切实可行的合理的整改意见，

以促进项目改进和适应运营状态的正常化。因此，项目后评价是运用评价的结论和所获得的经验教训，对项目建设与管理起到监督、改进和指导作用，并有利于提高项目管理水平和实现项目管理科学化。

3. 为政府制订投资计划和调整产业政策提供参考

从项目后评价的结论和总结的经验教训中，可以发现政府宏观投资政策及管理过程中存在的某些问题与不足。政府有关部门可根据反馈的信息，通过运用金融政策、产业政策、财税政策等确定和调整投资规模与投资流向，协调各产业部门之间及其内部的各种比例关系，及时修正某些不适合经济发展的宏观经济政策、技术经济政策和已经过时的指标参数。此外，政府有关部门还可通过法律的、经济的和行政的手段，建立和完善必要的法律法规、组织机构与相应的管理制度，从而保证国家投资管理的良性循环。

4. 为银行部门及时调整信贷政策提供依据

通过开展建设项目后评价，为建设项目提供贷款的银行发现项目建设资金使用过程中存在的问题，分析研究贷款项目成功或失败的原因，为调整贷款投向与信贷政提供依据，加强风险防范，并确保银行信贷资金的按期回收。

5. 为提高建设项目监管水平提出建议

建设项目管理是一项十分复杂的活动，它涉及政府有关部门、建设项目业主、贷款银行、设备制造和材料供应商以及工程勘察设计、工程施工、工程监理等许多部门，只有各方面密切合作，建设项目才能顺利完成。如何进行有效管理、协调有关各方的关系、采取什么样的具体协作形式等，都应在项目建设过程中不断摸索、不断完善。建设项目后评价通过对已建成项目实际情况的分析研究，总结项目在组织管理方面的先进经验和失败的教训，为出资人对未来项目的管理活动提供借鉴，以便提高项目监管水平。

11.2.3 工程项目后评价的原则

工程项目后评价应坚持“独立、科学、公正”的原则。

1. 独立性

项目后评价是以独立的第三者身份出发，深入实地认真听取各方的意见，保证工作的公平公正地进行，不应受项目决策者、管理者、执行者和前评估人员的干扰。因此，项目后评价是评价的公正性和客观性的重要保障。为确保项目后评价的独立性，必须从机构设置、人员组成、履行职责等方面综合考虑，使后评价工作的运行保持相对的稳定性和独立性，不受外界的干扰或干预，向客户提供独立、公正的咨询意见和建议，使后评价成果信息准确有效，提高后评价者的信誉。

2. 科学性

知识、经验、能力和信誉是工程咨询科学性的基本要素。项目后评价指以知识和经验为基础为客户提供解决方案，其科学性取决于规范的工作流程、真实全面的资料来源和科学性的评价方法。工程咨询所需包括自然科学、社会科学和工程技术知识等多种专业知识和大量的信息资料，并通过运用技术知识解决工程实际问题和为项目后评价服务。因此，科学知识的运用是保证项目后评价科学性的重要保障。

3. 公正性

项目后评价的结果往往受到社会公众的广泛关注，尤其是带有社会福利性质的公共项目投资活动。因此，项目后评价应维护全局和整体利益，要有宏观意识，坚持可持续发展的原则。在调查研究、分析问题、作出判断和提出建议的时候要客观、公平和公正，遵守职业道德，坚持工程咨询的独立性和科学态度。

11.3 工程项目后评价的范围与内容

11.3.1 工程项目后评价的范围

项目后评价的评价范围，依据项目周期的划分，包括项目前期决策、工程准备、建设实施、竣工投产等方面的评价。项目实施过程评价越来越受到投资者、决策者和管理者的重视，实践表明项目实施的好坏在很大程度上决定了项目的成败。项目实施评价的目的，在于揭示在项目实施中，是否在数量、质量、工程进度、造价等方面达到了设计规定的目标，以便总结在项目决策、管理组织机构、前期准备、开工准备、招标、投标、施工监理等方面，有哪些成功的经验或失败的教训。

11.3.2 工程项目后评价的内容

根据工程项目的建设和运营的阶段，对建设项目的立项决策、设计施工、竣工投产、生产运营等全过程进行系统分析，工程项目后评价大致可以分为项目前期工作的后评价、工程项目实施阶段的后评价和项目运营阶段的后评价。项目后评价的主要内容包括项目的技术效果、经济效益、环境效益、社会效益、项目的管理效果以及项目的可持续性等方面。然而，根据项目的性质、规模、特点，针对项目的不同阶段，项目后评价的内容也不尽相同。

1. 工程项目前期工作后评价

工程项目的前期工作是指建设项目从提出到开工建设以前所进行的各项工作，是建设项目过程的重要阶段，其工作质量对项目的成败起着决定性作用。因此，前期工作的后评价是工程项目后评价的重点内容。前期工作后评价的主要任务是评价前面前期工作的实效，分析和总结项目前期工作的经验教训。

项目前期工作后评价的主要内容包括以下几方面：

1）工程项目立项的后评价

工程项目立项的后评价主要是从项目的实际情况出发，根据项目立项依据及条件具备情况，对项目的决策依据、投资方向、技术水平等进行评价：一是对项目建议书和可行性研究中建厂选址、资源条件、建设方案、建设规模、产品方案、产品的性能和市场供求等做出分析和评价；二是根据国家产业政策、区域社会经济发展前景评价项目队提高行业生产能力以及对区域社会经济的影响；三是分析建设项目的技术水平，并与国家的技术经济政策和国内外同类项目的技术水平相比，评价其工艺流程、技术装备等选择的可靠性、实用性、配套性、先进性和合理性。

2）工程项目决策程序和方法的后评价

主要分析和评价项目的决策程序和决策体制是否健全与完善，是否符合我国现行的有关制度与法规，项目的决策方法是否正确，决策过程是否科学、民主和高效，项目决策是否带有个人意志和感情色彩等。另外，还应考虑在项目前期决策时对经济、社会和环境等方面评价的科学性和合理性。

3）项目勘察设计的后评价

工程项目勘察设计后评价主要包括：承担项目勘察设计的单位是否通过招投标优选，勘察设计质量、设计依据、标准、规范、定额及费率等是否符合国家相关规定，并通过项目建设与运营状况，检验设计方案的技术可行性和经济合理性。

4）项目建设准备工作的后评价

项目建设准备工作的后评价主要是对项目筹建、土地使用（土地征用、拆迁和人员安置等）、工程招投标、“三通一平”（水通、电通、路通和场地平整）、建设资金筹措、设备及材料的落实情况等工作是否满足工程实施的要求进行评价。

2. 工程项目实施阶段的后评价

工程项目实施阶段是指从项目开工建设到竣工验收的全过程，是项目建设程序中耗时较长、耗资也较大的时期，且主要集中反映项目前期工作的深度、工程质量、工程造价、资金到位情况以及影响项目投资效益发挥的各方面问题。

1）项目施工准备工作的后评价

项目施工准备工作的后评价主要有：一是项目开工条件是否具备，手续是否齐全；二是项目施工组织计划是否科学合理，施工技术措施、组织管理措施制订的依据是否充分；三是项目是否经有关部门批准并按计划开工。

2）项目施工及组织管理工作的后评价

工程项目的施工及组织管理的后评价主要是对工程项目的质量、进度（工期）、造价（投资）、施工安全、合同管理等方面进行分析评价，着重分析工程项目实施过程中“三控”（质量、工期和投资）的实际影响。具体评价内容如下：

一是对项目施工组织与管理的评价：采用的施工组织方式是否科学合理。

二是对项目的三控实施的评价：质量控制、进度控制和投资控制的措施是否合理，其成效如何。项目建设资金的供应与使用情况是否适度，是否符合国家的财政信贷政策，资金占用情况是否合理以及资金使用的效率；项目建设工期的实施情况如何，发生项目进度偏差后采取的措施及效果如何；项目的质量是否符合设计文件要求、国家相关技术标准等，有无产生重大质量事故，产生事故的原因为何。

三是对项目变更的评价：对项目变更的范围和原因进行分析；项目变更对项目建设的工期、质量及造价的实际影响如何。

四是对工程项目实施的安全评价：有无重大的安全事故发生，其原因是什么，对项目造成的影响如何等。

3）项目竣工验收及投产准备的后评价

项目竣工验收的后评价主要有：一是检查工程项目竣工验收程序是否满足国家相关规定，是否遵守有关部门的验收标准；二是项目竣工验收的各项技术资料是否齐全，是否按照有关规定对各项技术资料进行系统整理；三是配套工程及辅助工程是否与主体工程同步建成使用，是否达到设计生产能力；四是对收尾工程和遗留问题的处理情况，处理方案的执行情况与效果如何，对项目投资收益有何影响；五是对工程项目在工程质量、造价和工期等方面存在的问题进行分析评价，形成对未来改进项目管理的经验总结。

项目投产运营准备工作的后评价主要有：一是检查和分析工程项目投产运营前生产、技术人员的培训工作是否及时到位；二是投产后所需要的原材料、燃料、动力条件是否在项目竣工之前落实；三是生产经营管理机构及生产经营制度的落实情况如何。

3. 工程项目运营阶段的后评价

工程项目运营阶段是指项目竣工投产到项目后评价之前的工作，是实现项目投资效益和投资回收的关键时期。工程项目运营阶段的后评价是通过项目投产后的有关实际数据资料或重新预测的数据，衡量项目的实际经营情况和实际投资效益，系统地总结项目投资的经验教训，并为进一步提高项目投资效益提出切实可行的建议。工程项目运营阶段的后评价主要包括以下几方面：

1）工程项目生产经营管理的后评价

工程项目生产经营管理的后评价主要包括：一是项目生产条件及达产情况的后评价，项目生产经营状况、市场供求、产品数量和质量等情况是否符合预期，产品方案和销售模式能否适应市场的消费需求；二是生产技术和经营管理系统是否能够保证生产的正常运营；三是企业的经营管理机构和管理制度是否适应市场和企业生存与发展的需要，从企业经营管理中可以吸取哪些经验教训，对改善企业经营管理、进一步发挥项目投资效益的切实可行的建议。

2）工程项目经济效益的后评价

工程项目经济效益的后评价是工程项目后评价的主要内容，是以工程项目投产或交付使用后的实际数据（包括实际投资、生产成本、资金筹集与运营情况、销售收入、实现利润及税金等）重新计算项目各有关的经济效益指标，并与项目前期预测的实际投资效益进行对比和分析，从中发现问题、分析原因，提出提高项目投资经济效益的具体建议和措施。具体如下：一是项目财务后评价。与前评价中的财务分析内容基本一致，即主要进行项目的盈利能力分析、清偿能力分析和外汇平衡能力分析。二是主要分析项目对所在区域、所属行业及国家所产生的经济方面的影响，分析项目对推动本地区、本行业技术进步的影响。

3）工程项目对社会、环境影响的后评价

工程项目对社会影响评价主要是对社会发展方面的效益和影响进行分析，重点是评价项目对社会事业、文化、教育、卫生等的影响；对收益公平分配的影响（提高低收入阶层收入水平）、对提高当地人口就业的影响；对居民生活质量和生活条件的影响；对妇女、民族团结、宗教和民俗民风等的影响。

工程项目对环境影响评价主要是根据项目所在地对环境保护的要求，审核项目环境管理的决策、规定、规范、参数的可靠性和实际效果。实施环境影响评价应遵照国家环保法的规定，结合国家和地方环境质量标准和污染物排放标准以及相关产业部门的环保规定，主要评价项目的污染控制、区域的环境质量、自然资源的利用、区域的生态平衡和环境管理能力等。

4）项目的可持续性评价

项目可持续性评价主要是通过分析研究项目与社会的各种适应性、存在的社会风险等问题，研究项目能否持续实施，并持续发挥效益的问题。对影响项目持续性的各种社会因素，研究采取措施解决，以保证项目生存的持续性。项目的可持续性评价主要从政策因素、组织管理因素、技术因素、财务因素、市场条件、社会文化、生态环境因素以及其他外部因素等方面来综合分析与评价。

11.3.3 工程项目后评价的指标体系

开展项目后评价需要有一套完备的、可操作的、可比的后评价指标体系，从项目的前期工作（主要是以定性评价为主、定量评价为辅）、项目实施、项目运营等三方面进行分析评价，如表 11-2 所示。

表 11-2 工程项目后评价的指标体系

评价内容	前评价指标	后评价指标	前后偏差	原因分析
项目决策周期				
建设工期				
建设投资				
单位生产能力				
工程质量（工程合格率）				
生产产品合格率				
生产成本				
销售规模				
利润总额				
投资利润率				
内部收益率				
投资回收期				
财务净现值				
资产负债率				
借款偿还期				

通过上述评价指标体系对项目实施后评价，才能具体计算出项目的实际投资效益指标，这样才便于与可行性研究中的有关预测指标进行比较。项目可行性研究水平评价的内容主要是对项目可行性研究的内容和深度进行评价。

11.4 工程项目后评价的方法与程序

11.4.1 工程项目后评价的方法

建设工程项目后评价的常用方法主要有对比分析法、逻辑框架法、因果分析法、成功度法等。本书主要介绍对比分析法和逻辑框架法。

1. 对比分析法——“前后对比”和“有无对比”法

对比分析法是项目后评价的基本方法，包括“前后对比法”和“有无对比法”。项目后评价采用对比法时，一是要十分注意数据的可比性；二是更多地与其他项目进行对比，可以是同行业对比、同规模对比、同地区对比等。建设项目后评价更注重有无对比法。

前后对比法（before and after Comparison）是指将项目前期的可行性研究和评估的预测结论与项目的实际运行结果相比较，以发现变化和分析原因，用于揭示项目计划、决策和实施存在的问题。采用前后对比法，要注意前后数据的可比性。

有无对比法（with and without Comparison）是将投资项目的建设及投产后的实际效果和影响，与没有此项目可能发生的情况进行对比分析，以度量项目的真实效益、影响和作用。该方法是通过项目实施所付出的资源代价与项目实施后产生的效果进行对比，得到项目后评价结论的一个重要方法。采用有无对比法时，要注意的重点：一是“有”和“无”指的是评价对象，即项目或规划；二是要分清建设项目的作用和影响与建设项目以外的其他因素的作用和影响，以正确评价项目的增量效益和社会机会成本；三是方法论的关键在于要求投入的代价与产出的效果口径一致，即所度量的效果要真正归因于项目。

2. 逻辑框架法

逻辑框架法（LFA，Logical Framework Approach）是美国国际开发署（USAID）在 1970 年开发并用于项目规划、实施、监督与评价的一种工具，是一种综合、系统地研究和分析问题的思维框架模式。目前，国际组织普遍把 LFA 作为援助项目的计划管理和后评价的主要方法。

逻辑框架法的核心就是事物层次间的因果逻辑关系的分析，即“如果”提供了某种条件，包括事物内在的因素和事物所需要的外部条件，“那么”就会产生某种结果。逻辑框架法的模式将项目目标及因果关系划分为 4×4 的逻辑框架矩阵，即形成目标/影响、目的/作用、产出/结果、投入/措施等 4 个层次，如表 11-3 所示。

表 11-3　逻辑框架法的矩阵表

层次描述	客观验证指标	验证方法	重要外部（假设）条件
目标/影响	目标指标	检测和监督手段及办法	实现目标的主要条件
目的/作用	目的指标	检测和监督手段及办法	实现目的的主要条件
产出/结果	产出物定量指标	检测和监督手段及办法	实现产出的主要条件
投入/措施	投入物定量指标	检测和监督手段及办法	实现投入的主要条件

目标（Goal），通常指的是最高层次的目标，即宏观计划、规划、政策和方针等。此目标的确定与指标选择一般由国家或行政主管部门负责。

目的（Objectives or Purposes），是指“为什么”要实施这个项目以及建设工程项目实施的直接效果和作用，一般应考虑项目为受益目标群带来的社会和经济等效果。此层次的目标由项目和独立的评价机构来确定，指标由项目确定。

产出（Output），是指项目“干了些什么”，即项目的建设内容或产出物，提供可计量的产品或服务。

投入和活动（Input and Activities），是指项目的实施过程及内容，主要包括资源投入量、工程建设活动和时间等。

可以看出，以上的 4 个层次之间存在 3 个垂直逻辑关系及水平逻辑关系：垂直逻辑用于分析项目计划做什么，弄清项目手段和结果之间的关系，确定项目本身和项目所在地的社会、物质、政治环境中的不确定因素。如图 11-1 所示，即形成自下而上的 3 个垂直逻辑关系“投入→产出→目的→目标”。

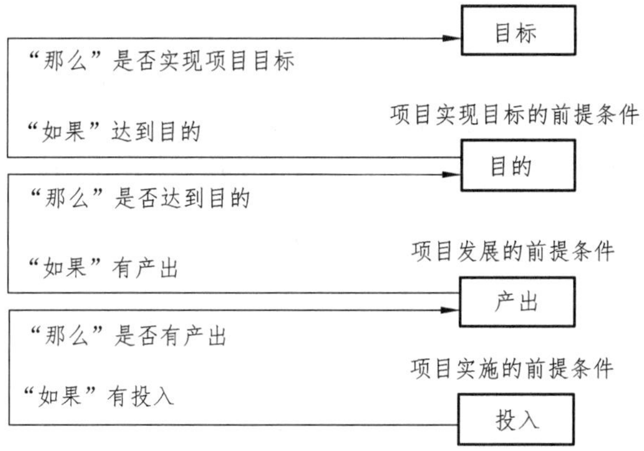

图 11-1　逻辑框架法垂直逻辑的因果关系图

水平逻辑主要由客观验证指标、验证方法和重要假设条件等三部分构成，主要用于衡量项目的资源和成果，通过确立客观的验证指标及其指标的验证方法来进行分析，并对垂直逻辑四个层次上的结果作出详细说明。

国务院国资委 2005 年 5 月颁发了《中央企业固定资产投资项目后评价工作指南》，其中对逻辑框架法通过投入、产出、直接目的和宏观影响等 4 个层面对项目后评价模式给出参考模式，如表 11-4 所示。采用逻辑框架法进行项目后评价时，可根据后评价的特点和项目特征在形式上和内容上进行一些调整，以适应不同的评价要求。

表 11-4　国资委项目后评价的逻辑框架表

目标层次	客观验证指标			原因分析		项目可持续能力
	原定指标	实际指标	差别与变化	内部原因	外部条件	
项目宏观目标						
项目直接目的						
产出与建设内容						
投入、活动						

11.4.2　工程项目后评价的基本程序

由于项目的规模、类型、复杂程度等有所差异，故每个项目后评价的具体工作程序也会有所区别。但对于一般项目的后评价，都应遵循一个客观和循序渐进的过程。工程项目后评价的基本程序可概括如下：

1）接受后评价任务、签订合同或评价协议

在接受项目后评价任务后，应与委托单位沟通，深入了解项目实施背景，明确项目后评价的研究范围、评价目的和具体要求。

2）组织项目后评价机构

组建该项目的后评价研究机构，实际上主要是指由谁来组织项目后评价工作，即配备相关专业人员，后评价小组的成员必须具有一定的后评价工作经验。我国项目后评价的组织机构应符合客观性、公正性的基本要求和具有反馈检查功能，故对于项目的可行性研究单位、项目前评价单位和项目实施过程中的项目管理机构一般不宜作为项目后评价机构。

3）选择项目后评价的对象，研究制订计划

在选取项目后评价对象之后，应开展研讨会并确定后评价计划，确定该项目后评价内容、评价方法、评价时间、工作进度、质量要求、经费预算、专家名单、报告格式等。

4）实地调查、收集后评价的相关数据资料

调查是评价的基础，因此，项目后评价过程中必须去现场进行调查，对进行项目后评价所需要收集的项目建设前期立项、决策、施工等方面的资料，以及投产运营后的实际效益状况，深入了解可持续发展以及对周围地区经济发展、生态环境的作用和影响等，同时注意审查所收集资料的完整性、准确性和有效性。

5）分析研究

在阅读文件和现场调查的基础上，要对已经获得的大量信息进行消化吸收，针对评价项目的特点，建立与其相适应的后评价指标体系，并采用定性和定量分析相结合方式，采用对比分析法、逻辑框架法等对项目的经济、社会、环境及可持续性等方面进行分析评价，认真总结项目的经验教训，针对存在的问题提出相应的解决办法。

6）编制并提交后评价报告

按照项目评价的有关要求编制项目后评价报告书。后评价报告书应包括摘要、总论、评价内容、项目存在的问题及原因分析、主要的经验教训、评价的主要结论和建议等。向有关部门或单位提交项目后评价报告。

11.4.3 工程项目后评估报告

根据委托要求和项目后评价报告的主要内容，项目后评价报告的格式可有所侧重。一般项目后评价报告的格式如下：

报告封面（包括编号、密级、评价者名称、日期等）；封面内页（包括汇率、权重指标及其他说明）；项目基础数据；地图。

报告摘要

报告正文

1）项目背景（项目设定的目标和目的、项目建设内容、项目工期、资金来源与安排）

2）项目实施过程的评价（设计与技术、合同、组织管理、投资和融资、项目进度等）

3）项目成果和效益分析（项目的运营和管理、财务状况分析、财务和经济效益评价、环境和社会效果评价）

4）项目的目标评价和持续性分析（项目目标实现程度、项目可持续性）

5）项目的主要问题及原因分析

6）经验教训和建议

附表

项目自评价报告一般应附有项目主要效益指标对比表、项目总投资来源及执行情况表、项目总成本费用表、损益表、资产负债表、借款还本付息计算表及现金流量表等。

本章小结

本章主要介绍了建设项目后评价的基本概念、特点，项目后评价的理论基础，与项目前评价有何区别，项目后评价的基本内容，项目后评价的主要评价指标体系和主要评价方法与基本程序等。

本章练习题

一、多项选择题

1. 工程项目后评价具有的主要特点有（　　）。

A. 全面性　　B. 成本测算　　C. 现实性

D. 公平性　　E. 反馈性

2. 项目后评价与前评价的主要区别是（　　）。

A. 评价的依据不同　　B. 评价的指标不同　　C. 评价的阶段不同

D. 评价的主体不同　　E. 评价的内容不同

3. 根据工程项目的建设和运营的阶段，对建设项目的（　　）等全过程进行系统分析。

A. 立项决策　　B. 项目招投标　　C. 设计施工

D. 竣工投产　　E. 生产运营

4. 工程项目实施阶段的后评价主要包括（　　）。

A. 项目施工准备阶段的后评价

B. 项目施工及组织管理工作的后评价

C. 项目建设准备工作的后评价

D. 工程项目生产经营管理的后评价

E. 项目竣工验收及投产准备的后评价

5. 工程项目后评价的主要方法有（　　）。

A. 逻辑框架法　　B. 因果分析法　　C. 经验分析法

D. 对比分析法　　E. 成功度分析法

二、思考题

1. 项目后评价的基本概念是什么？项目后评价的理论基础有哪些？
2. 项目后评价的特点有哪些？项目后评价与前评价有何区别？
3. 项目后评价的目的和作用是什么？
4. 项目后评价的基本程序包括哪几个步骤？
5. 项目后评价的基本内容有哪些？
6. 项目后评价有哪些方法？
7. 试述项目前期工作与实施后评价的内容。
8. 投资项目后评价的主要评价指标体系有哪些？

参考文献

[1] 注册咨询工程师（投资）考试教材编写委员会. 现代咨询方法与实务. 北京：中国计划出版社，2008.
[2] 刘晓君. 工程经济学. 2版. 北京：中国建筑工业出版社，2008.
[3] 邵颖红，黄渝祥. 工程经济学. 5版. 上海：同济大学出版社，2015.
[4] 全国一级建造师职业资格考试用书编写委员会. 建设工程经济. 北京：中国建筑工业出版社，2020.
[5] 王雪青. 工程项目成本规划与控制. 北京：中国建筑工业出版社，2011.
[6] 张厚钧. 工程经济学. 北京：北京大学出版社，2009.
[7] 赵国杰. 工程经济学. 2版. 天津：天津大学出版社，2010.
[8] 傅家骥，仝允桓. 工业技术经济学. 3版. 北京：清华大学出版社，1996.
[9] 亨利·马尔科姆·斯坦纳. 工程经济学原理. 2版. 北京：经济科学出版社，2000.
[10] 塔奎因. 工程经济学. 6版. 胡欣悦，等，译. 北京：清华大学出版社，2010.
[11] 沙利文，威克斯，科林. 工程经济学. 14版. 北京：清华大学出版社，2011.
[12] 成其谦. 投资项目评价. 3版. 北京：中国人民大学出版社，2012.
[13] 都沁军. 工程经济学. 2版. 北京：北京大学出版社，2019.
[14] 洪军. 工程经济学. 2版. 北京：高等教育出版社，2015.
[15] 肖跃军，周东明. 工程经济学. 北京：高等教育出版社，2009.
[16] 黄有亮，徐向阳. 工程经济学. 3版. 南京：东南大学出版社，2015.
[17] 李蒙. 工程经济学：理论与实践. 北京：化工工业出版社，2018.
[18] 王永祥，陈进，李明. 工程项目经济分析. 北京：北京理工大学出版社，2011.
[19] 郭献芳. 工程经济分析. 北京：化工工业出版社，2008.
[20] 杨克磊. 工程经济学. 上海：复旦大学出版社，2007.
[21] 魏法杰，等. 工程经济学. 北京：电子工业出版社，2013.
[22] 刘玉明. 工程经济学. 北京：北京交通大学出版社，2014.
[23] 刘晓君. 技术经济学. 2版. 北京：科学出版社，2013.
[24] 刘晓君. 工程经济学. 3版. 北京：中国建筑工业出版社，2015.
[25] 刘长滨. 建筑工程技术经济学. 4版. 北京：中国建筑工业出版社，2015.
[26] 王永祥，陈进，李明. 工程项目经济分析. 北京：北京理工大学出版社，2011.
[27] 李娜，张科峰. 建筑工程经济学. 西安：西安交通大学出版社，2011.
[28] 闫魁星，佘勇，程琤. 建筑工程经济学. 上海：上海交通大学出版社，2015.
[29] 刘亚臣，等. 工程项目融资. 北京：高等教育出版社，2011.
[30] 杨青. 工程项目融资. 武汉：华中科技大学出版社，2010.
[31] 注册咨询工程师（投资）考试教材编写委员会. 现代咨询方法与实务. 北京：中国计划出版社，2021.

附录 1　复利系数表（$i=4\%$）

年份	一次支付		等额多次支付				年份
	终值系数	现值系数	年金终值系数	年金现值系数	偿债基金系数	资本回收系数	
N	F/P，i，n	P/F，i，n	F/A，i，n	P/A，i，n	A/F，i，n	A/P，i，n	N
1	1.040 0	0.961 5	1.000 0	0.961 5	1.000 0	1.040 0	1
2	1.081 6	0.924 6	2.040 0	1.886 1	0.490 2	0.530 2	2
3	1.124 9	0.889 0	3.121 6	2.775 1	0.320 3	0.360 3	3
4	1.169 9	0.854 8	4.246 5	3.629 9	0.235 5	0.275 5	4
5	1.216 7	0.821 9	5.416 3	4.451 8	0.184 6	0.224 6	5
6	1.265 3	0.790 3	6.633 0	5.242 1	0.150 8	0.190 8	6
7	1.315 9	0.759 9	7.898 3	6.002 1	0.126 6	0.166 6	7
8	1.368 6	0.730 7	9.214 2	6.732 7	0.108 5	0.148 5	8
9	1.423 3	0.702 6	10.582 8	7.435 3	0.094 5	0.134 5	9
10	1.480 2	0.675 6	12.006 1	8.110 9	0.083 3	0.123 3	10
11	1.539 5	0.649 6	13.486 4	8.760 5	0.074 1	0.114 1	11
12	1.601 0	0.624 6	15.025 8	9.385 1	0.066 6	0.106 6	12
13	1.665 1	0.600 6	16.626 8	9.985 6	0.060 1	0.100 1	13
14	1.731 7	0.577 5	18.291 9	10.563 1	0.054 7	0.094 7	14
15	1.800 9	0.555 3	20.023 6	11.118 4	0.049 9	0.089 9	15
16	1.873 0	0.533 9	21.824 5	11.652 3	0.045 8	0.085 8	16
17	1.947 9	0.513 4	23.697 5	12.165 7	0.042 2	0.082 2	17
18	2.025 8	0.493 6	25.645 4	12.659 3	0.039 0	0.079 0	18
19	2.106 8	0.474 6	27.671 2	13.133 9	0.036 1	0.076 1	19
20	2.191 1	0.456 4	29.778 1	13.590 3	0.033 6	0.073 6	20
21	2.278 8	0.438 8	31.969 2	14.029 2	0.031 3	0.071 3	21
22	2.369 9	0.422 0	34.248 0	14.451 1	0.029 2	0.069 2	22
23	2.464 7	0.405 7	36.617 9	14.856 8	0.027 3	0.067 3	23
24	2.563 3	0.390 1	39.082 6	15.247 0	0.025 6	0.065 6	24
25	2.665 8	0.375 1	41.645 9	15.622 1	0.024 0	0.064 0	25

续表

年份	一次支付		等额多次支付				年份
	终值系数	现值系数	年金终值系数	年金现值系数	偿债基金系数	资本回收系数	
N	*F/P*，*i*，*n*	*P/F*，*i*，*n*	*F/A*，*i*，*n*	*P/A*，*i*，*n*	*A/F*，*i*，*n*	*A/P*，*i*，*n*	*N*
26	2.772 5	0.360 7	44.311 7	15.982 8	0.022 6	0.062 6	26
27	2.883 4	0.346 8	47.084 2	16.329 6	0.021 2	0.061 2	27
28	2.998 7	0.333 5	49.967 6	16.663 1	0.020 0	0.060 0	28
29	3.118 7	0.320 7	52.966 3	16.983 7	0.018 9	0.058 9	29
30	3.243 4	0.308 3	56.084 9	17.292 0	0.017 8	0.057 8	30
35	3.946 1	0.253 4	73.652 2	18.664 6	0.013 6	0.053 6	35
40	4.801 0	0.208 3	95.025 5	19.792 8	0.010 5	0.050 5	40
45	5.841 2	0.171 2	121.029 4	20.720 0	0.008 3	0.048 3	45
50	7.106 7	0.140 7	152.667 1	21.482 2	0.006 6	0.046 6	50
55	8.646 4	0.115 7	191.159 2	22.108 6	0.005 2	0.045 2	55
60	10.519 6	0.095 1	237.990 7	22.623 5	0.004 2	0.044 2	60
65	12.798 7	0.078 1	294.968 4	23.046 7	0.003 4	0.043 4	65
70	15.571 6	0.064 2	364.290 5	23.394 5	0.002 7	0.042 7	70
75	18.945 3	0.052 8	448.631 4	23.680 4	0.002 2	0.042 2	75
80	23.049 8	0.043 4	551.245 0	23.915 4	0.001 8	0.041 8	80
85	28.043 6	0.035 7	676.090 1	24.108 5	0.001 5	0.041 5	85
90	34.119 3	0.029 3	827.983 3	24.267 3	0.001 2	0.041 2	90
95	41.511 4	0.024 1	1 012.784 6	24.397 8	0.001 0	0.041 0	95
100	50.504 9	0.019 8	1 237.623 7	24.505 0	0.000 8	0.040 8	100

附录 2　复利系数表（$i=5\%$）

年份	一次支付		等额多次支付				年份
	终值系数	现值系数	年金终值系数	年金现值系数	偿债基金系数	资本回收系数	
N	*F/P*，*i*，*n*	*P/F*，*i*，*n*	*F/A*，*i*，*n*	*P/A*，*i*，*n*	*A/F*，*i*，*n*	*A/P*，*i*，*n*	*N*
1	1.050 0	0.952 4	1.000 0	0.952 4	1.000 0	1.050 0	1
2	1.102 5	0.907 0	2.050 0	1.859 4	0.487 8	0.537 8	2
3	1.157 6	0.863 8	3.152 5	2.723 2	0.317 2	0.367 2	3
4	1.215 5	0.822 7	4.310 1	3.546 0	0.232 0	0.282 0	4
5	1.276 3	0.783 5	5.525 6	4.329 5	0.181 0	0.231 0	5
6	1.340 1	0.746 2	6.801 9	5.075 7	0.147 0	0.197 0	6
7	1.407 1	0.710 7	8.142 0	5.786 4	0.122 8	0.172 8	7
8	1.477 5	0.676 8	9.549 1	6.463 2	0.104 7	0.154 7	8
9	1.551 3	0.644 6	11.026 6	7.107 8	0.090 7	0.140 7	9
10	1.628 9	0.613 9	12.577 9	7.721 7	0.079 5	0.129 5	10
11	1.710 3	0.584 7	14.206 8	8.306 4	0.070 4	0.120 4	11
12	1.795 9	0.556 8	15.917 1	8.863 3	0.062 8	0.112 8	12
13	1.885 6	0.530 3	17.713 0	9.393 6	0.056 5	0.106 5	13
14	1.979 9	0.505 1	19.598 6	9.898 6	0.051 0	0.101 0	14
15	2.078 9	0.481 0	21.578 6	10.379 7	0.046 3	0.096 3	15
16	2.182 9	0.458 1	23.657 5	10.837 8	0.042 3	0.092 3	16
17	2.292 0	0.436 3	25.840 4	11.274 1	0.038 7	0.088 7	17
18	2.406 6	0.415 5	28.132 4	11.689 6	0.035 5	0.085 5	18
19	2.527 0	0.395 7	30.539 0	12.085 3	0.032 7	0.082 7	19
20	2.653 3	0.376 9	33.066 0	12.462 2	0.030 2	0.080 2	20
21	2.786 0	0.358 9	35.719 3	12.821 2	0.028 0	0.078 0	21
22	2.925 3	0.341 8	38.505 2	13.163 0	0.026 0	0.076 0	22
23	3.071 5	0.325 6	41.430 5	13.488 6	0.024 1	0.074 1	23
24	3.225 1	0.310 1	44.502 0	13.798 6	0.022 5	0.072 5	24
25	3.386 4	0.295 3	47.727 1	14.093 9	0.021 0	0.071 0	25

续表

年份	一次支付		等额多次支付				年份
	终值系数	现值系数	年金终值系数	年金现值系数	偿债基金系数	资本回收系数	
N	F/P, i, n	P/F, i, n	F/A, i, n	P/A, i, n	A/F, i, n	A/P, i, n	N
26	3.555 7	0.281 2	51.113 5	14.375 2	0.019 6	0.069 6	26
27	3.733 5	0.267 8	54.669 1	14.643 0	0.018 3	0.068 3	27
28	3.920 1	0.255 1	58.402 6	14.898 1	0.017 1	0.067 1	28
29	4.116 1	0.242 9	62.322 7	15.141 1	0.016 0	0.066 0	29
30	4.321 9	0.231 4	66.438 8	15.372 5	0.015 1	0.065 1	30
35	5.516 0	0.181 3	90.320 3	16.374 2	0.011 1	0.061 1	35
40	7.040 0	0.142 0	120.800	17.159 1	0.008 3	0.058 3	40
45	8.985 0	0.111 3	159.700	17.774 1	0.006 3	0.056 3	45
50	11.467 4	0.087 2	209.348	18.255 9	0.004 8	0.054 8	50
55	14.635 6	0.068 3	272.713	18.633 5	0.003 7	0.053 7	55
60	18.679 2	0.053 5	353.584	18.929 3	0.002 8	0.052 8	60
65	23.839 9	0.041 9	456.798	19.161 1	0.002 2	0.052 2	65
70	30.426 4	0.032 9	588.529	19.342 7	0.001 7	0.051 7	70
75	38.832 7	0.025 8	756.654	19.485 0	0.001 3	0.051 3	75
80	49.561 4	0.020 2	971.229	19.596 5	0.001 0	0.051 0	80
85	63.254 4	0.015 8	1 245.09	19.683 8	0.000 8	0.050 8	85
90	80.730 4	0.012 4	1 594.61	19.752 3	0.000 6	0.050 6	90
95	103.03 5	0.009 7	2 040.69	19.805 9	0.000 5	0.050 5	95
100	131.50 1	0.007 6	2 610.02	19.847 9	0.000 4	0.050 4	100

附录 3　复利系数表（$i=6\%$）

年份	一次支付		等额多次支付				年份
	终值系数	现值系数	年金终值系数	年金现值系数	偿债基金系数	资本回收系数	
N	F/P，i，n	P/F，i，n	F/A，i，n	P/A，i，n	A/F，i，n	A/P，i，n	N
1	1.060 0	0.943 4	1.000 0	0.943 4	1.000 0	1.060 0	1
2	1.123 6	0.890 0	2.060 0	1.833 4	0.485 4	0.545 4	2
3	1.191 0	0.839 6	3.183 6	2.673 0	0.314 1	0.374 1	3
4	1.262 5	0.792 1	4.374 6	3.465 1	0.228 6	0.288 6	4
5	1.338 2	0.747 3	5.637 1	4.212 4	0.177 4	0.237 4	5
6	1.418 5	0.705 0	6.975 3	4.917 3	0.143 4	0.203 4	6
7	1.503 6	0.665 1	8.393 8	5.582 4	0.119 1	0.179 1	7
8	1.593 8	0.627 4	9.897 5	6.209 8	0.101 0	0.161 0	8
9	1.689 5	0.591 9	11.491 3	6.801 7	0.087 0	0.147 0	9
10	1.790 8	0.558 4	13.180 8	7.360 1	0.075 9	0.135 9	10
11	1.898 3	0.526 8	14.971 6	7.886 9	0.066 8	0.126 8	11
12	2.012 2	0.497 0	16.869 9	8.383 8	0.059 3	0.119 3	12
13	2.132 9	0.468 8	18.882 1	8.852 7	0.053 0	0.113 0	13
14	2.260 9	0.442 3	21.015 1	9.295 0	0.047 6	0.107 6	14
15	2.396 6	0.417 3	23.276 0	9.712 2	0.043 0	0.103 0	15
16	2.540 4	0.393 6	25.672 5	10.105 9	0.039 0	0.099 0	16
17	2.692 8	0.371 4	28.212 9	10.477 3	0.035 4	0.095 4	17
18	2.854 3	0.350 3	30.905 7	10.827 6	0.032 4	0.092 4	18
19	3.025 6	0.330 5	33.760 0	11.158 1	0.029 6	0.089 6	19
20	3.207 1	0.311 8	36.785 6	11.469 9	0.027 2	0.087 2	20
21	3.399 6	0.294 2	39.992 7	11.764 1	0.025 0	0.085 0	21
22	3.603 5	0.277 5	43.392 3	12.041 6	0.023 0	0.083 0	22
23	3.819 7	0.261 8	46.995 8	12.303 4	0.021 3	0.081 3	23
24	4.048 9	0.247 0	50.815 6	12.550 4	0.019 7	0.079 7	24
25	4.291 9	0.233 0	54.864 5	12.783 4	0.018 2	0.078 2	25

续表

年份	一次支付		等额多次支付				年份
	终值系数	现值系数	年金终值系数	年金现值系数	偿债基金系数	资本回收系数	
N	F/P，i，n	P/F，i，n	F/A，i，n	P/A，i，n	A/F，i，n	A/P，i，n	N
26	4.549 4	0.219 8	59.156 4	13.003 2	0.016 9	0.076 9	26
27	4.822 3	0.207 4	63.705 8	13.210 5	0.015 7	0.075 7	27
28	5.111 7	0.195 6	68.528 1	13.406 2	0.014 6	0.074 6	28
29	5.418 4	0.184 6	73.639 8	13.590 7	0.013 6	0.073 6	29
30	5.743 5	0.174 1	79.058 2	13.764 8	0.012 6	0.072 6	30
35	7.686 1	0.130 1	111.435	14.498 2	0.009 0	0.069 0	35
40	10.285 7	0.097 2	154.762	15.046 3	0.006 5	0.066 5	40
45	13.764 6	0.072 7	212.744	15.455 8	0.004 7	0.064 7	45
50	18.420 2	0.054 3	290.336	15.761 9	0.003 4	0.063 4	50
55	24.650 3	0.040 6	394.172 0	15.990 5	0.002 5	0.062 5	55
60	32.987 7	0.030 3	533.128	16.161 4	0.001 9	0.061 9	60
65	44.145 0	0.022 7	719.083	16.289 1	0.001 4	0.061 4	65
70	59.075 9	0.016 9	967.932	16.384 5	0.001 0	0.061 0	70
75	79.056 9	0.012 6	1 300.95	16.455 8	0.000 8	0.060 8	75
80	105.79 6	0.009 5	1 746.60	16.509 1	0.000 6	0.060 6	80
85	141.579	0.007 1	2 342.98	16.548 9	0.000 4	0.060 4	85
90	189.465	0.005 3	3 141.08	16.578 7	0.000 3	0.060 3	90
95	253.546	0.003 9	4 209.10	16.600 9	0.000 2	0.060 2	95
100	339.302	0.002 9	5 638.37	16.617 5	0.000 2	0.060 2	100

附录 4　复利系数表（$i=7\%$）

年份	一次支付		等额多次支付				年份
	终值系数	现值系数	年金终值系数	年金现值系数	偿债基金系数	资本回收系数	
N	*F/P*，*i*，*n*	*P/F*，*i*，*n*	*F/A*，*i*，*n*	*P/A*，*i*，*n*	*A/F*，*i*，*n*	*A/P*，*i*，*n*	*N*
1	1.070 0	0.934 6	1.000 0	0.934 6	1.000 0	1.070 0	1
2	1.144 9	0.873 4	2.070 0	1.808 0	0.483 1	0.553 1	2
3	1.225 0	0.816 3	3.214 9	2.624 3	0.311 1	0.381 1	3
4	1.310 8	0.762 9	4.439 9	3.387 2	0.225 2	0.295 2	4
5	1.402 6	0.713 0	5.750 7	4.100 2	0.173 9	0.243 9	5
6	1.500 7	0.666 3	7.153 3	4.766 5	0.139 8	0.209 8	6
7	1.605 8	0.622 7	8.654 0	5.389 3	0.115 6	0.185 6	7
8	1.718 2	0.582 0	10.259 8	5.971 3	0.097 5	0.167 5	8
9	1.838 5	0.543 9	11.978 0	6.515 2	0.083 5	0.153 5	9
10	1.967 2	0.508 3	13.816 4	7.023 6	0.072 4	0.142 4	10
11	2.104 9	0.475 1	15.783 6	7.498 7	0.063 4	0.133 4	11
12	2.252 2	0.444 0	17.888 5	7.942 7	0.055 9	0.125 9	12
13	2.409 8	0.415 0	20.140 6	8.357 7	0.049 7	0.119 7	13
14	2.578 5	0.387 8	22.550 5	8.745 5	0.044 3	0.114 3	14
15	2.759 0	0.362 4	25.129 0	9.107 9	0.039 8	0.109 8	15
16	2.952 2	0.338 7	27.888 1	9.446 6	0.035 9	0.105 9	16
17	3.158 8	0.316 6	30.840 2	9.763 2	0.032 4	0.102 4	17
18	3.379 9	0.295 9	33.999 0	10.059 1	0.029 4	0.099 4	18
19	3.616 5	0.276 5	37.379 0	10.335 6	0.026 8	0.096 8	19
20	3.869 7	0.258 4	40.995 5	10.594 0	0.024 4	0.094 4	20
21	4.140 6	0.241 5	44.865 2	10.835 5	0.022 3	0.092 3	21
22	4.430 4	0.225 7	49.005 7	11.061 2	0.020 4	0.090 4	22
23	4.740 5	0.210 9	53.436 1	11.272 2	0.018 7	0.088 7	23
24	5.072 4	0.197 1	58.176 7	11.469 3	0.017 2	0.087 2	24
25	5.427 4	0.184 2	63.249 0	11.653 6	0.015 8	0.085 8	25

续表

年份	一次支付		等额多次支付				年份
	终值系数	现值系数	年金终值系数	年金现值系数	偿债基金系数	资本回收系数	
N	F/P, i, n	P/F, i, n	F/A, i, n	P/A, i, n	A/F, i, n	A/P, i, n	N
26	5.807 4	0.172 2	68.676 5	11.825 8	0.014 6	0.084 6	26
27	6.213 9	0.160 9	74.483 8	11.986 7	0.013 4	0.083 4	27
28	6.648 8	0.150 4	80.697 7	12.137 1	0.012 4	0.082 4	28
29	7.114 3	0.140 6	87.346 5	12.277 7	0.011 4	0.081 4	29
30	7.612 3	0.131 4	94.460 8	12.409 0	0.010 6	0.080 6	30
35	10.676 6	0.093 7	138.237	12.947 7	0.007 2	0.077 2	35
40	14.974 5	0.066 8	199.635	13.331 7	0.005 0	0.075 0	40
45	21.002 5	0.047 6	285.749	13.605 5	0.003 5	0.073 5	45
50	29.457 0	0.033 9	406.529	13.800 7	0.002 5	0.072 5	50
55	41.315 0	0.024 2	575.929	13.939 9	0.001 7	0.071 7	55
60	57.946 4	0.017 3	813.520	14.039 2	0.001 2	0.071 2	60
65	81.272 9	0.012 3	1 146.755	14.109 9	0.000 9	0.070 9	65
70	113.989	0.008 8	1 614.134	14.160 4	0.000 6	0.070 6	70
75	159.876	0.006 3	2 269.657	14.196 4	0.000 4	0.070 4	75
80	224.234	0.004 5	3 189.063	14.222 0	0.000 3	0.070 3	80
85	314.500	0.003 2	4 478.576	14.240 3	0.000 2	0.070 2	85
90	441.103	0.002 3	6 287.185	14.253 3	0.000 2	0.070 2	90
95	618.670	0.001 6	8 823.854	14.262 6	0.000 1	0.070 1	95
100	867.716	0.001 2	1 2381.66	14.269 3	0.000 1	0.070 1	100

附录 5　复利系数表（$i=8\%$）

年份	一次支付		等额多次支付				年份
	终值系数	现值系数	年金终值系数	年金现值系数	偿债基金系数	资本回收系数	
N	*F/P*，*i*，*n*	*P/F*，*i*，*n*	*F/A*，*i*，*n*	*P/A*，*i*，*n*	*A/F*，*i*，*n*	*A/P*，*i*，*n*	*N*
1	1.080 0	0.925 9	1.000 0	0.925 9	1.000 0	1.080 0	1
2	1.166 4	0.857 3	2.080 0	1.783 3	0.480 8	0.560 8	2
3	1.259 7	0.793 8	3.246 4	2.577 1	0.308 0	0.388 0	3
4	1.360 5	0.735 0	4.506 1	3.312 1	0.221 9	0.301 9	4
5	1.469 3	0.680 6	5.866 6	3.992 7	0.170 5	0.250 5	5
6	1.586 9	0.630 2	7.335 9	4.622 9	0.136 3	0.216 3	6
7	1.713 8	0.583 5	8.922 8	5.206 4	0.112 1	0.192 1	7
8	1.850 9	0.540 3	10.636 6	5.746 6	0.094 0	0.174 0	8
9	1.999 0	0.500 2	12.487 6	6.246 9	0.080 1	0.160 1	9
10	2.158 9	0.463 2	14.486 6	6.710 1	0.069 0	0.149 0	10
11	2.331 6	0.428 9	16.645 5	7.139 0	0.060 1	0.140 1	11
12	2.518 2	0.397 1	18.977 1	7.536 1	0.052 7	0.132 7	12
13	2.719 6	0.367 7	21.495 3	7.903 8	0.046 5	0.126 5	13
14	2.937 2	0.340 5	24.214 9	8.244 2	0.041 3	0.121 3	14
15	3.172 2	0.315 2	27.152 1	8.559 5	0.036 8	0.116 8	15
16	3.425 9	0.291 9	30.324 3	8.851 4	0.033 0	0.113 0	16
17	3.700 0	0.270 3	33.750 2	9.121 6	0.029 6	0.109 6	17
18	3.996 0	0.250 2	37.450 2	9.371 9	0.026 7	0.106 7	18
19	4.315 7	0.231 7	41.446 3	9.603 6	0.024 1	0.104 1	19
20	4.661 0	0.214 5	45.762 0	9.818 1	0.021 9	0.101 9	20
21	5.033 8	0.198 7	50.422 9	10.016 8	0.019 8	0.099 8	21
22	5.436 5	0.183 9	55.456 8	10.200 7	0.018 0	0.098 0	22
23	5.871 5	0.170 3	60.893 3	10.371 1	0.016 4	0.096 4	23
24	6.341 2	0.157 7	66.764 8	10.528 8	0.015 0	0.095 0	24
25	6.848 5	0.146 0	73.105 9	10.674 8	0.013 7	0.093 7	25

续表

年份	一次支付		等额多次支付				年份
	终值系数	现值系数	年金终值系数	年金现值系数	偿债基金系数	资本回收系数	
N	F/P, i, n	P/F, i, n	F/A, i, n	P/A, i, n	A/F, i, n	A/P, i, n	N
26	7.396 4	0.135 2	79.954 4	10.810 0	0.012 5	0.092 5	26
27	7.988 1	0.125 2	87.350 8	10.935 2	0.011 4	0.091 4	27
28	8.627 1	0.115 9	95.338 8	11.051 1	0.010 5	0.090 5	28
29	9.317 3	0.107 3	103.966	11.158 4	0.009 6	0.089 6	29
30	10.062 7	0.099 4	113.283	11.257 8	0.008 8	0.088 8	30
35	14.785 3	0.067 6	172.317	11.654 6	0.005 8	0.085 8	35
40	21.724 5	0.046 0	259.057	11.924 6	0.003 9	0.083 9	40
45	31.920 4	0.031 3	386.506	12.108 4	0.002 6	0.082 6	45
50	46.901 6	0.021 3	573.770	12.233 5	0.001 7	0.081 7	50
55	68.913 9	0.014 5	848.923	12.318 6	0.001 2	0.081 2	55
60	101.257	0.009 9	1 253.21	12.376 6	0.000 8	0.080 8	60
65	148.780	0.006 7	1 847.25	12.416 0	0.000 5	0.080 5	65
70	218.606	0.004 6	2 720.08	12.442 8	0.000 4	0.080 4	70
75	321.205	0.003 1	4 002.56	12.461 1	0.000 2	0.080 2	75
80	471.955	0.002 1	5 886.94	12.473 5	0.000 2	0.080 2	80
85	693.457	0.001 4	8 655.71	12.482 0	0.000 1	0.080 1	85
90	1 018.92	0.001 0	1 2723.9	12.487 7	0.000 1	0.080 1	90
95	1 497.12	0.000 7	1 8701.5	12.491 7	0.000 1	0.080 1	95
100	2 199.76	0.000 5	2 7484.5	12.494 3	0.000 0	0.080 0	100

附录 6　复利系数表（$i=10\%$）

年份	一次支付		等额多次支付				年份
	终值系数	现值系数	年金终值系数	年金现值系数	偿债基金系数	资本回收系数	
N	$F/P, i, n$	$P/F, i, n$	$F/A, i, n$	$P/A, i, n$	$A/F, i, n$	$A/P, i, n$	N
1	1.100 0	0.909 1	1.000 0	0.909 1	1.000 0	1.100 0	1
2	1.210 0	0.826 4	2.100 0	1.735 5	0.476 2	0.576 2	2
3	1.331 0	0.751 3	3.310 0	2.486 9	0.302 1	0.402 1	3
4	1.464 1	0.683 0	4.641 0	3.169 9	0.215 5	0.315 5	4
5	1.610 5	0.620 9	6.105 1	3.790 8	0.163 8	0.263 8	5
6	1.771 6	0.564 5	7.715 6	4.355 3	0.129 6	0.229 6	6
7	1.948 7	0.513 2	9.487 2	4.868 4	0.105 4	0.205 4	7
8	2.143 6	0.466 5	11.435 9	5.334 9	0.087 4	0.187 4	8
9	2.357 9	0.424 1	13.579 5	5.759 0	0.073 6	0.173 6	9
10	2.593 7	0.385 5	15.937 4	6.144 6	0.062 7	0.162 7	10
11	2.853 1	0.350 5	18.531 2	6.495 1	0.054 0	0.154 0	11
12	3.138 4	0.318 6	21.384 3	6.813 7	0.046 8	0.146 8	12
13	3.452 3	0.289 7	24.522 7	7.103 4	0.040 8	0.140 8	13
14	3.797 5	0.263 3	27.975 0	7.366 7	0.035 7	0.135 7	14
15	4.177 2	0.239 4	31.772 5	7.606 1	0.031 5	0.131 5	15
16	4.595 0	0.217 6	35.949 7	7.823 7	0.027 8	0.127 8	16
17	5.054 5	0.197 8	40.544 7	8.021 6	0.024 7	0.124 7	17
18	5.559 9	0.179 9	45.599 2	8.201 4	0.021 9	0.121 9	18
19	6.115 9	0.163 5	51.159 1	8.364 9	0.019 5	0.119 5	19
20	6.727 5	0.148 6	57.275 0	8.513 6	0.017 5	0.117 5	20
21	7.400 2	0.135 1	64.002 5	8.648 7	0.015 6	0.115 6	21
22	8.140 3	0.122 8	71.402 7	8.771 5	0.014 0	0.114 0	22
23	8.954 3	0.111 7	79.543 0	8.883 2	0.012 6	0.112 6	23
24	9.849 7	0.101 5	88.497 3	8.984 7	0.011 3	0.111 3	24
25	10.834 7	0.092 3	98.347 1	9.077 0	0.010 2	0.110 2	25

续表

年份	一次支付		等额多次支付				年份
	终值系数	现值系数	年金终值系数	年金现值系数	偿债基金系数	资本回收系数	
N	F/P，i，n	P/F，i，n	F/A，i，n	P/A，i，n	A/F，i，n	A/P，i，n	N
26	11.918 2	0.083 9	109.182	9.160 9	0.009 2	0.109 2	26
27	13.110 0	0.076 3	121.100	9.237 2	0.008 3	0.108 3	27
28	14.421 0	0.069 3	134.210	9.306 6	0.007 5	0.107 5	28
29	15.863 1	0.063 0	148.631	9.369 6	0.006 7	0.106 7	29
30	17.449 4	0.057 3	164.494	9.426 9	0.006 1	0.106 1	30
35	28.102 4	0.035 6	271.024	9.644 2	0.003 7	0.103 7	35
40	45.259 3	0.022 1	442.593	9.779 1	0.002 3	0.102 3	40
45	72.890 5	0.013 7	718.905	9.862 8	0.001 4	0.101 4	45
50	117.391	0.008 5	1 163.91	9.914 8	0.000 9	0.100 9	50
55	189.059	0.005 3	1 880.59	9.947 1	0.000 5	0.100 5	55
60	304.483	0.003 3	3 034.82	9.967 2	0.000 3	0.100 3	60
65	490.371	0.002 0	4 893.71	9.979 6	0.000 2	0.100 2	65
70	7 89.747	0.001 3	7 887.47	9.987 3	0.000 1	0.100 1	70
75	1 271.90	0.000 8	12 709.0	9.992 1	0.000 1	0.100 1	75
80	2 048.40	0.000 5	20 474.0	9.995 1	0.000 0	0.100 0	80
85	3 298.97	0.000 3	32 979.7	9.997 0	0.000 0	0.100 0	85
90	5 313.02	0.000 2	53 120.2	9.998 1	0.000 0	0.100 0	90
95	8 556.68	0.000 1	85 556.8	9.998 8	0.000 0	0.100 0	95
100	1 3780.6	0.000 1	137 796	9.999 3	0.000 0	0.100 0	100

附录 7　复利系数表（$i=12\%$）

年份	一次支付		等额多次支付				年份
	终值系数	现值系数	年金终值系数	年金现值系数	偿债基金系数	资本回收系数	
N	*F/P*，*i*，*n*	*P/F*，*i*，*n*	*F/A*，*i*，*n*	*P/A*，*i*，*n*	*A/F*，*i*，*n*	*A/P*，*i*，*n*	*N*
1	1.120 0	0.892 9	1.000 0	0.892 9	1.000 0	1.120 0	1
2	1.254 4	0.797 2	2.120 0	1.690 1	0.471 7	0.591 7	2
3	1.404 9	0.711 8	3.374 4	2.401 8	0.296 3	0.416 3	3
4	1.573 5	0.635 5	4.779 3	3.037 3	0.209 2	0.329 2	4
5	1.762 3	0.567 4	6.352 8	3.604 8	0.157 4	0.277 4	5
6	1.973 8	0.506 6	8.115 2	4.111 4	0.123 2	0.243 2	6
7	2.210 7	0.452 3	10.089 0	4.563 8	0.099 1	0.219 1	7
8	2.476 0	0.403 9	12.299 7	4.967 6	0.081 3	0.201 3	8
9	2.773 1	0.360 6	14.775 7	5.328 2	0.067 7	0.187 7	9
10	3.105 8	0.322 0	17.548 7	5.650 2	0.057 0	0.177 0	10
11	3.478 5	0.287 5	20.654 6	5.937 7	0.048 4	0.168 4	11
12	3.896 0	0.256 7	24.133 1	6.194 4	0.041 4	0.161 4	12
13	4.363 5	0.229 2	28.029 1	6.423 5	0.035 7	0.155 7	13
14	4.887 1	0.204 6	32.392 6	6.628 2	0.030 9	0.150 9	14
15	5.473 6	0.182 7	37.279 7	6.810 9	0.026 8	0.146 8	15
16	6.130 4	0.163 1	42.753 3	6.974 0	0.023 4	0.143 4	16
17	6.866 0	0.145 6	48.883 7	7.119 6	0.020 5	0.140 5	17
18	7.690 0	0.130 0	55.749 7	7.249 7	0.017 9	0.137 9	18
19	8.612 8	0.116 1	63.439 7	7.365 8	0.015 8	0.135 8	19
20	9.646 3	0.103 7	72.052 4	7.469 4	0.013 9	0.133 9	20
21	10.803 8	0.092 6	81.698 7	7.562 0	0.012 2	0.132 2	21
22	12.100 3	0.082 6	92.502 6	7.644 6	0.010 8	0.130 8	22
23	13.552 3	0.073 8	104.602 9	7.718 4	0.009 6	0.129 6	23
24	15.178 6	0.065 9	118.155 2	7.784 3	0.008 5	0.128 5	24
25	17.000 1	0.058 8	133.333 9	7.843 1	0.007 5	0.127 5	25

续表

年份	一次支付		等额多次支付				年份
	终值系数	现值系数	年金终值系数	年金现值系数	偿债基金系数	资本回收系数	
N	F/P，i，n	P/F，i，n	F/A，i，n	P/A，i，n	A/F，i，n	A/P，i，n	N
26	19.040 1	0.052 5	150.333 9	7.895 7	0.006 7	0.126 7	26
27	21.324 9	0.046 9	169.374 0	7.942 6	0.005 9	0.125 9	27
28	23.883 9	0.041 9	190.698 9	7.984 4	0.005 2	0.125 2	28
29	26.749 9	0.037 4	214.582 8	8.021 8	0.004 7	0.124 7	29
30	29.959 9	0.033 4	241.332 7	8.055 2	0.004 1	0.124 1	30
35	52.799 6	0.018 9	431.663 5	8.175 5	0.002 3	0.122 3	35
40	93.051 0	0.010 7	767.091 4	8.243 8	0.001 3	0.121 3	40
45	163.988	0.006 1	1 358.230 0	8.282 5	0.000 7	0.120 7	45
50	289.002	0.003 5	2 400.018 2	8.304 5	0.000 4	0.120 4	50
55	509.321	0.002 0	4 236.005 0	8.317 0	0.000 2	0.120 2	55
60	897.597	0.001 1	7 471.641 1	8.324 0	0.000 1	0.120 1	60
65	1 581.87	0.000 6	13 173.937 4	8.328 1	0.000 1	0.120 1	65
70	2 787.80	0.000 4	23 223.331 9	8.330 3	0.000 0	0.120 0	70
75	4 913.06	0.000 2	40 933.798 7	8.331 6	0.000 0	0.120 0	75
80	8 658.48	0.000 1	72 145.692 5	8.332 4	0.000 0	0.120 0	80

附录 8　复利系数表（ $i=15\%$ ）

年份	一次支付		等额多次支付				年份
	终值系数	现值系数	年金终值系数	年金现值系数	偿债基金系数	资本回收系数	
N	*F/P*，*i*，*n*	*P/F*，*i*，*n*	*F/A*，*i*，*n*	*P/A*，*i*，*n*	*A/F*，*i*，*n*	*A/P*，*i*，*n*	*N*
1	1.150 0	0.869 6	1.000 0	0.869 6	1.000 0	1.150 0	1
2	1.322 5	0.756 1	2.150 0	1.625 7	0.465 1	0.615 1	2
3	1.520 9	0.657 5	3.472 5	2.283 2	0.288 0	0.438 0	3
4	1.749 0	0.571 8	4.993 4	2.855 0	0.200 3	0.350 3	4
5	2.011 4	0.497 2	6.742 4	3.352 2	0.148 3	0.298 3	5
6	2.313 1	0.432 3	8.753 7	3.784 5	0.114 2	0.264 2	6
7	2.660 0	0.375 9	11.066 8	4.160 4	0.090 4	0.240 4	7
8	3.059 0	0.326 9	13.726 8	4.487 3	0.072 9	0.222 9	8
9	3.517 9	0.284 3	16.785 8	4.771 6	0.059 6	0.209 6	9
10	4.045 6	0.247 2	20.303 7	5.018 8	0.049 3	0.199 3	10
11	4.652 4	0.214 9	24.349 3	5.233 7	0.041 1	0.191 1	11
12	5.350 3	0.186 9	29.001 7	5.420 6	0.034 5	0.184 5	12
13	6.152 8	0.162 5	34.351 9	5.583 1	0.029 1	0.179 1	13
14	7.075 7	0.141 3	40.504 7	5.724 5	0.024 7	0.174 7	14
15	8.137 1	0.122 9	47.580 4	5.847 4	0.021 0	0.171 0	15
16	9.357 6	0.106 9	55.717 5	5.954 2	0.017 9	0.167 9	16
17	10.761 3	0.092 9	65.075 1	6.047 2	0.015 4	0.165 4	17
18	12.375 5	0.080 8	75.836 4	6.128 0	0.013 2	0.163 2	18
19	14.231 8	0.070 3	88.211 8	6.198 2	0.011 3	0.161 3	19
20	16.366 5	0.061 1	102.444	6.259 3	0.009 8	0.159 8	20
21	18.821 5	0.053 1	118.810	6.312 5	0.008 4	0.158 4	21
22	21.644 7	0.046 2	137.632	6.358 7	0.007 3	0.157 3	22
23	24.891 5	0.040 2	159.276	6.398 8	0.006 3	0.156 3	23
24	28.625 2	0.034 9	184.168	6.433 8	0.005 4	0.155 4	24
25	32.919 0	0.030 4	212.793	6.464 1	0.004 7	0.154 7	25

续表

年份	一次支付		等额多次支付				年份
	终值系数	现值系数	年金终值系数	年金现值系数	偿债基金系数	资本回收系数	
N	F/P，i，n	P/F，i，n	F/A，i，n	P/A，i，n	A/F，i，n	A/P，i，n	N
26	37.856 8	0.026 4	245.712	6.490 6	0.004 1	0.154 1	26
27	43.535 3	0.023 0	283.569	6.513 5	0.003 5	0.153 5	27
28	50.065 6	0.020 0	327.104	6.533 5	0.003 1	0.153 1	28
29	57.575 5	0.017 4	377.170	6.550 9	0.002 7	0.152 7	29
30	66.211 8	0.015 1	434.745	6.566 0	0.002 3	0.152 3	30
35	133.176	0.007 5	881.170	6.616 6	0.001 1	0.151 1	35
40	267.864	0.003 7	1 779.09	6.641 8	0.000 6	0.150 6	40
45	538.769	0.001 9	3 585.13	6.654 3	0.000 3	0.150 3	45
50	1 083.66	0.000 9	7 217.72	6.660 5	0.000 1	0.150 1	50
55	2 179.62	0.000 5	14 524.1	6.663 6	0.000 1	0.150 1	55
60	4 384.00	0.000 2	29 220.0	6.665 1	0.000 0	0.150 0	60
65	8 817.79	0.000 1	58 778.6	6.665 9	0.000 0	0.150 0	65
70	17 735.7	0.000 1	118 231	6.666 3	0.000 0	0.150 0	70
75	35 672.9	0.000 0	237 812	6.666 5	0.000 0	0.150 0	75
80	71 750.9	0.000 0	478 333	6.666 6	0.000 0	0.150 0	80

附录 9　复利系数表（$i=18\%$）

年份	一次支付		等额多次支付				年份
	终值系数	现值系数	年金终值系数	年金现值系数	偿债基金系数	资本回收系数	
N	*F/P*，*i*，*n*	*P/F*，*i*，*n*	*F/A*，*i*，*n*	*P/A*，*i*，*n*	*A/F*，*i*，*n*	*A/P*，*i*，*n*	*N*
1	1.180 0	0.847 5	1.000 0	0.847 5	1.000 0	1.180 0	1
2	1.392 4	0.718 2	2.180 0	1.565 6	0.458 7	0.638 7	2
3	1.643 0	0.608 6	3.572 4	2.174 3	0.279 9	0.459 9	3
4	1.938 8	0.515 8	5.215 4	2.690 1	0.191 7	0.371 7	4
5	2.287 8	0.437 1	7.154 2	3.127 2	0.139 8	0.319 8	5
6	2.699 6	0.370 4	9.442 0	3.497 6	0.105 9	0.285 9	6
7	3.185 5	0.313 9	12.141 5	3.811 5	0.082 4	0.262 4	7
8	3.758 9	0.266 0	15.327 0	4.077 6	0.065 2	0.245 2	8
9	4.435 5	0.225 5	19.085 9	4.303 0	0.052 4	0.232 4	9
10	5.233 8	0.191 1	23.521 3	4.494 1	0.042 5	0.222 5	10
11	6.175 9	0.161 9	28.755 1	4.656 0	0.034 8	0.214 8	11
12	7.287 6	0.137 2	34.931 1	4.793 2	0.028 6	0.208 6	12
13	8.599 4	0.116 3	42.218 7	4.909 5	0.023 7	0.203 7	13
14	10.147 2	0.098 5	50.818 0	5.008 1	0.019 7	0.199 7	14
15	11.973 7	0.083 5	60.965 3	5.091 6	0.016 4	0.196 4	15
16	14.129 0	0.070 8	72.939 0	5.162 4	0.013 7	0.193 7	16
17	16.672 2	0.060 0	87.068 0	5.222 3	0.011 5	0.191 5	17
18	19.673 3	0.050 8	103.740	5.273 2	0.009 6	0.189 6	18
19	23.214 4	0.043 1	123.414	5.316 2	0.008 1	0.188 1	19
20	27.393 0	0.036 5	146.628	5.352 7	0.006 8	0.186 8	20
21	32.323 8	0.030 9	174.021	5.383 7	0.005 7	0.185 7	21
22	38.142 1	0.026 2	206.345	5.409 9	0.004 8	0.184 8	22
23	45.007 6	0.022 2	244.487	5.432 1	0.004 1	0.184 1	23
24	53.109 0	0.018 8	289.495	5.450 9	0.003 5	0.183 5	24
25	62.668 6	0.016 0	342.604	5.466 9	0.002 9	0.182 9	25

续表

年份	一次支付		等额多次支付				年份
	终值系数	现值系数	年金终值系数	年金现值系数	偿债基金系数	资本回收系数	
N	*F/P*，*i*，*n*	*P/F*，*i*，*n*	*F/A*，*i*，*n*	*P/A*，*i*，*n*	*A/F*，*i*，*n*	*A/P*，*i*，*n*	*N*
26	73.949 0	0.013 5	405.272	5.480 4	0.002 5	0.182 5	26
27	87.259 8	0.011 5	479.221	5.491 9	0.002 1	0.182 1	27
28	102.967	0.009 7	566.481	5.501 6	0.001 8	0.181 8	28
29	121.501	0.008 2	669.448	5.509 8	0.001 5	0.181 5	29
30	143.371	0.007 0	790.948	5.516 8	0.001 3	0.181 3	30
35	327.997	0.003 0	1 816.65	5.538 6	0.000 6	0.180 6	35
40	750.378	0.001 3	4 163.21	5.548 2	0.000 2	0.180 2	40
45	1 716.68	0.000 6	9 531.58	5.552 3	0.000 1	0.180 1	45
50	3 927.36	0.000 3	21 813.09	5.554 1	0.000 0	0.180 0	50
55	8 984.84	0.000 1	49 910.23	5.554 9	0.000 0	0.180 0	55
60	20 555.1	0.000 0	114 189.7	5.555 3	0.000 0	0.180 0	60
65	47 025.2	0.000 0	261 245.4	5.555 4	0.000 0	0.180 0	65
70	107 582	0.000 0	597 673.4	5.555 5	0.000 0	0.180 0	70
75	246 123	0.000 0	1 367 339	5.555 5	0.000 0	0.180 0	75
80	563 068	0.000 0	3 128 148	5.555 5	0.000 0	0.180 0	80

附录 10 复利系数表（$i=20\%$）

年份	一次支付		等额多次支付				年份
	终值系数	现值系数	年金终值系数	年金现值系数	偿债基金系数	资本回收系数	
N	F/P, i, n	P/F, i, n	F/A, i, n	P/A, i, n	A/F, i, n	A/P, i, n	N
1	1.200 0	0.833 3	1.000 0	0.833 3	1.000 0	1.2000	1
2	1.440 0	0.694 4	2.200 0	1.527 8	0.454 5	0.654 5	2
3	1.728 0	0.578 7	3.640 0	2.106 5	0.274 7	0.474 7	3
4	2.073 6	0.482 3	5.368 0	2.588 7	0.186 3	0.386 3	4
5	2.488 3	0.401 9	7.441 6	2.990 6	0.134 4	0.334 4	5
6	2.986 0	0.334 9	9.929 9	3.325 5	0.100 7	0.300 7	6
7	3.583 2	0.279 1	12.915 9	3.604 6	0.077 4	0.277 4	7
8	4.299 8	0.232 6	16.499 1	3.837 2	0.060 6	0.260 6	8
9	5.159 8	0.193 8	20.798 9	4.031 0	0.048 1	0.248 1	9
10	6.191 7	0.161 5	25.958 7	4.192 5	0.038 5	0.238 5	10
11	7.430 1	0.134 6	32.150 4	4.327 1	0.031 1	0.231 1	11
12	8.916 1	0.112 2	39.580 5	4.439 2	0.025 3	0.225 3	12
13	10.699 3	0.093 5	48.496 6	4.532 7	0.020 6	0.220 6	13
14	12.839 2	0.077 9	59.195 9	4.610 6	0.016 9	0.216 9	14
15	15.407 0	0.064 9	72.035 1	4.675 5	0.013 9	0.213 9	15
16	18.488 4	0.054 1	87.442 1	4.729 6	0.011 4	0.211 4	16
17	22.186 1	0.045 1	105.931	4.774 6	0.009 4	0.209 4	17
18	26.623 3	0.037 6	128.117	4.812 2	0.007 8	0.207 8	18
19	31.948 0	0.031 3	154.740	4.843 5	0.006 5	0.206 5	19
20	38.337 6	0.026 1	186.688	4.869 6	0.005 4	0.205 4	20
21	46.005 1	0.021 7	225.026	4.891 3	0.004 4	0.204 4	21
22	55.206 1	0.018 1	271.031	4.909 4	0.003 7	0.203 7	22
23	66.247 4	0.015 1	326.237	4.924 5	0.003 1	0.203 1	23
24	79.496 8	0.012 6	392.484	4.937 1	0.002 5	0.202 5	24
25	95.396 2	0.010 5	471.981	4.947 6	0.002 1	0.202 1	25
26	114.476	0.008 7	567.377	4.956 3	0.001 8	0.201 8	26
27	137.371	0.007 3	681.853	4.963 6	0.001 5	0.201 5	27
28	164.845	0.006 1	819.223	4.969 7	0.001 2	0.201 2	28
29	197.814	0.005 1	984.068	4.974 7	0.001 0	0.201 0	29
30	237.376	0.004 2	1 181.88	4.978 9	0.000 8	0.200 8	30
35	590.668	0.001 7	2 948.34	4.991 5	0.000 3	0.200 3	35
40	1 469.77	0.000 7	7 343.86	4.996 6	0.000 1	0.200 1	40
45	3 657.26	0.000 3	18 281.3	4.998 6	0.000 1	0.200 1	45
50	9 100.44	0.000 1	45 497.2	4.999 5	0.000 0	0.200 0	50
55	22 644.8	0.000 0	113 219.0	4.999 8	0.000 0	0.200 0	55
60	56 347.5	0.000 0	281 732.0	4.999 9	0.000 0	0.200 0	60

附录 11　复利系数表（$i=25\%$）

年份	一次支付		等额多次支付				年份
	终值系数	现值系数	年金终值系数	年金现值系数	偿债基金系数	资本回收系数	
N	F/P，i，n	P/F，i，n	F/A，i，n	P/A，i，n	A/F，i，n	A/P，i，n	N
1	1.250 0	0.800 0	1.000 0	0.800 0	1.000 0	1.250 0	1
2	1.562 5	0.640 0	2.250 0	1.440 0	0.444 4	0.694 4	2
3	1.953 1	0.512 0	3.812 5	1.952 0	0.262 3	0.512 3	3
4	2.441 4	0.409 6	5.765 6	2.361 6	0.173 4	0.423 4	4
5	3.051 8	0.327 7	8.207 0	2.689 3	0.121 8	0.371 8	5
6	3.814 7	0.262 1	11.258 8	2.951 4	0.088 8	0.338 8	6
7	4.768 4	0.209 7	15.073 5	3.161 1	0.066 3	0.316 3	7
8	5.960 5	0.167 8	19.841 9	3.328 9	0.050 4	0.300 4	8
9	7.450 6	0.134 2	25.802 3	3.463 1	0.038 8	0.288 8	9
10	9.313 2	0.107 4	33.252 9	3.570 5	0.030 1	0.280 1	10
11	11.641 5	0.085 9	42.566 1	3.656 4	0.023 5	0.273 5	11
12	14.551 9	0.068 7	54.207 7	3.725 1	0.018 4	0.268 4	12
13	18.189 9	0.055 0	68.759 6	3.780 1	0.014 5	0.264 5	13
14	22.737 4	0.044 0	86.949 5	3.824 1	0.011 5	0.261 5	14
15	28.421 7	0.035 2	109.68 7	3.859 3	0.009 1	0.259 1	15
16	35.527 1	0.028 1	138.109	3.887 4	0.007 2	0.257 2	16
17	44.408 9	0.022 5	173.636	3.909 9	0.005 8	0.255 8	17
18	55.511 2	0.018 0	218.045	3.927 9	0.004 6	0.254 6	18
19	69.388 9	0.014 4	273.556	3.942 4	0.003 7	0.253 7	19
20	86.736 2	0.011 5	342.945	3.953 9	0.002 9	0.252 9	20
21	108.420	0.009 2	429.681	3.963 1	0.002 3	0.252 3	21
22	135.525	0.007 4	538.101	3.970 5	0.001 9	0.251 9	22
23	169.407	0.005 9	673.626	3.976 4	0.001 5	0.251 5	23
24	211.758	0.004 7	843.033	3.981 1	0.001 2	0.251 2	24
25	264.698	0.003 8	1 054.791	3.984 9	0.000 9	0.250 9	25
26	330.872	0.003 0	1 319.49	3.987 9	0.000 8	0.250 8	26
27	413.590	0.002 4	1 650.36	3.990 3	0.000 6	0.250 6	27
28	516.988	0.001 9	2 063.95	3.992 3	0.000 5	0.250 5	28
29	646.235	0.001 5	2 580.94	3.993 8	0.000 4	0.250 4	29
30	807.794	0.001 2	3 227.17	3.995 0	0.000 3	0.250 3	30
35	2 465.190	0.000 4	9 856.761	3.998 4	0.000 1	0.250 1	35
40	7 523.164	0.000 1	30 088.66	3.999 5	0.000 0	0.250 0	40
45	22 958.87	0.000 0	91 831.50	3.999 8	0.000 0	0.250 0	45
50	70 064.92	0.000 0	280 255.7	3.999 9	0.000 0	0.250 0	50
55	213 821.2	0.000 0	855 280.7	4.000 0	0.000 0	0.250 0	55
60	652 530.48	0.000 0	2 610 117.0	4.000 0	0.000 0	0.250 0	60

附录 12　复利系数表（$i=30\%$）

年份	一次支付		等额多次支付				年份
	终值系数	现值系数	年金终值系数	年金现值系数	偿债基金系数	资本回收系数	
N	*F/P*，*i*，*n*	*P/F*，*i*，*n*	*F/A*，*i*，*n*	*P/A*，*i*，*n*	*A/F*，*i*，*n*	*A/P*，*i*，*n*	*N*
1	1.300 0	0.769 2	1.000 0	0.769 2	1.000 0	1.300 0	1
2	1.690 0	0.591 7	2.300 0	1.360 9	0.434 8	0.734 8	2
3	2.197 0	0.455 2	3.990 0	1.816 1	0.250 6	0.550 6	3
4	2.856 1	0.350 1	6.187 0	2.166 2	0.161 6	0.461 6	4
5	3.712 9	0.269 3	9.043 1	2.435 6	0.110 6	0.410 6	5
6	4.826 8	0.207 2	12.756 0	2.642 7	0.078 4	0.378 4	6
7	6.274 9	0.159 4	17.582 8	2.802 1	0.056 9	0.356 9	7
8	8.157 3	0.122 6	23.857 7	2.924 7	0.041 9	0.341 9	8
9	10.604 5	0.094 3	32.015 0	3.019 0	0.031 2	0.331 2	9
10	13.785 8	0.072 5	42.619 5	3.091 5	0.023 5	0.323 5	10
11	17.921 6	0.055 8	56.405 3	3.147 3	0.017 7	0.317 7	11
12	23.298 1	0.042 9	74.327 0	3.190 3	0.013 5	0.313 5	12
13	30.287 5	0.033 0	97.625 0	3.223 3	0.010 2	0.310 2	13
14	39.373 8	0.025 4	127.913	3.248 7	0.007 8	0.307 8	14
15	51.185 9	0.019 5	167.286	3.268 2	0.006 0	0.306 0	15
16	66.541 7	0.015 0	218.472	3.283 2	0.004 6	0.304 6	16
17	86.504 2	0.011 6	285.014	3.294 8	0.003 5	0.303 5	17
18	112.455	0.008 9	371.518	3.303 7	0.002 7	0.302 7	18
19	146.192	0.006 8	483.973	3.310 5	0.002 1	0.302 1	19
20	190.050	0.005 3	630.166	3.315 8	0.001 6	0.301 6	20
21	247.065	0.004 0	820.215	3.319 8	0.001 2	0.301 2	21
22	321.184	0.003 1	1 067.28	3.323 0	0.000 9	0.300 9	22
23	417.539	0.002 4	1 388.46	3.325 4	0.000 7	0.300 7	23
24	542.801	0.001 8	1 806.00	3.327 2	0.000 6	0.300 6	24
25	705.641	0.001 4	2 348.80	3.328 6	0.000 4	0.300 4	25
26	917.333	0.001 1	3 054.44	3.329 7	0.000 3	0.300 3	26
27	1 192.53	0.000 8	3 971.78	3.330 5	0.000 3	0.300 3	27
28	1 550.29	0.000 6	5 164.31	3.331 2	0.000 2	0.300 2	28
29	2 015.38	0.000 5	6 714.60	3.331 7	0.000 1	0.300 1	29
30	2 620.00	0.000 4	8 730.00	3.332 1	0.000 1	0.300 1	30
35	9 727.86	0.000 1	3 2422.9	3.333 0	0.000 0	0.300 0	35
40	36 118.9	0.000 0	120 392.0	3.333 2	0.000 0	0.300 0	40
45	134 106.0	0.000 0	447 019.0	3.333 3	0.000 0	0.300 0	45
50	497 929.0	0.000 0	1 659 760.0	3.333 3	0.000 0	0.300 0	50

附录 13　复利系数表（$i=40\%$）

年份	一次支付		等额多次支付				年份
	终值系数	现值系数	年金终值系数	年金现值系数	偿债基金系数	资本回收系数	
N	F/P, i, n	P/F, i, n	F/A, i, n	P/A, i, n	A/F, i, n	A/P, i, n	N
1	1.400 0	0.714 3	1.000 0	0.714 3	1.000 0	1.400 0	1
2	1.960 0	0.510 2	2.400 0	1.224 5	0.416 7	0.816 7	2
3	2.744 0	0.364 4	4.360 0	1.588 9	0.229 4	0.629 4	3
4	3.841 6	0.260 3	7.104 0	1.849 2	0.140 8	0.540 8	4
5	5.378 2	0.185 9	10.945 6	2.035 2	0.091 4	0.491 4	5
6	7.529 5	0.132 8	16.323 8	2.168 0	0.061 3	0.461 3	6
7	10.541 4	0.094 9	23.853 4	2.262 8	0.041 9	0.441 9	7
8	14.757 9	0.067 8	34.394 7	2.330 6	0.029 1	0.429 1	8
9	20.661 0	0.048 4	49.152 6	2.379 0	0.020 3	0.420 3	9
10	28.925 5	0.034 6	69.813 7	2.413 6	0.014 3	0.414 3	10
11	40.495 7	0.024 7	98.739 1	2.438 3	0.010 1	0.410 1	11
12	56.693 9	0.017 6	139.235	2.455 9	0.007 2	0.407 2	12
13	79.371 5	0.012 6	195.929	2.468 5	0.005 1	0.405 1	13
14	111.120	0.009 0	275.300	2.477 5	0.003 6	0.403 6	14
15	155.568	0.006 4	386.420	2.483 9	0.002 6	0.402 6	15
16	217.795	0.004 6	541.988	2.488 5	0.001 8	0.401 8	16
17	304.914	0.003 3	759.784	2.491 8	0.001 3	0.401 3	17
18	426.879	0.002 3	1 064.70	2.494 1	0.000 9	0.400 9	18
19	597.630	0.001 7	1 491.58	2.495 8	0.000 7	0.400 7	19
20	836.683	0.001 2	2 089.21	2.497 0	0.000 5	0.400 5	20
21	1 171.36	0.000 9	2 925.89	2.497 9	0.000 3	0.400 3	21
22	1 639.90	0.000 6	4 097.24	2.498 5	0.000 2	0.400 2	22
23	2 295.86	0.000 4	5 737.14	2.498 9	0.000 2	0.400 2	23
24	3 214.20	0.000 3	8 033.00	2.499 2	0.000 1	0.400 1	24
25	4 499.88	0.000 2	11 247.2	2.499 4	0.000 1	0.400 1	25
26	6 299.83	0.000 2	15 747.1	2.499 6	0.000 1	0.400 1	26
27	8 819.76	0.000 1	22 046.9	2.499 7	0.000 0	0.400 0	27
28	12 347.7	0.000 1	30 866.7	2.499 8	0.000 0	0.400 0	28
29	17 286.7	0.000 1	43 214.3	2.499 9	0.000 0	0.400 0	29
30	24 201.4	0.000 0	60 501.1	2.499 9	0.000 0	0.400 0	30

参考答案

1 导论

一、单项选择题

1. A、2. C、3. D

二、多项选择题

1. ACDE、2. AC、3. ACE、4. ABCD

2 工程项目运营的经济要素

一、单项选择题

1. C、2. D、3. A、4. D、5. B

二、多项选择题

1. ABE、2. BCDE、3. BC、4. BCD

3 现金流量与资金时间价值

一、单项选择题

1. B、2. A、3. C、4. B、5. D

二、多项选择题

1. DE、2. CD、3. ABD、4. ACD、5. ABCE

4 工程项目融资

一、单项选择题

1. B、2. D、3. C、4. A、5. B、6. A

二、多项选择题

1. ABE、2. ACDE、3. BC、4. BDE、5. AB、6. ABDE

5　工程项目经济评价与比选

一、单项选择题

1. C、2. D、3. A、4. B

二、多项选择题

1. BDE、2. BCDE、3. BCE、4. ACE、5. BD

6　工程项目财务评价

一、单项选择题

1. C、2. C、3. D、4. A、5. B

二、多项选择题

1. CE、2. ABD、3. ACE、4. BCE

7　工程项目国民经济评价

一、单项选择题

1. B、2. D、3. B、4. C、5. A

二、多项选择题

1. ABC、2. AC、3. ACDE、4. BDE、5. ABCE

8　设备更新与租赁的经济分析

一、单项选择题

1. A、2. B、3. D、4. A、5. C

二、多项选择题

1. AC、2. CE、3. ABD、4. AC

9　工程项目的不确定性与风险分析

一、单项选择题

1. D、2. D、3. C、4. A、5. C、6. A

二、多项选择题

1. ABCE、2. BCE、3. BDE、4. ABD、5. ABCD

10 价值工程

一、单项选择题

1. D、2. D、3. B、4. C、5. B

二、多项选择题

1. AC、2. ACDE、3. ABCD、4. ABE

11 工程项目后评价

一、多项选择题

1. ABCE、2. ACDE、3. ACDE、4. ABE、5. ABDE